獻給

在這片土地追夢播種的人

李澤藩〈東門城〉。李澤藩一九六二年繪贈留美攻讀博士的李遠哲。

上

藍麗娟——著

Yuan T. Lee: A Biography

目錄

第一部 少年李遠哲

第二部　青年李遠哲

推薦序

余英時

《史記．司馬相如傳》說：

「蓋世必有非常之人，然後有非常之事；有非常之事，然後有非常之功。」

我讀了《李遠哲傳》書稿，太史公這幾句話自然而然地浮現在我的腦際。《傳》中的主人翁（按：以下簡稱「傳主」）是一位「非常之人」，這是大家都知道的；隨著這位「非常之人」而來的「非常之事」和「非常之功」也彰彰在人耳目。這部傳記依時序先後，以生動活潑的語言，將傳主其人、其事、其功一一呈現出來；這一成就的本身便是傳記史上一種「非常之功」。

在閱讀全稿的過程中，我一直在追尋一個問題：傳主為什麼會成為一位「非常人」？當然，我最先想到的是傳主的天賦才智，或今天所謂先天基因。這一點在傳稿中有不少跡象可尋：他從小「好奇」，愛「唱反調」，不肯人云亦云地跟著主流走，因此在幼稚園時期已被看作是一個「怪小孩」。不但如此，早在考初中的口試中，他對於「將來想做什麼？」的答案便是「我要當科學家」。在初一班上寫自傳，他更毫不遲疑地表達了「想成為偉大科學家，要以科學救國」的嚮往。

這些早年的突出事蹟都是很值得注意的，但是我並不認為他為什麼成為「非常人」可以從這裡得到滿意的解答。其故有二：首先，這些事蹟所體現的只是傳主的生命潛能，而不是成為「非常人」

的可靠保證；其次，根據現代的史學觀點，在傳記中過度重現童年事蹟，往往會淹沒傳主生命成長的實相。當代史學大家彼得．布朗（Peter Brown）在他的名著《奧古斯丁傳》（*Augustine of Hippo*, 1969）中指出：

「在古代和中古的許多傳記裡，傳主們好像都沒有以往的歷史，他們童年已顯示種種跡象，將來必將攀躋生命的高峰。」

所以他在《奧傳》中，深入而詳盡地追溯了奧古斯丁在生活和思想各方面的發展歷程。

對傳稿記述反覆思考之餘，我發現有一條相關的線索特別值得稍作探索。這是指傳主在童年至少年階段所吸收的某些精神價值而言。這些價值淵源於傳主成長時期的社會和文化，但通過父母訓示、師友交游、書刊閱讀等等渠道而進入他的意識深處。在這篇短序中，我希望能把這一觀察簡要地交代出來。

傳主是很幸運的，從小便得到父母的刻意培育。他們隨時隨地都在扶植著他的德性成長和智力發揮，讓他在日常生活中逐漸養成一種健康的人生觀；但同時又尊重他的自由意志，使他可以充分地實現自我。傳主後來談到怎樣教育孩子時，說過這樣的話：

「孩子對未來有什麼想法，想做什麼，我都尊重。（當年）爸爸媽媽沒有要我們變得很有名或賺大錢，只希望我們做有用的人，對社會有貢獻。」

傳主這番回憶在傳稿中到處都能得到印證，這裡只要舉兩個例子便夠了。

第一，傳主小學五年級時，由於成績超前，導師對他的父親說，他可以跳級考初中。但和一般

「望子成龍」的父親不同，他的父親讓他自己做決定。由於他的興趣多端，不願終日爲考試而讀書，終於放棄了跳級的機會。回顧往事，傳主多年後說：「父親很開明，讓我自己決定。」

第二，傳主一九九四年回歸臺灣之後，十分忙碌，連探望母親的時間也不多。他的母親只能天天剪下有關傳主一切活動的新聞報導，然後整理收藏起來。

傳稿中有幾句描寫老人家心裡的話，十分動人：

「她就反覆細讀剪報，想到他一如她自小教誨的：『不要追求名利，只要做個有用的人，一個頂天立地堂堂正正的人。』就感到安慰了。」

傳主一生的操守的基本價值最初來自家教，在此正顯露無遺。

傳主的另一難得的幸運是有一位志同道合的終身伴侶，後者曾這樣剖析自我：

「我不喜歡到處玩，也不在乎名利，我可以一個人靜靜地看書，做很多事情，不要人打擾。」這豈不也是「不要追求名利，只要做個有用的人」嗎？沒有這樣的伴侶的長期支援，我們很難想像傳主怎樣能獨自通過那條布著荊棘的「非常人」之路。

讀者也許會說，上面所揭示的基本價值都是很平常的。這話完全正確。這些價值在中國文化中傳衍已久，往往以不同的語言方式表達出來，如曾國藩「只問耕耘，不問收穫」及陸象山「不識一字，也要堂堂做一個人」等語都是顯例。但這些平平常常的價值，一旦與人的精神融爲一體，卻能開創出一種完全超越於世俗利害之上的心態，借用禪宗的話，即「平常心」。古往今來，一切在世間立功、立德、立言的「非常人」，其根本動力無不可以溯源到這一超越的「平常心」。

現在讓我們換一個角度，看看傳主從書刊閱讀和師友交遊所得來的關於整體社會的價值取向。

傳主閱讀課外書刊，開始得很早，小學五年級時已看上海出版的《開明少年》。上初中以後，由於特殊的機緣，他竟讀到大批「禁書」和「匪情資料」，其中包括魯迅、郭沫若、巴金等人的作品，甚至還有毛澤東的文字。在他個人的思想進程中，這無疑是一個重大的轉捩點，因為他踏進了「五四」的左翼思潮之中。從傳稿中我們看到：改造社會的抱負貫穿了傳主一生的工作。現在我們可以進一步肯定，這一抱負是從上述的思想躍動中萌生的。課外閱讀怎樣影響到傳主的終極價值取向，我們可以從他另一早年經歷中得到具體的說明。

傳主在初中時候已讀了《居里夫人傳》，對這位偉大科學家的高貴情操，不勝其景仰。但高一那一年，他得了一場病；在休養期間忽然發生了「人生是為什麼？」的根本疑問。就在這苦求解答的當口，居里夫人的光輝典範在他的記憶中浮現出來，終於引導他走出了一次重大的人生困惑。他後來回顧說：

「我迷惑、徬徨的心靈因此獲得解答。她美麗的、充滿理想與熱愛人類的科學生涯，是我一生中最大的啟示與追求的目標。至此，我立志救國淑世，想竭盡己力，期望對人類社會有所貢獻。」

這是一場「大澈大悟」，所以他對自己說：

「人生就是要做有意義的事。我不能再像無頭蒼蠅忙著打球、比賽、管樂隊等數不盡的活動，我要過一個有意義的人生，我要成爲有用的人，才能對國家社會有貢獻。」

他的社會價值取向，至此已完全確定了。「自從一見桃花後，直至如今更不疑。」傳主「立志救國淑世」雖直接因閱讀和反思《居里夫人傳》而激起，但其更深一層的動力卻必須追溯到「五四」思潮。「五四」運動正式揭出「科學」和「民主」爲救國的兩大法門，缺一不可。這一信念當時正在少年傳主的心中生根，而《居里夫人傳》則恰好爲「科學救國」提供了一個具體的例證。不過「民主救國」在他的意識中尚處於「明而未融」的狀態，直到幾十年後，才和他改造社會的抱負合成一體。

通讀全傳，傳主一生的事業顯然可以劃爲前後兩大階段，而以一九九四年爲分界線。兩期的工作重點各有不同：前期是他全心全意獻身於科學研究的階段；後期他則以科學界領導人的身分同時致力於民主社會秩序的建立。他以一人一身竟先後體現了「五四」的雙重理想——「科學」與「民主」，這眞是難得一見的歷史佳話。前期人所共知，此不具論。但後期卻應該稍作解釋。

二〇〇一年傳主追憶他從美國回臺灣的心理狀態時說：

「一九九四年元月，旅居美國三十多年之後，我終於回到我的故鄉。……

我離開加州大學的時候，很多化學系同事問我：難道臺灣眞的那麼美好？爲什麼我願意放棄長期建立的穩固基地，捨他們而去？

我告訴他們，如果臺灣已是美好的地方，我會繼續留在加州大學的實驗室，埋首我的研究工作。臺灣雖曾被稱爲美麗島，但眼前顯然有許多問題正待大家努力去解決。在全球化、民主化的過程中，臺灣確實充滿了挑戰與希望。科學、教育與文化的提升更是迫在眉睫，這也是我爲什麼願意接受挑戰，回到我幼時成長的故鄉，與家鄉父老同甘苦。」

他的意思再清楚不過了，他回臺灣絕不是爲了換一個實驗室進行科學研究，甚至也不僅僅是爲了「科學、教育與文化的提升」。他是爲了接受「全球化、民主化」的挑戰，全方位地將臺灣變成一個「美好的地方」。這只能指向一個民主秩序的建立。

事實上，回到臺灣以後，他的工作遠遠超越出中央研究院的本職之外；舉凡教育改革（一九九四～一九九六）、「九二一」震災重建（一九九九）、首次政黨輪替（二〇〇〇）、出使太平洋經濟合作會議（APEC，二〇〇二～二〇〇四）等等，他不但一一參與，而且還承擔了主要責任。所以二〇〇〇年五月，美國《科學》（*Science*）雜誌發表評論，一方面讚揚他在短短幾年之內將中央研究院的國際學術地位提升至空前的高度，另一方面則因爲他在「九二一」重建和社會改革方面的貢獻而譽之爲「臺灣的良心」。

改造社會畢竟與科學研究不同，所牽涉的條件無限，一切不由自主。傳主的努力曾因此而遭到種種挫折，可以說是不可避免的。但他的抱負卻始終沒有動搖過。傳主回歸臺灣，至今已二十二年。在這二十二年中，一個自由、開放的民主秩序終於在臺灣出現，並且日趨於成熟。這當然是整體社會長期奮鬥之所致，不能歸功於任何個人以至團體。但是在這一過程中，我們的傳主通過多方面倡導所發揮的影響力終究是不容隱沒的。著眼於此，傳主一九九四年回歸臺灣的歷史意義便朗然展現了。這不禁使我聯想到十九世紀英國神學家兼作家紐曼（John Henry Newman, 1801~1890）的一句名言：

You shall see the difference now that we are back again.

胡適的譯文說：

現在我們回來了，你們請看，便不同了。

我願意借這句話來結束這篇序文。

二〇一六年十月十八日

（本文作者爲中研院院士）

推薦序

陳建仁

李遠哲院長一直是國內外學者見賢思齊的楷模典範，他在獲得諾貝爾獎殊榮之後，毅然決然回臺灣貢獻，令人讚賞欽佩。我一直把李院長當作我的導師、兄長、好友，但是我卻在閱讀《李遠哲傳》以後，才了解他從小就立志為臺灣人民，甚至全人類服務奉獻的雄心。

一九九四年李院長回臺擔任中央研究院院長，為了延攬國外卓越人才來臺服務，創立了「傑出人才發展基金會」，每年頒發「傑出人才獎」來補足旅外傑出人才回國服務的薪酬差距。舍弟建德有幸榮獲第一屆「傑出人才獎」，才能舉家返國，擔任國家同步輻射研究中心主任。

「傑出人才獎」引領了歸國服務的風潮，使臺灣的科技研發有很大的突破。「傑出人才發展基金會」也積極獎勵國內學者做出國際級的研究，我在獲得五次國科會傑出研究獎後，幸運地獲頒了第二屆「傑出人才獎」，這是更上層樓的肯定。「傑出人才獎」的獎勵是有形的，李院長以身作則所展現的號召力卻是無形而澎拜的。諾貝爾獎得主回國報效臺灣所產生的磁吸效應，強大而有力。

李院長很關心周遭的每一個人，更關心國家社會與人類福祉，我常被他的高尚情懷所感動。他有時會在凌晨時刻打電話和我談重要事務，即使當時的我已經睡眼惺忪，也都被他的急公好義所喚醒，我們往往一談就是半個小時。內人總是說：「李院長的身體、精神與心靈都非常的健康安寧。」李院長一直維持充沛的精力、活力和心力，來解決臺灣與世界的問題。

二〇〇三年臺灣面臨ＳＡＲＳ疫情的嚴峻考驗，我在考慮是否接任衛生署長職務時，請教了李院長的意見。他說：「現在國家處境這麼艱難，你應該要挺身而出、勇於承擔！」猶記疫情剛爆發時，人人自危、彼此猜疑；李院長與社區營造學會發起了「全民量體溫運動」，鼓勵大家從管理自己的體溫及健康做起，全民的同心同德發揮了自助互助的正面力量，更從此創造了社會互信的良性循環與安全感。當時中研院領導ＳＡＲＳ的防疫研究，篩選出幾個有效藥物，扮演了安定人心的積極角色。

我二〇〇五年辭卸衛生署長職務回臺大任教，二〇〇六年李院長來電說：「行政院長蘇貞昌會邀請你出任國科會主委，你一定要答應喔。」我回答說：「謝謝院長的鼓勵，您對科技發展了解透徹，請您答應我，每個月與我見一次面，給我指導和建議。」從每月的請益中，李院長給了我很多臺灣科技發展的寶貴意見，就像我的導師一樣。當時我們都反對國光石化的建設，李院長一再高聲疾呼，節能減碳是人類應盡的世界公民責任，臺灣不應該再發展高耗能、高耗水、高排碳量的產業，而應該朝經濟與環境永續發展轉型。

中研院曾推薦我參加「國際科學理事會（International Council for Science, ICSU）」的天然災害防治工作小組。李院長卸任院長職務後，翁啟惠院長提名推薦他擔任ＩＣＳＵ會長（president）。當時ＩＣＳＵ的祕書長要我勸進李院長，他說李院長擔任ＩＣＳＵ會長可以大大提升ＩＣＳＵ的聲望和績效。我大膽去跟李院長說：「院長，大家都殷切期盼您到非洲的莫三比克去做提名演講。您去，全世界都會看見臺灣！」

李院長去莫三比克之前，他的講稿已經改了三、四次，到當地又多次修改。ＩＣＳＵ大會剛開始時，臺灣代表團的幾位院士都憂心忡忡，擔心中國會橫加干擾。但是李院長剛講完演講，周昌弘院士就打國際電話跟我說：「What a relief!（鬆了一口氣！）」因爲，李院長演講結束，現場就立刻掌聲雷動；周院士知道ＩＣＳＵ的會員們，已準備迎接一位「眞正世界級的科技領導者」。隔天，李院長果然高票當選了會長。好幾位院士看到李院長反覆修改講稿，這充分反映李院長做任何事情都是認眞仔細、深思熟慮、盡善盡美，就跟他發明了「通用型交叉分子束儀器」的科學探索一樣完美無缺。

李院長在ＩＣＳＵ服務的期間，我聽到很多人的稱讚，以「促進國際科學合作，創造人類福祉」爲宗旨的ＩＣＳＵ，更受到全球學術界與各國政府的高度重視。讓我們感到最榮耀的是，李院長的卓越領導，不只是讓臺灣被世界看見，也讓ＩＣＳＵ的國際聲望大幅提升。二〇一二年在巴西里約舉辦的Rio+20高峰會的會前活動是ＩＣＳＵ主辦，李院長代表全球科技界在高峰會中演講，呼籲急速減碳，對全球永續發展做出貢獻。去年聯合國「氣候變遷高峰會」（Cop21）通過了巴黎協議，各國承諾要遵循節能減碳的永續發展目標，李院長關懷全球事務的身影處處可見，也終於開花結果。

去年，蔡主席要我做她的競選搭檔，我也請教了李院長的意見，開始他有所保留，擔心我無法適應棄學從政的新環境，在蔡主席的說服下他才釋懷。我一直把李院長當作我人生重要抉擇的迷津指點者，因爲他的博學廣識、高瞻遠矚、洞察事理、提攜後進，眞是無人能及。

李院長極力支持臺灣的民主發展與政黨輪替，也因此受到許多不公平的汙衊和謾罵。但是他總是寬宏大度、包容忍耐，盼望臺灣的民主幼苗可以茁壯成長，成爲亞洲的典範。他相信人性本善，也認爲政治人物可以更明理、更有風度。李院長有超越常人的學者風骨，是極富涵養的人格者。諾貝爾物理獎得主丁肇中院士，更是對李院長讚譽有加。他認爲李院長不只是傑出的科學家，更是一位人道主義者，他關心國家社會的發展、全球環境的永續、人類福祉的增進。李院長完全做到了「立德，立言，立功」的三不朽。

我很榮幸能爲《李遠哲傳》一書作序，推薦讀者來認識我的導師、兄長與好友！我何其有幸能得到李院長指導、鼓勵與提攜，他永遠是我高山仰止的典範，也希望能讀者們能見賢思齊，學習成爲樂於爲全人類服務奉獻的人。

（本文作者爲中華民國副總統）

為下一代而前進

李遠哲

這幾年來，當許多朋友問起我什麼時候寫回憶錄或傳記時，我總是告訴他們，我一直忙著設法因應未來的挑戰，諸如科學研究與人類社會朝永續轉型等議題；另一方面，我總覺得「個人」的事並不那麼重要，若有精力則該從事一些重要的公共事務。

但幾年前，在一個機緣下，盧世祥先生爲了撰寫《李遠哲與臺灣首次政黨輪替》一書來採訪我。訪談過程中與書籍出版後，我漸漸了解到，我的生命已深深融入社會，早已不屬於我自己，該屬於整個社會。我走過的路，我的經驗與思想，透過書本表達，讓人們理解，該也是我重要的責任。但還不是時候。

第一次見到藍麗娟，是她爲陳定信院士寫《堅定信念》時。她來採訪，我覺得她很開朗、充滿活力、知識豐富，也容易深入交談。後來，她表示想撰寫我的傳記，我就改變了想法。而且我知道，這位年輕的資深作者，是一位能夠繼續成長的年輕人。也正如黃武雄教授給我信中提到的，「她是一位值得培養的人」。

麗娟寫書的方式，是先描繪時代背景和場景，再把人物故事帶進去。我第一次眞正以更寬廣的角度回顧我生長的土地，因此有了更深刻的認識。她曾詳細追問過我成長過程中的許多細節，在這討論中，我才體會到，小時候雖然「叛逆」、一直想「超脫」，但畢竟也沒能脫離父母親對我的深遠影響；住家附近社區的一群堂兄弟和表姊妹們，倒是使我們生活多采多姿，豐富了學習環境，對我成長有很大的收穫。這段日子，她從我經歷過的歲月訪談起，她驚人的吸收能力，很快就變成像是一位從小跟我一起長大的朋友。

我從事科學與教育的工作，教過很多學生。麗娟和他們不同，她不是科學領域出身，但是，她和我的學生一樣，滿懷熱情、理想與好奇心而來。書中涉及不少我的專業領域，我花了很多心血讓她了解我做過的科學研究；她花了更多時間化為文字，使一般的讀者也能理解。

麗娟三年多來用心地採訪、寫作，她求眞求實的態度，讓我想起講臺下、實驗室裡那些渴望求知的學子，我也和她分享了很多。她還採訪了五十七個人，蒐集資料後再向我求證。我常開玩笑說，我一輩子忙著很多事，有時幾乎一人當三人用；她這樣挖下去，可能到她八十歲時都寫不完。而當我回答了外界一些莫須有的傳聞，她也能明白，珍貴的版面應該用來啓發人心，報導眞實的事物，不要在意那些從未存在過的事。

翻開過去，我尤其感激的是，每一個生命片刻都有我內人錦麗的扶持。她是我小學同學，我在青春期時暗戀過她。我常覺得我是世界上最幸福的人，能與我最喜歡的人共度漫長而珍貴的歲月。錦麗陪我一起離開臺灣到美國留學時，我口袋裡只有一百美元，但她看到了一個年輕人的善良、可靠與探索科學的熱忱。她深富智慧，在待人接物上幫了我很多忙。是她照顧我，教育並陪伴孩子們成長，讓我專心實現理想，沒有後顧之憂。我曾在差旅的飛機上，於筆記本寫下幾行字：「當妳在我身旁，我埋頭苦讀，忘了妳的存在；當我遠走高飛，我的相思滿懷……」我每到旅館便迫不及待打電話給她，在世界各地出差時，每夜聽到她溫柔體貼的話語，整日的疲憊也就煙消雲散，翌日的工作又能邁進一大步。

我深受「犧牲小我，完成大我」觀念影響。錦麗與家人曾感嘆過，他們是我「小我」的一部分，要跟我犧牲的；藍麗娟寫我的傳記，當然也是「小我」的一部分。但是回顧自己走過的路、想過的事，希望對年輕人有些幫助；雖然時空背景相差很大，世界也轉變得不盡相同，但是年輕人透過閱讀來了解，總是有價值的。在這轉變的最後一段路，充滿熱忱的責任編輯周奕君，她對這本書提出的創意，勇於承擔的盡心盡力，在短時間內付出許多，她的精神使我非常敬佩，也確實讓我對這一代的年輕人很有信心。也許這本書，我們該提昇為「大我」的一部分，確是完成了。

幾年前，我跟好友薛伍德．羅蘭教授參加一場研討會。羅蘭教授以證實臭氧層破壞與人類大量使用氟氯碳化物有關而榮獲諾貝爾獎，我們曾說好要一起努力，研究大氣化學的重要問題。會後羅蘭教授夫人對我們說：「你們男人都一樣，那麼拚命努力，以為沒有你們，地球就將停止轉動。其實我告訴你們，以橄欖球為例，如果你們掉了球，一定會有人撿起，而且跑得比你們更快。」錦麗鼓掌讚賞且完全同意；但我跟羅蘭教授並不同意此論點，覺得我們對人類面臨的困境，還得要我們領先往前衝。遺憾的是，幾年前羅蘭教授已離開了。

「成為出色的科學家，與志同道合的人打造美好的世界」，這是我年少時一直想做的事。年近八十，看到世界仍飽受戰爭、飢餓與貧窮的壓力。人口超載、消耗過多的人類社會，已把我們生活的環境導向人類的生存危機。溫室效應將使我們下一代生活於「水深火熱」的處境，人類社會必須急速轉變，已沒剩下多少時間了。下個星期受邀到京都、東京參加幾個重要的國際會議，回臺不久，再前往梵蒂岡科學院、印度的德里開會，緊湊的行程排滿攸關人類未來的議題。我們知道該怎麼走，但要緊的是，怎樣才能成功地把人類社會帶入永續發展的道路。

是的，為下一代付梓這本書之際，我的腳步又已踏向明天與未知，為下一代而前進。

二〇一六年九月二十四日

Yuan T. Lee

序章 我得了諾貝爾獎？你在開玩笑嗎？

床頭的電話鈴聲大作，李遠哲（Yuan Tseh Lee）伸手拿起話筒，一時想不起自己身在何處。

「遠哲！共進早餐如何？我們得要討論今後化學研究經費補助的事。」熟悉的聲音傳來，是長年協助他申請研究資金的迪克．米勒[1]。

約好待會兒在旅館附設餐室碰面，李遠哲看錶，時針指向六點鐘，趕忙梳理完畢，提起公事包走出房間。

一束陽光靜悄悄穿透窗簾，直射那具電話機，照耀地亮閃閃。房門兀自關上，李遠哲早已走得不見蹤跡。

這裡是美國國家實驗室所在地之一，新墨西哥州洛斯阿拉莫斯（Los Alamos）。四十九歲，任教於美國柏克萊加州大學（University of California, Berkeley）化學系的李遠哲，和米勒走出這間聖塔菲（Santa Fe）小鎮旅館，前往停車場時，天光大放。

四周翠綠山勢環抱，車行其間，李遠哲聯想起童年景象：清早隨父親李澤藩[2]沿新竹客雅溪的山光水色中尋找寫生景點，當父親將作畫工具放下，他與八個兄弟姊妹們笑著鬧著，邊跑邊玩，較量誰最會甩釣竿或撿小石頭打水拋。

天空清淺的色澤與層次，父親一定能用自創的堆疊水彩技法來表達吧？藝術能表達，用李遠哲長年研究的化學動態學，也能解釋其奧妙。

通用型交叉分子束儀器（crossed molecular beam apparatus），是李遠哲早在一九六七年就與第二位博士後指導教授達得利・赫許巴赫[3]共同完成的突破性成就，從此，人眼看不見的原子與分子的反應動態都能測量得到。這項研究在物理化學領域石破天驚，此後，人類許多重大化學問題都能被解決，化學研究展開新頁。

忽焉風起，下一刻雲彩湧動變幻，不就是原子與分子碰撞反應的動態寫照？

汽車停在歐本海默研究中心（Oppenheimer Study Center）前方，李遠哲揮別米勒，走進研究中心。此行，他遠從柏克萊奔波到洛斯阿拉莫斯，正是爲了參加這場化學動態學國際研討會，他受邀擔

---

1 Dick Miller為綽號，全名為理查・米勒博士（Dr. Richard S. Miller），美國海軍研究所的研究部門主管。身兼科學家與經理人，嫻熟研究經費的審核與資助。對李遠哲幫助甚大。

2 一九〇六～一九八九，教育家暨畫家，李遠哲之父。詳見第一部「少年李遠哲」。

3 Dudley R. Herschbach，一九三二～，李遠哲的博士後研究指導教授，任教於哈佛大學，兩人在一九六〇年代末期於哈佛大學共同做的交叉分子束儀器與相關研究有助於了解化學基本過程的動態學，同獲一九八六年諾貝爾化學獎。詳見第二部「青年李遠哲」。

任晚宴後的主講者，論述最新研究成果。

他在大廳遇見熟悉的羅尼．巴特勒[4]教授，寒暄入電梯，按下研討會的樓層按鈕，站定。

不過，電梯卻繼續往下，一位昨晚同桌吃飯的教授進來，隨即向他喊：「恭喜！」

「謝謝。」李遠哲頷首。

「他向你恭喜什麼啊？」巴特勒不解。

「大概是恭喜我們還活蹦亂跳吧。」李遠哲幽默說著。

抵達會議廳樓層，電梯門開了，李遠哲是最後一個步出電梯的。

「恭喜！恭喜啊！」許多人紛紛向他道賀。

「咦，我昨天發表的特別演講眞的那麼成功，大家到現在都還爲我高興嗎？」李遠哲困惑。

「李教授！恭喜！」

「恭喜！」

在場的學者一見李遠哲紛紛圍上來，祝賀聲如爆竹般炸開此起彼落，受寵若驚的他不得不問：

「爲什麼呢？」

有位學者脫口而出：「你得諾貝爾化學獎啊！」

李遠哲一聽，驚訝得頭都往後仰：「你在開玩笑嗎？沒這回事吧？」

另一位學者說：「是眞的！你和赫許巴赫教授、約翰．波拉尼[5]教授一起得獎。」

李遠哲聽到這兩個熟悉的名字，心想：「也許眞有這回事……」

爲何李遠哲自己不知情？

諾貝爾獎畢竟是最具聲望的科學桂冠，北歐瑞典的諾貝爾基金會在第一時間欲通知李遠哲這項消息，跨越時差，電洽柏克萊加大、他在柏克萊的家，與他下榻的聖塔菲小鎮旅館，卻都聯絡不上他，只好如期公布一九八六年諾貝爾化學獎得主新聞稿。一時之間，全世界皆知，連臺灣家鄉父老都欣喜若狂了，唯獨他自己不知情。

眼下，李遠哲算是非正式獲知得獎消息，他一如往常入座，聆聽學術演講。於他，得獎與否並非最重要的事，因爲諾貝爾化學獎是表彰他過去的研究成果，但是，他對科研的未來進展更感興趣。此刻，他聆聽著臺上學者講述投影螢幕上的實驗數據，腦中同時啓動精密的推演與計算，其輕易與熟悉，恍如童年時與堂兄弟在山間水邊打球與遊戲。

肩頭似乎被誰輕輕拍了拍，一名會議廳的服務生上前低聲問：「請問您是李遠哲教授嗎？」

「是。」

---

4 Rodney J. Bartlett，美國佛羅里達大學物理化學教授。曾獲美國化學學會頒發的理論化學獎。

5 John Polanyi，一九二九～，匈牙利裔與猶太裔加拿大籍化學家。曾任加拿大多倫多大學化學系教授。其以精密的數理計算解開化學基本過程的動態學，相對於赫許巴赫及李遠哲是以交叉分子束儀器實驗相關研究解開化學基本過程的反應動態學，三人共同獲得一九八六年諾貝爾化學獎。

「有一通加州大學校長打來的電話，指名由您接聽……」

李遠哲走得有點緩慢，要求知若渴的他離開眼前由學者現身說法的實驗數據發表，確實有些不情願。他走出會議廳，接起電話，傳來柏克萊加大校長麥可．海曼[6]興奮的嗓音：「恭喜！李教授。請你馬上回來。」

「可是……我在開會啊！」李遠哲說。

「你要趕快回來，學校要幫你開記者會。」海曼校長堅持。畢竟，這家美國老字號公立大學名校，到李遠哲得獎的一九八六年之前，已經有十四位教授，十名校友榮獲諾貝爾獎，李遠哲既是教授又是校友，學校更要昭告天下，大肆慶祝。

李遠哲有些無奈，將會議資料收進公事包。離去前，他答覆了一通電話訪談；一位地方報紙的記者也趕來採訪他。他回到旅館，將衣物、資料放進使用多年的大賣場行李箱，辦了退房手續，匆匆搭車趕往機場，買了一張機票，就搭機離開洛斯阿拉莫斯。

爲了趕回柏克萊加大的慶功記者會，李遠哲舟車勞頓。

從洛斯阿拉莫斯回舊金山並沒有直飛班機，李遠哲先飛到阿布奎基（Albuquerque）轉機。他行經機場附設的理髮廳，瞥見自己一頭忙得無暇修剪的亂髮，就進去剪短了。

再拖著行李走回候機大廳，遠遠看到一位黑頭髮黃皮膚的身影，那是任職於美國海軍研究所的資深研究科學家林明璋[7]，也是他就讀新竹中學時的高中同學。他輕輕拍了林明璋的肩頭。

林明璋自假寐中醒來，一抬頭看見幾年不見卻神采奕奕的李遠哲，面容漾著笑容與光采，便問：

「遠哲！我要去洛斯阿拉莫斯開化學動態學的會。你不去嗎？」

「我才剛從那個會議出來，我要回學校去。」李遠哲笑著。

「那你怎麼要回去呢？」林明璋詫異，這場化學動態學國際研討會，李遠哲是這領域的翹楚啊。這時注意到，「遠哲，你今天的笑容跟以前不一樣！等一下，諾貝爾獎都是十月公布，你該不會是……得了諾貝爾化學獎？」

李遠哲點點頭。林明璋欣喜若狂，彷彿比自己得獎還快樂，喊道：「哎呀！我知道你遲早會得獎的！我太高興了！**你是第一個榮獲諾貝爾獎的臺灣人啊！**」

林明璋旋即握住李遠哲的手說：「遠哲，你得獎了，算是『半人半神』，我有件事拜託你：希望你對臺灣的民主和自由出一些力！」

＊ ＊ ＊

6 Ira Michael Heyman，一九三〇～二〇一一，一九八〇年至一九九〇年擔任美國柏克萊加州大學第六任校長，以增進少數族裔平權及低收入學生等政策為人稱道。柏克萊加大已故法律及城鄉規畫名譽教授。

7 中央研究院院士。研究領域為化學動力學。國立交通大學應用化學系講座教授。曾任埃默里大學（Emory University）化學系教授，美國海軍研究所資深研究科學家。

飛往舊金山的班機上，身材高瘦的李遠哲，兩條長腿擠在窄小的經濟艙座位，他小心翼翼伸了伸腿，避免驚擾鄰座，眼光飄向窗外機翼的浮雲。思緒轉呀轉，一個念頭昂揚：

「我從來沒有爲自己的榮耀高興過，但是，我確實想到，好像我可以做更多有意義的事。因爲諾貝爾獎是別人給你一個舞臺，一個公共的舞臺，可以做更多事。得到這個獎，許多我想做的事就可以做得更有效率……」

李遠哲拖著行李箱踏出舊金山機場大廳時，瞬間響起樂聲，竟是柏克萊加大管樂隊奏樂歡迎，而校長連同四位校內的諾貝爾獎得主前輩也特別前來，陣仗熱鬧又盛大。許多行經的旅客投以喝采，讓他很不好意思。機場有個記者室，也趁機開了小型記者會，請他簡短受訪。

李遠哲的學生開車來接他，一行人浩浩蕩蕩回到校園，直抵化學學院建築群的希爾德本大樓（Hildebrand Hall）。

他走進大樓，原本空曠的大廳成了記者會現場，擠得人山人海，有新聞媒體、校刊與系刊記者，化學系師生，都想見證柏克萊加大第十五位諾貝爾獎得主，也是第七位獲得諾貝爾化學獎的教授之風采，樂隊演奏也將氣氛烘托得很熱鬧。

「我眞的很驚訝，有那麼多人在這裡爲我高興！」

校長致詞後，由李遠哲發表感言。戴著粗黑框眼鏡的他，從容到講桌前，神情一如在大講堂裡向學生們授課，他說：

我一輩子做對了兩件事，第一件事是一九六二年申請來柏克萊讀書，因爲這裡有最好的老師；第二件事是一九七四年，我決定回來柏克萊，因爲這裡有最好的學生。這十二年來，在柏克萊有優秀的學生、教授們及協同的行政人員支持，讓我享受了科學研究的樂趣。

今天，我回想到我們已故的老同事喬．希爾德本[8]教授。幾年前，希爾德本一百歲壽誕時，美國化學會成立一個希爾德本獎（Joel Henry Hildebrand Award）並致贈給他。當時我問教授：「您一輩子得了這麼多獎，現在得到以您爲名的獎，您覺得高興嗎？」

希爾德本教授就說：「遠哲你該也知道，對我們科學家來講，得獎並不是重要的。但是，對一個社會來說，獎勵科學家是重要的事，因爲能藉此讓社會上的人了解科學家在做什麼，對社會有什麼貢獻。」

我很高興，在我們這裡，某一個人得了諾貝爾獎。我得獎對我不是那麼重要，但是，讓大家知道化學動態學在做什麼，科學家在這個領域做到什麼階段，這是最重要的。

[8] Joel Henry Hildebrand，一八八一～一九八三，教育家，化學家。已故柏克萊加大化學系教授，專長為液體與非電解質溶液。為紀念其貢獻，柏克萊加大化學學院特別興建一棟大樓，命名為希爾德本大樓，亦即舉行李遠哲獲獎記者會的所在地。

「你說得很好呢！」系上同事低聲讚賞。但這是李遠哲的眞心話，一路走來，許許多多前輩的言行引領著他。

席間，李遠哲卻不時想起方才在機場時，來迎接他的一九五一年諾貝爾化學獎得主前輩葛連・席柏格[9]教授向他說的話語，那是意義深重的提醒：

「遠哲，從今天開始，每個人碰到你，都會問很多你不曉得答案的問題；但是，你還是要回答。從今天開始你要好好用功，很多事情你不能說：不。」

四十九歲的李遠哲或許從未想過，這位七十四歲長者席柏格的耳提面命，從此成爲他人生後半場的寫照。而諾貝爾獎確實爲他搭起一座舞臺，他努力扮演積極正面影響力的科學家、教育家，以及同人民並肩的社會關懷者與改革者、鼓吹全球解決暖化困境的「傳教士」……

[9] Glenn Theodore Seaborg，一九一二～一九九九，美國核子化學家，以發現一系列超鈾元素獲得一九五一年諾貝爾化學獎。一〇六號元素鐃（seaborgium, Sg）即以其姓氏來命名，以紀念其貢獻。詳見第二部「青年李遠哲」。

第一部

少年李遠哲

第一章
家族流變四百年

一八九五年，一紙馬關條約，滿清帝國將臺灣與澎湖群島割讓給日本。日本政府規定，兩年內，臺灣人民只能有兩條路走：歸化日本籍，或是離開臺灣。

怒海奔騰，十七歲的李樹勛（一八七八～一九四三）緊握家當，與一群鄉人們蹲擠在船上，爲了逃離日本政權的不可知，只能忍痛渡過俗稱「黑水溝」的臺灣海峽，航向唐山，儘管，滿清帝國的命運也難說得準。

四周一陣騷動，李樹勛掙扎起身，只見兩艘船隻逼近的速度極快，對方陣營拿刀、持槍者眾多，殺氣騰騰，作勢撲來。

「是海盜啊！」船上的鄉人們失聲大叫，慌了手腳。李樹勛雖然嚇出一身冷汗，仍轉頭望向船上一隅供奉的神像，喃喃唸著佛經，合掌在胸前膜拜。

船身傾斜震盪，海盜們衝了上來，船上的鄉人們紛紛撲倒在地，跪求免死。生死存亡之間，李樹勛也悶聲蹲著，默默交出隨身包袱與家當。當海盜船揚長而去，鄉人們紛紛哭號著，沒了錢財與衣物，就算去到唐山，難道要乞討爲奴嗎？

無奈，船隻只能返航，載著整船哭喪臉的鄉人們回臺灣。

當船隻靠岸，李樹勛沒有下船，反之，他默默走向角落的那尊佛像，跪地一拜再拜，磕頭磕得眼眶都紅了。當鄉人們盡皆散去，他起身往前走，手掌合十，敬謹抬起佛像，此刻，一塊澄閃閃的黃金出現在佛像下方。他取回這塊黃金，跪地向佛像再拜，遂起身離船。

「我祖父（李樹勛）後來說，好在他把變賣家當的黃金放在神像底下，才能回來臺灣開雜貨店、賣鹽什麼的，所以祖父算是小康。」李遠哲說：「祖父後來娶了我祖母陳娥（一八七八～一九二二），生養四男三女；我爸爸是第三個兒子。如果不是祖父，也沒有後來的我了。」

一八九七年後，國籍選擇之下，只有幾千人遷出臺灣，其餘人口都留下，成爲在臺灣的「日本人」，或成爲日本人眼中的「臺灣人」。

追溯歷史[1]，其實，李氏家族見證的政權更迭豈止這回？

一六六二年，滿清帝國爲了封鎖在臺灣的鄭氏政權與清朝沿海地區的來往，頒發了「遷界令」，強迫帝國領土沿海的浙江、福建、廣東等地居民向內陸遷移三十華里（約十五公里），並規定「凡所有官員兵民違禁出界貿易，即凡蓋房屋居住耕種用地者，不論官民俱以通賊論罪處斬。」

鄭氏政權和遷界令，這與李家有何關係呢？

---

1 《李氏家譜》由劉遠中及李遠輝考證並撰寫。自費出版。

原來，李家第一世祖原居福建省泉州府南安縣四十四都的「張塘」。

張塘是什麼地方？

就是現今福建省南安市石井鎮錦堂村，位於金門正北方的福建省海邊，據說鄭成功以往在此訓練水師，也是鄭芝龍的故鄉。

這意謂著，李家第一世祖的居處，就是源源不絕孕育出鄭氏政權基業與大軍的所在地。滿清帝國頒布遷界令，以求「斬草除根」。因此，李家第一世祖被迫遷往內陸的山村「安園鄉」。

一六八三年，亦即遷界令實施二十一年後，鄭氏政權在臺灣投降。隔年，滿清政府解除遷界令。沿海人民紛紛出海，不只往臺灣，有的也移往菲律賓、越南、泰國、馬來等地。

李家人也渡海找生機。先是李家第四世祖乘船遠渡，不料喪生於途中；後來李家第五世祖出海到廣南（今越南中南部），卻杳無音訊。

艱困環境逼使人患難求生，直到一七五〇年代，李家第六世祖李祐（一七三〇～一八〇六）終於成功渡過黑水溝來到臺灣，在後壠社（今苗栗縣後龍鎮附近，以後龍溪畔爲主）住下，在臺娶楊新（一七四〇～一八〇六）。至此，李祐在臺灣扎根繁衍，成爲李氏家族渡臺一世祖。

李氏家族好不容易在臺灣找到生機，卻逃不了族群相爭的禍害。

一八〇六年彰化爆發漳泉分類械鬥（漳州人與泉州人相互殘殺），焚燒不絕，蔓延至中北部；一八〇九年四月中北部漳泉分類械鬥，焚殺不止。

李氏家族傳說，年僅十五歲的渡臺第三世祖李沫（一七九一～一八六七）爲了躲避漳泉械鬥，背著母親鄭亨（一七七〇～一八一二）向北逃往竹塹（今新竹）。途中，李沫聽從一位漳州人勸告，先將母親安置該漳州人居所，待日後安定再來接返。不料，時局穩定後，李沫回後壠社時，母親已經被殺身亡。是時，竹塹已築有防禦土牆，竹塹沿海、頭前溪、客雅溪、中港溪沖積平原已有許多漢人墾地，且築有多條水圳。

李沫遠離傷心地，遷居竹塹發憤工作，經營土礱間（碾米店）並販賣雜貨，娶妻生子，育有李振生（一八三八～一九〇七）等三子，開枝散葉。李振生承續經營碾米與雜貨小賣生意；而李振生的次子李樹勛，就是李遠哲的祖父。

家族是一葉扁舟，在政權紛擾與更替之時，總是載浮載沉。家族也是不願斷的臍帶，在求生存的基本需求中，有幸者總能開枝散葉，有志者或能造福人群。

從鄭氏政權建立與傾覆，福建南安跨海到後壠社，避禍北逃竹塹，後受日本統治到國民政府遷臺，至今，李氏家族到李遠哲一輩已有十二代。

家族流變近四百年，正是臺灣史的見證。

留在臺灣的李樹勛（第二排中）開墾打拚，李氏家族開枝散葉，傳至李澤藩（第三排右三）這一輩為第十二代。照片為一九三七年李樹勛六十大壽時攝，李蔡配（第二排左四）懷中的嬰孩即為剛滿一歲的李遠哲。

第二章 幼稚園出生的怪小孩

一九三六年十一月十九日，二十七歲的新竹第二幼稚園園長李蔡配[2]在園長宿舍生下第三個孩子。當小孩會走路了，李蔡配就帶著他到幼稚園去上班；她教學，他就跟其他院童一起上課。這個孩子，就是李遠哲[3]。

他在幼稚園出生，可以說，從一出生就在念幼稚園，深受多年幼兒教育薰陶。

朗朗日語童謠歌聲從第二幼稚園內傳來：「咕咕咕，鴿子咕咕叫，要吃豆子嗎？給你吧！大家一起乖乖地吃喔！」「開了，開了的鬱金香，一排排的白色，紅色，黃色，不管看那一朵花都好美喔！」[4]

每天，小遠哲坐在教室角落裡聆聽老師帶領幼童們唱兒歌、說日語、學習生活秩序；他也跟著做體操、運動、遊戲、跳舞。慢慢的，小遠哲辨認、認知，形塑了一套與人互動的方式。

他很早就開口說話，對事物很好奇，會追根究柢。

有一天，母親正在讀報紙，三歲的小遠哲過去問：「媽媽，爲什麼要看報紙？」她解釋，讀報能了解世界發生的重要事件。小遠哲湊近報紙，指著標題上的「の」字問：「這是什麼字？」

母親說：「這個字唸no。」

小遠哲學習著發音，接著就主動湊近報紙，一個個尋找「の」字，邊唸邊找，將全篇的「の」都找了出來，每找到一個就唸一遍。教導過無數幼童的母親雖然訝異，卻也欣然陪著他唸。

「のののの，のののののののの……」

小遠哲好奇，而且很有耐性；而耐性就是母親給他的身教。

他四歲時，隨著家中第五個孩子誕生，母親辭去第二幼稚園園長之職，父親李澤藩[5]帶著全家搬

---

2 一九〇九～一九九七，生於臺中梧棲。曾任教於日南公學校、梧棲公學校等。與李澤藩婚後生下九名子女。重視教育，子女多學歷顯赫，曾獲新竹市「模範母親」榮譽。

3 日治時期，臺灣總督府推動更改日本姓氏。李澤藩擔任公學校教師尤有壓力。為保留族群與文化認同，改名為：里澤藩。里之意為故鄉；澤之意為鎮守。傳統日文姓氏並無里澤，此姓有助於後代追溯家族起源。他為次子李遠哲取名為里澤哲夫。

4 分別為日本童謠《鴿子》（鳩）、《鬱金香》（チューリップ）的歌詞。

5 一九〇七～一九八九，生於新竹，為家中第三子，囿於經濟而留在臺灣就讀不需學費的臺北師範學校。才華極高，甚具科學頭腦，各項體育競賽亦屢獲佳績，曾為新竹州三級跳遠紀錄保持人長達十五年。著迷於石川欽一郎之繪畫與教學風格，轉而投入繪畫，並常追隨寫生。原想畫油畫，因耗材昂貴而改專攻水彩畫。一九二六年於新竹第一公學校擔任教師，月薪大部分用以資助兄弟讀書。任教公學校時作畫不輟，凡新竹周遭各處景點皆入畫。水彩作品曾入選第二屆臺展，一、二、三、六屆府展。戰後於省展、臺陽展屢屢獲獎。一九四六年以五幅作品獲省立新竹師範學校校長賞識，擔任美術教員。一九五六年兼任師範大學美術系講師，一九六四年兼任國立藝專（今臺灣藝術大學）副教授。作品豐富，獨創水洗法（洗畫法），寫生足跡遍全臺，尤以新竹風采、苗栗風景為最。一九八三年獲文建會評選為「十位臺灣前輩畫家」之一。

離宿舍，遷到南門後街（今武昌街）的祖厝對面，專心照顧五個孩子，於是，小遠哲脫離了自小在第二幼稚園的學習環境。不過，小遠哲也到了讀幼稚園的年紀，因此，母親爲他申請報考新竹第一幼稚園。

一天，母親正在塡寫報考申請書，小遠哲湊過去看，注意到母親在申請書上用日語漢字寫著：「特別の宗教もなく」（也沒有特別的宗教信仰），小遠哲卻忽然間哇哇大哭。幼小的他，還看不懂『特別の宗教』這幾個漢字的意思。但是，日語『なく』（沒有）的讀音是naku，和『哭』的讀音一樣，他誤以爲媽媽說他愛哭，所以就眞的大哭起來。

小遠哲對自己的要求高，不太有自信，跟父母親的嚴教有關。他的父母親相信，只要把大哥的言行舉止教好，弟弟妹妹都會跟著好。所以，他的哥哥姊姊受到非常嚴格的管教。有一次哥哥不聽話，他們把哥哥放在日式的空浴桶裡，還蓋上蓋子。父母親對他也嚴格，只是程度較淺。

母親爲小遠哲申請報考第一幼稚園，面試後，該校教師親自來做家庭調查，確認爲合格的國語（日語）家庭[6]，同意他就讀第一幼稚園。

第一幼稚園專收日本學生，也破例收少數臺籍學生。相較於專收臺籍生的第二幼稚園，第一幼稚園的教學有著較爲濃厚的軍國主義價值觀。

小遠哲第一次上游泳課時，老師要同學們在池邊排排站，冷不防，就將他們一個個推下水。

「我們下水了，怕淹死，趕快拚命學狗爬。老師就在池邊看，看到有些同學眞的快要淹死了，才把他撈起來。」小遠哲爲了求生而學會「狗爬式」的游泳。

第一幼稚園也教導他們相撲，因爲「希望學生未來能成爲武士或軍人。」

一九四一年，日軍發動太平洋戰爭，戰火遍及太平洋上的島國，將出戰形容爲解救敵國人民的價值觀，也滲入了第一幼稚園。

小遠哲學的兒歌，歌詞內容是：「我很喜歡軍人，等我長大了，一定要掛上勛章，佩著軍刀，騎在馬上向前衝。」或是「日本必勝……代替天，打不義……」[7]，歌詞灌輸學生從小認同日本發動戰爭是「替天行道」。

有一天，第一幼稚園的老師到家裡來做例行的家庭訪問，老師對母親說：「你的兒子是個『變人』（日文，指怪人，言行和別人不一樣的人）」。

老師解釋，當他問大多數學生長大以後要做什麼？大家都說要當軍人，但是小遠哲卻說要當老師。

---

6 一九三七年，臺灣總督府加強推行日語教育，其中一項政策是「國語家庭」，乃由專人檢核，全家日常生活都講日語，發給證書並在門上掛國語家庭木牌，獎勵為給予較佳的物資與配給，教育機會也比非國語家庭優惠，例如報考新竹第一幼稚園與新竹小學校學童都必須具有國語家庭資格。

7 日本童謠〈我愛軍人〉（僕は軍人大好きよ）的歌詞。

問他爲什麼？小遠哲回答：「因爲做老師就不用當兵了。」

老師質問小遠哲：「你怕死嗎？」小遠哲卻說：「我怕死啊！」

以老師的觀點來看，小遠哲確實是個「怪」小孩，有別於他人。

「我爸爸媽媽從來不認同軍國主義的觀念。我在第一幼稚園受這樣的教育，回到家發現爸媽是愛好和平的老師，自然而然被父母親感染，不想當軍人，只想當老師。」李遠哲這麼說。

不過，從出生以來，在日治的新竹第二與第一幼稚園的環境下長大，小遠哲還能做個「怪小孩」—保持有別於其他孩子的價值觀—或許該說，是因爲他不怕說眞話，不怕和別人不一樣吧。

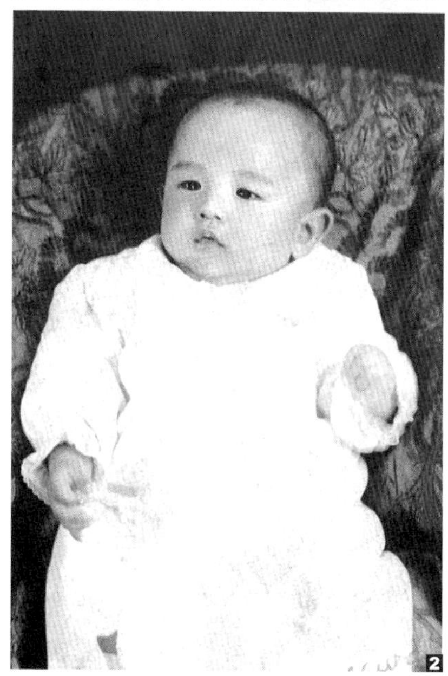

1 一九四三年，六歲的李遠哲（倒數第二排左七）自新竹第一幼稚園畢業。

2 一九三七年，剛滿一歲的李遠哲。

第三章 削竹砍蔗的小李飛刀

一九四三年四月一日，日本學制的開學季。七歲的小遠哲通過嚴格的家庭調查與入學考試[8]，進入新竹國民學校（今新竹市東門國民小學）就讀。

然而，早在一九四一年日本攻擊珍珠港後，美國積極參戰，在東亞也與中國大陸的中華民國政府合作，第二次世界大戰越演越烈。臺灣是日本殖民地，島內的臺北、新竹、臺南、高雄都是日本戰備與駐軍要地，局勢極不平靜。

在小學裡，也瀰漫著戰爭的氣氛。

一入學，學校就發給每位學生一個厚厚的頭巾，以備預防空襲。學校裡一位女老師常說：「前線打仗的軍人保國衛民，多麼辛苦……」並不時流淚。學校甚至還有一種「試膽」課，把高年級小學生帶到夜裡的墓地，測試他們是否有膽量。

放學回家時，他常常看見母親與鄰居們進行防空演習。他們排成一列，接力把裝滿水的桶子往前輸送，猛力將「火勢」撲滅；而所謂的「火勢」是被吊起來的日本大敵——美國總統小羅斯福與英國首相邱吉爾的肖像。他也常看見他們不斷拿著削尖的竹竿，學習刺殺敵人的動作。

幾個月後，讓小遠哲難忘的事件發生了。

一九四三年十一月二十五日，空襲警報作響，聽到轟炸機的隆隆聲，天搖地動。緊急間，全家人鑽進餐桌下方的防空洞，蹲在潮濕的黑暗中，驚魂未定。

第一顆炸彈就投在家門前，「旁邊不遠的日本家政女子學校被日本海軍當作司令部，盟軍不知道怎麼發現的，丟炸彈擊中，威力很大，連我家的門也倒了。」李遠哲說。

事後才知道，美國空軍轟炸機（中華民國與美國空軍混合團隊）攻擊新竹空軍基地相關軍隊與設施。整座新竹市受牽連，許多房舍倒塌，死傷無數，是爲「新竹空襲」。

轟炸聲甫平息，父母親收拾簡單衣物與日用品，父親牽腳踏車載著年幼的小遠哲、小遠欽[9]與小芳美[10]，母親背著出生不久的小遠昌[11]，帶年長的遠川[12]與惠美[13]互相扶持，摸黑步行往青草湖方向

---

8 其報考新竹尋常高等小學校，臺籍生必須有國語家庭證書才能報考，考試嚴格，以及家庭調查。當屆考入的臺灣人至少有黃芳枝、李遠哲、李遠輝、鄭欽仁等十名；其餘學生皆為日本人。

9 李遠欽，一九三九～，李家三男，李遠哲之弟。曾任農委會林業處副處長。

10 李芳美，一九四〇～，李家次女，李遠哲之妹。為小學、幼稚園教師。

11 李遠昌，一九四三～，李家四男，李遠哲之弟，因戰時營養不良而發育較遲緩，令李蔡配畢生自責。

12 李遠川，一九三二～，李遠哲之長兄。中研院院士。美國約翰．霍普金斯大學生物系教授，研究領域為醣生物學、生物化學等。

13 李惠美，一九三四～二〇一六，李遠哲之長姊，師大理化系學士。曾任美國洛克希德馬丁（Lookheed Martin）公司軟體工程師。

「疏開」（戰時因躲避空襲疏散至鄉間）。沿路擠滿趁夜攜家帶眷的民眾，不約而同逃往山上避難。「因爲懼怕美軍夜襲，大家不敢點燈，因此四周一片漆黑，而通往鄉間的每一條道路又都擠滿疏散的人潮，眞是永遠難忘，令人毛骨悚然的景象。」李遠川描述。

漆黑的暗夜中，一家人推進到六公里外，再走到青草湖山上的靈隱寺待下來。隔天又走到雙溪，住在親戚的佃農家裡。

政府規定中學男生與成年男子不得疏開，因此，父親將一家人安頓在山上之後，帶著剛讀初中的李遠川返回新竹市區，幫忙救災滅火。臨行前，父親耳提面命：「遠哲，你是留在山上最大的男孩子，一切要靠你了。」

聽完父親這番話，他深深感受到，該是獨當一面、有責任感的時候了。只是，小學只念幾個月就中斷的他，起初還在適應山上的生活，每到入夜就不自覺被滿天星斗召喚而躺在草地上，學會辨認北斗七星。幾個月後全家再遷到親戚的另一個佃農劉木的家，擠進一間房裡，持續疏開。適應了鄉居山野的生活，他才學會該如何擔起家中的「男人」之責，幫著母親照顧姊姊與弟弟妹妹。

每天，小遠哲與姊姊從山腰下山取水，供全家喝水、煮飯、洗滌。兩人以扁擔各挑著兩個水桶，來回走好幾趟，長達一、兩個小時。他總是不自覺地研究該挑多少水，才能免於長途跋涉而使水潑濺出來，後來發現，挑半桶水最符合效益。此外，姊弟兩人也要跟劉木一起種空心菜等蔬果，勤耕農事。

爲了在山上生活，小遠哲每天在腰間別一把刀就出門，可說是個「小李飛刀」。「山上種很多甘蔗，口渴就削甘蔗來吃。」

在鄉間生活，他見證了農夫的土地智慧。

例如，農夫只要抬頭看雲的顏色變化、形狀與速度，憑著周遭的溫、濕度，就能精準預測天氣，爲農作預先防護。

又有一回，他看見路旁有個農夫在剖竹子，他觀察農夫不斷微調刀的角度，將長長的竹子剖成兩半，並繼續對分爲細條，再開始剖竹皮，毫不失手。隨後又用削好的竹片編完一只竹簍。

小遠哲很佩服，也拿起刀，學著農夫剖竹子，發現要成功剖半並不容易，嘗試數次才掌握訣竅，幾天之內就自己編出了一只竹簍，並帶回家給母親驚喜。

「這是從哪裡拿來的？」母親拿著小遠哲送給她的竹簍，一臉驚訝，畢竟戰時物資缺乏。

「這是我自己做的啊！」他說。母親看他用刀熟練，手藝很巧，才慢慢相信。

小遠哲向來就是好奇的孩子，沒有農事時，就會獨自到山裡，觀察大自然。

他喜歡欣賞白鷺鷥駐足田間、群聚在大樹上化爲白茫茫一片，美麗如畫。也會爬樹觀察黑文鳥的鳥巢，有一次他看到鳥蛋孵化，就把整個鳥巢摘下帶回家。他磨糙米餵雛鳥，觀察雛鳥成長，當鳥兒羽翼已豐而飛走，期待日後牠們飛回來看看老朋友。他聽說山裡有狐狸洞，就去找傳說中的狐狸蹤影。

梅雨季節特別潮濕，蛇紛紛出沒，偶爾傳來毒蛇咬人，傷重不治的消息；他謹愼防身，「在山上打最多的就是蛇了，幾乎每天都打。打蛇打七寸，我會拿石頭把蛇頭砸扁。最常見的毒蛇是雨傘節。」

颱風過後，年長僅兩個月的堂哥小遠輝[14]走一個半小時的山路來看他。兩人經過一座埤塘，因爲水位暴漲，埤塘下方出現壯觀的瀑布。他們觀察到，瀑布下方閃現白亮亮的光影，湊近仔細看，竟是卡在石頭縫隙間的鯽魚，於是通報附近人家。居民搬開石頭從石縫裡抓到很多鯽魚，裝滿大木桶並分送村人，眾人因補充了戰時欠缺的蛋白質而笑得合不攏嘴。「這之後，就知道颱風過後會有很多鯽魚從湖裡游出來。」李遠哲微笑憶往。

後來颱風再度過境，正巧上山的父親拆了一張竹編門板充當篩子，到埤塘下方的瀑布抓魚，卻毫無所獲，決定改用竹編的畚箕來撈魚。

小遠哲興沖沖拿來畚箕，雙手將畚箕插入瀑布下方的急流，不料，「水流的衝力超乎我想像的大，我差一點就被水沖走，趕緊把畚箕從急流中拉上來。我第一次覺得自己很可能會死掉。」李遠哲餘悸猶存。

雖然無法上學，小遠哲反而體會到以大自然爲教室，「人應該與大自然共生，大自然很豐富，有魚、鳥、蜂、蝴蝶、植物……四季變化都有不同的景象。」

大自然雖令人忘憂，戰爭依然持續著。

有時候，小遠哲走過狹窄山徑，路邊排著好幾個骨灰罈，有的罈身、罈口破裂，骨頭暴露在外，他總是緊張得快步經過。還有一次，大哥牽著腳踏車奔上山來，流著眼淚，滿臉驚惶。「因爲大哥在路上碰到空襲，有一架美軍戰鬥機用機關槍掃射地面，身旁的一個人當場被掃射死亡，大哥很害怕，就一路狂奔上山來。」他說。

有時抬起頭來，天空徐徐飄下一條條的錫箔，是美軍偵察機干擾日軍雷達而拋投的。他很想去撿錫箔，只是，到底什麼時候可以撿，何時才安全？

大哥爲他解惑，飛機往前飛有速度，丟下來的炸彈也有往前的速度，但是，炸彈還多了地心引力，更有重力加速度會導致炸彈越往地面掉越快，「看到頭上有轟炸機在丟炸彈時，炸彈會落在遠遠的前方。所以，留在原地是安全的。」從此，小遠哲懂得看飛機判斷逃命方向。

疏開到大自然裡，遠離殘酷的戰爭，使小遠哲開始思考許多事。

有一次，小遠哲陪母親到城裡，下午回程時傳來空襲警報，母親提醒他：「我們沿路邊的亭仔腳（騎樓）走吧，萬一有空襲，就不會被炸到。」

他卻說：「萬一眞有空襲，房子和亭仔腳會被震垮，我們可能會被壓到。所以，我們應該走在馬路上，除非炸彈直接命中，才會受傷。」母親很訝異，年幼的小遠哲確實有道理，就採納了建議。

戰火無情，人生無常。他在戰爭時的生存哲學就是，「過一天又是一天。」

有一天，小遠哲在山裡遇見一名日本神風特攻隊的隊員，年約十五、六歲，相當年輕，對方神情哀淒地說：「我明天就要出任務了。」

---

14 李遠輝，一九三六～，地球化學家，現為美國夏威夷大學海洋系榮譽教授。與李遠哲共同成長，情誼深厚。

然而隔天，這位隊員又出現在山上。小遠哲訝異地問：「你不是今天要開飛機出去嗎？」

「今天早上出任務時，飛機的儀表板故障了……」隊員解釋。

他心裡忍不住想著：「會不會是他不想送死，故意弄壞了儀表板？」

不料，隔天（一九四五年八月十五日），日本昭和天皇就向民眾宣布無條件投降，小遠哲再沒見到這個隊員。

戰爭結束了，父母親帶著小遠哲等六個孩子，謝別劉木一家人，下山返家。戰火雖遠離，這段接近大自然、以大自然爲師的日子，卻啓發了他的觀察力和創造力，影響深遠。

第四章

我不是日本人？被欺負的「三腳仔」

終戰後，小遠哲回到新竹市區的家，目睹市區殘破，鄰近的房舍幾乎被夷爲平地，戲院、韓國慰安婦招待所「朝鮮亭」、臺灣四大園林之一的北郭園都倒塌了，空襲造成死傷無數，滿目瘡痍。走在傾倒崩壞的瓦礫間，很難想像，這附近曾經是日治新竹州最現代的市街。

由於發電廠被炸毀，家中停電，只好點起煤油燈，不過光線昏暗，無法閱讀，整座市區只零星亮起夜市攤販爲招徠客人點亮的乙炔燈。

有一天，母親接到來自梧棲娘家的訃文，就帶著小遠哲返家爲她的大哥弔唁。

由於鐵路和公路受損嚴重，母子倆舟車勞頓才抵達梧棲。當小遠哲來到龐大的外祖宅第，映入眼簾的竟是前埕一門近三公尺長的大砲，蔚爲奇觀。

小遠哲的外祖父蔡謀錦（一八五五～一九三六）生前在霧峰林家姻親開設的「源順號」擔任總管，打理林家的樟腦等專賣事業；後來頭家將梧棲「泉春號」贈送給蔡謀錦，專營海上貿易——運米、糖等農產品到廈門，返航時載福州杉、石板等物資回臺。而臺灣海峽海盜多，蔡家出船時都自備大砲以震懾敵人。

「祖父被海盜打回臺灣，外公卻是用大砲打海盜」，小遠哲印象深刻。也依稀體認到，原來母親出身富商巨賈，卻願意嫁到新竹的李家，過著簡樸的生活，辛苦照顧一家六個孩子。

趁著母親忙於祭奠，小遠哲獨自來到外祖厝後方的海邊玩耍。忽然看見兩位年輕的日軍，他不敢靠近，只敢遠遠蹲在旁邊。只見日軍百無聊賴，拿起槍隨便射殺水鳥，「雖然戰爭已經結束了，我還是感到恐懼。」李遠哲說。

戰爭結束，日本淪爲戰敗國。即將滿九歲的小遠哲看著日本鄰居變賣物品家當，做著引揚遣返日本的準備工作，而自己家卻沒有動靜，疑惑地問：「媽媽，好多同學都要走了，我們不用回日本嗎？」

母親啞然失笑地解釋：「遠哲，日本人才需要走。我們不是日本人，我們是臺灣人啊！」出生、成長在殖民臺灣的小遠哲，此時才恍然大悟自己的身分。

戰後，望春風的臺灣人民，辛酸，換了另一種滋味。

日本放棄臺灣、澎湖等附屬島嶼的權利後，無數新竹市眾組成歡迎隊伍，奏著南北管的昂揚樂聲，揮舞自製的中華民國國旗到火車站前迎接國軍。堂哥小遠輝與小遠哲都去了，只是，「國軍以槍桿或雨傘擔著舊鍋與棉被，軍服破破爛爛的，連綁腿都沒有紮，跟軍容整齊的日軍差太多了。」小遠輝訝異地想。

舊政權已終，新政權將臨，對臺灣人民來說，命運將怎麼走，一切都在未定之天。

儘管因避難疏開而中斷學業一年半，一九四五年十月，小遠哲轉入俗稱新竹南門國小的新興國民學校（今新竹國民小學）就讀三年級。

開學了，小遠哲和堂哥小遠俊[15]、堂哥小遠輝、堂弟小維石（一九三四～一九七二）等四人同行，從祖厝浩浩蕩蕩走路上學。不料，進學校就出現衝突。

有同學發現他們只聽得懂日語，臺灣話[16]卻講得結結巴巴，就譏諷他們是「三腳仔」，小遠哲很不服氣，雙方就打了起來，堂兄弟們都掛了彩。

第二天上學，小遠哲等人亟思反制之道，沿路（今興學路）撿小石頭裝進口袋。果不其然，雙方再起衝突，李家堂兄弟打不過，就拿出口袋裡的小石頭還擊，邊丟邊跑。

「『三腳仔』是什麼？」奔跑之際有人問。

「（日治時期）臺灣人認爲日本人比較沒耐性，意見不合時，說沒幾句話就動手打人，像狗一樣；而臺灣人則是罵幾個鐘頭都不還手，還背地裡用臺灣話罵日本人是四隻腳的狗——『四腳仔』；罵只會講日語的臺灣人是『三腳仔』。」混亂中不知誰答話。

小遠哲等人之所以被罵作「三腳仔」，與日治時期的教育政策有關。終戰之前，他們就讀的學校前身是以日籍生爲主、臺籍生爲輔的小學校。然而，終戰後，他們轉讀的學校前身卻是專供臺籍生就讀的公學校。於是，儘管日治告終，語言與殖民時期的差別待遇仍不時引發著族群矛盾。

小遠哲在學校努力學講臺灣話，以融入校園環境，卻仍不時遭到霸凌。有一次，他拿著掃帚與畚箕，認眞地將校舍前面的空地打掃乾淨，但是，二樓一個高年級的學生卻將垃圾掃下一樓地面。老師見狀詢問原委，他急著解釋，脫口而出的卻是熟悉的日語，老師嚴厲要求：「用臺灣話講[17]。」於是他只好慢吞吞地用臺語說明：「我已經打掃完了，但是有人把畚箕從樓上掃下來。」老師用臺語問：「畚箕？在哪裡？拿來給我看。」他指著地上的垃圾說：「那個就是他們掃下來的畚箕。」可是，老師沒看到畚箕，只看到垃圾，摸不著頭緒。這時候，他才想到，臺語的「垃圾」（bun-so）與「畚箕」（bun-gi）的首字讀音相同，自己誤把臺語「垃圾」讀成「畚箕」了，怪不得老師摸不著頭緒。

回到家，小遠哲跟母親訴苦。母親不知道該怎麼幫忙，只好跟他多說臺語，還用臺語教他念《三字經》：「人之初，性本善，性相近，習相遠……」他學著用臺語念經文，牢牢記誦著。

---

15 李遠俊，一九三四～，與李遠哲為兒時與初中時的玩伴。後來從商，曾招標取得馬紹爾群島的水電工程，並以高薪邀請柯文哲之父柯承發擔任監工，間接幫助其籌措長子柯文哲求學費用。

16 主要由十七世紀初荷治時期起，從中國閩南沿海移往臺灣墾拓的漳州與泉州人所使用的語言，亦稱閩南語。近四百年來，在臺使用的閩南語受荷蘭至日治等各政權影響，語言的使用與內涵與現今中國閩南語有諸多歧異。由於閩南人為臺灣人數最多的族群，而「臺灣話」或「臺語」已為在臺閩南語的通稱，因此在本書權宜以「臺灣話」或「臺語」稱之。

17 日治時代，日本人稱河洛話為臺灣話，因其為最大多數本地人使用。李遠哲指出，戰後，即使該班老師也不見得都能流利使用北京話，因此戰後初期，該班老師以臺灣話授課，要求學生說臺灣話。

在語言引發的文化衝突之下，小遠哲更加努力學臺語，融入學校生活。而學校的運動風氣旺盛，尤以棒球、桌球爲最。他都打得好，同學們也喜歡跟他比賽，大家都用臺語交談，自然而然，他的臺語就進步很多，連當初最先譏諷他「三腳仔」的同學都成了棒球球友。只是，迅速學會臺語之後，他又要繞著舌頭學習新語言：現代標準漢語（北京話）。

當小遠哲面對學習語言的壓力，大人們也在適應語言的轉換。

在日治臺灣，國語就是日語。但是，終戰後，中華民國政府的官方語言（國語）爲北京話。於是，在學校任教的老師往往才學會國語，不久就要教學生。父親李澤藩就是如此。

在小遠哲就讀的小學任教的父親「趕鴨子上架」，晚上學國語，第二天清晨，全家都在酣睡著，父親就拿著書在家門口來回走動背誦。也常把家族的學齡兒童們找來，一一坐在客廳的小凳子上，在神明桌前放一張黑板，拿起粉筆寫：「我是臺灣人，你是臺灣人，他也是臺灣人，我們都是中國人……」孩子們也覆誦「我是臺灣人，你是臺灣人，他也是臺灣人，我們都是中國人……」就這樣，認眞的父親從家族孩童的發音與反應修正教學技巧。

有時候，小遠哲會聽到母親對父親嘀咕：「你的發音錯了。跟我在孔廟的國語班學到的不一樣。」

其實，從中國大陸來臺的「國語老師」們出身大江南北，各自的北京話可謂南腔北調，到底誰的發音正確，初學者也很難分辨。

不只發音，連漢字的意義也令受日本教育長大的臺灣人難以適應。

當李澤藩在小黑板上寫著：「站起來，走過去，走過來，坐下去。」家族的孩子們都無法理解，小遠哲的堂哥劉遠中[18]就求饒：「三叔！這是什麼意思啊？」

因爲，儘管中華民國與日本都使用漢字，但是漢字語意卻不大相同。「『站』在日語中很少用，通常是指『車站』；『走』在日語中的意思是『跑』；『過去』的日語語意就是『已經發生並且過去的事情』，這些漢字意思都跟北京話不一樣，我眞的聽不懂，」從小受日語教育，讀初中才開始學國語的劉遠中說。

改朝換代之間，老師與學生努力學習著新的官方語言[19]；在公私立機構，許多日語菁英無法適應新語言的衝擊，失去嫻熟能自我表達的語言、也失去求學晉升的機會，成了抑鬱的失語世代。社會上，也有許多只能說臺語而無法閱讀漢字的民眾，被迫說著不完整的「臺灣國語」。

所幸，小遠哲在學齡時期就學會四種語言：臺灣話、日語、北京話，與疏開時在山上學會粗淺的客語；複雜而多元的語言文化帶給他的思想洗禮，正在醞釀。

---

18 一九三一～，日本東京教育大學物理博士。曾任新竹清華大學理學院院長、物理系教授、行政院同步輻射研究中心籌備處主任等，專研原子核物理。對中學時期的李遠哲做學問影響甚深。

19 李澤藩自五歲起在孔廟上漢文私塾課；後來任教於公學校時也堅持漢文教育。其新竹第一公學校學生林嘉湧為文指出：「老師（李澤藩）對於漢文課程特別重視且督促嚴格，因此大家都討厭漢文課程……一直到終戰……才領悟到老師當時的用心。」

第五章　跟爸爸去寫生，去孔廟打桌球

疏開前，每個週末清晨，小遠哲最期待的就是伴隨父親李澤藩背畫具、帶釣竿，兄弟姊妹們成群結隊，雀躍地翻過新竹師範學校（今國立新竹教育大學）所在的山坡後方，來到世外桃源般的客雅溪畔。

蔚藍的天空，開闊的天地，清新的野外，小魚不時蹦上河面，世界如此平靜。小遠哲跟著父親與兄弟姊妹們陶醉在大自然的懷抱裡，無憂無慮享受遠離塵世的美好時光。總有幾回「轟隆」聲呼嘯而過，將小遠哲帶回現實世界，那是火車過鐵橋的聲音。

寫生，是小遠哲最欣賞的父親身影。

他最喜歡看父親背著袋子帶畫具去寫生。高大而強壯的李澤藩，是撐竿跳、打網球、三級跳遠高手，一度想做運動員，後來在臺北師範學校（今國立臺北教育大學）念書，受美術教師石川欽一郎[20]影響而改變興趣，著迷於繪畫。畢業後返回新竹第一公學校（今新竹國小）教書，公餘與休假時仍常以寫生自修與研究水彩畫，因此，在小遠哲眼中，父親常常背著畫架畫具，往門外或山上走。

不僅大自然山水，小遠哲雙眼常見的新竹周遭：家中、祖厝、東門城、橋邊、北郭園、北門、孔廟、新竹火車站、關帝廟、送出征、新竹國小，無論庭臺樓閣或偏鄉靜巷，一一都進入父親李澤藩的水彩畫中，而且屢屢榮獲或入選臺展、府展等重要獎項。只是，誰也沒想到，習以爲常的新竹昔日風貌，不少被空襲摧毀，徒留於畫中。

終戰後，小遠哲依然期待週末的寫生時光，因爲，如果父親無法帶全家兄弟姊妹同行，極有可能只帶著他跟弟弟小遠欽陪同。

天剛亮的幸運早晨，父親會騎著腳踏車，後面載著小遠哲，前面坐著小他三歲的遠欽，身上與車上還掛著畫具與釣竿，照舊繞到依山傍水、廣闊的客雅溪畔。

李澤藩總是找好地點，擺放畫架與畫具，將水灌滿作畫用的水壺，接著拿起釣竿示範釣法。小遠哲才明白，原來，鯽魚跟溪哥的釣法全然不同。

父親解釋，鯽魚需要垂釣，將餌綁在釣鉤上，沉入水中，等魚上鉤。溪哥常出沒在急流中，需要用假蠅、假蟲或羽毛作餌，向急流拋出釣線，慢慢拉動釣竿，讓急流下的溪哥將餌誤認作小蟲。

小遠哲看著父親以精巧的手法製作釣餌，三兩下就能釣到溪哥，心裡很羨慕，也來依樣畫葫蘆。大多時候，小遠哲會跟弟弟在河邊觀察水面下的魚兒動靜，期待釣到大鯽魚回家給母親加菜。但是，

---

20 一八七一～一九四五，日本靜岡縣人，曾任臺北第一師範學校與臺北師範學校圖畫科教師。曾留學巴黎，將西洋美術帶入臺灣畫壇，啟迪臺灣美術教育，亦是許多臺灣重量級前輩畫家的啟蒙恩師，包括李石樵、倪蔣懷、藍蔭鼎、李澤藩等。

他更喜歡繞到父親身側，看父親如何將寬廣的三度空間呈現紙面上，遠近層次分明，既寫實，又立體，還有透視感。但是父親卻轉過來，嚴肅地說：「不要學畫畫，當藝術家會養不活一家人的，你以後應該像你兩個姑丈一樣當醫生，生活比較有保障。」

小遠哲懵懵懂懂，儘管沒有向父親學寫生，然而，父親拿著炭筆打草稿、用水彩作畫的能力，卻一點一滴看進他的腦海中。

父親不教他畫畫，他倒也不難過，放學後做完家務就和同學去打桌球或棒球，「等到爸爸快要下班了，我再跑回家坐在書桌前，所以他不知道我偷偷去打球。」小遠哲對運動的著迷，一如年少時的父親。

家對街就是孔廟，大成殿裡放了一張乒乓球桌，他和好幾個年紀相近的球友共用一個Halex的乒乓球，「很貴，大概十塊錢吧，小孩子都沒有零用錢，所以有人拿到一個Halex的乒乓球，我們就很寶貝。」每每打球之前，他們總是先把桌子擦拭乾淨，不讓球被桌子磨損。

只是，擁有昂貴的球已經很難，一群孩子怎麼可能有錢買乒乓球網？

一群人觀察孔廟周遭，靈機一動，孔廟有什麼呢？除了孔子的神主牌之外，還有顏回、子思、子路等弟子的神主牌。他們注意到，孔子弟子的神主牌寬度跟乒乓球桌上該架設的網子高度差不多，而且，兩支神主牌的高度加起來正好是球桌的寬度。所以，每次要打球，就把子思和子路的神主牌請下來，側躺在球桌正中間，充當球網。不僅如此，兩人單打時，其他人就坐在孔子的供桌上等候，順便觀戰。

奇妙的是，每逢大考前，到孔廟許願的考生也沒停過，儘管孔廟內的桌球熱戰打得如火如荼，廟外的參拜者卻視若無睹。

對於終戰後從中國大陸來臺的人而言，孔廟是神聖的參拜之所[21]，但是，於在地孩子的眼中，孔廟卻只是打桌球的所在。受儒家教育的人或許覺得他們離經叛道，但是，歷經五十年日本統治與教育的臺灣，對孔子的認識尚淺，何況在日治時期，新竹孔廟不只能打桌球，寬廣的廟埕也是打棒球的場地。

＊＊＊

一九四六年時，父親終於受到賞識並擔任省立新竹師範學校專職美術教員，開啓美術生涯新境界，工作極忙碌。而母親生下第七個孩子李幼眉（一九四六～一九五〇），小遠哲負責照顧妹妹幼眉和三歲弟弟遠昌，能打球、玩樂的時間也減少了。

戰後的臺灣，棒球一如戰前熱門，在新竹更是風靡。小遠哲的球技很不錯，成爲新竹國校棒球隊的一員，同學也常來邀他打棒球。有一次，同學到家裡邀他，恰巧他正背著小遠昌，邊念書邊哄著。

21 一九四九年中華民國政府遷臺之後，才有官方舉行的祭孔儀式。「我們從日治時代長大的人，不知道孔子有多偉大……所以小時候做了一些現代家長不會認同的事……」李遠哲回憶。

「我不行啊，我要顧我弟弟啊！」小遠哲回絕。但是同學們無論如何都不死心。最後，同學們決定輪流幫忙背小遠昌到新竹市動物園後面的體育場。

「好啦！」小遠哲拗不過同學的好意，一群人步行近三十分鐘到達體育場，將小遠昌放在廣闊的外野草地上，就開始打球。

兩隊攻守互換，揮汗的熱情激戰著，眼看著太陽就要西下，球賽終於結束，一行人守諾背小遠昌到家。當他抱弟弟進入客廳，母親見狀大喊：「遠哲？你給遠昌吃什麼？爲什麼滿嘴都是草？」母親掰開小遠昌的嘴巴，掏出一丸一丸嚼過的青草，連齒縫都卡著草渣，牙齒也變成綠色。

小遠哲這才想到，坐在外野的弟弟可能是肚子餓，就抓起身旁的青草來咬，才會滿口是草。

「你怎麼那麼貪玩？」母親鐵青著臉訓斥，打了他一頓。

父親進入新竹師範學校教美術之後，白天上班，晚上作畫，假日常帶學生去寫生教學，相較之下，帶孩子去大自然裡寫生、遊玩的機會少了些。

不過，有一天，父親卻只帶著小遠哲出門，而且是到臺北圓山動物園；因爲沒帶其他兄弟姊妹一起出門，所以他印象深刻。

在動物園，他們還看表演節目「猴子吃西餐」，只見猴子把圍巾放在脖子上，拿著刀和叉。小遠哲第一次見識什麼是刀叉，目睹猴子拿著刀切一塊食物，叉著吃，「原來西餐就是這麼吃的，這是我第一次看到。」

父子倆還去動物園旁邊的兒童樂園，那裡有一條從高坡延伸到山腳下的溜滑梯，他從來沒看過那麼長的滑梯。父親將小遠哲放在長長的溜滑梯頂端，對他說：「下面見喔！」小遠哲笑著點頭說：「好。」然後呼嘯一聲，感覺大約五分鐘後才溜到底端。這回少有的個別互動[22]，使小遠哲看見父親卸下大家長的嚴肅面貌。

小遠哲的成績很不錯，五年級導師對他的父親說，他可以跳級考初中。回到家，父親問他：「你要跳級考初中嗎？這樣你要補習，加緊準備，也必須退出棒球校隊。你自己決定。」

他喜歡打棒球，尤其喜歡擊中球，球飛出去時那種看不見的物質運動規律，覺得很奇妙。他也不願意終日埋首書堆準備考試，而是喜歡讀各種各樣的書籍。於是，他放棄跳級。「父親很開明，讓我自己決定。」他說。

有趣的是，小學五年級，小遠哲參與的新竹國校棒球隊拿到新竹縣冠軍，因此受邀前往臺北新公園（今二二八公園），與臺北最強的兩個校隊：龍山國校、太平國校打友誼賽。第一場比賽，就把太平國校打得兵敗如山倒，新竹國校贏分很多。

22 李遠哲受訪時分析，這個方法有助於教育家中兄弟姊妹眾多的孩子。「我想，父親帶我一個人去，這好像是重要的，因為常常是兄弟姊妹在一起啊。但是，個別帶一個人出去，是比較密切的互動。我覺得，爸爸應該是每段時間都帶一個人去，我想這是一個教育的方法；父母親和孩子的互動，要個別觀察、個別地看。」

當天中午，新竹國校棒球隊師生聲勢浩大，來到聲譽極高的中山堂，由臺北市長游彌堅（一八九七～一九七一）設午宴款待。只是，一群人坐進西餐廳，菜餚端出來時，隊員們都面面相覷，因為沒有碗筷，只有刀叉和盤子，沒人知道該怎麼吃。

只有小遠哲拿起刀和叉，先拿刀切，再叉著吃，示範給隊員看。

「遠哲你怎麼會？」隊員都睜大眼睛，驚訝問道。

「我是跟猴子學的。」他答。

「黑白講。」「我不相信。」隊員們紛紛搖頭。

「是啊，三個月前我父親帶我到動物園看表演，第一個就是猴子吃西餐，就是這樣吃的。」

結束臺北的遠征返家，小遠哲把這個插曲告訴父親。威嚴的父親笑了。

喜歡看父親寫生的小遠哲，更喜歡看父親在家裡親手做各種工藝，以及修理收音機等物品。家裡有各式各樣的鋸子、鑽子等工具，都是父親的克難法寶。

比如，農曆正月十五日過上元節（元宵節）時，父親看見街上展示的「走馬燈」（跑馬燈籠），捨不得花錢買，就回家自己動手做。小遠哲仔細看著父親用一根根竹棍子搭成四方體的結構，接著在頂蓋的中心打一個洞，向下方插入一根竹棍，棍上再套一個反扣的紙碟子，紙碟子外緣每幾公分就剪一個開口，每一個開口都往同方向折出彎角；然後，將紙碟子的外緣打洞，用線綁著動物剪紙垂懸下來，每一段距離就綁上一個不同的動物剪紙。

接著，在竹棍四方體的底部黏上一根蠟燭，將燭芯點燃，這時會產生向上流動的熱空氣；因爲紙碟子外緣開口的彎角都往同一方向折，因此，熱空氣會推動紙碟子往該方向轉動，而垂懸在紙碟子外緣下方的動物剪紙也會跟著轉動，看起來就像是遊樂園裡的旋轉木馬。

不過，走馬燈還沒做完呢。小遠哲看著父親將四方體的底部用厚紙板黏貼起來，強化蠟燭的底部；至於四方體的側邊四面則糊上薄薄的紙，讓四方體成爲名符其實的燈籠。在四方體內的燭火照耀下，內部的「遊樂園旋轉木馬」圖案就向外投影在燈籠的四個面上，一時是馬，一時是狗，一時又是公雞，一個個不同的動物剪紙投影，可愛極了。而且，燭火忽大忽小，忽亮忽暗，也讓動物投影變得朦朦朧朧，變化莫測。

他也端詳過父親製作「猴子爬樹」玩具（見下頁圖）。父親先用木頭製作了猴子的身體結構，接著再做關鍵的零組件。身體結構中，猴子的上肢用釘子固定在肩膀側（見圖中3）；再用可轉動的木栓將雙腿穿在髖部，這樣，猴子的下肢就能轉動。

接著是關鍵的零組件。父親在猴掌（見圖中1）、猴肘（見圖中2）、猴足（見圖中4）、猴膝（見圖中5）、猴子大腿處（見圖中6）都釘上小釘子。接著拿一根鐵絲，從手掌（見圖中1）往手肘（見圖中2）到前臂的位置予以固定。再拿一條橡皮筋勾住前臂上的鐵絲，再往下箍住大腿處（見圖中6）的小釘子，使橡皮的彈力綳著手臂與大腿之間。然後，父親拿一條繩子由上而下勾住猴掌（見圖中1）、猴膝（見圖中5）與猴足（見圖中4）三處的小釘子，讓繩子自然垂墜。這樣，關鍵零組件就完成了。

要開始玩猴子爬樹了，父親將繩子最上端綁在高處，隨後，父親讓小遠哲從猴子正下方拉動繩子。有趣的是，當他往下拉繩子（見圖中B>A），猴子的雙臂就往上移動，當他把繩子放鬆（見圖中A>B），猴子的雙腿也就往上移。於是，他不停地往下拉繩，放鬆，拉繩，放鬆，小猴子竟然也手腳並用活靈活現一路往上爬。

這怎麼做到的？小遠哲好奇。

他仔細觀察爸爸製作的猴子身體結構，和關鍵零組件施力的關係。還從正面、側面，由上往下，觀看拉動繩子的分解動作。慢慢了解到，原來橡皮筋施於繩子經過手掌時的阻力，相對於繩子在大腿拉長與放鬆時的阻力，也就造成了手臂能往上移滑，與手掌咬緊繩子讓大腿往上移的微妙關係。弄清楚其中的奧妙後，他也學到了技術，能自己製作猴子爬樹的玩具。

小遠哲常常看著父親動腦、用手實作，

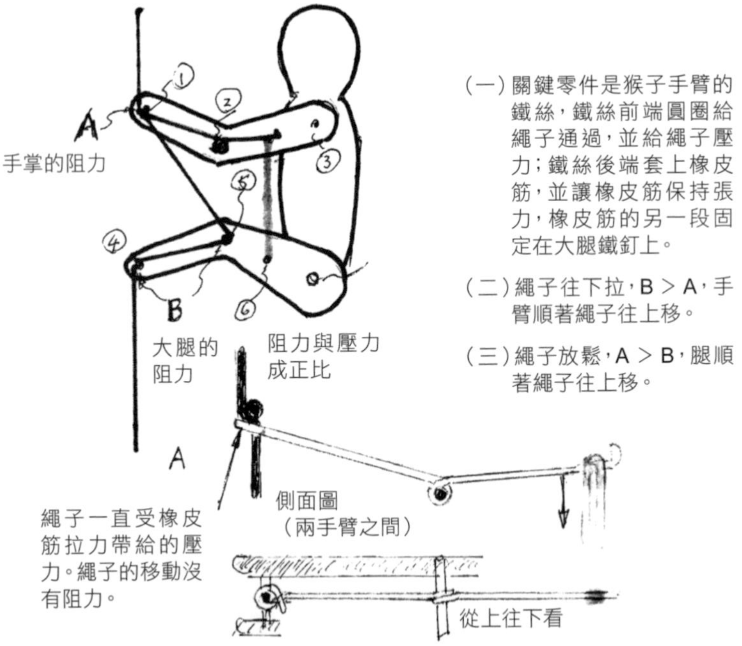

李遠哲手繪「猴子爬樹」的玩具結構圖。

不成功就再另想辦法嘗試，鍥而不捨。「雖然父親叫我不要做畫家，不過倒是他動手的時候，會讓我跟他一起做，或讓我自己動手。」

父親帶給他的不只有先天的基因，還有從無到有的想像力、創造力和運動員般的耐力與衝勁。

或許，父親諄告小遠哲別踏上藝術家之路，但是有意無意中，卻也給予了他好幾把能力之鑰；啓蒙了他，爲他的世界開啓全新的境界。

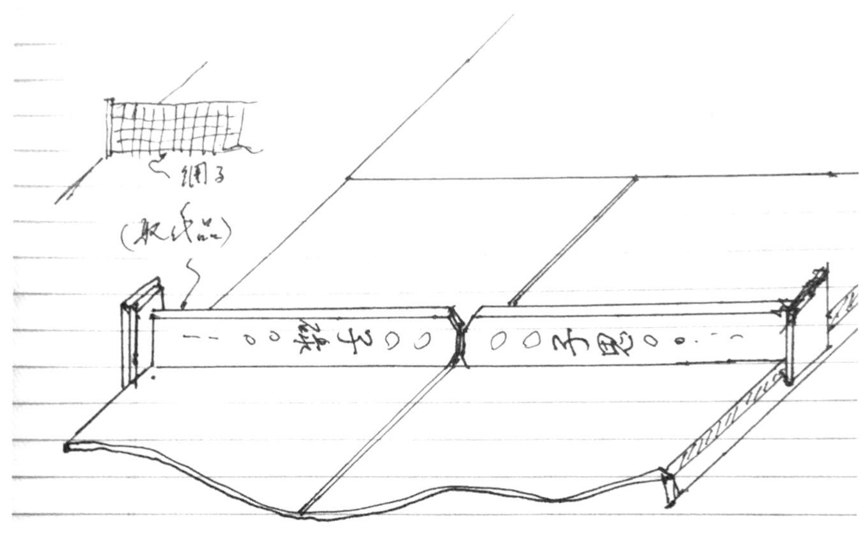

李遠哲手繪小時候和朋友利用孔廟神主牌當桌球網的示意圖。

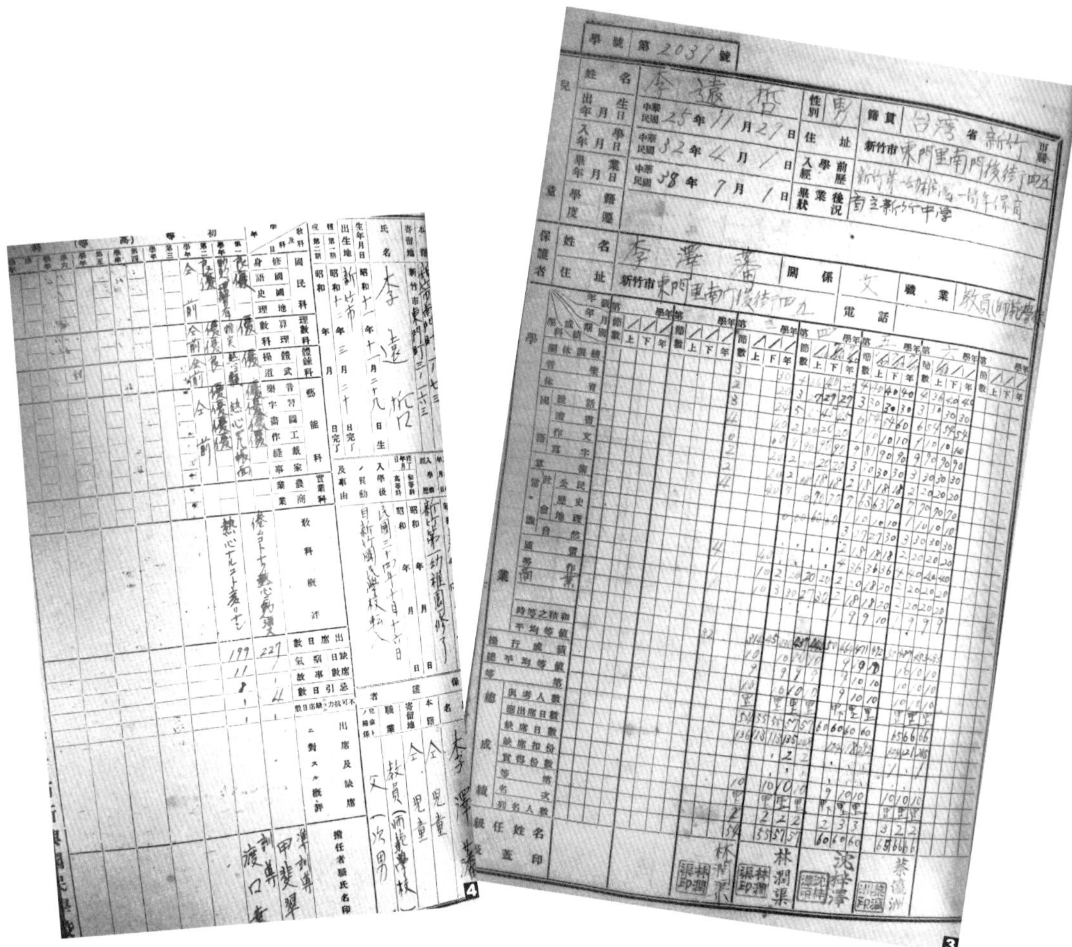

1 新竹孔廟、祖厝、東門城等地都是李澤藩寫生的地點，也是李遠哲兒時遊憩的場所。圖為李澤藩1986年作品〈新竹孔子廟〉。

2 忙碌的李澤藩難得有與子女相處的機會。照片為李澤藩帶李遠哲等孩子去新竹動物園遊玩。

3 李遠哲轉入新興國民學校的成績單。

4 李遠哲就讀新竹國民學校的成績單。

第六章 問問題的媽媽，動手找答案的孩子

晚飯後，少年遠哲與哥哥姊姊一起做完幾百個火柴盒的家庭手工後，全家兄弟姊妹們都會進到書房裡，有的寫功課，有的讀書。他做完作業時，總會從書櫃裡成排的《世界文學名著全集》選一本來讀，這些書是母親李蔡配的寶貝，是她一九二三年就讀彰化女子高等普通學校（今彰化女中）時購買的藏書，每一本她都曾細細品味。

只是，當年的文學少女在戰後物資缺乏的生活條件下，已經無暇為子女們一遍又一遍朗讀她深愛的《悲慘世界》等文學作品了；她坐在日本人遣返贈與的老舊縫紉機前轆轆地踩著，幫忙新生幼稚園縫製圍兜、錦旗、小書包等，這是她的選擇，「我找不到能幫我照顧小孩，好讓我出去工作的人……幫忙縫圍兜兜、小書包，貼補家用，人還是在家，孩子照顧得到。」她說[23]。

畢竟全家只有李澤藩的微薄薪水，要養七個孩子，她得好好計畫開支，也要盡量增加收入，「他們兄弟姊妹看我這麼辛苦，只好自動自發用功，不必我催[24]。」

有時候，縫紉零工告一段落，她就修改衣服。

她先將李澤藩的舊衣服拆開，一塊塊重新車縫起來，拼接成整塊布料，雖然耗時，但是她不厭

其煩。拼接完成後，再加以裁剪、一針針縫製給孩子穿；儘管童裝是舊衣改製成的，卻充滿眞摯的母愛。

有一次，她起身準備燙衣服，拿起熨斗，插了電，卻沒有溫度，感覺上似乎故障了，「遠哲，你來看一下，怎麼會這樣？」

少年遠哲放下書，從書房走過來，先拔掉插頭，再端詳這個鐵製的熨斗。

「你能修理嗎？」母親問。

「我看看。」他看見熨斗內部有兩條線，一條火線連接著熨斗的加熱元件，另外一條就是絕緣的地線。他注意到火線斷了，於是，先將火線重新連接起來，但無法與熨斗本身絕緣。

這時也想起堂哥李遠容[25]曾教過他，電線的一端若是沒有絕緣，人如果觸摸，高伏特的電流很容易就會穿過心臟，造成觸電，很危險。而這個熨斗是鐵製的，火線又連接在熨斗的加熱元件上；換句話說，萬一插頭插反了，插頭的火線端插到插座的地線插槽，插頭的地線端反而插入插座的火線插槽，那麼，光腳站在地面上的人只要碰到熨斗，就會觸電，後果不堪設想。

[23] 一九八九年五月十三日《中央日報》副刊，林慧娥撰〈沒有媽媽就沒有諾貝爾〉文中，李蔡配自述。

[24] 同前注。

[25] 一九四六年自日本陸軍兵器學校畢業，返臺後就讀臺灣省立工學院（今國立成功大學）電機系。

於是，他用刀子切開插頭，直接將插頭的火線與地線分開，各成一束，爲火線做紅色記號，也在插座的火線插槽貼上紅色記號，並提醒母親，下次使用熨斗要取電時，直接將有紅色記號的線端插入紅色插槽，無記號的線（地線）則插入無記號的插槽。

經過細心觀察、測試與動手，才小學五年級的他，竟然將熨斗修好了，也避免使用者觸電的風險。母親很滿意，開始燙衣服。

「從小，媽媽就對我問長問短的，她也知道我不懂，但我很孝順，她問我，我就一定要想辦法給她一個答案。所以，其實媽媽給我很多挑戰，不只是壞掉的東西要我修，有時候碰到一些事情，她也會問：『遠哲，這那矣安內（怎麼會這樣）？』」李遠哲說。

母親問問題，孩子找答案；母親給挑戰，他就回應挑戰。

出身富裕的李蔡配，從小就是個有毅力，不受制環境，即使冒險也要克服困難的女性。

一九一〇年，蔡配出生於臺中梧棲，是泉春號經營者蔡謀錦的么女。當梧棲公學校第一屆招收女生時，她的父親反對女孩子讀書，幸好有母親陳劉（?〜一九一七）幫忙說服父親，她才得以報考就讀。不料，她八歲時，母親卻過世了。一九二三年畢業時，老師建議她去考彰化高女，這回父親依舊反對，不過，繼母出面勸說，於是父親不再反對，她也如願報考，而且以第四名考取。

然而，她的這段求學路卻需要長途跋涉。

清早先從梧棲坐一小時的臺車到沙鹿，先轉火車到彰化車站，再步行到學校。木製敞篷臺車由四人對坐，經人力車伕在單線鐵軌上推拉，若有對向來車，人少的臺車就要退讓，讓人多的先走。一段時間後，她放下家中的錦衣玉食與僕役，毅然住進學校宿舍，寒暑假時才返回梧棲。

第一次放假回梧棲時，鎮上的人們都在喊：「來看瘋女人喔！」因爲，她一反傳統風俗剪短了頭髮，成了「現代女性」，只爲了能節省時間，好好讀書。

第二次放假返抵梧棲時，全鎮民眾又瘋狂上街圍觀，再度喊著：「來看瘋女人喔！」因爲，炎熱的夏天，她不僅穿著短袖上衣，還罕見地騎腳踏車回來。

在留長髮、纏小腳、女性不能騎車，保守風氣仍瀰漫的社會裡，蔡配不怕與別人不一樣，她很有自己的想法與主張。

她喜歡文學，購買了一套《世界文學名著全集》，是個文藝少女。她的成績很好，算術、歷史、日文成績都是最優的甲等，唯獨體育，無論怎麼努力，卻只拿到丙等。老師說：「如果妳今年夏天參加玉山登山隊，在沒有人幫助妳的情況下，成功登頂，順利下山，我就給妳乙等。」

玉山是臺灣最高峰，卻甚少人去攀登，因爲艱險又耗時，挑戰者也不見得能成功登頂。蔡配爲了替體育科成績扳回一城，遂加入玉山登山隊。她與五名老師和十七名學生一起從嘉義火車站下車，就一路從平地往山上走。身爲全隊最年幼的隊員，體力格外煎熬，高山空氣稀薄而難以呼吸，碎石子路上舉步維艱，儘管呼吸不足，身體疲憊，她對自己說，決不放棄。終於，七天之後，她含淚踏上玉山主峰，在海拔三千九百五十二公尺的山頂，靜靜坐在石頭上，靜靜調整呼吸，靜靜欣賞玉山頂的壯麗，與腳底下流湧的雲海，用毅力爲一生刻畫難以磨滅的印記。

從彰化高女畢業後，如能考入一年制的彰化高女師範講習科，就能到公學校任教。但是講習科只收十五人，全臺考生眾多，甚至有遠從日本九州來的考生。儘管如此，蔡配通過激烈競爭，隔年順利畢業並申請回臺中教書。一九二八年先到日南公學校（今日南國小），隔年再任教梧棲公學校（今梧棲國小）。

她年輕秀麗又家境富裕，就讀彰化高女以來，不少人來蔡家說媒，她都沒有答應。其中，有位富商為兒子說媒，她聽說對方不務正業、遊手好閒，就回絕了。對於另一半，她自有主見。她曾想過，如果獨身，讀喜愛的文學，認眞教育學童，也是很好的人生。

直到遇見李澤藩，她放下不婚的念頭。

她在梧棲公學校的同事陳東川與李澤藩是臺北師範學校同學，經過陳東川介紹，蔡配與李澤藩互相通信了一年，慢慢建立起感情。然而，蔡配的父親非常反對，主要是兩家距離遙遠，坐車單程就要三、四小時；而且財富地位懸殊。

李澤藩鍥而不捨，央請梧棲公學校校長黃金水說媒，最後蔡家才答應。而蔡配說，她願嫁到較為清寒的李家，一是「李家重視子女教育，兄弟姊妹都很優秀，這樣的家庭才有希望」，一是「我覺得他（李澤藩）的心很實在」。

一九三〇年，富家女下嫁當天，辛苦的挑戰才開始。當蔡配帶著豐厚的嫁妝與兩個陪嫁丫鬟，遠從梧棲嫁到新竹李家後，李家卻因為經濟無法負擔而將丫鬟退掉。接著，不懂洗衣、煮飯的她，必須與妯娌輪流分擔大家庭的家務，剛開始到水井邊打水、洗衣，常洗到手流血；而初次煮的鹹菜還摻雜了沙子無法下嚥。但是，各種挑戰，她一一克服，各項工作不假手他人。婚後擔任新竹第二幼稚園園長的她兼顧教學與家庭，直到一九四〇年生下第五個孩子，無法兼顧工作與家庭，只好辭去工作。疏開時她帶著一群孩子躲過戰爭烽火，好不容易來到戰後，還要面對新政權的各種變革，在薄弱的家庭經濟中深思遠慮，撙節每一份資源在子女的教育上。

「我是從來就不退縮的。不管環境變得多惡劣，我自然有辦法應付。可能無形中影響了他們姊弟有冒險的精神[26]。」李蔡配曾說。

「我母親非常聰明，思想很細膩，我很佩服的是她看事情或做決定，是從很多面向看，考慮周到；而且她很有毅力，這兩者對我們影響很深，」李遠哲說。

母親常常給少年遠哲出難題，找答案需要思考，這個過程，讓他學著深思熟慮，不草率下結論。

五年級的導師常常體罰學生，只要全班的成績不到標準，導師就會要學生排兩排，互相掌摑對方。這位老師也打學生巴掌，打到學生的臉都紅腫才停止。打少年遠哲時就說：「爲了你將來要成功。」導師還常要學生扛著椅子從樓上跑到樓下，繞著操場跑一圈，再跑回樓上的教室。這使少年遠哲對體罰非常厭惡，同時開始思考教育的目標與合適的手段。

有天他在家看見母親手持棍子正在處罰弟弟小遠欽與妹妹小芳美，小遠欽邊逃邊喊：「不敢了，

26 同注23。

我下次不敢了。」

他不以爲然說：「媽媽，我們不是應該要用愛的教育嗎？應該用鼓勵取代體罰。」

盛怒中的母親轉頭看著他，沉默不語，但淚流滿面。當晚父親回到家，母親向父親轉述此事，並說：「你看遠哲，還沒長大就已經會教訓母親了。」

有一回，姊姊惠美在廚房打破了一只碗公，母親拿雞毛撢子給她一頓打。他走過去說：「媽媽，她爲妳洗碗，弄破碗了，妳打她。那我沒有洗碗，我沒有弄破碗。那妳打她，對嗎？」

母親沒有作聲，靜靜思索著，顯然覺得他說的有道理。

少年遠哲不是只有在家裡「唱反調」，在學校也如此。

每次打棒球的友誼賽時，只要擊出全壘打，賽後吃麵時，就能得到一顆鴨蛋，這是教練的獎勵。他是二壘手，反應很快，能迅速接到球。但是打擊時，卻因爲身高比別人矮，用球棒將球打擊出去時，往往因爲手臂力氣不夠大，球也飛得不夠遠，不容易擊出全壘打。

有一次，他使盡力氣揮棒，打擊出去，球雖然飛得不高，卻一路飛往左外野與中外野之間。他狂奔向一壘、二壘、三壘，奔回本壘，爲隊上添了一分，大家都很高興。賽後吃麵時，他說：「我今天打了全壘打，可以吃一顆鴨蛋。」教練欣然同意，不料，領隊陳在南老師卻說：「不行，你那一分不是全壘打，不能吃。」

怎麼會呢？他覺得很訝異。

「我認爲，球要飛過外野手的頭頂上，才能算是全壘打。」陳老師堅持。

但是他認爲，在簡陋的友誼賽場地，以他剛才擊出的球，換作在標準場地已經算是全壘打了，不該拘泥於陳老師「全壘打應該飛過外野手頭頂」的認定。教練和他的看法一致，於是儘管陳老師不同意，教練仍然給他一顆鴨蛋作爲獎勵。

六年級時，少年遠哲加入桌球校隊，他全力以赴練習，希望能爲學校贏得全省桌球比賽的冠軍。爲了增加彈跳力，每天早上跳繩，午後打對角球，短球，長球，打到後來，他對老師說：「我覺得球拍好像變成我身體的一部分，有時候覺得我的血液是流到球拍裡面才流回來的。」

比賽之前，校長林朝娥帶著九名校隊隊員到竹蓮寺拜拜，希望觀世音菩薩保佑校隊勇奪冠軍。少年遠哲對於拜拜許願一直不以爲然，他心想：「如果許願眞的會靈驗，那麼，我就來許一個相反的願望，看是不是會實現。」於是，他拿著香許願道：「希望我們桌球校隊明天全軍覆沒。」

咚！他才說完，頭上就被校長重重敲了一記，懲罰他亂許願。

隔天，他與隊員們一起揮拍努力征戰，過關斬將，眞的爲新竹國校贏得全省冠軍的殊榮。他很高興說：「校長，您看，拜神明是沒有用的，我昨天許願說全軍覆沒，但是我們還是贏了，是靠我們的實力贏的。」

校長隨即糾正：「你不對。因爲你不相信，你講的不算。我站在你後面許願，我的祈福才算。」

小學畢業前夕，要考初中了，學校爲考生加強練習，期許能考上桃竹苗地區最優秀的學府——臺灣省立新竹中學（在地人俗稱省中，今國立新竹高中，後文簡稱竹中）。竹中除了筆試，還有口試。

模擬考有一題口試題目是：「請談談你的志願。」校長給的標準答案是：「我將來要當總統。」

考試當天，教務主任羅富生果然問道：「你將來想做什麼？」

少年遠哲回答：「我要當科學家。」

羅主任心下不免好奇：「怎麼每個考生都說將來要當總統，這個孩子卻有不同於一般人的志向呢？」

那年夏天過後，少年遠哲穿上母親親手縫的制服，戴上帽子，成爲竹中初中部新生。

＊＊＊

一九四九年，母親餵飽年僅一歲的小妹李季眉，就在老舊的縫紉機前坐下，轆轆地踩著踏板，縫製幼稚園的小書包，還不時傳出噪音，「嘎拉嘎拉～」

初中一年級的少年遠哲被吵得不耐煩，走過來向母親抱怨：「吵死了，我在念書。」母親看了他一眼，說：「遠哲！你不要怨嘆。你嫌吵，怎麼不把它弄小聲一點。」

他覺得母親有道理，卻默不作聲。

隔天，趁著母親在忙其他家務，他蹲在縫紉機前端詳，接著拿了螺絲起子等工具，把縫紉車鬆開檢視，添加了些油，組裝回復。這樣試過後，噪音果然消失了，像新的一樣。

母親過來踩了踏板，車縫了幾秒鐘，卻說：「不行啊，車衣服時，上面跟下面的張力不一樣，所以車出來兩條線一條線是直的，另外一條線變成ㄇ字型的了。兩條線應該是對稱的才正確。」

「對喔。」他搔搔頭，把上方的機械拆開來，研究張力是由那一處控制，發現是線圈的彈簧控制，就一邊調整彈簧，一邊試車，修了幾個月，終於使得兩條縫線對稱了，也不會發出噪音，母親很滿意。

因爲常常邊修理邊試車，結果，他縫起衣服來竟也有模有樣，後來常常自己剪布縫製提袋、書袋子，並因應自己的需求，設計了好幾個小格子與口袋，分別放入筆、小物品、書籍與作業。

有時候，他也幫忙母親車縫圍兜，陰錯陽差時也會車縫到令人害羞的衣物。

有一次，表姊來到家裡，手上拿著一件褲子的幾片布，已經剪好了，要請李蔡配幫忙車縫。李蔡配忙著家務，分身乏術，沒有仔細看，就喊：「遠哲，你幫她車一下。」

結果，他從書房走到縫紉機前，發現任務是女用內褲，雖然尷尬，也只能悶著頭抓起布開始縫，踩起踏板轆轆轆，表姊就站在旁邊等待，「我就把表姊要的內褲車好了，她也覺得不好意思。」

雖然母親管教嚴格，少年遠哲跟母親卻是感情融洽。

他向來喜歡在母親下廚時在一旁觀看、給意見。「這個好像多加一點蒜頭比較香⋯⋯」「放一點辣椒會不會比較好呢⋯⋯」「再燜一下味道更香吧⋯⋯」

母親揮汗炒菜，每每聽得不耐煩，就故意丟下一句話：「你這麼會煮，你來煮好了！」

有一次，姑母擠進廚房來，手上拿著一大袋採收後剛晒乾的花生，母親就對他說：「你幫我炒吧！」

於是，他接下任務，先剝掉花生殼，還沒長高的矮小身子拿起鍋鏟，起初先發揮練球的強壯臂力，後來琢磨出炒花生的方法，「炒花生要用高溫，還有，翻炒花生的動作要很快，縮短花生表面跟鍋子的接觸時間，運用鍋內的熱氣將花生炒熟。動作太慢的話，表皮會燒焦，吃起來就會苦苦的。」

幾次之後，他抓到炒花生的訣竅，後來，姑母最愛帶著剛採收的花生到家裡來：「讓遠哲幫我炒好了，他最會炒花生了。」

這對母子，一是愛問問題的母親，一是勤找答案的兒子。

少年遠哲面對母親丟出來的一個個問題，逐漸琢磨出細心觀察、深思熟慮、不妄下定論、動手冒險嘗試的特質，因而累積更多才能與自信，日後，將使他有能耐解決這個世界拋過來的許多新難題。

1 李遠哲常代表學校參加各項比賽爭光。照片為竹中初中部得獎留念。

2 父親李澤藩（後排右二）忙於教職養家，母親李蔡配（前排中）善盡母職，努力拉拔子女們長大，嚴格亦慈愛地陪伴李遠哲（後排右一）成長。

3 李家堂兄弟們常齊聚在書房讀書、寫功課。

4 一九四九年，穿著母親李蔡配親手縫製的卡其制服，考上新竹中學初中部一年級的李遠哲。

第七章 生平第一次打擊

風起，一如往常狂亂掃蕩著竹塹，將隨處可見的竹子都吹彎了。

單薄的卡其制服、書包與帽子，彷彿紮掛在少年遠哲清瘦的身軀上，一路被九降風吹回家。

拉開木門，進入室內客廳，四壁如常懸掛著父親的水彩畫，母親依舊低著頭轆轆地踩著縫紉機的踏板工作著。不同的是，她一邊車縫一邊流淚，似乎沒有察覺剛踏入室內的他。

少年遠哲輕輕嘆氣，妹妹幼眉最喜歡穿著媽媽車縫的圍兜兜，背著小書包，仰著圓圓的臉，很神氣地模仿哥哥姊姊們上學去的模樣；但是，誰都沒料到，一九五〇年三月，一場連醫生也不知病因的急病，竟然把年僅五歲的妹妹永遠帶走，想到這裡，他又鼻酸了。

一九四六年，小幼眉剛出生時，母親讓他負責照顧妹妹，於是，換尿布、抱她、哄她、背著她走來走去，既是他的責任，也是他的樂趣泉源；五年來，他就像保母一樣，每天呵護著，帶著她長大，在兄弟姊妹中，跟他最親近的就是這個妹妹了，怎知，如今竟換來天人永隔的悲慟。

小幼眉逝世後，他的腦海總是盈滿著她的成長記憶與影像，就像眼下，他瞪著眼前攤開的作業本，絲毫沒有提筆的心思，連上學都提不起勁。

「遠哲很消沉，因爲太傷心了，我也很難過，我們看著幼眉成長，她是那樣的可愛，幾乎是人見人愛。」竹中初中部同屆的堂哥李遠輝凝視小幼眉的遺照緬懷著。

「幼眉去世這一刻，好像我身體裡面的東西空掉了。一個人遠遠地離開了，原本存在的就這樣消失掉了。」少年遠哲描述[27]。

「她五歲就去世，給我很大的打擊，爲什麼妹妹就這樣離開世界呢？爲什麼她要走，爲什麼？」他不斷自問。

「小時候盟軍轟炸，我會想，就算明天炸彈炸死你，你還有一天要過；但我就是不能夠接受，爲什麼這麼要好的妹妹就這樣走了。」他在學校的週記簿上寫道。

竹中的班導師蘇森墉[28]目睹向來充滿活力的優秀學生變得如此頹喪，心有不忍，在他的週記簿上批改：「你要振作起來。」也是音樂老師的蘇森墉不斷鼓勵他，並以音樂來陶冶他。

---

27 李遠哲自述，一九四三年祖父李樹勛過世，是他第一次看見死亡；第二次是一九四五年戰後陪母親赴梧棲為舅舅奔喪；第三次就是朝夕相處、最親的李幼眉離世，對還是少年的他衝擊很大。

28 一九一九～二〇〇七，一九四六年起擔任新竹中學音樂教師，奠定新竹中學學子的音樂素養。並於新竹舉辦音樂會帶動新竹地區音樂風氣甚鉅。

在辛志平[29]校長的要求下，竹中學生即使國文、英文、數學等主科成績通過考試，凡體育、美術、音樂課不及格，就必須補考；萬一無法通過，也要留級，辛校長甚至規定游泳無法游完五十公尺就不能升級。

蘇老師的音樂課是出了名的嚴格；每位學生都要看得懂樂譜，能欣賞音樂。蘇老師常常新創曲目，考試時也會發下全新的樂譜，要學生馬上看譜唱歌；如此一來，每位學生都戰戰兢兢，不敢懈怠。

少年遠哲是班長，也常常被指定當指揮，每次拿到蘇老師的新樂譜就領著同學一起練唱。從一顆顆音符到一段段線性旋律，在反覆練唱中，透過樂音的高低起伏，或詩意或昂揚的調性，或快或慢的節拍，音樂像是一張上天遞送給他的魔毯，輕飄飄的，載著他心裡鬱結的悲傷，一點一點遠颺到他方。自然而然，他牢記蘇老師的每一首新創曲目，不時即興哼唱。

少年遠哲也喜歡演奏音樂。

回到家，家族的男孩們正熱中著樂器演奏。竹中一位老師在學校倉庫發現一批日本人遺留的管樂器，自小喜愛音樂，就讀竹中高中部的大哥李遠川大喜過望，於是邀集幾位對音樂有興趣的竹中學生鄭伯昆[30]等人加入，李家的堂兄弟們則成爲當然隊員，包括堂哥劉遠中、李遠俊、李遠輝，而少年遠哲也加入了，拿到的樂器是長號（俗稱伸縮喇叭）。

大夥每天一大早上學吹奏，下課後就回到祖厝，將堂哥劉遠中的家當作練習室，幾個堂兄弟各練習著小喇叭、中音喇叭、法國號、薩克斯風、長號、小鼓等，儘管沒有指導老師，仍自己專研樂譜演練，嘣嘣吧吧，非常熱鬧。

只是，練好一首完整的樂曲需要時間，在音符眞正成爲優美旋律之前，總要面臨尷尬的「噪音」階段，非常惱人。

有一天，住在鄰近巷弄內的姑母來到家裡，苦惱地對少年遠哲說：「我的房子租給房客養豬，結果，房客不願意繳這三個月的房租了。」

「爲什麼呢？」他覺得奇怪。

「因爲房客抗議你們練曲子的聲音太吵了，搞得豬仔都沒辦法睡覺，最近三個月不但沒養胖，還變瘦了！所以不繳錢了啦。」

他不知該說什麼，只能轉達給劉遠中，怎料劉遠中卻笑說：「至少豬的音樂水準有提升啊！」

在李遠川的領導下，這群愛樂少年向學校報備成立竹中管樂隊，除了忙著練習曲子，吹奏升降旗典禮的樂曲，籌畫演奏會，還自己修理樂器，嘗試各種保養銅管樂器的方法。有一回，李遠川順手從

---

29 新竹中學戰後第一任校長，落實教育理念，使竹中學生自由成長，言行一致，深具影響力的教育家。竹中校友與學生感念他的教育精神，在校內設立辛園以紀念，新竹市政府也將其故居設為市級古蹟。

30 密西根大學博士，臺大物理系退休教授。為李遠川的新竹中學同屆同學。父為新竹第一任民選市長鄭雅軒。

家後門的新竹澎粉[31]小工廠帶了一把不合格的澎粉回來，鄭伯昆輕輕將它抹在樂器上，再用布擦拭表面。咦！大家都訝異地睜大眼睛，銅管樂器瞬間閃閃發亮，光澤如黃金般，沒想到新竹澎粉不僅是女性愛用的化妝品，還能充當銅管樂器的保養品。

少年遠哲演奏樂器之餘，也喜歡聽音樂。

有時候吃過晚飯，大哥李遠川與堂哥劉遠中步出家門，李遠輝與少年遠哲就尾隨在後。這群人的目的地是鄭伯昆的家。在玄關脫下鞋子，幾個中學生爬樓梯上到鄭家二樓，從陽臺四望，居高臨下，由於市內建築物大多是平房，整座新竹風貌一覽無遺。二樓書房放著音響設備，是他們僅知，全新竹市少數有留聲機的「祕密基地」。

少年遠哲注視著學長鄭伯昆小心翼翼從封套中拿出珍藏的黑膠唱片，輕輕放在留聲機上旋轉著，再把唱針定位在唱片的音軌上，泉水般流出來的古典音樂宛如天籟，讓他們不自覺靜靜聆聽著。有時聽交響樂、弦樂四重奏，有時聽歌劇；他就是在這裡初次震懾於貝多芬第九號交響曲《合唱》第四樂章〈快樂頌〉的雄渾壯麗，感受歌詞中歡慶生命、四海之內皆兄弟的澎湃意涵，希望自己有一天也能用德文來演唱。在這裡，他也認識了莫札特音樂的渾然天成與多采多姿。

聆賞之時，李遠川、劉遠中和鄭伯昆總是翻開樂譜，一邊聽，一邊讀譜對照，神態宛如風度翩翩的紳士。這些都是七十八轉的唱片，每聽完五分鐘，就需要翻換唱片，他與李遠輝年紀最小，就輪流起身轉動留聲機旁的搖桿，好讓唱盤繼續播放動人的旋律。

藝術能移情，少年遠哲寄情於音樂，也愛上文學與戲劇。

有一回，他從圖書館借閱小仲馬的小說名著《茶花女》，一位已經成年的表哥正好走進書房，見他滿臉是淚，便問：「你在讀什麼？」

「茶花女。」他回答。

「你才念初中而已，就讀這種書！」表哥轉身向李蔡配告狀：「遠哲這孩子不成材，這麼小就在看這種書，還在流眼淚。」母親一笑置之。

「還好，媽媽滿開明的。」他鬆了一口氣，繼續沉浸在茶花女身不由己又淒慘的愛情故事裡。

他喜歡文學，也喜歡悲劇。

「文學是苦悶的象徵。[32]」

日本文學理論家廚川白村[33]在《苦悶的象徵》寫下的這段名言，像是一顆子彈深深嵌入他的心，

---

31 為臺灣婦女早期使用的化妝品，常用於挽面。日治時期由臺灣總督府推廣到日本，盛極一時。戰後因進口化妝品興起而式微。李遠哲家後院的小型澎粉工廠結束後，一部土地分賣給李家，改為畫室與書房。但幾年後林森路拓寬，李家購入的部分工廠土地也被徵收。

32 魯迅在翻譯《苦悶的象徵》的序文指出，用廚川白村自己的話來說，這句話就是：「生命力受了壓抑而生的苦悶懊惱乃是文藝的根柢，而其表現法乃是象徵主義。但是，所謂象徵主義者，絕非單是十九世紀末法蘭西詩壇的一派所曾經標榜的象徵主義。凡有一切文藝，古往今來，是無不在這樣的意義上，用著象徵主義的表現法的。」引自《苦悶的象徵》，廚川白村著，魯迅譯，二〇〇二年，正中書局。

33 一八八〇～一九二三，原名辰夫，號白村。日本的英國文學評論家、文學博士，曾任京都大學教授。博覽日本文學，和十九世紀末至二十世紀初期之歐美著作並有系統引介給讀者，引起熱烈迴響。四十四歲時於日本關東大地震逝世。名著為《近代文學十講》等，後人將其遺稿整理出版，訂名為《苦悶的象徵》。

他在圖書館讀到，就迫不及待借閱；對一個初中生而言，這雖是艱深的理論書，他還是讀完了，且對〈悲劇的淨化作用〉一章印象深刻。

厨川白村在書中引用亞里斯多德的「淨化作用」來論證，所謂的悲劇能使人產生憐憫與恐懼，悲劇成爲一種讓觀眾哭泣的媒介物，洗淨自己心裡鬱結的悲痛情感。當觀眾先前緊張的精神狀態因流淚而緩和下來時，就生出悲劇的快感，使隱藏在內心深處（潛意識中）的苦悶顯現在意識層面。「精神分析論者認爲這是談話治療法，但我認爲，這就是淨化作用，和悲劇的快感情形完全相同。」厨川白村說[34]。

少年遠哲深深認同厨川白村的看法，自己也爲悲劇的作用歸納了一個結論：「因同情別人而流淚能淨化人性。」

他把這個觀點付諸實現。有時候，堂哥劉遠中約他看電影，不過，每當堂哥想看嬉笑怒罵的卓別林喜劇，最後卻往往辯不過他，而一起去看了悲劇電影。

「我跟堂哥說，悲劇能淨化人性；看了悲劇之後，一把眼淚一把鼻涕，會因同情別人而淨化人性。」他主張。

音樂、文學與戲劇，都是藝術的形式之一。

面對喪妹的人生初次打擊，與其說是藝術轉移了少年遠哲的至痛與悲傷，不如說，是藝術將悲傷昇華爲細緻的敏感度、柔軟的同情心，以及寬厚的同理心，使他汲取源源不絕的勇氣。

在人生道路必經的悲傷與磨難，泉源般的音樂、文學與戲劇將使他謙卑、柔軟，勇敢活下去，繼續往前走。

34 本段譯文綜合整理並引述自：一，《苦悶的象徵》，廚川白村著，魯迅譯，二〇〇二年，正中書局；二，《苦悶的象徵》，廚川白村著，顧寧譯，一九八八年，晨星出版。

小學時代的李遠哲(右)就要幫父母親照顧弟弟遠昌(左)和妹妹幼眉(中)。

第八章　客廳就是陳情室，街巷就是遊戲場

少年遠哲坐在書房裡寫功課，房門外就是客廳。客廳不時會傳來女性的啜泣聲，細述出生後的不幸遭遇，結婚後終於脫離原生家庭，不料卻受到先生百般虐待，甚至還被先生咬掉鼻子，就醫後縫了九針……

每次聽到這些不幸的故事，他就不自覺停下筆，靜靜地聽著。

戰後，少年遠哲的二伯母李劉玉英擔任新竹婦女會理事長，也擔任臺灣省婦女會理事，爲婦女爭取福利、伸張正義，並調解各式各樣的家庭糾紛。而李澤藩與李蔡配都是教師出身，在地方上有聲望，加上二伯母就住家對面，常到家裡走動，於是，李家客廳也常成爲二伯母就地爲婦女調解的「陳情室」。

然而，有些人再三登門，每次都將其不幸遭遇細說從頭，連在書房「旁聽」的少年遠哲都已經背得滾瓜爛熟了，二伯母仍耐心聆聽，這使他感到疑惑。

有一天他問二伯母：「她講了又講，妳也都了解了，爲什麼妳還一直聽她講同樣的故事呢？」二

伯母微笑著說：「讓她講，讓她講，她把話講出來之後，總是會舒暢（釋懷）一些的。」

由於投訴的婦女眾多，有時候二伯母是眞的忘了當事人的遭遇，等到當事人離開了，他就充當小祕書，把當事人之前的自述簡報給二伯母聽。其中，最令他印象深刻的婦女，名叫「無愛」。「我很不懂，爲什麼會有父母辛苦生了小孩，卻爲她取名爲『無愛』呢？」他說。

往往在聆聽這些婦女與二伯母對談之際，他「看到社會與人生百態，明白到，原來不是每個家庭都那麼和諧圓滿。」

一次次，少年遠哲見識到二伯母如何鼓勵婦女藉由訴說來紓解情緒，達成某種程度的心理治療效果，也用智慧與溝通技巧幫助婦女解決問題。

比如，有位老太太希望兒子能和童養媳結婚，但是兩個年輕人覺得自小一起成長，情同兄妹，怎能結婚？聽完這兩個年輕人陳情，二伯母去拜訪這位老太太三、四趟，勸道：「這兩個年輕人不情願，放在一起也不會生小孩，倒不如讓他們各自結婚，平白多一個媳婦和一個女婿，將來子孫更多，何樂不爲？」終於說服了老太太。

「她調解這些問題確是非常先進的，她不會要受虐婦女迂迴地以『和』爲貴，或要她們『忍耐』。她看到不平，會毫不猶豫地到對方家裡爲婦女討回公道，看到情形不對，也會促成離婚。」李遠哲指出，二伯母成功調停過好幾百件家庭糾紛，諸如婆媳不合、子媳不孕、養女問題、夫妻不睦等；也積極爭取女性在法律、職場、社會福利與權益應有的平等地位。

李劉玉英是有才幹、善良、寬厚、熱忱、願爲公平正義付出的獨立女性。然而，她從事社會奉獻卻是命運捉弄使然。

早在小遠哲尚未出生的一九二八年，二十四歲的教師劉玉英嫁給李澤藩的二哥李澤祈[35]。由於李澤祈在日本廣島的府中中學任教，於是李劉玉英移居府中，陸續生下李遠容、李遠昭（一九三〇～一九三四）、劉遠中、李遠俊和李遠輝。

小家庭生活極爲美滿，然而，上天不從人願。

一九四〇年，李澤祈不幸猝逝，享年僅三十七歲。傷心的李劉玉英無以爲繼，先安排長子李遠容留在日本的中學寄讀，她則帶著劉遠中、李遠俊與李遠輝三子歸返故里。

李澤祈生前與李澤藩兄弟感情甚篤[36]，李劉玉英返回祖厝後，李澤藩一家人不斷安慰，而此時決定專心照顧小孩的李蔡配，辭去新竹第二幼稚園園長之職，缺額由李劉玉英遞補。於是，李劉玉英在李氏大家庭的保護傘下，在新竹單親撫養孩子長大。

然而，一九四〇年的這場悲劇，幾年後卻證明是不幸中的大幸。

一九四五年八月六日，美軍在廣島投下原子彈，估計最多逾十六萬名廣島人民因核彈爆炸而死亡。「如果不是因爲父親過世，我們被迫遷回來，否則，戰時我們可能還住在廣島，就躲不掉原爆（及之後的慘況）了。」劉遠中嘆氣說。

日本投降幾個月後，原本滯留日本求學的李遠容也回臺了。

對少年遠哲而言，二伯母家的堂哥們：大他四歲的劉遠中，大他近兩歲的李遠俊，還有大他僅兩個月的李遠輝，都是年紀相仿的好玩伴。

學齡前，小遠哲跟隨孩子王劉遠中，堂兄弟們鑽進巷弄、空地或田園。

他們會爬到樹梢上，再沿著馬路（今林森路）夾道密植的榕樹，「一棵接一棵爬過去，一路爬到河邊，像猴子一樣，完全都不需要下來走路。」李遠輝形容。

小遠哲讀小學時，大夥兒一起打球，桌球、棒球、踢足球，什麼都玩。

他們曾經到家隔壁的學校草場踢足球，球飛遠了，掉到某間屋子門口，一個男孩忽然跳出來，拿著削尖的竹子要把球刺破。眼看情況不對，劉遠中趕忙飛奔搶球，還揍了那男孩幾拳。誰也沒想到，當天打完球之後，堂兄弟們列隊走著石子路回家，邊走邊唱歌，小遠哲排在最後面。忽然，方才的男孩緊握著長竹竿追上來，嚷嚷著要打人。

在最前頭的劉遠中轉身大喊：「遠哲，快跑啊！」其他人也出聲警告。

---

35 一九〇三～一九四〇，赴日求學，畢業後任教廣島府中中學。一九四〇年，李澤祈因牙疼看診，卻因器械消毒不全而感染細菌，病情嚴重，數日後不幸病故。

36 有兩件事可看出：一，一九四〇年李澤祈染病入住廣島府中醫院，李澤藩趕搭飛機前往探病，見病情不樂觀，忍痛在病房前為李澤祈作畫留念；二，李澤祈在日本使用的小提琴，乃是李澤藩隱瞞父親李樹勛，將公學校半個月薪水寄去日本支援而購買的。李澤祈過世後，李劉玉英將這把琴帶回臺灣交還李澤藩。甚具音樂天分的李遠川後來習琴，就使用這把小提琴；後來李遠川時常到臺大農機系教授高坂知武家中練習弦樂四重奏，認識其愛女高坂玲子，成就玲子與李遠川之姻緣，可謂一把琴成就兩段佳話。

只是，小遠哲並不在意，仍依原來的步伐行進。

那瘋狂的男孩不但並沒有停下來，反而加快速度衝到小遠哲後面，「咚！」狠狠往他頭上敲了一記，他隨即倒地不起，鼻梁與額頭流出鮮血。

「快，快背他回去！」劉遠中將他一把背起，疾步衝回李家。

父親李澤藩迅速帶他到醫院診治，縫了好幾針。他醒轉後，大夥兒問：「當時叫你跑，你怎麼不跑呢？」

他緩緩地吐出答案：「我們不是都說『男子漢大丈夫』嗎？懦夫才逃走啊。我沒做錯事，也沒欺負他，他要來打我，我是堂堂男子漢大丈夫，怎麼能逃呢？」

事後有好一陣子，父親禁止他跟劉遠中出去玩。

上初中之後，少年遠哲還是跟堂兄弟們在一起。

有一次，同學口沫橫飛地說起海釣，如何在退潮時先將海邊的石頭翻開來抓小蟲，等到漲潮，再用小蟲作餌釣魚。少年遠哲回到家就一五一十向堂哥李遠俊轉述。

「有趣喔，來，咱來去釣。」向來喜歡嘗試新鮮事的李遠俊躍躍欲試。

於是，李遠俊騎著腳踏車，帶著釣竿，載著少年遠哲一路往南寮海邊騎去。

抵達海邊，兩人先等待退潮，一等就是四小時。

當潮水退去，翻開石頭，下方眞的出現密密麻麻蠕動的小海蟲。兩人把蟲放進水桶，坐在海邊等漲潮，這樣又耗費四小時。

潮水高漲，他們向海拋竿，釣得很盡興，直到水桶裡裝了好幾條魚，天也黑了，兩人才騎車返家。

「等一下把這麼多魚送給媽媽，她應該會很高興，」少年遠哲很得意。

怎知，提著這桶魚進入家中，擔憂不已的母親劈頭問道：「這麼晚了，你去哪裡了？」母親沒有稱讚他，而是狠狠打了他一頓。

「幾個堂哥對我的成長影響很深，」少年遠哲說，李遠輝與他一同成長，相互砥礪。李遠俊常與他一起冒險探索新奇的事物。劉遠中曾是孩子王，讀中學之後在科學與知識上爲他指點迷津。而大堂哥李遠容傳授他許多工科的基本常識。

因爲二伯母李劉玉英，少年李遠哲得以看見社會百態，見證一位懷抱理想的新女性如何實踐社會改革，從中見識她的寬厚、耐性、開明、智慧和溝通力。而二伯母生養的四位個性截然不同的堂哥，讓他感受友愛的珍貴；在成長的歲月裡，每一位都扮演或榜樣或借鏡的角色。二伯母一家人，在他的人生中無可取代。

第九章 看禁書的網球少年

下過西北雨的竹中網球場，課堂間休息的十分鐘內，總看到一群喜歡網球的學生們努力把水掃出場外，希望下午三點多放學時，能夠看到晒乾的球場。

少年遠哲每每在樂隊吹奏降旗典禮，打完網球，除了在學校圖書館借閱各種書籍，有時也到家附近的縣立新竹中學（簡稱縣中，今建華國中）圖書館，尋找省立新竹中學（簡稱省中或竹中）沒有的有趣書本。

他同學的哥哥剛好是縣中圖書館的管理員，因爲看重這位渴望透過閱讀來了解世界的少年，因此准許他來借書。

自從識字以來，少年遠哲就喜歡閱讀家中藏書。戰後初期，政權更迭，身處政府腐敗的環境下，課本教的卻是三民主義、自由平等，落差甚大。他在報紙上讀到開封陷落、金元券貶值在上海兌換造成暴動、共產黨軍隊過長江等新聞，也看到以色列建國並驅逐巴勒斯坦人等國際要聞，社會的變遷劇烈，青澀的心靈不時受到衝擊。

小學五年級時，他拿著父母親給的壓歲錢，跟著大哥李遠川到家附近書店購買上海出版的《開明少年》雜誌，使他大開眼界；內文刊載的短篇小說〈藍色的毛毯〉更使他萌生不應受制於環境的束縛，要與家鄉父老改造社會的想法：

蘇聯泰伊克地方，有一位農奴賴克漢，屢受地主剝削，連家中最珍貴的藍色毛毯也被奪走。地主害得他入獄，家破人亡。賴克漢出獄後很灰心，獨自遁居山林。直到有一天，賴克漢偶然回到社會上發現，經過一場戰爭，農奴制度與地主階級已經被推翻了。土地屬於窮人，窮人也公推一位信託者來管理社會。賴克漢看到原屬自己的藍色毛毯，更訝異的是，自己的女兒就是新的信託者。他雖然感到喜悅與驕傲，卻也很慚愧，自己竟然沒有參與這場改變社會的戰爭。[37]

「文中提到沙皇時代俄國農奴受壓迫、俄國革命的經歷，以及其後社會改革的種種理想。這篇文章和我的心靈頗相契合，也使我相信，國家民族自尊的喪失只是暫時的，社會的改善仍然是有希望的。」李遠哲說。

他也讀到中國五四運動以「賽先生」（科學，Science）與「德先生」（民主，Democracy）救國

---

37 出自蘇聯泰伊克的傳說，刊載於《開明少年》雜誌第三十一期，一九四八年一月十六日出版。本段文字為摘要。這篇小說影響李遠哲的信念，懷抱追求公平正義的理想。

的思想，而蘇聯從原本貧窮弱國變為世界強國，都使他憧憬以科學救國。

他將「想成為偉大科學家，要以科學救國」的想法寫在初一導師蘇森墉要全班同學寫的自傳中。文章發回時，蘇老師鼓勵他：「你很有希望。」他不禁想：「是我寫文章很有希望，還是我的抱負很有希望呢？」

讀中學以來，竹中圖書館或縣中圖書館，就像是少年遠哲的書房一樣，他三天兩頭就去報到。他讀各國經典文學名著，也閱讀許多科普書籍如《達文西》，好奇達文西做的各種機械具備什麼功能？舉起手來畫圓圈的比例大小？對其想像力以及所看到的客觀世界有什麼不同感到好奇。

他也讀科學論著，如達爾文的《物種起源》或《居里夫人傳》等，景仰居里夫人不將研究成果申請專利據為己有，而是由世人共享的高貴情操。他看軍事相關書籍，也一直想讀杜斯妥也夫斯基、高爾基等俄語作家的翻譯小說，或是魯迅、巴金、郭沫若等中國現代文學家的散文與小說。

然而，有一天，書店再也買不到上海的《開明少年》了；圖書館裡的杜斯妥也夫斯基、高爾基、魯迅、巴金、郭沫若等文學家的作品也「消失」了。於他，世界原本是一幅色彩繽紛的畫作，忽然之間，卻有人拿著一把沾滿白油漆的刷子，將許多色塊一一抹除，導致原來的畫作零落斑駁，慘不忍睹。

閱讀是少年遠哲窺看世界的窗口，失去了選書的自由，他看見的世界，就像多處被刷白的畫作一樣，難以辨認。

儘管如此，愛讀書的少年遠哲仍不時到縣中圖書館報到，照常借書、讀書。

那一天，圖書館空靜寂寥，四下無人。他低頭在櫃檯填寫借閱書籍的繁瑣資料，終於填寫完畢，管理員收起借閱簿，看了看他說：「你這個人太麻煩了」，隨後指了遠處的幾箱書，小聲說道：「誒！那裡有一箱書啊，你隨便拿去看。」

他很詫異，循著指示走到書箱邊，打開來看，竟然是魯迅、郭沫若、沈從文、屠格涅夫等文學家的著作，因被政府列爲禁書，管理員已經把書下架裝箱。

怦怦、怦怦、怦怦，他的心跳聲越來越大，彷彿就要淹沒耳際，他很快抽出幾本放進書包。

「你可以拿去看，這不用借，反正要燒掉了，不過你要丟回來喔。」管理員叮嚀。

少年遠哲從圖書館帶走一本又一本「禁書」，在家偷偷讀著，卻越讀越疑惑。魯迅的作品鼓勵人們追求社會改造，爲什麼會被列爲禁書呢？屠格涅夫的《父與子》激辯著社會的進步與農奴制度的存廢，從虛無主義思索人生的意義，爲什麼我國人民不能看呢？托爾斯泰的《戰爭與和平》和《安娜·卡列尼娜》是精采又偉大的文學作品，政府根本沒有理由把它們列爲禁書啊！每一本「禁書」在在敲開了少年遠哲理性的腦，他無法理解，究竟政府是怎麼判斷哪些書該給人民看，哪些又不該看？

「意映卿卿如晤……」他在學校讀到國文課本上，黃花崗七十二烈士之一的林覺民寫給妻子的絕筆書；革命烈士們爲了建立民主自由的社會，挽救中國社會近百年「東亞病夫」孱弱的民族自尊，拋頭顱灑熱血的情懷，使他深深動容。但是，他不禁聯想起圖書館被下架打包等待燒燬的禁書，與革命烈士相近的理想，爲什麼卻被列爲「禁書」呢？

有一天，讀高中的堂哥劉遠中找他一起看一疊極機密「匪情資料」，那是二伯母參加中國國民黨革命實踐研究院訓練班拿回來的，一直被藏在天花板上。

「誒，這個寫得很好。不錯的。」劉遠中說。

其中一篇由毛澤東所寫，探討怎麼樣解決人民內部矛盾的問題，留給少年遠哲極深刻的印象。

少年遠哲的初中課業負擔並不重，原本下午放學後就能運動、讀各式各樣的書籍，無憂無慮。但是，卻開始聽到一些同學的哥哥姊姊、鄰居或師長被憲兵帶走的消息，有人被處死刑，有人尚待軍法審判。氣氛詭譎，風聲鶴唳，比起一九四七年，小學四年級下學期時發生的二二八事件，似乎牽連更廣。

不明原因失蹤的消息頻傳，也有鄰居警告李蔡配：「你家遠哲要小心，早晚有一天會輪到他被抓去！」

有天，少年遠哲考完試放學回家，對母親說要去游泳，就到縣立游泳池去了。游泳後換裝完畢，他拎著衣服準備回家，巧遇另一位同學邀約：「遠哲，我們去學校打網球？」

他一時興起，沒有多作考慮，爽快答應，於是，兩人結伴開開心心地往竹中去了。廝殺好幾盤，直到天邊呈現美麗的夕陽餘暉，他才心滿意足，一路愉快地唱著山歌，踩著影子慢慢回家。

他毫無預料，當他正在網球場上你來我往的揮拍時，一場風暴已經在家裡上演。

當他逾時未歸，母親就擔心地走來走去，「遠哲去游泳池已經好幾個小時，怎麼還沒回來？」父親一聽，跨上腳踏車趕往泳池，卻只見池水平靜無波，池邊空無一人，只留下一雙木屐和毛巾，「這木屐和遠哲的很像，是他的嗎？」父親驚惶不已，因爲縣立游泳池是標準五十公尺游泳池，一頭是四呎深，往另一頭越來越加深，直到深及九呎。於是父親迅速找了一位朋友幫忙，分兩頭下水找人，來回忙了很久，並無所獲，心情極爲焦慮。

入夜了，少年遠哲踩著得意的步伐，就快到家門口時，堂弟李維石低聲警告他：「遠哲，你要死了，你不知！」

「爲什麼？」少年遠哲摸不著頭緒。

「你爸爸看你不見了，到游泳池去找，看到一雙木屐和毛巾和你的很像，以爲你淹死了。」李維石說。

進了家門，卻見一臉憔悴的母親衝上前來，厲聲斥喝：「你去哪裡了？」這時，父親從家門口隔著窗戶看見他，頓時如釋重負。

少年遠哲看著眼前此景，瞬間明白整個下午戲劇性的演變。

他低頭懺悔，做了被母親處罰的心理準備。只是，母親揮棍打了兩下，有位訪客剛巧來到家門口，於是，他帶著深深的愧疚逃過了這場該有的重罰。

「啊！我就是太任性了，沒想到爸媽會擔心啊。越來越長大，越來越成熟之後，這種事情就不會做了。」李遠哲說。

＊＊＊

「清脆的晚鐘，劃破了夜間的寧靜……」

國文老師在課堂上朗誦一篇學生作文〈獅山之夜〉，盛讚作者李遠哲，並勉勵其他學生向他看齊。

發還作業時，老師笑咪咪地問他：「你的府上在哪裡？」

「我家在新竹，」他答話。

「不是，我是說你從大陸哪裡來？」老師以爲他誤會了，又追問。

「不是，我在臺灣長大。」他說。

老師詫異道：「從臺灣長大的小孩，能寫這麼好的小品文啊！」

畢竟在戰後，臺灣學生才到學校從ㄅㄆㄇㄈ等注音符號開始學國語，運用國語的能力不如日語、臺灣話、客家話或原住民各族母語來得好，進入明星學府的竹中學生也有這種普遍現象，難怪從中國大陸來臺灣教書的老師會有這樣的看法。

他看著老師混雜著訝異與失望的表情，竟然脫口而出：「抗戰時期的文章，巴金、魯迅、郭沫若寫的書，我也全都看過了。」

老師睜大眼睛問：「這些不都是禁書嗎？」

少年遠哲的文筆優異，跟從小廣泛閱讀，連禁書都看而累積的文學素養脫不了關係。

其實，他寫〈獅山之夜〉的原意，是要爲前一陣子的班郊遊留下一些心得。

再過不到一年就要畢業，同學提議全班一起去遠足或郊遊，地點選在苗栗與新竹交界的獅頭山。不過，全班五十幾人浩浩蕩蕩上山，交通食宿都待規畫。於是，常常主動組織領導同學的他，帶著兩位同學主動探路，趁著假日，從新竹搭坐火車到竹東，從後山上去。沿路上，他們記下有趣的景點，並參觀寺廟，調查能供食宿的寺廟，「我跟同學一家一家看，有的是榻榻米，有的提供毛毯。」調查之後下山到竹南，再搭火車回新竹。他們也探聽了交通情形，考量經費等各項條件，決定來回都租用大卡車接送。

到了兩天一夜的班郊遊，全班同學們站立在大卡車後方，四望就是毫無遮蔽的鄉野景色，大家開心笑鬧著。卡車抵達獅頭山的入口。一行人下車後開始爬山，山上有很多寺廟，最後走到水濂洞[38]。當晚，大夥兒數十人躺在寺廟宿房的大通鋪過夜，此起彼落的鼾聲間，遠方忽然傳來清脆的鐘聲，劃破寧靜的夜晚，令人禁不住仔細聆聽。這是他第一次參加並主辦班郊遊，環顧橫陳入睡，每天遠從新竹縣、苗栗縣各地來讀書的同窗們，大家有幸一起上山享受這趟愉快又平安的旅行，很是欣慰。

升上初中三年級，剛開學時，山上傳來不幸的消息。

一位因肺病而休學的原住民同學，回到家鄉仍爲了做農事而無法好好休養，竟然不幸去世。乍聞

---

38 李澤藩曾數次前往獅頭山寫生，於一九八二年繪製著名作〈水濂洞〉。

噩耗，全班同學都難過得哭了。爲此，全班開了一場追悼會，擅長作曲與指揮合唱的導師蘇森墉，還特別譜寫一首歌曲悼念這位同學。

「風蕭蕭，雨飄飄，朋友你竟默默地去了，
你是多麼強壯而年少，你背負著山地無數人的希望，你將是我們的英豪，
怎麼想得到，你一病竟把生命輕拋……」

*　*　*

初中同學的感情很好，過著溫馨又理想的生活；但是，自從升上初三，全班同學對課業越來越在乎，因爲隔年就要考高中了。

有一天，班導師蘇森墉走來，對擔任學藝股長的李遠哲建議：「你們班同學那麼要好，如果都能一起考上竹中高中部不是很好嗎？遠哲，你的數學、理化很好，爲什麼不幫助同學呢？」

要他爲了考高中而埋頭苦讀，他覺得意義不大，若爲幫助同學，那麼他就有興致了。該怎麼做？

「你們爲什麼不組成『升學共勉會』呢？」蘇老師建議。

「好，我應該幫同學把理化學好。」他覺得很有道理。回到家，他請讀臺大物理系的堂哥劉遠中幫忙向臺大圖書館借許多物理書籍。原本常常帶弟弟遠欽去打球，那一陣子，他連球都少打了，在家

讀完物理書籍之後，融會貫通，一字一字用蠟紙在鋼板上寫成講義，油印並講解給同學聽。

「爲了寫講義，我的物理學了很多；第一次感覺到當老師教書比當學生學得更多。」他體會到，如果自己懂得不徹底，就無法講得清楚，所以他對老師說：「應該由我們學生來講課，會學得更快。」

有一天劉遠中看到他寫的物理講義，忍不住驚嘆：「咦？就連高中生也沒有學這麼深！」

「這很簡單，我已經懂了。」語畢，他專注編寫新的講義。

初中三年級下學期，學校公布直升名單，他的德智體三育並進，成績優異，獲准保送新竹中學高中部。榜單公布後，他更忙了，不僅幫同學準備講義，下課後打網球，晚上讀書，只盼同窗好友們都能考上竹中高中部。

初中畢業了，等待上高中的這個夏天，他早上跟弟弟遠欽在家讀書或幫忙家務，感情很好。下午就帶著水壺，和幾位同學和學長們出門去打網球。

弟弟遠欽有一次打了個噴嚏，少年遠哲隨即提議：「我們來比賽，不用外力刺激鼻孔，看誰先打噴嚏！」弟弟點點頭。

他又說：「我們應該先研究，怎麼樣不用外力就能打噴嚏？」於是帶著弟弟在原地跳躍、瞇眼看太陽，但是，嘗試許多方法，卻沒能打出噴嚏，這場比賽就不了了之。

「二哥是對很多事情都很好奇，想研究徹底的人。連怎麼樣能打噴嚏也要研究！我一直覺得，他以後一定會變成偉大的人。」弟弟遠欽雖覺得好笑，卻非常佩服。

這段時間，二伯母李劉玉英幫他找了一份打工的差事——縫新生幼稚園的圍兜，由他與姊姊李惠美各自車縫五十件。

縫紉的事向來難不倒他，他坐在母親的縫紉機前車縫了幾個星期，完成份內的五十件成品，算是又快又好，放在姊姊縫的圍兜旁邊。有一天母親過來仔細比對，不加思索地說：「遠哲你是男生，車得又快又漂亮；惠美妳是女生，怎麼車這麼慢，又車得沒那麼工整。」

母親對大哥大姊的管教與要求，從小就特別嚴格。儘管姊姊惠美已經讀新竹女中，成績優異，更是網球校隊的大將，母親仍對她採取高標準。

「我媽媽不該這樣當面比較。我是因爲花了很多時間修理縫紉機，所以很會車衣服。這樣一來，姊姊是很不能原諒我了。」李遠哲說。

揮別無憂無慮的初中生活與美好夏天，熱中網球的少年遠哲晒得黑又瘦，身形一下子拔高了。即將踏入熟悉的竹中校門，他將會有什麼新的轉變？

第十章　大澈大悟，扭轉人生的一場病

一九五二年九月，因爲網球打得不錯，少年遠哲一進高中部就成了網球校隊隊員。各年級的隊員看到他在場上身手俐落，竟然是初中部品學兼優的直升生，會讀書又會打網球，非常羨慕，紛紛用日語喊他：「獎學金」，成爲他的綽號。他投入網球校隊的密集訓練，好遠征彰化八卦山的全省中學網球賽，指導老師期許他們奪冠軍，爲校爭光。

班上有一位同學何坤，是中華民國空軍子弟，因爲其父母皆已亡故，因此孤身住在竹中宿舍裡生活、求學。

少年遠哲不經意間注意到何坤的情形，特別關心。

闔家團圓的中秋夜到來，整座竹中校園與宿舍空蕩蕩的，何坤因爲上體育課跳高摔斷了右手腕，去那裡都不方便，只能獨坐雙槓的大榕樹下，托著疼痛的手，深夜仰望著皎潔卻顯孤寂的明月。

這時，何坤聽見遠處傳來聲響，一輛破舊的腳踏車嘎拉嘎拉地來到山坡上。當月光將來人照得分外清楚，卻是少年遠哲牽著腳踏車走進校門，邊喊著：「何坤！」

少年遠哲走近，何坤注意到他手上提著一袋物品。

「何坤，這是我爸媽給我的月餅和文旦，我剝了一半吃，還剩下另外半個。我想到你一個人過中秋節，所以就帶來給你。」

他還邀請何坤到市內遊玩，只見何坤愣在原地，一時半刻間不知該如何表達心中的複雜感受，一會兒，他就沿著原路離開了。

「那晚我將月餅和文旦放在床頭，伴我入眠[39]。」何坤心下備覺溫馨。

網球賽後一個星期，彰化主辦全國童子軍大露營，竹中樂隊受邀擔任大會樂隊，李遠哲也隨團表演。因爲會畫圖、辦活動，老師選他擔任學藝股長，於是他負責製作壁報，參加校內壁報比賽。生物老師也指定他畫掛圖，因爲他能將生物解剖圖畫得翔實又仔細。

不光是如此，他還參加合唱比賽、各項球類比賽。於是，高中一年級才開學不久，少年遠哲的學校生活多采多姿，不少功課得要熬夜才能寫完。但他仍一如往常，覺得生命彷彿無窮盡，有很多的時間與精力去做很多事。

十一月的馬拉松越野賽跑到來時，身爲體育健將的他，自然躍躍欲試。

---

[39] 何坤為廣東羅定人。何坤在竹中同班同學畢業四十年的班刊中寫到這件往事，表達對李遠哲當年對他友愛的感動。此事在彭商育老師自傳《雪泥鴻爪》中也曾記載，不過誤植為高二時的中秋節。李遠哲認為友愛同學乃理所當然，自己從未公開提起此事。

從新竹南寮海邊往竹中約六公里路，他起步以後跑得一如以往。但是到了新竹女中附近，往竹中的山跑回終點時，卻感到極端疲倦，儘管跑在前三分之一的領先群裡，還是不太尋常。「誒，好像身體不行了，支持不了了。」他對自己說。

疲憊地回到家，他身體癱軟坐在椅子上，對父親說：「我很累，不舒服。」

父親很謹慎，趕忙攙著他去省立新竹醫院就醫。醫師詳細檢查，做了X光照射，父親極為憂心，很擔心是肺結核。幸好，X光片結果顯示是肺浸潤。醫師看著他，鄭重囑咐：「你這樣下去不行。你太累了，你要好好休息一個月，暫時不要上學了。」

原本走馬燈般轉動的高一生活，倏忽失去動力。他孤獨在家，遠離學校，無法參與任何活動，起初覺得非常難受。

靜養間，他思索許多事。「生命畢竟不是無止盡，是有限的。如果我重新恢復健康了，我還要像過去那樣生活嗎？」他自問。

每天思索，腦子連結過去曾經讀過的書，經歷過的社會劇烈變遷，從二伯母調解時聽過、看過的「人生百態」，他開始問自己：「人生是為了什麼？我的人生要怎麼走？誰來定義我的人生？」

他想起校內一張張期待他「為校爭光」「一定要贏」的臉龐，自問：「我到底是在為誰爭光？贏，又是為了誰的榮譽？」

過去以來，他會打球又會讀書，是標準的好學生，是三育並進的榜樣，他質問自己：「但是，好學生又怎麼樣呢？有為社會做出貢獻嗎？」

他聯想起曾讀過、深深感動他的《居里夫人傳》。

出身波蘭的居里夫人認眞做學問，年輕時就立定志向做一位科學家，要爲全世界貢獻所學。她從波蘭遠赴法國念書，雖曾因操勞過度、營養不良而暈倒，卻從不氣餒或頹喪。她從事研究時勤勞不輟、意志堅強、不屈不撓；既發明分離放射性元素的技術，也發現兩種新的化學元素鈽和鐳，獲得諾貝爾物理獎與化學獎。第一次世界大戰時，她甚至冒著生命危險赴前線擔任護士，治療病人，展現一位偉大科學家對人類生命的熱愛。

「這本傳記使我明確了解到，科學家的生活也可以是美麗而充滿理想的，並非一般人想像的冷靜、冷酷，甚至於十分古怪。最令我感動的是，當別人問她爲什麼不學習美國發明家愛迪生，爲自己的研究發明申請專利？她卻說，知識爲人類的公共財產，應該讓全人類共享才對。這句話深深感動了我。」他說。

居里夫人的高貴情操和理想主義像一盞明燈，照亮了暗室中靜養的少年遠哲，「我迷惑、徬徨的心靈因此獲得解答。她美麗的、充滿理想與熱愛人類的科學生涯，是我一生中最大的啓示與追求的目標。至此，我立志救國淑世，盼竭盡己力，期望對人類社會有所貢獻。值得一提的是，當時同我一般有理想、有抱負的年輕人並不少。」他後來回顧。

經過閱讀的反芻，與一連串反覆的自我詰問，他腦海緊鎖的糾結鬆開，大澈大悟，他對自己說：「人生就是要做有意義的事。我不能再像無頭蒼蠅忙著打球、比賽、管樂隊等數不盡的活動，我要過一個有意義的人生。我要成爲有用的人，才能對國家社會有貢獻。」

他也確信，「生命應該由自己決定，我該做自己的主人，不要再受社會傳統思想與學校教育的擺布，我要超越環境的束縛。所以，我要走自己的路。」

他要做自己人生的掌舵者。「我想要成爲一位科學家，貢獻世界。也希望遇見志同道合的人，一起打造美好的世界！」

一個月後，他回到學校上課。何坤本來擔心他休學後或許會留級，幸好回來了，因而感到安慰。

他返回學校後，主動退出網球校隊、樂隊等活動，許多師長與同學感到十分訝異。他勤讀物理與化學，雖然還打球，卻是爲了強健體魄；他要往自己設定的人生方向前進。

「生病休學了一個月，確實對我有很大的影響，讓我大澈大悟，參透人生是爲了什麼而活。」

課業之餘，他也選讀攸關國家與社會發展的書籍。

早在他讀初中二年級之後，每隔一段時間，就讀臺灣大學農業化學系的李遠川或臺大物理系的劉遠中回來，總會帶來從臺北衡陽街買的最新日文書籍或雜誌，傳給李家的堂兄弟與表姊妹們。這些政府不審核的資訊，是少年遠哲獲取最新思潮的主要管道。

他從書中看見的世界面貌不同於政府給人民知道的，也初次感覺到，自小「通日語」竟成了求知的優勢。

而升上高中後，這些書籍更形重要。他不僅和哥哥姊姊及堂哥們討論，也和同年紀的堂哥李遠輝將這些書籍與資料帶到學校，與幾位同學一同分享心得。

比如，他們討論蘇聯生物學家李森柯（Trofim Lysenko）的遺傳學理論。李森柯否定孟德爾「遺傳是來自基因」的遺傳學理論。李遠川就直言批判，科學有創見原本是好事，但是李森柯的理論卻是要用政治力量來扭曲科學，「博得史達林的支持，用政治力量來鞏固他的主流地位。」

他們也討論馬爾薩斯的《人口論》，幾位同學認爲地球糧食不足，各國政府應該抑制人口成長，少年遠哲卻認爲：「不患寡而患不均；眞正的問題不在於人口，而是在於資源分配不公平。」

他們還閱讀日本學者與評論者對二戰的反省與批判，羨慕日本社會豐沛的知識與辯論活力。

「他不注重分數，而是要把學問弄懂。做化學小組實驗時，他一定從頭做到尾。大多數同學大概做一做就算做完了。」李遠輝觀察。

「李遠哲不是班上成績第一名的學生，卻是實驗最好，做實驗最認眞的。他經常問問題，有些問題都讓我無法回答。」高二化學老師林鐘榮說[40]。

有一回，少年遠哲在課後向林老師請教問題，篤信基督教的林老師卻邀請他週日上教堂，因爲上帝能帶領人們找到人生方向。

他從小看親友迷信於求神拜佛，並不認同，眼下連林老師都要他上教堂，就回答：「人生的方向是自己掌握的。而且，怎麼證明上帝存在呢？」

林老師舉四氧化三鐵爲例，原子的外圍環繞著電子，而電子是不能再分割的，但是，四氧化三鐵

40 引自彭商育老師自傳《雪泥鴻爪》，頁九八，林鐘榮老師自述。

的四個氧所需的八個電子，卻是由三個鐵來供應；如果電子無法再分割，請問三個鐵原子，爲什麼每一個能夠提供三分之八個電子呢？林老師說，這正是科學都無法解釋的神蹟，證明上帝存在。接著再度邀他上教堂。

少年遠哲對四氧化三鐵毫無概念，於是和同學一起上圖書館找資料，追根究柢。幾個鐘頭之後，他們從某一本教科書上找到解答了！原來，四氧化三鐵是奇特的化合物，它是由三氧化二鐵和氧化鐵，一比一組成的。兩個鐵原子是三價，各提供三個電子；另一個鐵原子是兩價，提供兩個電子。電子都是整數，沒有被分割。

總是想把原理弄懂的他，不僅和同學一起證明了林老師的舉例有誤，更重要的是他想透徹學問，朝科學家之路邁進的理想。

自從高一的一場大病，「我就覺得我一定要掌握自己的生命。我到學校學什麼，老師能夠教什麼（教科書上的知識），已經不重要了。」

認眞不意味著「用功」，而是「認」清「眞」相。少年遠哲遵循著這個理念，自我砥礪著。只是，在現實大環境下，這個理念會不會受到衝擊或阻礙？

1 李遠哲在校成績優異，網球打得也好，直升高中後被許多同學用日語喊他「獎學金」。

2 大病後的李遠哲重新思考生命的意義，從此立下志向成為一個對國家、社會有所貢獻的科學家。

第十一章

白色恐怖進校園，權威下的「叛逆」根苗

一九五三年二月，正就讀臺灣省立工學院電機系的堂哥李遠容被警備總部抓走，據說是一位「思想有問題」的人借給李遠容一本禁書，被判「知匪不報」的罪名。

少年遠哲從初中就讀禁書，讀高中後，研讀的書籍更是不設限。雖然不時聽聞有人被憲兵帶走，卻從沒想過，這陰影也會來到跟前。

身爲中國國民黨黨員的二伯母驚惶奔走，託認識的官員或朋友打探審判情形，儘管她曾助人無數，也營救不了李遠容；李家陷入愁雲慘霧，遑遑不可終日。

堂哥劉遠中常常陪著二伯母到臺北探視李遠容。

就讀臺大物理系的劉遠中，每天清早搭火車到臺北上課。走出臺北火車站時，就會看到牆上貼著白色的大字報，寫著即將被處槍決的人名，而當天槍決的人名就會被紅筆打叉。

「每隔幾天就會張貼一張這種白色大字報，我走過去看，被處死刑的從學生到老先生都有，非常恐怖的。我每週都到大哥拘留的地方送食物或物品，非常擔心大哥會不會也被無辜判刑。」劉遠中心有餘悸地說。

原來，一九四九年，中國國民黨在國共內戰中失掉中國大陸江山，領導國民黨的蔣介石帶軍隊與國民政府從南京遷到臺灣，此後在臺灣、澎湖、金門、馬祖依《懲治叛亂條例》進行一系列徹查共產黨員、肅清匪諜的「清鄉」行動，史稱「白色恐怖」。

少年遠哲先前偷看禁書、讀匪情資料，不只出於好奇，也基於一個信念：認眞；「認」清「眞」實。因爲他渴望認識眞實的世界。自從李遠容被抓走之後，少年遠哲深怕有人去警備總部告發他，常常夢見自己被警總抓走或被迫害而驚醒，嚇得全身直冒冷汗。

在班上，有幾位同學和他相談甚歡，不隨流俗走，對社會發展的看法既先進也相近，例如歐阿港[41]。

但高三有一天物理課時，他素來尊敬的辛校長來到教室，拿著點名簿，以沉重的口氣喊：「歐阿港同學？」

歐阿港站了起來，開始哭泣。

少年遠哲起身往窗外看，校門口有兩輛吉普車等著，幾個便衣憲兵圍著校舍大樓，他明白了，歐阿港要被抓了。辛校長跟歐阿港一起走出教室，只見歐阿港邊走邊哭，就被帶走了。

---

41 李遠哲的高中同班同學，因白色恐怖被抓走審判並坐牢。一九八六年，李遠哲榮獲諾貝爾獎返臺，在臺北圓山大飯店參加慶祝會，已出獄的歐阿港曾到場外要求與李遠哲見面，當時歐阿港已精神失常。此事讓威權統治在李遠哲心中留下極深的陰影。

毫無預料之下目睹此景，少年遠哲也驚駭了。他在腦海中快速瀏覽自己曾讀過的禁書、曾寫過的日記內容，一幕幕恐怖的黑影瞬間籠罩著他。

回家後，他將這件事告訴母親，結果，母親憂心不已，深怕下一個被抓走的就是他。

有人說，歐阿港的日記被查出有問題。於是，他警告自己：「今生絕對不寫日記。」然而，親眼目睹平日與他談論國事的同學就這樣被抓走；一想到迫害大堂哥李遠容的「白色恐怖」魔爪，竟然也伸向了歐阿港，就心痛難忍。

他感到頹喪、疑惑、不平，有時候也備感寂寞。找不到能傾談的對象時，他會跨上腳踏車獨自往頭前溪下游騎去。坐在河畔沉思，望著夕陽沉入海，雲彩、白鷺鷥、清澈的流水交織而成的美景，使他稍稍得到慰藉，大自然寬闊的時空也延展了他的胸懷；他重新確認自己的理想、要走的路，與自己的決心，「那一陣子，我覺得如果沒有頭前溪的晚霞，我的生活應該是很苦的。好在有頭前溪像一位心靈的母親那樣，慰藉著我。」李遠哲自承。

儘管受白色恐怖陰影籠罩，少年遠哲期勉自己專研學問，仍掩不住反抗威權的叛逆性格，幸好有了解他的導師守護著。

他和四、五位高三同學自組「小組討論會」，一起切磋琢磨，討論問題，也私下向老師請教。

高三導師兼數學老師彭商育[42]有著濃濃的湖南口音，在黑板上寫的「板書」卻能讓學生一目了然，講解精闢，撰寫的數學講義極爲精闢。少年遠哲與小組討論會的同學們常常在下課後請教彭老師。

有一回的代數複習課，彭老師正在講解數學歸納法，才說明完原則，轉身在黑板上寫完範例，下課鐘聲就響了。這時，少年遠哲與小組討論會的同學一擁而上，指著黑板說：「老師，這題若不用這樣做，用另外一種方法演算，不是更簡潔而漂亮嗎？」彭老師笑著說：「是的，你們是對的。可是我舉這個例題，是要闡釋數學歸納法的原則，而不是演算方法的選擇……」說完，全班哄堂大笑[43]。

有一回，放學後的打掃時間，彭老師正好來班上檢查，小組同學們正在鑽研著，一見彭老師就圍上來問：「老師，我們有問題，可以問嗎？」

「當然可以。」

「物理也好，化學也好，物質分子運動，其與力與大小、速度之快慢、溫度之高低有關。若分子碰撞牆壁，其衝擊力是多少？有沒有方法能計量出來？」

彭老師一聽，苦笑著說：「這問題可難爲我了。我學的是數學，對物理、化學沒有深入研究，不敢信口開河，還是去請教物理或化學老師吧。」

---

42 一九一九～二〇一四，湖南湘潭人。戰後應臺灣長官公署聘任，赴臺灣省立新竹高級中學任教。於竹中服務四十年退休，曾任臺灣師範大學、新竹交通大學兼職教授。作育英才，教學與科研成果突出，曾數度獲教育部頒發學術研究獎，編著《高級中學數學複習》等書，影響學子無數。

43 此例摘錄自彭商育老師自傳《雪泥鴻爪》，頁九八。

彭老師對學生很關心，對導師班的每一位同學更甚，不只隨時關心校內生活，批改週記，還主動撥出時間與每一位同學個別懇談，了解個性與未來志向。因而深知少年遠哲「求學有疑必問，有主見、深思熟慮，務期盡善盡美的特質」。

彭老師觀察，有一次全班在禮堂圍一個大圈，正在舉行學藝會，少年遠哲忽然起身說：「我有一事向大家報告，因為各人性格不同，興趣也就不一樣。我現在有個請求，請每個人把自己的嗜好例如口技、唱歌、跳舞等，不論什麼節目，悄悄告訴旁邊的同學，讓他們知道，好不好？」一會兒他又起身說：「現在請各位把方才告訴同學的拿手好戲表演給大家看。由我自己先來，由左而右，一個個輪流表演，請大家作見證。」說完，他就高歌一曲，全場哈哈大笑。而眾人先前已向同學分享自己的嗜好，也就放開心懷，輪流表演，全班歡樂無比。「他思想甚豐富，課餘後更是點子大王。他有超強的組織能力、活潑點子，使他永遠成為受歡迎的重心人物，」彭老師說[44]。

有一天，少年遠哲趁放學後在操場打球，夕陽下山了才準備回家，卻見一位年輕老師楊榮祥走來，由於楊老師是回校服務的竹中校友，先前讀書時也曾一同參加竹中樂隊，儘管年紀有差距，卻互相熟稔，所以，少年遠哲就主動向楊老師寒暄。

「楊老師，您怎麼還沒有回去？」他問。

「就是為了你們班上這些人啊！」楊老師說。

他微笑問：「怎麼說呢？」

「剛才操行會議開這麼久，是因爲訓導主任說，李遠哲的操行應該要打丙等。訓導主任說，你做了一些違反校規的事，是很壞的學生，結果你們班導師彭商育老師說，李遠哲做事從來不是爲了自己，而是爲了同學。彭老師堅持不能給你打丙等。」楊老師解釋。

他這才恍然大悟彭老師對他的保護和仗義執言，確是深刻關心與了解每一位學生的好導師。

不過訓導主任口中，所謂「違反校規的壞學生」，其來有自。

自從讀高中以來，每到週六下午必須上課，總是讓同學們唉聲嘆氣。

以往每週六到中午就放學，因此，每天清早遠從湖口、新埔、苗栗等地坐火車或搭公車到新竹火車站，再排隊走二十分鐘到校上課，傍晚又趕著排隊坐車回家的同學們，能趁著週六下午參加社團、運動、與同學討論、踏青，享受放鬆或休息的自由時光。而竹中各項班際比賽也都由「學生自治會」在週六下午舉辦。

但是，在他讀高中一年級時，省政府教育廳卻要求週六下午必須上「生產訓練」課，主要是教導學生學習合成香蕉油、肥皂，並製備汽水和面霜等技能。此後，週六下午就排滿了各種課程。少年遠哲知道，政府擔心中國學生鬧學潮的事件在臺灣重演，於是對學生加強管制。就這樣，一轉眼已是高中三年級了，排滿課的週六下午，讓同學們越發無精打采，三育並進的理想也似乎漸漸被這些無趣的

44 此例摘錄自彭商育老師自傳《雪泥鴻爪》，頁九七。

課程所取代。同學們忿忿不平，於是開班會時決議，有些週六下午不上課，想辦法改做有益身心的活動。而身爲班長的他，就被推派出來領導。

一個週六下午，課程照例排得滿滿的，少年遠哲向生產訓練課的老師說：「老師，我們班上有一些重要的事，今天的課是不是可以不要上？」

「好啊！」老師很信任他，隨即同意。

他帶同學們去爬十八尖山、青草湖踏青，讓久未活動的同學們活絡筋骨，後來還一起到市內的戲院看電影。

最驚險的是，有一次全班列隊走出校門，正好碰到辛校長。他站在排頭，面不改色地大喊：「敬禮！」校長點點頭，他們就出校門了。

結果，這次卻被訓導主任抓到，主任氣得要高三甲班全體罰站，訓話良久。

事件過後，少年遠哲在週記簿上寫明事情的原委；他也表達對訓導主任未查明眞相，失去教育的立場，卻還罰他們聽訓良久的失望之情。

只是，他的週記簿發回來，彭老師的評語卻是：「聽過了，也就算了。」

「彭老師算是滿有哲理的。」他覺得，在他反抗權威的過程中，彭老師不偏不倚，站在非常穩健的立場。

彭老師觀察：「李遠哲是一個知理明義，心直口快，堅持原則的人，他見到不順眼、不公平的現象，便會批評、建議、請求革新，甚或協助推進。不了解他的人，驟看和驟聽之下，以爲他多嘴、多事、甚或故意搗亂，惹人誤會而憎惡。深切知道他的人，他是一個心地善良，具有創新的意願，我很欣賞他這一點。」

作育英才無數的彭老師並且主張：「這類青少年學子固然要自我珍惜，負責訓導的人員，要多費點心神，深入了解，懇切輔導，使其踏上堂堂皇皇的正軌，勇往邁進。[45]」

好導師應該具備什麼條件？

少年遠哲認爲：「一位好導師應該認眞教學，關心學生，了解學生；更重要的是，對於學生的是非，導師要能夠做正確的判斷。」

緣於一位好導師對學生的關懷和據理力爭，這場操行審查會議中，少年遠哲的分數幡然改爲：甲等。

在白色恐怖魔爪下，社會氛圍肅殺，滿懷抱負的少年遠哲仍確認他的人生理想，走自己要走的路；他不可能是乖乖牌，不會成爲不加思索跟著群體後頭的溫馴小羊，想改造社會的叛逆想法也不能讓很多同學知悉。這樣的他，怎能不孤獨？

坐在頭前溪畔，河海一色的盡頭用金黃落日擁抱著他，像彭老師那寬厚的臂膀。這一回，少年遠哲或許仍孤獨，卻不寂寞。

---

[45] 引述彭商育老師自傳《雪泥鴻爪》，頁九六、九七。

第十二章　城隍廟拜拜，媽媽眼中的奇人

少年遠哲收到李遠川從臺大宿舍寫給他的信，於是向父親問道：「家裡的真空管收音機音響有沒有故障？大哥想帶同學回家作客，也希望能欣賞音樂，要我問您。」

向來嚴肅的父親看了他一眼，回答：「他怎麼不自己寫信問我？」

「大哥就怕你啊！」他說。

從小，父母親以權威方式嚴格管教大哥李遠川與大姊李惠美，要他們成爲弟弟妹妹的榜樣，雖然是愛孩子的表現，卻也造成彼此間的鴻溝。戰後幾年來，隨著兒女的增加與歲月的消逝，父母親的教育理念逐漸改變，對弟弟妹妹漸少採取體罰，改採較多說理與誘導；後來，更對年紀最小的李季眉[46]和李遠鵬[47]寵愛有加。

週末時，家裡常有新竹師範住校的學生們找父親談話，少年遠哲看見客廳裡與學生有說有笑的父親，常覺得很陌生，與從小父親在他們兄弟姊妹前展現的威嚴，判若兩人。他覺得，或許因爲竹師學生都是成人了，父親用對待成人的方式與學生相處，展現了不同於對待他們的面貌。

父母對他們做人做事雖然管教嚴格，對於課業，「父母親沒有望子成龍、望女成鳳，要我們第一名的不切實際想法，但是希望我們『輸人不輸陣』——至少不要落到一大群人的後面。」

大約每週，母親李蔡配會分配區域，要他們這些孩子分工合作打掃；過年時大掃除更由他們分工包辦。她在家後院養雞、天天上市場買菜之時，她會指派家務給他們合力完成，訓練料理家務。

他讀高三時，一天上午，李家孩子們圍在桌邊，按照母親的囑咐，分工合作拔雞毛、豬毛。除了臺大農化系的大哥李遠川與臺灣省立師範學院（今國立臺灣師範大學）理化系的李惠美住校之外，這群「家務實習小工班」就獨缺他了。

當雞毛拔得差不多了，他才揉著惺忪的雙眼走進客廳。

「二哥最懶惰，現在才來，我們都快拔完了！」么妹季眉嘀咕著。

「啊，我熬夜看書看太晚了，起不來。」他有些不好意思。

么弟遠鵬也注意到，有時候各自分工打掃房間，該由他負責掃地的區域，「人就不見了，大概是閃開了。」

46 李季眉，年紀相差十三歲。德國哥廷根大學微生物研究所博士。中興大學名譽教授、特聘教授。曾任臺中中興大學副校長、環境工程系教授，現任李澤藩藝術教育基金會董事長、李澤藩美術館館長。

47 李遠鵬，年紀相差十六歲。美國加州柏克萊大學化學系博士，新竹交通大學應用化學系講座教授。中研院院士。李遠哲曾公開表示，李遠鵬是全家兄弟姊妹中最聰明的孩子。

自從立定志向、專注探求學問，少年遠哲分擔家務的時間就不如弟妹們多，有時他想看書，就會找機會逃避打掃。母親也曾責備他，而他為了緩和氣氛，就開玩笑說：「這是大材小用啊。」

他讀高一時曾休學，導致該學期成績並不特別優異，眼下，約半年後就要考大學了，母親有些擔心，來到書房要帶他去城隍廟拜拜。

正在讀書的他，看到母親來邀約，不以為然地說：「為什麼要去拜拜？」

「我三不五時都會帶弟弟妹妹去城隍廟啊。你要考大學了，應該去拜一下吧？」母親說。

他反問：「妳對妳的小孩子不滿意嗎？」

「沒有啊，我對你很滿意啊！做事很認真、細膩，也很有責任感。」母親說。

「那我打掃懶惰嗎？」他反問。

媽媽微笑不語。

「媽媽妳想，如果大學考試考完，有一千個學生考上，只有妳兒子沒考上，反而應該要鼓掌啊！」

「按怎要鼓掌？」

「要慶祝啊！妳覺得妳的兒子還不錯，而臺灣有一千多個學生比妳的孩子還要好，這不是更美好嗎？」

「你講的有道理啦！只是，你這孩子眞奇怪！」母親搖搖頭，走出書房。

五歲讀第一幼稚園時，老師曾說他是個「怪孩子」，而十七歲即將高中畢業的他，仍是不隨主流眼光的「怪人」。

「我眞的這麼想。一件事要看的是大局，以及你想看多遠。」他舉例，對一個考生來說，是否考上對本人的可能影響很大。對一位小學六年級導師來說，班上五十個學生中，是五個人或十個人考上，意義不同；誰考上或誰考不上並不重要。如果是國小校長，會在乎全校考上五十個還是三十個，哪一個考上並不重要；小學之間也有競爭，考上三十個或五十個對校長而言並不一樣。到了中學，要招收一百位學生，中學校長希望收到不錯的學生，並不在乎學生從哪裡來，同時想著將來的畢業生中會有幾個考上臺大。

「所以，考試或比賽的過程，要看不同的層次。如果只看我一個人，我覺得我很好，結果，我是排名世界一百名，就表示世界上還有九十九個人比我還好，這不是很好嗎？總比其實我打得很爛，雖然排名第一，卻很憨慢……」他解釋。

「我的想法跟媽媽完全不一樣。如果眞的有一千個人比我好，我落榜了，還可以去做別的事啊，」少年遠哲心想。

考完畢業考之後，結果揭曉。

新竹中學公布的保送臺大學生名單裡，少年遠哲不僅高居榜上，還能自己選擇保送的科系，連臺大醫科都在選擇之列。

好消息傳來，父母親喜出望外，少年遠哲卻躊躇了。

他找彭商育老師做升學指導，訴說煩惱：「爸媽大概會希望我讀醫科，因爲我的兩位姑丈都是醫生。但是，我想當科學家，我想念化學。」

懇談中，彭老師建議他先和父母親溝通。此外，彭老師分析，醫學系與化工系都是畢業後就能找到工作的應用科系，相較之下，化學系雖是他的理想志願，卻因爲是基礎科學，不見得能馬上就業。於是彭老師建議：「你保送臺大化工系，你父親應該不會反對。反正化工系跟化學系大一的課都一樣，你一年級先到化工系，之後再轉到化學系，你就多了一年時間可以說服你父親。」

「對於李遠哲，最重要的有三件事：第一是高三時訓導主任要把他的操行分數打丙，第二是他保送臺大時選擇科系，我建議他堅定自己的志向；這或許改變了他的人生。第三是……」彭老師回顧[48]。

「你不怕將來沒飯吃嗎？」

同學知道他立志成爲探求眞理的科學家，紛紛露出訝異神情。

臺灣在戰後經濟不豐、產業不興，並歷經政治封閉與經濟重建；一九五〇年代韓戰爆發後，更是美援的接受國。這樣的大環境下，班上同學大多數想當醫生或讀工學院，確保未來收入穩定。

少年遠哲的選擇確實很不同。

站在人生的十字路口，他看大局，看長遠，他希望自己的決定能有助於國家社會和世界的未來。

一九五五年夏天，少年遠哲收到臺大化工系的入學通知。

十八歲的他束裝待發，朝不遠方的臺大校園前進之際，往科學家的理想也越來越靠近。

48 筆者在清大物理系退休教授劉遠中、臺大物理系退休教授鄭伯昆陪同下，於二〇一四年九月赴彭商育寓所專訪。是日，彭老師談及李遠哲相關事蹟時特別強調三件事：一是為李遠哲的操行分數力爭，使其人格不被校方誤解；二是建議李遠哲選擇保送化工系；三是李遠哲將諾貝爾化學獎複製獎章贈予竹中，彭老師甚感欣慰。訪談中彭老師眼眶泛紅，但身心愉快，孰料十天後逝世，享年九十六歲。

1 升高中前夕，熱中網球的李遠哲晒得又瘦又黑。

2 李遠哲（右三）和高中同學感情要好。

3 中學時代的李遠哲（左一）常和同學相偕打網球，一次打到忘了時間，還被父母親誤以為出了意外，虛驚一場。

4 新竹師範住校學生常在週末來訪，與學生談笑風生的李澤藩，常讓高中時的李遠哲覺得和平日威嚴的父親判若兩人。

5 李澤藩（左三）對李遠川、李惠美及李遠哲很嚴格，對么女李季眉及么兒李遠鵬卻疼愛有加。

第十三章 臺大宿舍，社會縮影

秋日的熱帶樹影斜搖，校門內的傅園與傅鐘小巧而意義深重。十八歲的李遠哲第一次踏進臺灣最高學府：臺灣大學校園，他夢想成爲科學家的所在。

「到了臺大之後，大家很興奮的是，這是極富自由學風的學校。從臺灣各地來了很多菁英分子，很多人覺得天外有天，原來還有很多精明能幹的人。」李遠哲認爲。

開學前一週，李遠哲提著一個小皮箱與一捆棉被，告別新竹家鄉父老，坐火車上臺北。他先住進臺大附近羅斯福路的一間房舍，皮箱中僅有一個枕頭、幾件衣物、盥洗用具、幾本書和一支網球拍。

由於臺大學生必須抽籤決定是否能入住學生宿舍，但是中籤的可能性不大，於是母親李蔡配託朋友在臺大附近幫忙租了一間房，充當學生宿舍。同行者還有以第一志願考上臺大地質系的堂哥李遠輝，以及考取物理系的竹中同學王永立。

幸運的是，兩天後抽籤結果揭曉，他們三人都中籤了，以一個月租金向房東退租，轉而搬進位於公館的臺大第八宿舍。

踏進宿舍的寢室，左牆靠著兩張床，右牆也倚靠三張，都是上下鋪，中央擺放兩人對坐的五張書桌，桌前各放一張椅子，這些就是室內僅有的家具。因爲沒有衣櫃、書架等儲藏空間，日間，大家都把小皮箱與棉被擱在床上，就寢時再把小皮箱移到書桌上，瀰漫著一股旅人般的不確定感。

李遠哲有九位室友，包括從小一起長大的李遠輝，以及多位竹中校友，還有一位來自臺南的丙組狀元——植物病蟲害學系（現更名爲植物病理與微生物學系）的張隆鼎。

然而在這間大一新生的十人寢室裡，還有一位「隱藏版室友」：蔡錦福（一九三五～一九五六）。

剛開學不久，工學院新生蔡錦福來找李遠哲，因爲孤身一人經濟困難，付不起住宿費，希望能每晚借宿李遠哲的寢室，隔天清晨就離開。

李遠哲看著這位鄰居暨新竹中學校友，惻隱之心油然而生。

二戰後，蔡錦福的日籍生父過世，其生母也無力撫養，於是，蔡錦福獨自生活。「蔡錦福很辛苦，我常常看到他晚上睡在公園椅子上。」李遠哲回憶。儘管貧苦無依，蔡錦福卻從未自我放棄，成績也很好。竹中畢業後，蔡錦福回到竹中當工友賺錢，一年後考上臺大，與李遠哲同屆入學。

在李遠哲與李遠輝的協助下，每天晚上宿舍十點鐘熄燈前，蔡錦福就會走進寢室。由於宿舍配置的椅子和床的下鋪高度相當，而且椅子沒有扶手，李遠哲就拉來四張椅子沿著床邊擺，這麼一來，下鋪的單人床加上三十多公分寬的椅子，雖然不如雙人床寬，至少也能擠睡兩個人。

每天清晨，蔡錦福收拾好椅子就離開，絕不麻煩其他人。寢室裡每隔一段時間抽籤決定誰睡上鋪或下鋪，所以，李家堂兄弟兩人誰抽到下鋪就跟蔡錦福擠著睡，在室友同意下，有了這位「隱藏版」

室友。

＊ ＊ ＊

進了大學後，李遠哲的學習不完全依賴老師的教學，有些課程，當他發覺自己讀的速度更快、效果更好，就會「蹺課」到圖書館自修。「宿舍不是自修的好地方；在圖書館找個座位坐下，大家都在讀書，很能專心。」李遠哲說。

大一的課程很滿，能利用圖書館的時間有限；所以，凡是週日，他一大早就到圖書館大門前等待，門一開，他就進去找一個好位子，「一整天泡在那裡。」而且，圖書館裡有各式各樣的書籍，包括政府未查禁的，例如日譯本的《孫逸仙與支那革命》收錄宋慶齡於孫文逝世後寫了一篇批評蔣介石的文章，讓他留下深刻印象。

就這樣，他常常讀到圖書館十點鐘熄燈前才趕回宿舍，生活忙碌而充實。

有一次三民主義課發回期中考卷時，李遠哲拿了高分，老師在課堂上稱讚他：「你們班上有一個人，是眞正了解三民主義精髓的。」不過，他當時並沒有在教室裡，由同學幫他領取考卷。

聽到同學轉述老師對他的讚譽，李遠哲心想：「或許因爲高中時，我讀了很多社會科學的相關書籍。而且，民生主義和男女平權的議題，我在圖書館也念了不少的緣故。」

儘管一般人不認同蹺課的行爲，李遠哲卻認爲，與其循規蹈矩地坐在課堂浪費時間，不如善用時間與圖書館鑽研眞正的學問。「其實，像我這樣求知若渴的人，在臺大眞是不少。」他說。

一天，讀完預定進度，李遠哲攤開薄薄的臺大信紙，寫給家中的弟弟李遠欽。從小，他就常帶著遠欽打球、讀書，即使讀了大學也不厭其煩「函授」讀書方法，並令其督促幼小弟妹用功。

遠欽：

近來如何？功課是否很忙碌？很久沒聽到你的消息了。你已經升上高二，轉瞬間就要畢業，已不再是三歲的小孩，希望你能夠把握青春的活力，好好磨練自己。

課內功課當然要顧好，但課外的書更當看。學校只不過把一些知識壓入你的腦袋，談到教育，還是由於你自己。而且看的書決不能再止於小說了，希望能看些更正經的。學校圖書館中，在商務的中學文庫中有《原子能與宇宙及人生》，這本書很好，等你們化學教到原子（放射性元素）時借來看好了。還有在舊的王雲五的萬有文庫（大概也是商務，但本子小）中也有《社會發達史》《居里傳》（上下）以及《居里夫人自傳》，這些書都很好，你最好能看它，而且你要學會怎樣利用圖書館，找尋提升自我的書。如果不多讀些正經書的話，也許你對事物的看法、想法都會永遠很幼稚，精神年齡永不會增高。我希望你能在閱讀書籍的正確道路上，多找出自己的理想，找出人生最正確的途徑。你不要再糊塗了，現在是你一生最重要的轉捩點，如能好好利用，也許會有重大的收穫，但相反的，也許將來你會遺憾的。

升了高三後功課要更緊張，高二才是中學的黃金時代。有什麼問題，可儘管問我，惠美、遠川，我們都很樂意幫助。只是我們都希望你在這學期有很大的進步，打定將來爲人的基礎。

像英文、數學等基本科目，無論如何要搞好，寧可多花時間，決不能馬馬虎虎。化學實驗也要認眞做，仔細觀察變化的過程，從書本上得來的知識是抽象的，實驗可以眞的了解化學變化的實際情形，不要以爲實驗要做的現象，書上都有就看低，從實驗得來的知識是一輩子也忘不了的。英文你尤須用功，英文搞不好，上了大學後，什麼也搞不通的。閱讀能力平時就得好好培養，家裡也有不少英文書，《海倫凱勒自傳》《我叫阿拉木》《南洋土人逛紐約》等。這學期的數學競試到底得了幾分？得獎了沒有？沒有的話別傷心，以後好好用功就是了。

四音字典我還是給你用，十二月回家時我就帶回，但你要好好利用它才好。

你的身體也相當差勁，希望你好好鍛鍊，不要再蹈我的覆轍，我的一輩子也許都會敗在我身上，我現在很後悔，當初不該把身體搞成這樣子，像半殘廢一樣，但希望你變成更強壯的人。

你要督促弟妹的讀書，最好不要大聲罵，好好講就行了……

每天晚上十點，第八宿舍教官就關閉電燈總開關，但是，不少住宿生仍熬夜讀書，於是當教官回房睡覺，就有人馬上打開電燈總開關。不過這樣一來，教官更是嚴格管制熄燈時間。道高一尺，魔高一丈，後來有人趁教官回房時，拿鑰匙從外面將教官室鎖上；教官出不來，住宿生就能開燈熬夜讀書。

有人問李遠哲是不是也幫忙去鎖門，曾深受白色恐怖陰影籠罩的他則搖搖頭說：「我沒有，我還沒那麼勇敢。」

教官被鎖了幾次，後來索性撒手不管，於是電燈開多晚，李遠哲就讀到多晚。

住宿舍不僅要繳住宿費，還要繳一個月一百二十元的伙食費，但是，「伙食辦得很差，一進大學就看到社會腐敗的一面，」李遠輝與李遠哲不約而同地說。

「早餐的稀飯撈不到幾粒米，配菜是花生米，一人卻只能分到十幾顆。於是，大家稀里呼嚕地喝完稀飯，再吃十幾顆花生米，就去上課了。但才上完第一節課，大家都已飢腸轆轆。中餐與晚餐更是慘澹，菜餚很少有油，喝的都是冬瓜海菜湯，每人一個星期只能吃到一片肉或一個蛋。」他們營養不足，眾生怨聲載道；少數人只好從家裡帶醬瓜或豬油拌飯吃。

在臺大，宿舍伙食由各寢室學生輪流辦理，並監督、管理廚工來烹煮。但是，有些辦伙食的學生自己沒有繳伙食費，採買食材之後，廚工又貪汙了一些。例如買一斤花生，廚工只炒了半斤；而不繳費的人在外面買了菜，再到餐廳偷白飯，帶回宿舍裡吃。「這些不可思議的事竟然在大專院校發生，風氣如此敗壞。」李遠哲很氣憤。

有一個月，第八宿舍輪到李遠哲的寢室辦伙食，一直想集結志同道合的人改變社會的他，跟室友們開會檢討，最後眾人決議：「我們竹中人一定要改革！要做一個示範！」

李遠哲領導室友們分工合作，輪班負責監督採買食材、廚工烹煮、出菜、用餐管理等；儘管眾人犧牲不少自己的時間，卻都同心協力、任勞任怨。過程中李遠哲數算著，早上每個人能分到二十五顆花生米，但是供餐時，一個人卻只分到十八顆。他去敲廚工的房門，廚工人不在，床下卻放了一包花生米。等到廚工回來，他指著這包花生米問，廚工才不好意思地說：「啊！我把這包花生米忘在房間，忘了炒了。」

在他們齊心協力的管理與監督下，廚工不敢再動手腳，學生偷飯的情形也減少了。學生們看到繳同樣的伙食費，能吃得比較好，臉上都有了笑容。好名聲不脛而走，連第七宿舍的住宿生也紛紛到第八宿舍包伙。

他們改革伙食的事也傳到學校當局，後來，學校爲每位室友各記了一次嘉獎。

「高三時訓導主任要把我操行列爲丙等，彭商育老師花了好幾個小時才幫我爭回甲等。沒想到來臺大的第一個學期就被記了嘉獎。」李遠哲苦笑說：「像我一樣有理想、有熱情的人很多；一件事的成功，往往要靠多數人共同努力才能達成。」

改革不容易，繼任者如果不能蕭規曹隨，成果也難以維持；在他們寢室辦完伙食之後，改由其他寢室接手，腐敗的現象又故態復萌。

李遠哲和李遠輝把這件事告訴家住臺北的表哥劉筱春（一九二三～一九八四），表哥也大嘆改革難爲，只怕有心人。

劉筱春是姑母李荇（一九〇五～一九七五）的大兒子，罹患小兒麻痺，從小就在家自修，從未上學。李遠哲就讀臺大時，常到李荇家探望劉筱春。

令李遠哲感佩又尊敬的是，劉筱春讀了許多書，很多觀念都走在前面，也常與他們討論國內大事與國際時事。

放寒假之前，他們去看表哥，劉筱春忽然嘆氣說：「啊，好久沒回新竹了，搬來臺北之後，不知道從小生長的家鄉變得怎麼樣了。」

寒假過後，李遠輝再去看表哥，劉筱春心情愉悅地聊起家鄉風貌，還說：「我回新竹家鄉看過了，是遠哲背我回去的，下火車之後一路走回老家附近……」

「啊，遠哲背著表哥一路從火車站走回家，這樣很吃力啊，他沒有跟我提過。」李遠輝這才想起表哥曾經提過這個願望，自己沒放在心上，但是李遠哲不但聽了進去，還充滿友愛的背著表哥回故鄉。

寒假過後，大一的第二學期開學了。

蔡錦福的身體越來越瘦弱，且感到不適，聽了李遠哲勸告，前往臺大醫院就醫。

「醫生判斷，我可能得了肝癌……要住院，開刀檢查。」蔡錦福說出這個壞消息時，李遠哲實在難以置信。

「蔡錦福是這樣一個有理想、幹勁的人。」李遠哲很難過，回到宿舍，他和李遠輝決定爲蔡錦福募捐，從竹中校友們開始，一個一個勸募。

「我們有個新竹校友病得很嚴重……」李遠哲碰到校友就開口說明蔡錦福貧苦罹病的情形。有時他說完，校友慷慨捐助，更多時候，儘管他講了很久，對方卻仍一副認為他們是騙子的態度，使他感覺「看到人世的滄桑」。

蔡錦福住院後，李遠哲會去陪伴照顧，常常晚上就睡在蔡錦福的病床邊。醫師說，檢查後發現，癌細胞已經從肝臟擴散到其他器官了，由於風險很大，不敢冒險摘除癌細胞的患部。

手術後，躺在病床上的蔡錦福儘管虛弱，卻有著堅強的求生意志，頻頻問李遠哲：「可不可以送我到日本開刀？」

李遠哲轉問醫師，醫師卻搖頭說：「沒有用的……病人的癌症發展得很快。」

下學期尚未過完一半，蔡錦福就結束短暫而艱苦的一生。感傷的李遠哲用募捐的款項付清醫療費用，並舉辦了葬禮，送蔡錦福最後一程。

學期末，暑假前，為了因應新竹中學的學弟們上臺大報考大學聯考[49]，李遠哲捲起袖子幫忙。他與幾位校友會學友逐一調查暑假時能提供借宿的寢室，規畫、配對給考生借住，並參加聯繫溝通的工作。連竹中辛志平校長的兒子也在受助的考生之列。

臺大宿舍，社會縮影。大學一年級，懷抱社會改革理想的李遠哲，在校園內看到人情冷暖；儘管如此，他並沒有放棄中學時發起的想望：找到志同道合的朋友，一起為打造公平美好的社會而奮鬥。

49 當年報考大學聯考的人數少，試場設在臺灣大學，各地學子必須上臺北應試，也必須自理食宿。李遠哲因為是保送直升大學，所以未曾到臺大考聯考。

第十四章　如何成為一流的科學家

每晚十點圖書館熄燈前，李遠哲收拾完書籍與用具，踏進漆黑的校園。經過化學系所在的二號館時，看到二樓燈光通亮，化學系的教授們仍勤奮地做著實驗，他就精神一振，覺得有爲者亦若是。

在高中的那場病後，他決心走自己的路，一心一意要成爲一流的科學家。進到臺大化工系，看到化學系教授做實驗與學問的身影，更使他深信轉入化學系才能實現理想。而且，化工系與化學系的大一課程相較之下，前者只多了「投影幾何」而已，正如高三導師彭商育曾說的，相差無幾。

「叩叩叩……」他敲了化學系主任的辦公室大門。

手上拿著網球拍，滿頭大汗、頭髮凌亂的他走進辦公室，「主任，我想轉到化學系。」

「你是哪一系的學生？」

「我是化工系。」

主任盯著他，說：「化工系如果念不好，化學系還是一樣念不好。」

「不不不，我不是因爲念不好。」他解釋。

「那你化學考幾分？」主任再問。

「我考九十分。」

「不錯。我教化工系跟化學系一起上課的普通化學，這學期班上只有兩個人考九十分。你叫什麼名字？」主任開抽屜拿本子核對姓名，再抬頭看著他，不太相信地說：「如果這個得九十分的就是你的話，大概沒什麼問題吧？」

李遠哲走出辦公室時，告誡自己：「這次眞是學到一課了。下次如果要見系主任，最好先洗過澡，換一件乾淨的衣服。」

不過他倒不是衣衫不整或不修邊幅。

化學系規定學業成績須達到標準才能申請轉系。偏偏那天早上他已經約了打網球，打到十一點半才猛然想起，「啊！今天中午不是轉化學系的截止期限嗎？化工系剛公布成績，我可以轉系，我得趕快去化學系！」他來不及趕回宿舍整理儀容，匆匆趕到化學系；而也因爲滿頭大汗的狼狽模樣，造成系主任對他有所誤會。

＊＊＊

李遠哲用功讀書，也不時請教師友學長，更惦記著要找到理念相合的朋友。

室友張隆鼎的六哥張昭鼎[50]三不五時會來宿舍聊天，開朗直爽的張昭鼎和李遠哲一樣都關心國家大事，「也許是那股不願同流合汙的傻勁，以及對人類社會崇高的理想，我們很快變成了志同道合的好朋友。」李遠哲說。漸漸地，在張隆鼎透露下，才知道張昭鼎艱苦的出身和求學際遇。

張昭鼎的父親早逝，一家八兄弟有兩人因病逝世，么弟送人撫養，其餘五人由張母帶大。張昭鼎在屏東讀完初中就到臺北自食其力，白天在臺大法學院當工友，晚上讀建國中學補校，夜裡就睡在法學院圖書館內。

聰明好學的張昭鼎以諾貝爾獎得主爲模範，以臺大化學系爲第一志願；勤讀課業之餘，因圖書館地利之便，讀了各種類型的書，擁有不凡的見識與視野，同時懷抱對國家經濟與民族的深遠抱負。補校畢業後，一九五三年，張昭鼎如願考上臺大化學系。

不過，張昭鼎從未向朋友提起這段餓體膚、磨心志的歲月，「如果不是隆鼎告訴我他們兄弟的過去，我是怎麼也想不到這位總是面帶笑容、堅定、和藹的昭鼎，是當年曾在領薪水的前幾天，常因囊空如洗而好幾天餓著肚皮、也不願求助於人的有志之士。」李遠哲感佩這位化學系三年級學長在艱困中追求理想的心志，遂常向其請教。

「昭鼎兄，我眞的很想成爲一個很好的化學家。在臺大選修化學系的課，好好努力，畢業之後能成爲好的化學家嗎？」李遠哲問。

「最近我們也在討論這件事，但是，可能性很渺茫。」張昭鼎說。

李遠哲很驚訝：「臺大不是最好的學校嗎？臺大化學系的教授這麼努力地做研究，爲什麼在這裡奮鬥，無法成為一個好的化學家呢？」

「遠哲，你可能不曉得。最近我們理學院、物理系的學生最興奮的是，二十世紀前半葉對微小粒子運動規律的掌握，出現了革命性的進步。一個微小的粒子像電子與原子核，它不只有粒子的性質，也有波的性質，控制這些微小粒子運動規律的新的力學叫作『量子力學』。分子是這些小粒子（原子核跟外圍的電子）所組成的。」張昭鼎解釋。

隨後，張昭鼎鄭重建議他：「你如果要成為好的化學家，就要多念物理，但是化學系很少念物理的課。所以，第一，你要念『量子力學』。然後，從微小粒子的運動，進一步到了解其宏觀現象，你必須要學好『熱力學』和『統計力學』。而且，如果要了解物質的性質的話，還要學『電磁學』；要做好實驗的話，要學『電子學』和『電子學實驗』。」

李遠哲專注聆聽著，張昭鼎卻話鋒一轉：「但是，這些課呢，化學系都不教。」

李遠哲很訝異。張昭鼎繼續強調：「你如果要成為好的科學家，會日文、加強英文都還不夠，現在學德文也可能還不夠，還要學別的語言才看得懂各國的研究文獻。」

張昭鼎一口氣說了很多，終於輪到李遠哲說話了：「那你們都學這些東西嗎？」

---

50 一九三四～一九九三，德國慕尼黑馬克斯普朗克核子研究所博士。曾任新竹清大化學系教授暨化學研究系所主任、中研院原子分子科學研究所籌備處主任等。曾推動《科學月刊》出版。母親沈金倉為清領時期反對貪官汙吏而率眾起義抗清的「鴨母王」朱一貴後裔，張氏也正義敢言，行俠仗義，友人常以「鴨母」稱之，一九八〇年代投身環保等社會運動。張昭鼎與李遠哲志同道合，共同努力提升臺灣基礎科學研究發展。

「我們哪有那麼多時間啊！」張昭鼎哈哈大笑。

李遠哲進臺大之後常向學長或教授請教這個大哉問，卻只有張昭鼎的回答是不藏私又完整的，當下激動不已。他想起初中三年級時曾在班上組成「升學共勉會」，高中時也和同學組成小組討論會，深知自己讀通之後再講解給別人聽是最好的學習方式之一；於是他隨即邀約張昭鼎：「這個暑假我們不回家，就留在宿舍裡，從『熱力學』開始輪講，好嗎？」

「好啊！」張昭鼎也慷慨答應。

李遠哲謹記張昭鼎的建議，著手實行。他也寫信告訴父親，已申請轉到化學系的決定。父親沒有多說什麼，是尊重他的選擇。他也如常寫信給即將升上竹中高中部三年級的弟弟李遠欽，對弟弟如何讀書、準備考試、如何利用圖書館等諄諄教誨，耳提面命。

「二哥大概是怕我考不上臺大，常常寫信回來指導我。其實，一直以來，我的寒假與暑假作業都有兩份，做完學校的，還要做二哥的。二哥的作業特別難，我解不開，只好騎著腳踏車去找班上最聰明的同學幫忙解題。」李遠欽苦笑。

暑假起，同寢室的堂哥李遠輝回新竹，李遠哲留在宿舍，借了美國的研究所用書Lewis and Randall的《熱力學》原文書自修，每天與張昭鼎約定時間輪流講給對方聽。

第一次輪講會時，張昭鼎披頭散髮，睡眼惺忪。「你怎麼了？」李遠哲問。

張昭鼎回答：「這本熱力學真的很難懂，我熬夜查英文單字，熬了好久才看完今天要講的章節。」

兩人這樣輪講並討論，每每碰到無論如何都無法了解的難題，只好去請教化學系教授。教授總是拍著他的肩膀，勸他年紀還輕，不用這麼早學。儘管如此，他還是有疑必問，追問不斷；這位教授只好承認自己也不懂。就這樣，兩個多月的酷熱暑假，兩人拚著讀，儘管辛苦，終於一點一滴讀完一大半了。

大學二年級上學期，李遠哲轉進化學系二年級，眞正有機會跟著他孺慕許久的化學系教授們做實驗，「臺大有機化學課所做的天然物分析實驗十分有水準；其中又以林耀堂[51]教授對我影響最大。教授爲人處事的態度，認眞治學、關心學生的誠懇，對我有很大的啓示。」他說。

如何成爲一流化學家？

李遠哲勤修化學系的課程。翻開他的「有機化學（甲）」一號筆記本，第一頁就將有機化學的參考書與參閱書清單，甚至德國與美國的參考文獻，連同作者與譯者都詳列出來。每一張筆記寫得工整，英文與中文都很清楚，還畫了插畫，旁邊加註公式與解釋，精細如一本手寫的教科書。

他也努力實踐張昭鼎先前建議的讀書清單，大二上學期就到物理系修「電磁學」。每週一、三、五晚上，他與物理系高一屆的學長鄭文魁、鄭江水、物理系助教鄭伯昆等懂日文的竹中校友組成輪講

[51] 一九一二～一九九四，臺北艋舺人。戰後本土天然植物化學成分研究的領航者。曾任臺大化學系主任暨教授。研究態度嚴謹，提攜並鼓勵後學無數，曾獲教育部理科學術獎。

會，在助教研究室裡輪講俄籍物理學家斯波爾斯基（Joe Spolsky）所著《近代物理》第二冊有關「量子力學」的日文譯本。上了大三，李遠哲還到物理系修習「電子學」「電子學實驗」等課程。

他爲了日後讀懂西方重要的實驗與研究文獻，大二起也依照理學院規定到外文系修德語。

「我常常看到李遠哲在二號館後面的樓梯背誦德語。」鄭伯昆印象深刻。

深入探求學問是充滿樂趣的。李遠哲讀初中時，在樂隊學長鄭伯昆家中第一次聽見貝多芬第九號交響曲俗稱〈快樂頌〉的第四樂章之際，就很想了解這首震懾人心的樂曲該怎麼用德語來唱，眼下正在學習德語的他自然而然在圖書館查字典翻譯〈快樂頌〉的德語歌詞並記誦。有一次他去聽臺大合唱團演唱〈快樂頌〉，他也能以德語朗朗上口。

這樣奮發用功、探求眞理的李遠哲連棒球也不打了，打網球的次數與時間也變少。每週末清早圖書館開館，他就坐進去，讀到夜間十點鐘閉館，唯獨輪講會例外。而且，每個週日晚上他就將下週的行事曆填滿，連強健體魄必要的半小時網球時間也填入。

其實，扣掉讀書時間，李遠哲還要預留時間當家教，爲自己賺伙食費。

一九五六年，李遠哲的父親李澤藩因水彩畫藝傑出，教學認眞，受聘臺灣省立師範大學藝術系〈今國立師大美術系〉擔任講師，每週都從新竹到臺北教課。父親深知李遠哲下定決心就戮力以赴的個性，有時候會主動到臺大看他。

這時候，全家八個兄弟姊妹都在學校念書，家中支出全靠父親在新竹師範與師大的講師薪水，儘管政府對公教職員子女給予學費補貼，家裡的經濟壓力仍大。有時李遠哲無法如期繳付伙食費，只能趁著寫信給高三的弟弟李遠欽時順便報備，他會幫父親到師大領薪水並挪用部分墊付伙食費。

爲了減少父親的經濟壓力，大二下學期起，李遠哲開始兼起家教，每週三次，月收入達兩百元，足以支付每月一百二十元的伙食費。

一開始，他擔任一位蓄電池企業家之子的家教，「每次教完，騎腳踏車都會經過龍山寺，回程肚子很餓，覺得，喔，那東西煮得好像很好吃。但是，我從來沒有停下來吃過任何東西，繼續騎著腳踏車回宿舍。」李遠哲並非生性節儉的人，而是把錢花在刀口上；付掉伙食費剩餘的錢要存下來買原文書，而每本原文書的定價至少四百元。只是，要用家教費來買原文書仍不容易，他修德語一年之後，仍苦無德語辭典可用。

幸好，從不爲了追求分數而讀書的他，因爲成績優秀，大二下學期得到一筆兩千元的獎學金。他想起就讀臺大農化研究所的大哥李遠川，兄弟倆都沒有雨衣可穿，但他覺得大哥比他更需要，就買了一件送給大哥；此外，他邀暗戀多年的女孩（詳見第十六章）看了一場電影，隨後就將全數餘款寄給母親作爲家用，希望爲父親的經濟重擔幫上一些忙。

暑假前一個月，李遠哲寫信鼓勵李遠欽把握時間準備聯考，其中一大段說道：

近來怎樣？是否還是一直看書？看書很好，但是要認眞看。你不但要徹底了解作者爲什麼這麼寫，怎麼會這麼寫，而且還要不忘記我們生活著的現實。對一本書，你要抱持一種批判的態度，作者是否錯了？為什麼？作者的哪些想法是可取的？是正確的？

不但如此，看書還要自己設身處地想一想，如果是你該怎麼樣？或者你會得到「我該怎麼樣？」「我們該怎樣？」許多提示，或是「我們不該怎麼樣？」

你看完了一本書對你自己、對你的生活毫無好處的話，你讀書的態度該好好檢討，寧可一本一本慢慢消化，不能走馬看花，被小小的情節淹沒了主要的地方。最好也做些筆記，好的地方、自己的感想，都可好好寫下來。如果認眞看，一、兩本書可以改進你的一切：生活態度、人生觀。如不認眞看，怕你看多少還是一樣淺薄……

這個暑假，林耀堂教授組成「藥用植物採集隊」，帶了助教與學生們到八仙山採集，李遠哲也參加了，還負責安排交通接駁。山上有許多倒木，邊坡陡滑，兒時當過球類校隊又喜歡運動的他，手腳很靈活，與幾個年輕人走在最前面，避開火燒山後散落的倒木。途中，一段倒木忽然從側邊斜坡滑落，他眼明手快，趕緊閃避，「眞正是生死交關！」他想起兒時避戰疏開到山上曾因抓魚不愼差點喪命，這是他二度與死亡擦身而過。

從佳保臺爬到八仙山約四小時路程，他和幾個年輕力壯的男生兩小時就抵達了。在八仙山頂，他被縹緲的雲霧包圍，如入仙境。

但幾天後收到消息，颱風來襲了，原訂兩週的採集活動被迫提前結束。他為了安排撤營的交通接駁，搭乘伐木場載運木材的簡陋纜車。負責營運纜車的工人對他說，前一陣子蔣總統才坐過，當時有人拿槍指著他們，讓他們戒愼恐懼。李遠哲一看，這充其量只是將一只鐵箱掛在粗鐵纜上，但他還是迅速坐進鐵箱內，一路滑到低海拔的山腰，負責安排營隊撤到埔里國小避風的後續交通。雖然提前撤營，但是他仍在採集活動學習了不少大自然的知識。

從八仙山回來不久，大學聯考放榜了，弟弟李遠欽以第一志願考上臺大森林系。李遠哲鬆了一口氣，覺得自己批判性的讀書方法對弟弟有所受用，也對父母親有所交代；他更高興能與弟弟同在臺大校園求學，互相加油打氣。

＊＊＊

李遠哲讀中學時就知道，科學與科技現代化使蘇聯強大，許多科學論文以俄文發表，懂俄文將有助於成爲一位科學家，於是，大三起他加修俄文。

然而，白色恐怖盛行。「每次經過馬場町[52]，都會看到有人被槍決。」李遠哲說。

政府標舉「反共抗俄」大旗，不少被誣報或是密報持有共產黨與社會主義相關書籍的人都遭到牽連入獄或槍決，他去上俄文課，不怕被特務抓走嗎？

---

[52] 日治時期行政區，有練兵場、跑馬場與機場。戰後白色恐怖時期附近為槍決政治犯的刑場。

翻開課本，用的是中國帶來的教科書。第一頁就是：「我是勞動者。我是學生……」老師也教他們唱俄文歌，其中一首歌詞和十月革命有關，開頭就是：「大街在澎湃，我們大家在前進……」

有時候老師也會朗讀蘇聯的《眞理報》，然而報紙並非偷渡私藏的，而是來自總統府。

難道老師神通廣大？

講臺上的老師正是蔣總統之子蔣經國留學蘇聯的同窗——立法委員樊德潤（？～一九七七）。

儘管有這層關係，樊老師在臺大開俄文課，特務的盯哨也沒有鬆懈。每一次上課時，都有陌生的臉孔與師生們一起上課。有一次剛上課，樊老師開始點名，還說：「今天那位不知名的同學好像沒有來喔？」大家不約而同望向該座位，怎知，那「不知名的同學」只是彎腰撿地上的東西，這會兒又坐直了身子，探出頭來。大家很快就轉過頭來，對其身分心照不宣。

一直盡責講解的樊老師覺得俄文很難學，主動將每週四小時的課增加爲六小時，李遠哲也持續認眞地修讀。學期末時，樊老師帶著俄文課同學到指南宮校外教學，還借了一輛立法院的公務車搭乘。到指南宮附近時，師生們下車步行，樊老師經過一座七十二烈士紀念碑時突然停步，雙目含淚感慨地說：「這些人是眞正優秀的人！」又轉身對學生們說：「你們知道嗎？我們現在的這些黨國元老，都是貪生怕死之輩！」

見證此言此景，李遠哲心裡很感動，覺得樊老師是說眞話的人。

幸好，特務沒有跟著來校外教學，否則俄文課的師生下場堪慮。

大三上學期，終於能修習他嚮往的「物理化學」（簡稱物化）課程了。但是，上課後才發現教授不僅都照著課本講，還講得很慢，於是他就蹺課到圖書館自己念。

期中考過後，班上同學對李遠哲說：「昨天老師把我找去，說我太常蹺課，把我罵了一頓。你死定了！你一定也會被老師罵！」

教授果眞約談李遠哲，卻是稱讚：「你的數學程度很不錯，我看你的考卷，你雖然沒有背我上課時教的公式，卻能自己導出公式，最後把答案解出來。」確實，他在圖書館自修，從理論打基礎，從不背誦公式，而這次考試則是自己從熱力學定理推導出公式的。他非常反對蹺課去玩，但是對他來說，蹺課並不全是負面的，能利用省下來的時間好好讀書，才不負求學的眞義。

從大一開始，李遠哲根據良師益友的建議設定自修與讀書表，與志同道合的朋友輪講，不忘強健體魄。到大三下學期，他已經讀完張昭鼎建議的物理化學書單，還加學了兩年的德文與俄文。

假期回家，他向母親說明學習情形。她原本擔憂他上大學會跟不上別人，聽完後笑著說：「你從小做事就是仔細認眞，總是梭咧梭咧（臺語：溫吞，慢條斯理），就怕你做鬼也搶不到銀紙！」

慢條斯理，不躁進，不搶快，按部就班，扎扎實實地蹲馬步、打基礎。

二十一歲的李遠哲認爲，準備好了，理想就會慢慢實現。

李遠哲於大四到研一的隨身行事曆。白天忙著做實驗的他，夜晚仍安排了滿滿的自修時間。

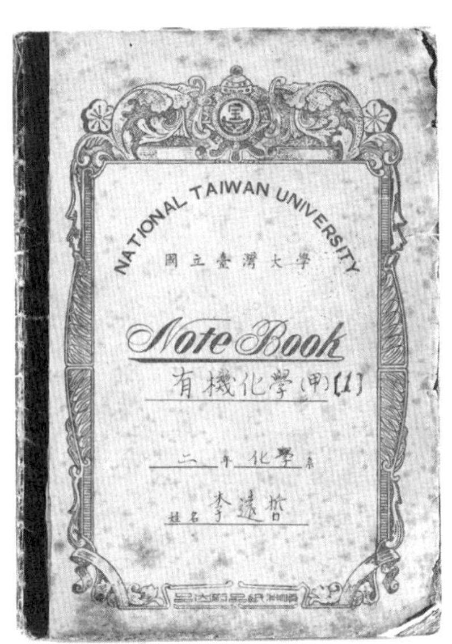

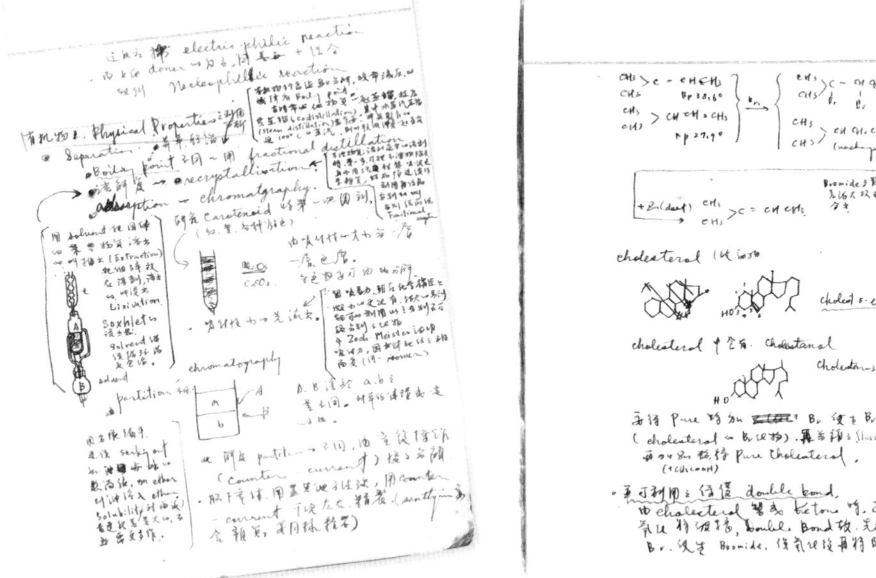

李遠哲大學時代的「有機化學（甲）」一號筆記本。工整的字跡密密麻麻，還畫上插畫與分子式，精細程度可謂一本手寫的教科書。

第十五章 深夜的實驗室

該跟哪一位老師做畢業論文研究呢？

臺大化學系規定做完學士論文才能畢業，一九五八年夏天，即將升上化學系四年級的李遠哲正在考慮著。

他請教了一些師友，其中，已在清華大學[53]就讀原子科學研究所碩士班的張昭鼎說服他：「與其跟一位成名的教授做老的課題，不如跟一位年輕的老師探討新的領域。」他覺得張昭鼎的見解不無道理。

他進大學以來就在鑽研「物理化學」[54]，亦即用物理學的角度來分析物質的化學原理、規律和方法，已下了很深的功夫。鄭華生講師是物理化學領域的年輕老師，於是他去敲了鄭華生[55]的研究室大門。

是時美國在比基尼島（Bikini Island）進行氫彈實驗，孰料有些氫彈灰塵飛落到一艘行經的日籍漁船上；待船隻返抵日本，一位靜岡大學教授測量到船上的放射線，警告必須處理。

此事不只引起美日之間的爭議，也引起學界關注。

鄭華生談起船上的放射性元素，對李遠哲說：「鍶（Sr）和鋇（Ba）是鹼金屬中兩個較重的元素，在放射性灰塵中扮演重要的角色。但是化學性相似，不容易把它們分離、測量。既然鍶和鋇用化學方法不能快速分離，我覺得可以試試用物理方法來分開。你願意用電泳法來分離鍶和鋇嗎？」

李遠哲覺得：「鄭老師的提議很有意思，跟昭鼎兄說得一樣，年輕老師會想做有挑戰的新題目。」於是，李遠哲決定跟鄭華生講師做研究，論文題目是「鍶和鋇的濾紙電層分離[56]」。

但是，鄭華生說：「講師不能指導學生。」

---

53 一九〇八年，美國將庚子賠款溢收金額退回北京清朝政府，在美成立基金；清政府以「清華基金」成立清華學堂。一九一一年，中華民國成立北京清華大學正式招生。一九五五年，美國與遷臺的國民政府簽訂《中美合作研究原子能和平用途協定》，因建立原子爐經費沉重，乃由有清華基金之清華大學在臺復校，一九五六年籌備並招生。於新竹徵用中油接收之日本海軍燃料場土地，部分新竹縣地及附近民宅，校地共八十六公頃。李遠哲於一九五九年九月入學，一九六一年七月畢業。

54 「物理化學」是近代化學的原理根基。而物理化學家關心分子如何形成結構、動態變化、分子光譜原理、平衡態等根本問題。牽涉的物理學門有熱力學、動力學、量子力學、統計力學等。李遠哲從大學一年級起，根據張昭鼎建議的閱讀書單來修習，就是以物理化學為主。李遠哲在大學期間於物理化學門打了極深的基礎。

55 新竹清大數位校史館於二〇一〇年所作之《鄭華生教授口述歷史計畫》中的部分內容與李遠哲之記憶有出入。筆者採訪鄭華生教授後，僅採取兩人記憶相同之內容。

56 The Separation of Strontium from Barium Ions by Paper Electrochromatography.為李遠哲在臺大化學系畢業論文，亦是生平第一篇論文，以英文寫成，一九五九年七月二十八日通過。

由於李遠哲堅持，鄭華生只好說：「我要徵求系主任潘貫[57]教授的意見，由他裁定。」

鄭華生向潘主任報告此事，潘主任又說又笑，連聲說：「學生找講師做論文，前所未聞……前所未聞……」最後才說：「收他！但是依規定講師不得指導學生，所以暫時形式上由我來收他，實質上由你來指導。」

鄭華生說：「我想給他研究的題目是利用濾紙電層析法分離鍶和鋇，我相信他必定能從頭到尾獨立完成。」潘主任同意後，就由鄭華生指導李遠哲。

紙電泳法（Paper Electrochromatography）的原理是將鍶和鋇放在有水溶液的濾紙中，在電場的作用下，鍶和鋇會按照各自的速度向對應的電極方向泳動，各自游出一個區帶，就能觀察哪一個元素跑得快，加以檢測即可。

簡而言之，好比在泳池裡游泳，鍶和鋇是比賽的選手，不同的比賽項目就像是電場作用，所以，當比賽開始，鍶和鋇這兩個選手就會在濾紙上不斷往目標游去，能看到兩個水道到底哪一個游得快，以量測泳動的速度與圖譜。

爲了做實驗，李遠哲非常投入，常常一整個星期的晚上都睡在實驗室。不只是自己設計實驗的方法，由於相關的儀器與零件都付之闕如，所以他從製造儀器與零件都自己做，花了很多時間。

鄭華生驚嘆又得意，有時候會興奮地在物理實驗室對助教與技術人員滔滔不絕說起，李遠哲在科學研究條件與設備皆十分克難的條件下，如何以巧思與巧手自製研究器材與設備，甚或想盡各種辦法來改良、應用機器。

例如，李遠哲在市面上找不到合用的實驗零件，就自己學習製作。又例如，他需要兩個放置於電泳盤兩端，能夠讓電泳紙泡入溶液的電極盤，但是，市面上的方形盤子大多是會導電的金屬製品，無法使用；如欲採用玻璃材質，就必須自己吹玻璃，可是很難吹出方形或立方體的容器。他靈機一動，先吹出玻璃圓柱管（管子的兩端封口），再將玻璃圓柱管對半剖開，剖開後就成了兩個可以用來做實驗的電泳盤了。簡單比喻，就像將一條大絲瓜對半剖開那樣（絲瓜內部是空心的）。

只是，玻璃是易碎材質，該怎麼樣剖半才能不使其碎裂又能當作電泳盤呢？

物理系助教鄭伯昆解釋，一般要切開玻璃管，是用磨砂機切開一個小口，用燒得紅通通的玻璃小棒子向小口旁的玻璃稍微加熱，以引導玻璃裂開的方向，就能切開玻璃，但是，切開玻璃圓柱管的難度高，不易切得精準。不過，李遠哲沒這麼做，他找了一個轉速很高、切割很細的砂輪機，自己用手將玻璃圓柱管慢慢地往前推，邊推邊調整角度，精確地將玻璃圓柱管剖半，完成了玻璃電泳盤。

「他解決問題和創新的能力很強，旁人看到都會很訝異，覺得，咦，怎麼能這樣做？」鄭伯昆讚嘆。而剛回到臺大物理系擔任助教的劉遠中，聽到堂弟在實驗室裡受到賞識，也覺得與有榮焉。

「我打球的手臂很穩，不會抖，一點一點微調角度，就像幼年在山上拿刀削竹子做竹簍一樣。」

57 一九〇七～一九七四，中央研究院在臺北選出的第一位院士（一九五八年）。臺灣大學第一位臺灣人理學院院長。臺南工業高等學校第一位自然科學類的臺灣人博士。曾任臺大理學院院長、化學系教授。

李遠哲說。

儘管研究環境拮据，但以詩意的眼光來看，十六世紀的伽利略與十八世紀的牛頓做實驗時，不也是自己親手研磨鏡片來製作望遠鏡嗎？[58]

儘管大多是自製，他仍拜託了物理系助教許東鴻製作直流變壓電源，還向系主任潘貫教授申請經費買白金線來製作電極。

完成實驗儀器與工具製備後，李遠哲不斷實驗，但是試了又試，還是無法如願分離鍶和鋇。他苦思原因，認爲紙電泳法應該是可行的，問題出在溶液，「鍶和鋇雖然原子量不同，但在水溶液裡面被水分子包圍後的性質相近，不容易分開，這樣就無法看出誰跑得快。」

他想起曾讀過的「非水化學」，意思是說，大多數化學反應是在水中完成，但是有些化學反應卻要在其他溶液中才能做。「也許換掉水，改用酒精當溶液，因爲酒精的分子較大，或許鍶和鋇會有不同的作用？」

於是，他重新操作實驗，果然成功了！「鍶和鋇分離得很清楚，而且正如預期，鍶跑得比較快。」李遠哲繼續採用好幾種不同成分比例的酒精來做實驗，得出許多精采的數據。

鄭華生看到李遠哲的突破成果，大喜過望，請他到餐廳吃飯，爲他點了一杯啤酒與一碗麵。他吃了此麵，覺得口渴，就舉杯一飲而盡。不料「啤酒喝了以後就覺得很奇怪，電燈怎麼開始搖，後來電燈變得好像西瓜一樣大，然後我就不省人事了。」夜半三點鐘在實驗室長椅上醒來，才明白自己喝醉了，是鄭華生背他回來的。這是他第一次喝酒，也才曉得自己的身體缺乏能消化酒精的「酶」。

鄭華生與李遠哲雖是師生關係，相處起來卻更像朋友。

李遠哲佩服鄭華生年輕有幹勁，常常一起捲起袖子在實驗室努力，鄭華生每天都待在臺大實驗室裡，直到週六才回新竹與家人相聚。

同時鄭華生也堅持：「我指導的原則就是『不教』，指導學生應該要注重學生的思維模式，盡量少教導，而是給予實作的經驗。」「爲了增加李遠哲的經驗，有時候還叫他去修理大三儀器分析實驗的自製儀器，學弟們看到他會修儀器都很訝異。除此以外就保持靜觀的態度，讓他自由發揮，並沒有教過他這樣做或那樣做。所以沒有師生關係的感覺，他好像自己的弟弟一樣。」鄭華生說。

李遠哲在這樣的指導風格下游刃有餘，摸索出自己做學問的方法。

他認爲：「做實驗時，需要很多構想，而構想不能靠獨自幻想，需要很多讀過、學過的知識來創造思考的空間，以奠下基礎，走入不同的境界。但是這不代表讀很多書就能成爲一流的科學家，你必須思考怎麼走一條不同的路；當別人都說不可能因而不做時，你就要想，該怎麼樣挑戰不可能，試著走入未知的世界。」

---

58 這個說法引述自李遠哲的博士後指導教授——一九八六年與他共同獲得諾貝爾獎的赫許巴赫（Dudley Herschbach），原文刊登於：J. Phys. Chem. A 1997, 101, 6341-6344。

別人或許爲了畢業而選擇做簡單的題目，李遠哲卻是爲了提升學問而做挑戰性的題目。此刻的他，已然醉心於科學探索，充滿熱情。

第十六章 不忘初心

十二月下旬的深夜，李遠哲從實驗室回宿舍，他一如以往，要把腳踏車扛回二樓的寢室外靠牆放，畢竟腳踏車是重要代步工具，價格不菲。但是，一進宿舍大門，卻看見公布欄張貼了一首打油詩。

喂！
先生！
慢走！
別忙！
有幾個話兒
咱要和你講一講
昨天晚上
你是去電影院
還是去中山堂？
一定是散戲太晚了
趕掉了末班公共車
咳！
你就叫：
「三輪車」
（來了）
你這一屁股就坐上

咱就蹬了蹬了
蹬著那破車兒
送你回這
臺灣大學堂

過一街，又一街
轉一巷，又一巷
風啊，呼呼地吹
車啊，鏗鏗地響
你縮著頸子在叫冷
咱可使勁兒
踩呀！踩啊！

汗濕了背心
貼冷了脊梁
唉！眞「甘苦」呀！
呢！說什麼呢？

總不是爲衣爲食
看在錢兒的份上

你看這基隆路眞難走
東一個坑
西一個洞
丁丁拐拐好不容易
把你送到了
「國立臺灣大學
第九第十宿舍」
的門上。
「您請下車。」
咱巴望著你高抬貴手
多賞個一塊兩塊的
也不枉咱辛苦這一趟
你摸摸口袋
「等一等，我進去拿錢。」

咱正要歇口氣呢
「不忙！不忙！」
老天爺啊！
咱這口氣歇得有多長！
五分鐘……
十分鐘……
一刻到了
半點
天啊！一點多啦
你怎麼不下來呀！
我怎麼能夠不著慌？

你可知！
咱蹬的是流動車
白天沒有班頭上
只能等晚上
東蕩！

西蕩！
拉幾個散生兒
湊合個十隻八隻洋

你可知
咱是個大陸人
流落到此方
還有老婆孩子
全靠咱來養
一晚不蹬到三趟五趟
一家只好喝米湯

你可知
蹬三輪車得多使力
三餐不飽要餓壞了肚腸
更不說
老婆下鍋沒有米

兒子餓了直喊娘
咱白拉你一趟不打緊
等上三個鐘頭
誤了咱
一日糧

你要手摸著胸口兒
想一想
咱蹬的是三輪車
你念的是大學堂
咱是個
出苦力的人兒啊

你有一日要出將入相
咱早晚蹬不動了
一跤跌在馬路上
你是念大書的

有大福的
多少功名富貴
等著你登場
咱沒有什麼多說的
只望你呀
心要放在正中央
度要往高處想
站著安挺脊梁
走路要挺胸膛

骨頭要硬
血氣要剛
立要立得穩
行要行得方
好好兒念書
弄頂方帽子
回家獻給爺與娘

也不枉
你老大爺老太太
扶養你一場
也不枉三師太傅
教育你十幾個星霜
你也好榮宗耀祖門户

只是你哪一日騰達了
還望你替咱這夥子幹苦活兒的
想一想！

蹬三輪車的給你拜上

十二月二十二日

李遠哲曾見宿舍入口的布告欄，貼了這張長長的打油詩，細讀後義憤塡膺，詢問後得知，前夜有位臺大學生坐三輪車回來宿舍，藉口要上樓取錢包，卻一去不回，害車伕在宿舍門口苦等了又等，於是車伕隔天就在布告欄張貼這首打油詩。

他很難過，學習知識與學問應該是要協助社會弱勢，「沒想到有人不僅未盡知識分子的社會責任，竟然還欺負弱勢。」他找出筆記本，倚靠在牆上仔細抄錄這首詩，他希望日後能常常翻閱此詩，讀到時就能不斷自我惕勵要有同理心，莫忘與弱勢站在一起。

埋首實驗與畢業論文的這段時間，李遠哲覺得「有種自由而令人興奮的氣氛。一些教授很投入，也和同門學長、學弟間培養出了深厚的情感。」他與同學張德仁都由鄭華生講師指導，李遠哲身高近一八〇公分，張德仁並不高，兩人常常一同進出實驗室，總被笑稱爲「大爺與矮仔爺（指七爺八爺）」。

在等實驗反應時，李遠哲會抽空閱讀政治、經濟、社會、哲學、文學等領域的書籍，博覽人文思潮叢書，大多借自圖書館或少數購自臺北的衡陽街，鄭華生非常驚訝，覺得李遠哲有一天一定會成爲偉大的學者。

臺大校園裡四季都有花朵盛放，鄭華生注意到，李遠哲鑽研學問、專注實驗，卻彷彿視若無睹，於是有一天問他：「校園的花朵開得這麼漂亮，你都不會想欣賞嗎？」

面對老師一語雙關的問法，李遠哲搖搖頭。

他想起一些曾對他表示好感的女同學，他不爲所動。做實驗時若有女生敲門找他，他總是透過門縫表示：「對不起，我現在忙著做實驗，不方便。」

然而，他卻常思及同樣就讀臺大的一位外文系女生——新竹國小同班同學吳錦麗[59]。

猶記小學考初中的模擬考成績公布時，全校第一名總是聰明、漂亮又端莊的她，第二名才是李遠哲；老師總是笑他：「你這男生這麼憨慢，每次都考不過女生。」

小學畢業後，兩人各自就讀新竹女中和新竹中學，曾偶遇卻從未交談過；由於兩人家住不遠，李遠哲總是算準她傍晚打開住家二樓窗戶的時間，刻意騎腳踏車經過她家樓下，企圖引起她的注意[60]；進臺大後，在校園偶然相遇的機會較多了，但也僅止於相互點頭打招呼，或交換幾本書閱讀。有一次李遠哲領了獎學金，心想或許可以邀請「小學同學」去看電影，遂走到女生宿舍向舍監登記找她。

兩人一起看完電影《雙城記》後，他雖然還是常想到她，但一想到中學時立定「當一流科學家，與志同道合的朋友改造國家社會」的志願，就覺得時光短暫，哪還有時間風花雪月地談戀愛？「我應該要抱著獨身主義，才可能達成我的理想。」二十一歲的李遠哲很矛盾。

畢業季將臨，看到班上女同學紛紛申請成績單準備出國留學，李遠哲感到很驚訝，因爲「這是我第一次知道還有留學這條路。」

要成爲一流的科學家，應該要出國留學，但是他油然想起唯一愛慕的女孩，「她那麼聰明，或許也會申請學校出國留學吧？如果我念完研究所，退伍以後也出國留學，至少也要四、五年，到時候她或許也已經嫁人了吧？」

他決定先讀研究所再服兵役，和時勢不無關係。

前一年（一九五八年）發生「八二三砲戰」，最激烈時地面每平方公尺就會有一顆炸彈落下，一些軍中「老鳥」看不慣大學畢業生入伍就能當預官排長，常常指派這些畢業生去修補被炸開的電線，李遠哲有幾位學長因而被炸死。「很多人說，這樣子當砲灰實在很不值得，而很多理學院畢業生最後都當了砲兵。」砲戰煙硝尚未平息，不少人都報考了研究所。

這時，在新竹復校不久的清大原子科學研究所建造了先進的原子爐與原子加速器，雖然承載著蔣介石欲製造原子彈的想望，但是從科學角度來看，清大新穎的原子設施對於想做基礎科學研究的人來說很有吸引力。爲了既定的志向，他報考了清大原子科學研究所，也以優異成績錄取，先讀完碩士再服兵役。

一九五九年七月，李遠哲做完深富挑戰性的研究題目，通過畢業論文，英文畢業論文複寫本由臺大圖書館存檔，隨後收拾行李，告別友朋與四年來苦心孤詣追求學問的校園。

四年前，他從數十公里外的新竹家鄉來到臺北追求理想，此刻，不忘初心的他要重回故鄉。四年之間，新竹來回，二十二歲的李遠哲更有自信，準備好踏上科學救國的下一段里程。

---

59 臺大外文系畢業，曾任新竹女中英文教師。一九六二年與李遠哲訂婚赴美，各自攻讀學位，後決心放棄學位與李遠哲結婚，共同經營家庭，是影響李遠哲最深的人。李遠哲接受筆者訪問時強調：「如果你硬要比較為什麼我有今天的成就，別人沒有？我覺得原因只有一個，因為我的太太吳錦麗。」

60 筆者向吳錦麗問及此事，她說，中學時覺得奇怪，這男生每天固定時間會騎車從家樓下經過。她總是想，是要去哪兒？是去家教嗎？

第十七章　棉被，夾克，北投石

「你的棉被呢？」

母親李蔡配看到李遠哲提著皮箱回到新竹老家，但是，她四年前特地爲他買的那捆棉被，卻沒有被提回家來。

「我把棉被送人了，有個同學比我更需要那床棉被。」李遠哲解釋。

母親聽完，也就不再追問。儘管棉被並不便宜，但既然已成定局，追問不能改變事實；一方面也欣慰於兒子到臺北讀大學四年，仍如以往悲天憫人、扶助弱勢。

一九五九年夏天，李遠哲返回新竹老家，準備於九月就讀清大原子科學研究所。

家中畫室內，父親李澤藩正在作畫，他在後頭看著。父親用的顏料是學生用的普通顏料；畫紙並不是高級舶來品，只是最便宜的紙張；調色盤是自製的；畫架是自行用椅子改釘的；畫面上的精采，畫家卻是用最平凡簡樸的工具完成。這麼多年來，他見證父親養活一家大小的承擔。

父親看他走來，把調色盤遞給他說：「你來了，正好，我的黃色顏料剛用完。你能合成一些給我嗎？」

「可是，我不會合成顏料啊。」他說。

「你念了四年大學化學系，連顏料也不會做。」父親非常失望。

「對於化學，我還有很多不理解的，需要深入探討的，所以才會想要繼續念研究所。」他說。

「念研究所，我看有這個需要……」父親將調色盤拿回，凝神進入畫中的世界。

＊　＊　＊

開學了，復校不久的清華大學只先設有原子科學研究所，一年級收二十人，二年級也有二十人，所以全校只有四十名研究生。李遠哲住在成功湖旁的宿舍裡，每間宿舍住四人，白天上課、做實驗忙到深夜，然後再一手拿手電筒、一手拿長棍子走回宿舍就寢。「除了大門口附近的行政大樓之外，校園大部分是稻田，拿長棍子是萬一碰到蛇，就能用它把蛇趕開。」小時候就對蛇不陌生的李遠哲說。

他一心一意追求學問，較少參與學校的社交活動。有幾回同學在學校開舞會並邀請他去，他同意了，卻只是去幫忙布置會場就離開。有同學問他：「你爲什麼不跳舞呢？」

「看到這樣的社會，我覺得心裡很沉重。」他不諱言在國家前途仍茫茫時，對一些知識分子同輩缺乏理想感到難過。

他對食物與衣著也不在意，生活很簡單。

夏天穿著普通的白襯衫，從來不熨燙；出入以徒步或騎腳踏車爲主，襪子穿破了，週末就把電燈泡裝進襪子裡，一針一線縫補。時序入冬，他也一如大學時代，穿著父親李澤藩在小學教書時穿過的一件黑色夾克；儘管夾克陳舊，還有母親縫的補丁，他也從不介意，將父愛與母愛的溫暖穿上身。

有一天，泰國親王來臺訪問，預計參觀清大，特別是原子反應爐；學校要求全校研究生在校門口列隊迎接。

在親王抵達之前，政府派了安全工作人員先到現場檢查，一看到李遠哲穿著補丁夾克就大喊：「欸！不行不行，換件新衣服！」霎時，全校研究生都望向李遠哲。

在眾目睽睽之下，這位安檢人員再度指向他，強調：「你，換件新衣服！」

「我沒有新衣服啊！」李遠哲不解。

「下來下來！帶你去換衣服！」安檢人員要他一起坐進吉普車內。

李遠哲告訴對方，這是他僅有的一件夾克，此外就沒有新衣服了，但是對方仍堅持駛向他的宿舍。

回到宿舍，李遠哲打開寢室，除了夏天的白襯衫，只剩一件讀臺大時的軍訓制服。安檢人員看完，臨走前冷冷丟下一句話：「算了算了，你不要出來好了！」

李遠哲佇立室內，不禁心想：「我不覺得補丁夾克不好看，那是我覺得很溫暖的衣服，儘管安檢人員卻覺得太破舊了。我只想追求學問，而非追求外表，我看一個人，看的是他聰不聰明，是不是有理想，這比較重要；而那人穿得漂不漂亮，並不會留給我任何印象。」

＊＊＊

一九六〇年，柏克萊加州大學的肯內思・畢澤教授（Kenneth Pitzer）（一九一四～一九九七）訪臺，舉行一系列演講，這是李遠哲首度接觸西方學者。與此同時，化學會還指派他翻譯演講文，以利日後在《中國化學會會誌》刊登。

李遠哲雖讀過不少化學原文書，但要完全聽懂西方學者的演講文，並不容易。「爲了翻譯某些特定的單字或句子，我不斷重複播放這位教授的演講錄音帶，錄音機的橡皮帶都被磨斷了好幾條。」最後他順利完成譯文，如期刊登。

戰後的臺灣，在大學任教且擁有博士學位者並不多，而清大創立原子科學研究所的頭幾年亦然。儘管清大努力從國外延聘博士，但是，新設的研究所要吸引西方學者來服務並不容易。幸好，一九五六年，知名物理學者吳大猷[61]教授來臺任教一年；一九五九年孫觀漢[62]教授甚至放棄美國高

---

61 一九〇七～二〇〇〇，美國密西根大學物理學博士。中研院院士。曾任中央研究院院長達十年，完成中研院第一期與第二期五年發展計畫，為後續李遠哲接任中研院院長奠定基礎。治學嚴謹，培育學生無數，諾貝爾物理獎得主楊振寧與李振道都是其學生。

62 一九一四～二〇〇五，美國匹茲堡大學物理博士，曾任美國西屋公司放射線與核子研究所所長。曾任清華大學原子科學研究所所長，為臺灣裝置第一部原子爐。生前對臺灣民主多所關心，撰文立說，並為異議人士向美國總統及國民黨請命。

薪，返臺擔任客座教授暨原子科學研究所所長，並持續努力邀請國外學者擔任客座教授或訪問教授。

李遠哲讀清大時，除了兩位專任教授、每學年一聘的外國客座教授，此外就是出國進修一年就以「原子能專家」名義回來的老師，有些程度甚至不比學生好。「咦？那位老師不是跟我們一起考研究所卻落榜的嗎？怎麼一年以後從國外受訓回來，反而以『回國專家』的身分要來教我們？」同學之間常常議論著。

例如，教「量子力學」的某位老師在期中考後對同學們說：「你們班上程度眞差，我出的題目竟然沒有人考超過五十分。」同學們都很疑惑，明明都答對了，爲何老師這麼說？於是同學們一題一題解給老師看，老師才承認是自己做錯了一半，學生才是正確的。

類似情況在所上並不罕見，所以學生很挑課，有些老師教的課，學生寧願在宿舍自修，也不願上課。「我只記得孫觀漢所長很辛苦，每天中午就到宿舍來，趕學生去上其他老師的課。」李遠哲說。

研究所一年級上學期，所上聘了一位來自日本東京教育大學（今筑波大學），專攻放射化學的濱口博教授。濱口教授曾在二戰後赴美留學兩年，不過英文並不靈光。李遠哲的同班同學都是外省人，半數都是軍官，只有他是本省人，當濱口教授發現他能通日語時很高興，就常用日文講課，要他逐句口譯，「濱口教授教的放射化學課是非常有水準的。」李遠哲也驚喜發現。

濱口教授對研究「北投石[63]」的放射性很感興趣。北投石是一種含「硫酸鉛鋇」的礦石，非常稀有；它是一種溫泉順著河流逐漸冷卻時，在河裡緩速成長的精美結晶，而且具有微量放射性，最早就是在臺灣的北投溫泉被發現。李遠哲也認爲，北投石有在地性又有研究價值，就請濱口教授指導碩士論文，題目就是「測定北投石的放射性同位素成分」。

每次上臺北採集北投石時，除了李遠哲與濱口教授，他們還會邀請已從臺大轉任清大的鄭華生講師協助採樣。鄭華生熱心協助又仔細，令李遠哲感激在心，常想起臺大時亦師亦友的情誼，「眞的很謝謝鄭華生老師的貢獻。」他說。

濱口教授教導做實驗時，李遠哲在旁仔細觀察。在大學時，雖在課本上讀過許多分析化學的技術，卻從來沒有動手實作過。

北投石是一種不溶於強酸強鹼的化合物，濱口教授使用白金坩鍋，先用碳酸鈉高溫將磨碎的北投石粉末溶碳酸化合物，進一步把樣本用酸溶解出來，再開始進行分析。

李遠哲看著，不禁皺起眉頭，他想：「濱口教授的處理方式好像有點奇怪，因爲，直接用白金坩鍋處理含鉛的化合物是不行的，鉛和白金會變成合金啊。」他想起大二時讀「定量化學」教科書上載明的基本原則。

於是他對教授說：「『定量化學』教科書上說，如果有含鉛的化合物，應該用濃鹽酸把鉛慢慢

---

63 一九〇五年，臺灣總督府技師岡本要八郎在北投溪中發現具有放射性的石頭。一九一一年，東京帝國大學神保小虎博士到北投視察此礦石，回日本後認為此石與日本秋田縣田澤村澀黑溫泉的石頭結晶類似。一九一二年，神保小虎確定此為「硫酸鉛鋇放射性礦石」，便以最早發現的地點「北投」為此新礦石命名為「北投石」。一九六一年，李遠哲以北投石的放射性元素為題目，發表碩士論文Study on the Radioactivities of Hokutolite, 1961。

溶出來；剩下已除去鉛的固體，在白金坩鍋做進一步的碳酸鈉融合的工作，不然鉛會跟白金變成合金。」

孰料教授聽完，不但毫不理會，而且不諒解他在第一堂課就對老師提出異議，仍依照原有的方法做實驗。

「我認爲科學是談眞理、談是非。」李遠哲對教授的反應感到相當失望。

濱口教授做完實驗後分析，得出北投石的硫酸鉛含量有一七％。

李遠哲拿起教授使用的白金坩鍋，內部已經有一個環狀的合金形成，他認爲，應該是因爲教授用了錯誤的方法，導致北投石所含的一部分鉛與鍋子的白金融合成銅鉛合金，這樣，得出的硫酸鉛含量數據也不正確。

科學家應該追求眞相，怎能不求甚解呢？他決定自己用教科書上的正確方法爲北投石重新做實驗，耗費了不少心思。

儘管濱口教授表面上沒有給李遠哲好臉色看，但是私下卻常常對臺大轉任的同事鄭華生稱讚李遠哲很聰明。

一九六一年一月，濱口教授的客座教授聘期約滿，返回日本。臨行前，濱口教授委託鄭華生幫忙指導李遠哲，鄭華生告訴濱口教授：「你盡量放心，他知道自己在做什麼，所以不必多慮，靜觀他的工作即可。」

濱口教授離開後，李遠哲升上研究所二年級，雖然沒有指導教授在身邊，他仍獨立拚搏，運用濱口教授指導的放射化學實驗技巧，與他自己堅持的正確方法，一步步完成了北投石的放射性同位素分析研究。

在做放射性相關實驗時，他常常想起中學時讀的《居里夫人傳》，並參考居里夫人用過的古典實驗技術，深感自己很幸運，站在偉大前人的肩膀上追求學問。不過，也或許因爲如此，他覺得「北投石微量放射性元素的分析比較有方法可循，按部就班就能做到，反而是大四時做的鍶與鋇的紙電泳分離實驗，題目比較有創意，有挑戰性。」

他做完北投石放射性同位素分析，得出來的硫酸鉛數據與濱口教授果然不同，他的數據是二一％。換句話說，師生兩人的數據相差了四％。

李遠哲將實驗結果與數據分析寫成英文論文寄到日本，濱口教授很滿意，說要送去發表。然而，結果卻讓李遠哲很難認同。

「我很失望的是，濱口教授把我分析的二一％硫酸鉛含量數據，塗改成他自己做的一七％，但那是不對的數據！可是他就直接把論文送去發表了。」李遠哲對此耿耿於懷。一方面，他認爲科學的目的是追求眞理；另一方面，教授寧可在公開發表的論文寫上不正確的數據，卻不願承認自己的錯誤。

濱口教授將這篇論文發表在《中國化學會會誌》，也發表在日本雜誌上，用的都是濱口教授的數據。

「所以，我第一篇發表的論文，裡面的數據是錯的。」李遠哲幽幽說道。

西諺有云：「吾愛吾師，但吾更愛眞理。」

李遠哲眞心認爲濱口教授是具有豐富經驗的放射化學專家，比起系上許多老師，是很高明的科學家，而且，「他眞的是實驗化學很好的老師，我從他身上學會不少過去從未接觸過的實驗技術。」只不過，北投石的錯誤數據讓他深深體會到，東方文化「師者權威」的刻板觀念，已成爲科學追求眞理的絆腳石。

「不願意接受學生的挑戰，是很多老一輩師長的毛病，但是在美國應該不會發生這樣的事。」李遠哲相信。

研究所二年級下學期，李遠哲從繁重的課程與研究的緊張生活中抽身，搭車前往臺北市郊參加堂哥劉遠中的赴日留學歡送會，再到臺大物理系實驗室看學弟們做研究，匆匆趕回新竹家中已是深夜，途中感觸甚深。「再過幾個月畢業後，就要去服兵役了，退伍後該留在臺灣服務？還是出國深造，並待有了成就與影響力再回國貢獻？」對李遠哲來說，這是兩難的抉擇。

想到幾年前大哥李遠川登上臺灣最早的民航機——飛虎隊軍機轉民營的飛虎航空，前往美國愛荷華大學生化研究所攻讀博士；堂哥劉遠中起初認爲該在臺灣貢獻，臺大物理系畢業後即在新竹中學與臺大工作，最後仍申請赴日本東京教育大學深造；而與李遠哲情如莫逆的學長張昭鼎，也已赴日本原子力研究所進修，更拿到德國原子能獎學金，並計畫赴德讀博士。

戰後以來，本省臺灣人謀職不易，李遠哲眼看著在臺灣服務貢獻的可能性不高，而他想成為一流科學家的心念更堅定，他心想：「退伍後到美國讀完博士再回來服務，或許會是較好的選擇吧？」

不久，他接到一封張昭鼎從日本寄來的信。

張昭鼎在信上提及，自己向政府申請欲直接從日本飛德國讀博士，不料政府不但回絕，還要張昭鼎「請速回國，勿誤」。張昭鼎擔心自己在日本大肆批評政府，還結交左派（主張臺灣應該走社會主義，與中國共產黨合作）、獨派（主張臺灣獨立）等各種立場人士，恐已觸怒政府當局了，可能一下基隆碼頭就會被逮捕，遂寫信要李遠哲到碼頭來接。張昭鼎並在信上對他說：「若有不幸，煩請寫信給日籍友人，就說『請替他買翻版書』，那個朋友就知道了。」

李遠哲讀信後，想起數年前大堂哥李遠容及高中同學歐阿港被警備總部帶走，蒙受白色恐怖冤獄的事，陰影揮之不去。

張昭鼎返抵基隆港的時間迫近，李遠哲已抵達碼頭等候。當船隻緩緩入港，張昭鼎登上碼頭，兩人雙手緊緊一握，忐忑四望，幸好，警備總部並沒有來抓人。事後才知道，有清大教授與國民黨合作，密報張昭鼎「思想有問題」，使其被政府召回，不准直接赴德留學。

張昭鼎返臺後在清大擔任講師，常與李遠哲討論國際時事，切磋研究與實驗，一如在臺大讀書之時。「我們在研究所過著非常快樂的日子，沉醉於科學研究與理想的追求。」李遠哲說。

一九六一年六月底，通過英文寫就的碩士論文，考完畢業考，取得碩士學位。李遠哲北上赴臺大醫院探視重病住院的清大校長梅貽琦[64]，就開拔到臺中成功嶺服兵役。

兩年間，從補丁夾克、北投石到張昭鼎險遭逮捕的事件，李遠哲不認同粉飾過的表象，他探索眞理、直視本質，希望爲人類貢獻心力，這才是眞正的科學家最關心的事。而清大碩士班的洗禮，對化學系出身的李遠哲助益甚大，他學習了更多近代物理學門與實驗的相關技巧，對於日後在物理化學領域的創新研究，已然奠定了深穩的礎石。

64 一八八九～一九六二，字月涵，天津人，美國伍斯特理工學院（Worcester Polytechnic Institute, WPI）學士，曾任西南聯大校務委員會兼主席、北京清華大學校長、清大物理系主任。一九五五年，籌辦清華大學在臺復校並先設原子科學研究所。一九五八年，任教育部長兼清大校長。

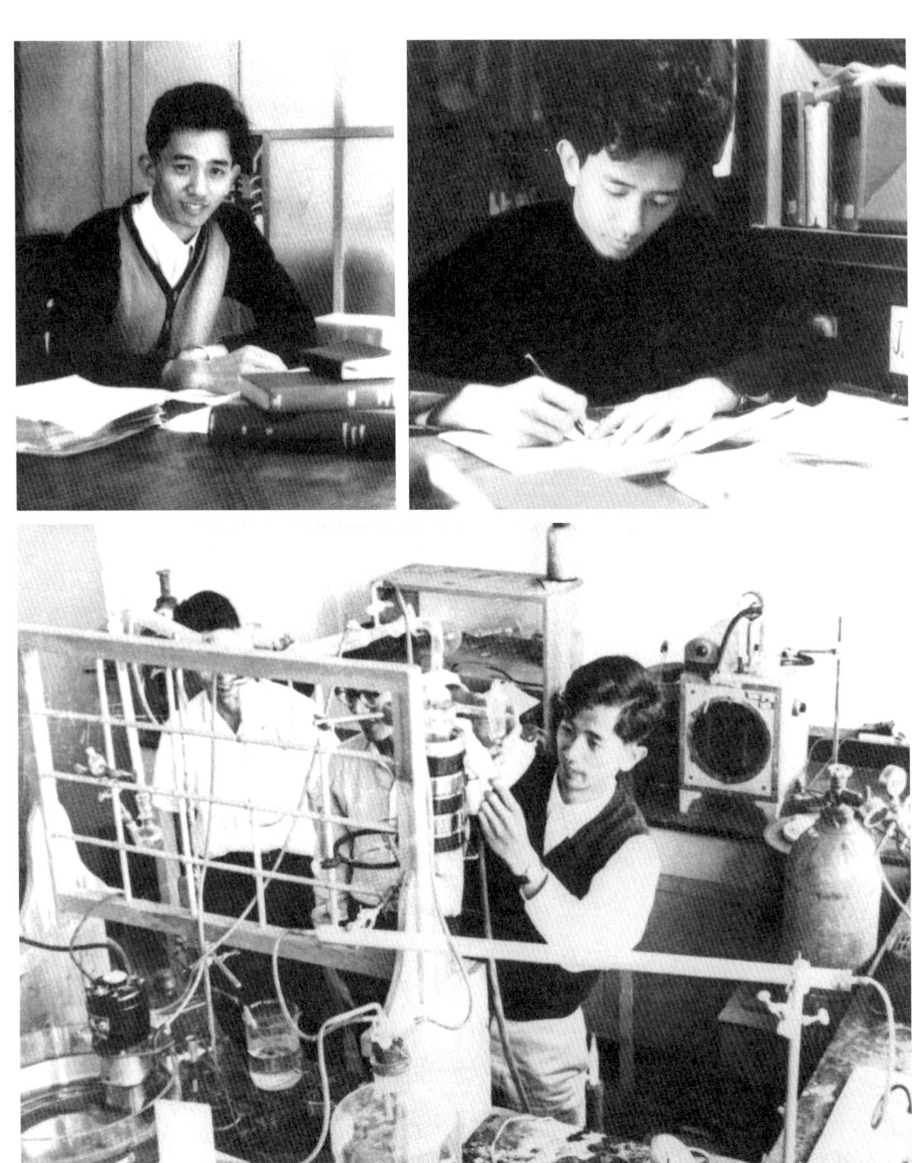

在清華大學，忙碌於繁重課程與實驗的李遠哲。

第十八章 人造衛星來了，家族的集體學習

一九六〇年八月十二日，李家隔壁理髮院的電話聲響起，是李遠哲從學校來電：「眞歹勢，因爲我們家沒有電話，打電話來你們店裡，實在麻煩你們。請您讓我妹妹李季眉來聽電話，好嗎？」

剛讀初中的李季眉趕來接聽，她想：「二哥很少打電話回來，應該是有特別的事要通知吧？」果然，電話線那一端，李遠哲叮嚀：「今天晚上大概是九點三刻以後，人造衛星會經過臺灣上空，這次美國發射的人造衛星可以用肉眼看到，妳跟遠鵬他們可以到戶外去看！」

「你們知道什麼是人造衛星嗎？」不久前，李遠哲曾用淺顯易懂的方式向弟弟妹妹，以及表弟妹、堂弟妹等祖厝家附近的孩子們解釋。

他講述，人造衛星繞著地球走時，臺灣沒有幾個人知道它的軌跡。臺灣是世界衛星觀測站中，亞太地區很重要的一站，所以有責任要追尋軌跡。「因爲觀測衛星的儀器不夠先進，我們都是先把天上的星星的座標找定了，人造衛星一經過那兩個星星之間，我們就按下計時器，並核對計時器和收音機的標準時間，記下幾點幾分幾秒從哪兩個星星中間穿過，以及觀測當下的緯度。」

自從一九五七年蘇俄發射史普尼克（Sputnik）人造衛星，拔得美蘇太空競賽頭籌以來，社會大

眾從報紙上得知「人造衛星」一詞，卻從未見過其真面目，因為這些衛星都是肉眼看不見的。

李遠哲就讀臺大時，我國參與國際科學理事會主辦全球性的「地球物理科學年」（International Geophysical Year）觀測計畫[65]，是世界衛星觀測站之一，當人造衛星經過我國上空，一群愛好天文觀測的學生就負責追尋軌跡的相關觀測工作，其中一位重要的負責人就是臺大物理系的王理瑱[66]。後來，王理瑱到清大攻讀碩士，觀測的責任也隨之轉移到清大。王理瑱正是李遠哲的碩士班同學，負責聯絡美國大使館，接受美國國家太空總署（NASA）轉寄的人造衛星發射預估資料，帶領李遠哲等同學使用一系列的望遠鏡，每人各管一部以追尋軌跡並記錄。

準備多時，一九六〇年五月十三日，美國預計發射「回聲一號」（Echo-1）[67]人造衛星。這是美

---

65 一九五八年的這場國際地球物理學年由國際科學理事會（International Council for Science, ICSU）主持。ICSU成立於一九三一年，宗旨是鼓勵及推動國際科技與學術活動，總部在法國巴黎，每年都推行重要的國際科學合作事務，是世界最大的非政府組織及國際學術組織之一。二〇〇八至二〇一一年李遠哲擔任備位會長（President Elect），二〇一一年至二〇一四年擔任會長（President）。

66 李遠哲的清大原子科學研究所同學，碩士畢業後留學美國，任職於美國國家實驗室。

67 Echo-1、Echo-1 A、Echo-2：一九六〇年五月十三日，美國發射第一顆被動通信人造衛星，命名為Echo-1，但發射失敗（後來美國重命其名為Echo-1A，並視之為試驗性質）；一九六〇年八月十二日發射人造衛星Echo-2並成功（但美國後來重新命名為Echo-1）；一九六四年一月二十五日，美國再發射一顆通信衛星（美國後來重新將這顆衛星命名為Echo-2）。李遠哲在清大觀測追蹤的就是前兩顆。

國發射的第一顆大的氣球衛星，無須望遠鏡，光憑肉眼就能看得見。

當晚，根據人造衛星的軌道顯示要經過臺灣上空時，李遠哲等觀測小組成員凝視天空，屏息等待著。不過，臺灣的氣候多雲，很少是萬里無雲的晴空，所以他們已在心裡揣想，衛星在經過多雲的天空時，將會是一閃一閃的，只有在不被雲層遮住時才看得見光亮。

「看見了！」

「人造衛星的光亮應該是持續的，怎麼會是忽明忽滅的呢？」

「因爲衛星正在軌道上移動，又被雲遮住了，所以才會忽明忽滅啊！」

「有道理，應該就是人造衛星。」

這時，天空出現忽明忽滅的亮光，組員們不約而同都看到亮光了，「可是，行進的方向怎麼和NASA給我們的資料有點出入呢？」

「我們把它通過兩個星星之間的詳細時間記下來，回報給美國吧！」

他們把整理過的數據傳回NASA。

然而，情形卻非他們所想像。美國傳給世界各觀測站的消息是：「回聲一號」發射失敗，唯獨在中華民國觀測站有觀察到人造衛星的飛行軌跡。

「發射失敗？那我們昨天看到的是什麼？」李遠哲他們很訝異，決定當晚再守著天空追尋軌跡。

大約與昨天相當的時間，天空又出現忽明忽滅的光點。「這不是昨天看到的，以爲是人造衛星的光亮嗎？那到底是什麼？」他們詫異自問著，隨後不約而同自答：「是螢火蟲！」

原來在野外有兩種螢火蟲，在潮濕黑暗的田地，較小的螢火蟲接地而飛；但在草地上另有較大的螢火蟲，飛得較高，數目也少，正是他們看到並誤認爲人造衛星的螢火蟲。

繼這次發射失敗，美國再接再厲，決定發射「回聲二號」（Echo-2），時間就訂在一九六〇年八月十二日。

經過上回的觀測，李遠哲回到家時，主動向家裡與親戚年紀較小的孩子們介紹人造衛星，大家聽完之後都嘖嘖稱奇。李遠哲還說，一旦他得知人造衛星預計經過臺灣太空的大約時間，將會盡快轉告大家，讓他們也能在家就近觀看。

「人造衛星來了！」八月十二日，李季眉接聽李遠哲的通報電話後很欣喜，連忙告訴父母親、么弟遠鵬，家附近的親戚一下子都知道了。

是夜，一個個幸運兒在晚飯後走出戶外，睜開晶亮的雙眼，仰望極少光害的夜空。

李家全員出動，包括父親李澤藩、母親李蔡配、竹女畢業後在新竹東門國小擔任代課老師的二妹李芳美、尚在讀高中的弟弟李遠昌、剛上初中的么妹李季眉、讀小學的么弟李遠鵬、讀高中的二表妹劉敏敏、讀小學的表弟劉長明、親友的孩子彭旭明等人，都在同一個蒼穹下，凝視緩緩移動的人造衛星。

同一時刻，李遠哲和觀測小組成員也在清大校園仰首讚嘆，一邊記錄著，之後臺灣觀測團隊因測量資料精準而獲得美國ＮＡＳＡ的嘉許。「我們每個成員都拿到一個ＮＡＳＡ發給的胸針，作爲紀念。」李遠哲說。

人造衛星是少見的題材，在李家，一直以來就常有著類似的集體學習機會。

李遠哲讀中學時，常把家附近的孩子們聚集起來，教他們三角函數。么妹李季眉剛就讀小學時，李遠哲就教她怎麼算「雞兔同籠」等數學問題，她學會了，就教么弟李遠鵬。

他不只教數學或科學，棒球、桌球都打得好的他，從小就常帶著弟弟遠欽一起打球。中學起，他迷上網球，不只教遠欽網球，也常與大表妹劉玲玲練球，表妹還加入新竹女中的網球校隊。

讀大學時，他常寫信指導李遠欽讀書方法，要求遠欽督促其他弟弟妹妹讀書。寒暑假回家，他除了指導功課，也帶著這些孩子們去青草湖郊遊、在大自然裡玩耍。李遠昌的初中畢業典禮，他主動代表父母親出席。當李芳美大學聯考失利，正在猶豫該去金融機構上班或擔任小學代課老師時，也向他徵詢意見。

「二哥跟我說，當老師從事教育比較有意思（意義）。於是，我就去東門國小教書了。」李芳美說。

李遠哲去清大念研究所之後，週末在新竹家裡的時間就多了些。他一如以往，常在假日教導祖厝附近的鄰居與孩子們，包括自己的弟弟妹妹，以及表、堂兄弟姊妹們。李季眉就深受啓發。

正在讀初中的季眉，對騎車上學很困擾。因爲學校距家較遠，她只好騎腳踏車。苦惱的是，她不太會跨上腳踏車，只能從同等高處坐上坐墊，再騎動腳踏車。結果每次停下來等紅綠燈，她下了車就上不去，只好牽車到校。除非有同學一道騎車上學，半途就能扶車讓她坐上坐墊，但她仍感到非常不便。「我眞的很苦惱，連堂哥李遠輝都曾經幫我扶車，教我平衡，但試了又試，就是學不會。」她一想到騎車就感到沉重。

有一天，李季眉與李遠鵬在家裡寫功課，李遠哲正好回到家，她對他說了這個困擾。「二哥聽完，只是拿了紙筆，畫圖解釋給我和遠鵬聽。他解釋這時重心在這邊……此時重心則在另一邊……我一看圖就懂了。」李季眉聽完後到戶外練習騎車，竟然一下就學會了上車，不禁喜出望外。

「二哥就是講一個簡單的科學原理，他沒有示範騎車，只是畫圖講解就解決了我的困擾，我眞的很感激他。」她說。

中秋節到了，李家大家族一直有賞月、吃月餅的習慣，李遠哲則準備了「特別節目」。入夜前，李遠哲從清大借了天文望遠鏡回來，就架在屋頂上，教大家觀察月球表面，不只是小孩學得興味盎然，連大人們都看得很有興致。「二哥給我最大的影響，就是科學上的啓蒙。」李季眉說。

李遠哲認爲教育很重要，自詡負有責任提醒與教導年幼的孩子們。不過，孩子們總是不愛被管教，所以他有時候也會被看做是「愛教訓人」或「嘮叨」的大人。

有一天，讀小學的么弟遠鵬在家裡聽廣播劇，李遠哲也跟著注意聽，赫然聽見劇情涉及「吸毒」，覺得非常不妥，就關掉收音機電源說：「你年紀還小，不適合聽這個。」

「可是我也很倔強，就跑到附近人家去，把廣播劇聽完。」李遠鵬說。

所謂的「附近人家」，就是過街的祖厝或姑姑家。從小，社區的街巷就是李遠哲的遊戲場、運動場、樂器練習場，等到他長大讀研究所了，街巷仍是讀小學的弟弟等孩子們的遊戲場、學習音樂與運動的空間。

從李家過街走到祖厝後方矗立的兩層樓育生醫院，就是姑丈劉燦然醫師開設的。這樓房曾是教會所在地，一樓後方有空地，二樓客廳也能當作聚會場所，自然而然就成為李家一家人與親戚學習、休閒、活動的空間。

每逢過年過節，育生醫院二樓的客廳常舉辦音樂會，堂哥劉遠中帶著表、堂兄弟姊妹們演出；也常有摸彩活動，讓大家交換禮物。平日有排球競賽、比手畫腳的猜謎遊戲等。「我們都分兩組，一定要有競賽才刺激，」表妹劉敏敏說。

寒暑假時，劉遠中、李遠輝、李遠哲、李遠欽都來開課教學；劉遠中教大家吹笛子，李遠輝教觀星，李遠欽教基礎日文，那麼，李遠哲呢？

李遠哲曾是桌球校隊成員，大家都想跟他學桌球，劉燦然醫師就訂做了一張球桌，放在診所後方。

「訂做很麻煩的，我爸爸先向廠商說好要預訂，廠商就去山上找木頭，砍下來之後浸泡藥水一年，木工製作好才能送來。球桌來了，我爸爸媽媽就常跟李遠哲打球。我要準備大學聯考，就被爸媽禁止打桌球。」劉敏敏回憶。

「我從小就好為人師。」李遠哲總說。

拉大時間的跨距，「好為人師」的特質不只他獨有，還有他當老師的父母親、曾在日本任教的二伯李澤祈、堂哥劉遠中，以及激勵他奮發學習的兄姊。

「我二哥（李澤祈）以前從日本念書放假回來時，都會拉小提琴給我們聽，教我們唱歌，讀小說給我們聽。」姑姑李芹曾說。

「我讀小學時，三叔（李澤藩）就常拿起小黑板，要我們坐在椅子上，一個字一個字教我們，」李澤祈次子、李遠哲的堂哥劉遠中說。

耳濡目染的集體學習，薰陶了李遠哲的風範，進而傳遞予家族弟妹。

德、智、體、群、美五育，李遠哲受惠於此，也貢獻其中，一代接一代，就在這小社區裡樹立了這般少見的教育典範。

第十九章
另類的兵役，人性的戰場

烈日晒燙了成功嶺的赤土，身穿軍服的李遠哲汗流浹背出入操場與靶場；基礎體能訓練對他並不是太困難的事，畢竟他從小打的棒球、桌球、網球也不輕鬆。

炎炎夏日，在頻繁的出操中，他與同排一位畢業自臺大外文系的預官很談得來。雖然兩人所學南轅北轍，但是這位預官熟讀俄國文學，而李遠哲曾修過俄文，中學起就讀過政府查禁的俄國小說，因此，「我們聊屠格涅夫的虛無主義小說，談得很起勁，他也很驚訝，學化學的我竟然也能談俄國文學。這應該是當兵的唯一樂趣，」李遠哲說。

每天晚上收操之後，大夥兒都很疲倦，但李遠哲卻總是被指導員叫去，不斷說服他加入國民黨，並強調入黨對升學與就業的好處。但是李遠哲成長以來就見證二二八與白色恐怖，無論如何都不肯答應。

每每實地打靶時，他們手持M1步槍射向三百公尺以外的靶。李遠哲的眼力很好，練球養成的臂力與腕力都很穩定，射擊精準，贏得「一等射手」稱號。反觀同袍每每假日留營加強三角瞄準訓練，他都能免除訓練並獲准放假。

有一次，他們要拆開重裝小型機關槍，他拆完後，看到隔壁的同袍手腳不靈活，拆得零零落落，他就幫忙這位同袍；對方終於能準時完成且過關，十分高興。後來這位同袍偷偷對他說：「我從小就是國民黨員，黨齡比指導員還高。我看到你的政戰資料，裡面寫了一些你不好的紀錄，比如學俄文或是對政府的批評等等，我已經讓他們把你的壞紀錄刪掉了。」

李遠哲聞言大驚，沒想到自己不按照黨國威權那套循規蹈矩的求學之路，竟然眞的被特務記了一筆，這更加深了他對威權統治的不認同。

成功嶺也有運動競賽，李遠哲很快就加入了排球隊，他的臂力和身高使他成爲攻擊敵隊的重要射手，受到排球隊長器重。

吃飯向來慢條斯理的李遠哲，來到軍中也適應了環境，雖然菜色不豐，也少有肉類，但是每當菜餚端上桌，同桌的人早已經向盤子進攻。曾被母親批評「動作慢吞吞，做鬼也搶不到銀紙」的李遠哲也學會伸長筷子，迅速命中目標。

不過盛飯時，同袍們都覺得奇怪，鍋底爲何會有一層厚約五公分高的鍋巴呢？李遠哲也百思不得其解。答案卻在幾天後揭曉。

夏季是颱風來襲的高峰，位在山上的成功嶺軍營也遭到強風豪雨侵襲。這時，連長連忙要求集合受訓官兵們，通令：「颱風把我們的豬舍吹壞了，連上養的小豬都跑出來了，把小豬通通抓回來！」

大夥兒冒著狂風大雨捉小豬，都覺得很奇怪，「我們很少吃到豬肉啊！爲什麼連上有養豬呢？」

李遠哲這才恍然意會到，原來小豬是連長自己私下養的，而餐廳飯鍋底厚厚的一層大鍋巴，則是刻意燒焦給小豬吃的。

伙食似乎總是貪汙腐敗的溫床，不論大學時住宿包伙食，或是入伍受新兵訓練，李遠哲總是見證當權者貪腐的社會縮影。

經過三個月訓練，結訓時準備下部隊，李遠哲被分發到兵工學校。奇怪的是，當他來到兵工學校，對方卻說：「我們收到通知，你的服役單位已經轉到清華大學。你的身分證我們不收，服役證和薪水都改由清大發給你。」

原來時任清大教務長的陳可忠教授，透過行政院原子能委員會主委兼清大校長梅貽琦向有關當局建議，集中一批具有科技專長且尚服役中的預備軍官，到清大協助國防科技專案研究，期限到服役期滿爲止。李遠哲班上除了有軍職身分者之外，有十位同學都在這批「具科技專長且尚服役中的預官」[68]之列。於是，在國家發展原子科學的政策下，李遠哲回到清大報到。

回到四個月前高唱驪歌的清大校園，再見到熟悉的學長張昭鼎，李遠哲雖然仍在清大，卻已是不折不扣的預備軍官。很快的，李遠哲、王理瑱、張紹進[69]、石型[70]等四人進入王企祥教授[71]的實驗室。

李遠哲讀臺大時就曾看過王教授，「我大四時，王教授以『反共義士』名義來臺當客座教授，教授結晶學。他只上了一堂課，第二堂課就坐在桌子上吹口哨，說他沒有時間備課，第三堂課上完就沒來了，後來那堂課就取消了。」之後才得知，王教授到清大任教。

他們四人看到香港籍的王教授是美國加州理工學院博士，是所上少數來自國際級大學的青年學者，即對其投以「師者，傳道授業解惑也」的期望。然而，實情卻與他們的想像有落差。

王教授雖提過在美國的留學見聞，卻從未講述研究或指導如何做實驗。最令他們失望的是，王教授總是對一些清大教師進行人身攻擊，例如陳可忠教務長與鄭振華[72]教授的負面話語，甚至曾說：「梅校長如果過世，陳可忠一定會當上清大校長，那麼下一任最可能當校長的人就是鄭振華，我一定要鬥掉鄭振華，才可能當上清大校長。」王教授每天用負面言論鬥爭鄭教授，令周遭師生不以爲然。

在人格上，王教授很難讓他們四人認同，但在實驗上，王教授確實向他們四人提出一個大挑戰。

---

68 李遠哲受訪指出，這批回到清大服預官役的應屆畢業生人數並不多，主要是當時清大有半數以上的研究生是來自三軍官校的軍官，這些軍職者不需再服兵役。而且，清大教務長陳可忠之子當時從交大研究所畢業，也在這批回校服預官的名單之列，是到交大服預官役。

69 臺大物理系畢業後，與李遠哲同屆考入清大原子科學研究所畢業後，赴美國普林斯頓大學取得碩士與哈佛大學物理學博士，任教於美國伊利諾大學香檳校區退休。其女為美國暢銷書《南京大屠殺》作者，已故華裔女作家張純如。

70 李遠哲的碩士班同學，臺大化工系及清大原科所畢業後赴美。

71 一九三二～二〇〇八，香港人，美國加州理工學院化學博士，二戰後曾赴中國任教，後以「反共義士」身分來臺。曾於臺灣大學化學系擔任客座教授，並任教於新竹清大原子科學研究所、化學系、物理系等不同系所。詳見後文。

72 曾任清大原子科學院院長、國科會於清大設立的「科學資料及儀器中心」主任。

當時，王教授看到一位英國化學家傑佛瑞．威爾金森[73]新合成了一種三明治化合物，於是找來研究論文，要求他們也要合成這種新化合物，而且，還要用X光結晶學（運用X光繞射等方法得出數據並分析）來研究這種新化合物的構造。

李遠哲讀完這篇論文後發現，這種新化合物在合成的過程中，只要接觸到空氣就會燒掉，非常難合成；而且，合成這種化合物的儀器很難在臺灣買到，向國外購置也要等很久，於是他提醒：「王教授，這個研究很不容易喔，我們的實驗室什麼都沒有，只有一個幫浦。」

王教授卻怒罵：「別人合成得出來，你們如果合成不出來，就不算好的科學家！」

攤開資歷，曾是臺大物理系高材生的張紹進是大學聯考甲組狀元；王理瑱也是臺大物理系優秀學生，還是人造衛星觀測站的專案研究負責人；石型是臺大化工系畢業；李遠哲保送臺大且獨立完成學士畢業論文與碩士論文；這四位優秀人才被王教授說得一無是處，很不服氣，於是分工合作開始進行實驗，非常努力。

李遠哲負責合成化合物，王理瑱負責維護並管理新購進的X光繞射儀器，張紹進則是照相與分析。

這項研究的關鍵，也是李遠哲負責的任務，就是合成這個新化合物。李遠哲在圖紙上繪製設計了一部真空合成系統，仔細設計每一個合成新化合物的流程與環節，環環相扣。包括從上方灌入氣體、連接真空系統，以及在毛細管中蒸餾出結晶等方法。

畫完設計圖，要將紙上的構想打造成真正的系統，卻花了李遠哲很長一段時間。

例如一開始，光是眞空玻璃管與連接玻璃管的氣閥就需要自製。李遠哲天天和吹玻璃師傅溝通，吹完之後還不斷研磨玻璃，務使氣閥的內外管能天衣無縫地緊密銜接。

一九六〇年代初期的臺灣，實驗條件還很初級，不似西方先進國家一流大學實驗室的各種基本零件與工具齊備，諸如氣閥等都是現成可用的零件；相較之下，臺灣確實有天壤之別。李遠哲找不到任何一個零件可用來打造眞空合成系統，只能從零開始自製。

他們四人爲了克服實驗儀器與設備問題而拚命製備，雖說是分工，卻總是一起合作，常常熬到三更半夜還在工作。

王教授留學美國時的論文以數據分析爲主，雖然不會做實驗，也無法指導實驗，但起初常常走進實驗室喊著：「我也來幫忙吧！」

有一次，李遠哲正在合成一種一碰到空氣就會燒掉的化合物，過程必須非常小心。好幾次他準備要將氮氣灌入眞空合成系統時，說道：「可以灌入氮氣了！」示意由王教授打開另一頭的氮氣開關，但王教授總是開錯，反而開了另一個接到大氣的開關，「嘶！」化合物瞬間燒掉，可說是越幫越忙。

每一回大勢已去，李遠哲只好悶著頭清洗所有的儀器與器材，重新進行合成；每次準備合成都得耗費半天以上的時間。

---

73 Sir Geoffrey Wilkinson，一九二一～一九九六，英國化學家，以對金屬有機化合物（又稱三明治化合物）的化學性質所做的開拓性研究，與德國化學家 Ernst Otto Fischer 共同獲得一九七三年的諾貝爾化學獎。

有一次又重新合成到半夜十二點，實驗總算成功了，等待進行下一階段：眞空蒸餾並培養一個結構漂亮的結晶體。王教授進來一看，熱心提議：「我也來幫忙吧！」

李遠哲不願見到努力的成果再度化爲泡影，隨即淡淡對大家說道：「很晚了，我們回去睡吧！」

凌晨一點，李遠哲又回到實驗室，獨自熬夜到上午八點，終於成功了，得出一個非常漂亮的產物。因爲這結晶既敏感又脆弱（sensitive），一碰就會燒掉，爲了留待進行下一階段的X光繞射研究，他將這結晶蒸餾到毛細管裡面，封住管口兩端，收進抽屜裡，並在寢室門上貼了張紙條：「王教授，我八點鐘才回到宿舍補眠，請不要吵醒我。」

本希望能好好補眠，不料他才睡一個小時，王教授九點鐘就來敲門，還說：「我到實驗室去了，欸，你昨天做一半的實驗好像都做完了，有沒有做出晶體？」

李遠哲回答：「有。」

「給我看，在哪裡？」王企祥興奮地問。

「在第二個抽屜。王教授我才剛睡覺，請不要再叫醒我了，讓我好好睡。」疲憊不已的李遠哲回答。

怎料，十點鐘，王教授又來敲李遠哲的寢室門，說：「我不小心把那個結晶體掉在地下，壞掉了。」

李遠哲很無奈，只說：「王教授，我以後做實驗，請您不要來幫忙，不要碰。等我合成晶體裝在儀器上做完X光繞射照相之後，您再來測量。」

王企祥不再參與實驗過程之後，方才漸入佳境。

對李遠哲而言，出國留學本是一道未來不確定的圖像，此刻已清晰許多。

李遠哲獨立研究的能力備受所內教師賞識，其中，日籍客座的神原教授很欣賞李遠哲，主動提議要推薦他到美國堪薩斯州立大學留學，跟著放射化學家法蘭克·薛伍·羅蘭教授[74]做研究。這時，王企祥教授說：「不行、不行，李遠哲應該去一流學校留學才對。」

一九六二年初，李遠哲在實驗室中和同袍們聊到，他寫信給哈佛大學專研結晶學的教授，詢問申請博士班入學的可行性；此外，他也說起申請柏克萊加州大學、芝加哥大學、伊利諾州立大學、加州理工學院、耶魯大學等幾所學校化學系博士班的打算；而且臺大化學系潘貫教授、已轉任清華大學教授的鄭華生、日本教育大學濱口博教授等人都爲他寫了推薦信。

王教授聽見，隨即阻止李遠哲申請加州理工學院。

「爲什麼呢？王教授您不是常常說加州理工學院是很好的學校嗎？一九五四年諾貝爾化學獎得主萊納斯·保林[75]就是那裡的教授啊。」李遠哲很訝異。

---

[74] Frank Sherwood Rowland，一九二七～二〇一二，一九九五年諾貝爾化學獎得主，李遠哲的摯友。詳見第三部「與家鄉父老同甘苦」。

[75] Linus Carl Pauling，一九〇一～一九九四，一九五四年諾貝爾化學獎、一九六二年諾貝爾和平獎得主。詳見第二部「青年李遠哲」。

「他們如果知道你現在是跟我做研究，一定不會同意你的申請。」王企祥說。

「怎麼說？」實驗室內的幾個預官們不約而同反問。

「我在加州理工學院惡名昭彰……那裡的每個研究生都會被分發到某間辦公室，我當時不喜歡被分發到的辦公位置，比較喜歡另一間，未經系上同意，就自己把東西搬過去另一間。保林教授看到了就指責我，還說：『下次你還有這種行為，就得離開學校。』」王企祥毫不諱言細數許多自己不受加州理工學院歡迎的言行舉止與私生活，聽得李遠哲等四人面面相覷。他們追問王教授，取得博士學位後為何不留在美國？

「因為當時加州理工學院的中國學者錢學森[76]鼓吹中國留學生回國貢獻，我是第三批跟著回中國的，但是我到北京大學之後發現施展不開……後來，香港有人勸我用『反共義士』名義就可以來臺灣發展，我就來了。」王企祥說。

李遠哲想起大四時王教授在臺大所取消的結晶學課程，他當時還能體諒王教授沒時間備課；經過這段與王教授相處的日子，他仍嘗試說服自己：「常言尊師重道，王教授畢竟還是老師，人格雖然怪，也沒有大師風範，但至少他說了一些在美國留學的見聞，讓我們打開眼界。」

這時王教授話鋒一轉，竟主動提議：「我幫你寫推薦信給柏克萊加州大學吧。我來跟他們說，以我這個加州理工學院博士的眼光，你的程度與表現絕對不輸給任何一個加州理工學院在學的研究生。」

王教授此舉頗令李遠哲詫異，不久，他拿到王教授的推薦信，連同自己原本準備的三位已封緘的教授推薦信和申請資料一起寄到美國。

暮春，李遠哲與張昭鼎等幾位朋友抽空從竹東搭乘林場卡車前往鹿場山，在林場工作站過夜，討論著手上的研究與未來規畫。隔天有一人先下山，李遠哲等三人繼續爬山，「陶醉於尚未遭受人類糟蹋的大自然潔淨土地。」然而第三天傍晚，林務局工作人員竟然追過來說，接到新竹警察局通知，新竹電信局有一封美國來的電報，必須由李遠哲本人領取。

「有電報的消息總是不吉利的，難道在美國的遠川大哥有急事嗎？」李遠哲心裡一沉。

他下山前往電信局領取電報，才知道是芝加哥大學要給他一筆豐厚的獎學金去攻讀博士，而且無需額外擔任助教，讓他鬆了一口氣。此後數日，除了他改換研究領域而放棄申請哈佛大學從事結晶學研究之外，其他申請的學校都歡迎他就讀。經過長考，他選擇了柏克萊加州大學。

申請學校的事告一段落，李遠哲等四位預官仍在實驗室努力著。但是，王教授依然故我，只因細故就開口辱罵，幾位預官忍無可忍，一一掛冠求去，再也不幫忙做實驗，最後只剩下李遠哲一人。

「王教授是個怪人，不過我很有耐性，不容易被激怒。」李遠哲因而成爲唯一一位留在王教授實驗室做研究的人。

---

76 一九一一～二〇〇九，空氣動力學家、中國火箭之父，貢獻中國航太甚深。美國國家科學院院士。中國科學院院士。曾任美國哈佛大學教授、加州理工學院教授等。

有一天，王教授又發飆怒罵，李遠哲冷靜說道：「王教授，您再這樣下去，如果我也離開，以後就沒有人幫你做實驗，明天實驗室就要關門了。」

王企祥顯露不悅，走出實驗室，但隨後又走進來，態度一轉，說道：「我剛才說了不適當的話，我向你道歉。」

七月，預官役期結束，班上的十位預官都申請退伍，卻領不到國防部發給的退伍令。大家都很焦急，因為不少人都已申請出國留學，沒有退伍令就無法出國。「幸好，我們班上有好幾位外省同學家裡各自在政府高層有人脈，經過協調與申請，終於拿到相關證明文件。」李遠哲說。

拿到退伍證明，大家都離開清大，只有李遠哲仍留在學校繼續未完成的實驗。直到八月底留美班機日期將近，他將研究數據盡數交給王教授，才告別清大，結束在王教授實驗室裡一整年的磨練。

「我雖然對王教授的為人無法認同，但是他挑了一個題目，給了我們一個挑戰，讓我們克服困難，進而成長，」李遠哲仍肯定這段過程，而且，「在克難條件下做實驗已經不容易，同時卻還要減少外力的干擾，有了這段經驗，我以後到美國做其他實驗，應該都會比這容易多了吧。」他對自己說。

減少九個月的體能操練，換來十二個月腦力與精神的煎熬，李遠哲整整服完一年三個月另類的預官役，從人性的戰場上安然歸來。

第二十章　佳人重逢，我一定回來服務

一個星期天，李遠哲走在家附近，遠遠看見街尾有張熟悉的臉孔，「那是吳錦麗嗎？」他的心怦怦直跳，心中糾結多年的矛盾再起。

吳錦麗是李遠哲自小唯一眞正喜歡的女孩，卻只能暗戀，因他也捨不下學問；原本以爲佳人或許已出國留學，怎知驀然回首卻在燈火闌珊處。

「她怎麼會在新竹呢？」李遠哲很訝異，快步穿街過巷叫住了她。

原來，吳錦麗從臺大外文系畢業後就回到家鄉，任教新竹女中。

「既然我們都在新竹，有空就出來聊聊吧！」李遠哲提議，吳錦麗也答應。

與佳人重逢，讓即將升上研究所二年級的李遠哲再度深受「該堅持獨身主義，還是追求喜歡的人」的苦惱。但是，收到吳錦麗的信，他的理性終究不敵感性。

遠哲：

謝謝你告訴我那個消息，我看到了衛星，還有我的好些個學生也看到了。在那片刻我深深地感覺到人的偉大，更覺得我的渺小。我崇拜那些科學家。

上星期天確實很意外。記得剛回新竹時，每每走在街上總是東張西望，希望能找到幾個熟悉的臉孔。但新竹的「臺大人」畢竟太少，所以已不抱此希望。而那天居然遇到你，難得！

離開臺大以來，尤其是最近，我都過得很緊張，也很悠忽，總覺得每分鐘都可能有什麼大轉變。我需要毅力，可是我也有軟弱下來的時候，所以幾次我幾乎屈服於我的環境[77]。我很想早點離開這滿是羈絆的地方。你比我幸福多了，你說呢？好了，我們不談這個。

我怕我耽誤你太多時間，還是停筆吧！

祝

好

錦麗　一二，一六

又：你的正確地址是什麼？

李遠哲回信了。他主動約吳錦麗在假日見面，「就是很想接近她」。他向來閱讀涉獵廣泛，兩人談話不囿於專業研究，文學、哲學、社會、藝術都是相談甚歡的主題。

漸漸的，兩人的互動多了。他們每隔一段時間就相約爬十八尖山，也會騎腳踏車橫跨青少年時期

77 由於吳錦麗的幾位兄長都是醫師，家人也屢做安排，期盼她也能嫁給醫師。

孤獨看夕陽的頭前溪，一路騎往竹北、芎林或竹東鄉間林野尋幽訪勝，見證春日滿山盛放如桃花鄉[78]般的仙境。他也向她談起成爲一流科學家的抱負，表露自小既有的憂國憂民、犧牲小我完成大我之情懷。

李遠哲忙於研究無法見面時，也會打電話關心她。

清大實驗室每層樓設置一具電話，每一次他拿起話筒欲致電吳錦麗，清大的值班接線生會問明要撥打的號碼，協助撥通。清大有兩位接線生，都是女性，一位脾氣不錯，另一位常常口氣較差。有一回兩人開始通話，吳錦麗不經意問起：「今天是哪一位接線生幫你接通的？是好脾氣還是兇的那位？」李遠哲回答：「喔，是兇的那位。」

兩人通話完畢，各自掛上話筒，霎時李遠哲這邊的電話機卻鈴聲大作，他一驚，趕忙拿起話筒應答：「喂？」

「誒！李遠哲！你怎麼可以說我兇！」原來接線生一直在聽這對情侶的對話，這會兒打來興師問罪。

一天，李遠哲意外接到吳錦麗的來電，臨時約好在清大碰面。一個星期後，她寄來一封信，他隨即展信閱讀。

遠哲：

我很高興上星期六去了清華。你知道，我在去前打電話時還有點猶豫，我也不曉得是爲什麼。

那天晚上近三點（不如說是翌晨）才睡著，我一直在想一件事。我覺得我好像才開始認識你，以前你對我好，我總覺得你只是關心，只是同情我（我的處境？）也許我是以庸人之心忖度你了，希望你不要太怪我的過去。我們可以Start all over again，我非常感激你給我的友誼。

記得姊姊結婚時，我曾說她是傻瓜。她那時眼睛裡含著淚，告訴我說我還不懂[79]。現在我想我懂了。

今天突然想起來寫信，也沒事，只是謝謝你那天陪了我半個下午，也許還誤了你不少事。我常會莫名其妙地想寫信，這種信有時只是兩、三句話，甚至於只有一句話，所以要是你忙，可以根本「不理我」，或高興時也回兩句。不過要是我的信會耽誤會礙你事時，你告訴我，我會聽話的。

祝

好

錦麗　五，二

---

78 李澤藩頗富盛名的一幅水彩畫作品〈桃花鄉〉，描繪心目中桃花盛放的浪漫境界。繪於一九七三年。在此向李澤藩致敬。

79 吳錦麗的姊姊未接受家中安排的婚事，決意嫁給意中人，是在臺大認識的、隨國民黨從中國大陸來臺的軍人子弟。

交往、互動中，兩人越來越深入認識彼此，家人也漸漸感覺戀情有譜。

最早發現李遠哲談戀愛的是么妹季眉。她常常幫忙整理李遠哲的書桌，有次看見了一盒巧克力，以及幾本送給他的書，書上還寫著「遠哲，祝你生日快樂」的字句。她也注意到，甚少注重外表的李遠哲，竟然一反常態注重起儀容了。

「二哥出門前會去照鏡子，把頭髮梳整齊了，再梳整齊一點；他還會開玩笑跟我說，我們家最漂亮的女生就是我，最英俊的就是他了。」

李遠哲的母親也注意到了。有一回，她將李遠哲書桌上的物品收進抽屜，發現抽屜裡放著一件人造纖維新襯衫。尋常人家的衣著以粗棉、麻布為主，免燙的人造纖維襯衫價格不菲。

曾有一回，李遠哲與吳錦麗相約到家附近的戲院看電影，沒讓家人知道。他出門之前，卻聽見母親與二伯母正在討論該去哪家戲院看電影，他連忙勸她們別去家附近的戲院。不料，等小倆口看完電影，李遠哲回到家，李季眉就說：「二哥，你剛才是不是跟女朋友去看電影了？媽媽跟二伯母也去電影院了，而且還坐在你們座位的正後方。」

李遠哲臉紅了，心想：「我們很專心看電影，還手牽著手，根本不知道媽媽她們坐在後面……」

每一次看電影，李遠哲都很感謝吳錦麗的善體人意，「我當預官的月薪只有六百元，扣掉四百元伙食費就沒剩什麼錢了，但是，每次看電影都是她搶著買票，她說在新竹女中教書的薪水比我多。」

兩人穩定交往的事，雙方家庭都漸漸知情。吳家託人向李家鄰居打聽李遠哲平日的待人接物、應對進退，鄰居說了很多好話，「啊，這孩子常常都幫他媽媽買菜煮菜，大掃除，常常自己洗床單、晒棉被，非常勤勞啊！」

不過，李遠哲的母親聽到鄰居轉述此事，卻說：「說起做家事的勤勞，遠哲是不比其他孩子勤勞啦。而且，你好像搞錯人了，常在家勤快打掃的人應該是男生排第三的遠欽，不是遠哲喔！」

另一廂在吳家，有位親友聽到吳錦麗和李遠哲正在交往，還緊張地警告：「李遠哲的爸爸在日本時代當小學老師是會打人的！打人的籐條好長！錦麗萬一嫁到李家，會不會吃苦啊？」

吳錦麗的母親很擔心。另一位親戚則說：「哎喲，就算會打學生，再怎麼也打不到媳婦啊！」

一九六二年初，二十五歲尚在服預官役的李遠哲已著手申請出國留學，於是，二伯母李劉玉英當起「媒人婆」先行到吳家拜訪。

吳錦麗的父親吳乞經營陶瓷器商號，名爲「吳乞商店」，熱心公益，在地方上甚受敬重。

來到吳家，吳母范哖說：「我生了十二個孩子，錦麗是最小的女兒，也是我最疼愛的，我希望能把她留在我身邊。」話鋒一轉，她說：「如果你們遠哲不出國留學，留在臺灣的話，對於他們兩人的事，我就沒有意見。」

李澤藩將這番話轉告李遠哲，並說：「這件事關係到你的前途，要由你自己決定……」

李遠哲聽到吳母的言下之意，並沒有放棄。想起父親李澤藩當年不屈不撓到臺中梧棲蔡家求婚說媒，儘管蔡家不願意，最後卻是蔡配自己點頭成婚。三十年過去了，如今李遠哲也碰到類似的處境。

奇妙的是，吳錦麗也與當年的李蔡配一樣出身較富裕，是受過高等教育、聰明有想法的新時代女性。

李遠哲思考，兩人婚事的關鍵還是在吳錦麗本人，「錦麗很聰明，我應該說服她也申請出國留學才是。」

「我中學畢業時，最反對我念大學的是我當醫生的大哥，他覺得女孩子如果念大學，鼻子會翹得很高。你知道日本人說鼻子會翹得很高，就是很高傲的意思。」吳錦麗說。她另外兩位當醫生的哥哥都不反對她繼續深造。

一次又一次，李遠哲談論著美國留學的事，慢慢引起吳錦麗的好奇與嚮往。

「我們一起去美國讀書吧，我會給妳幸福的。」害羞的李遠哲鼓起勇氣，對吳錦麗說。

於是，一九六二年上半年，吳錦麗也去信美國，申請好幾所大學的教育學碩士班入學許可。五月左右，雙方各自收到美國好幾所大學的回覆，李遠哲決定就讀柏克萊加州大學，吳錦麗則確定到天主教舊金山大學讀教育碩士，兩地距離不遠，搭巴士就能往返。至此，兩人出國留學的計畫箭在弦上，婚事是水到渠成了。

這一回李家長輩到吳家談親事，說好先訂婚再出國留學。

鍾愛的掌上明珠即將離開身邊，吳母喃喃對吳錦麗說：「這是妳自己要的喔，是自己要的喔……」話中有話，盡顯不捨。

婚事談定，就是雙方家庭訂婚總動員的時刻。李遠哲是李家第一個在臺灣辦婚事的兒子。按照禮俗，訂婚喜餅由男方負擔，母親李蔡配打算將訂婚辦得隆重，遂到新竹最有名的新復珍餅店挑喜餅，看中兩款，體面昂貴的二十八元一個，次佳的是二十二元一個；她盤算著數量與餅錢，還要打算李遠哲赴美國的機票錢，費盡思量。

妹妹季眉注意到母親眉頭深鎖，心有不忍，就和么弟遠鵬湊了零用錢買了一張愛國獎券，「如果中獎了，就有錢幫媽媽訂比較貴的餅了！」

小姊弟兩人想像著美好的遠景，等啊等，社區裡知情的堂哥、堂姊與表姊們也很關心，不時問到獎券的事。開獎日終於到了，小姊弟兩人守在收音機旁仔細聆聽，手上的紙筆登記著號碼，可是，天不從人願，一組組數字慢慢開出，他們的獎券一個數字也沒兌中。興奮的期待落空，小姊弟像洩了氣的皮球。「後來沒辦法，媽媽還是選了二十二元的訂婚喜餅。」李季眉苦笑。這也是小姊弟唯一買過的獎券。

吳錦麗既忙於訂婚的繁瑣事務，也著手打包出國留學的行李與書籍；倒是李遠哲專注於實驗室裡的研究，訂婚的多數事宜都交由母親張羅。吳母不免擔心，專心於學問，看起來高高瘦瘦的李遠哲到底能不能保護自己的女兒？能不能讓女兒依靠？

有一天，李遠哲來到吳家，將吳錦麗事先整理好的書籍一捆捆打包裝箱搬往郵局，吳母看著也安心了，直對吳錦麗說：「他看起來很體貼，不錯。」

有一天，李遠哲忽然腹痛難忍，「該不會是盲腸炎吧？」他擔心。由於常常爲胃腸脹氣所苦，在新竹也曾就醫，這一回，他決定到臺北找外科醫師表哥劉梅村詳細檢查。

表哥診斷後表示，腹痛並非盲腸炎引起；脹氣則是長期緊張所致，放輕鬆即可。表哥還勸他：

「美國醫藥費昂貴，不如順便在臺灣把盲腸（闌尾）割掉吧！盲腸沒什麼用處，但是萬一發炎不及時處理就要人命。」李遠哲聽了勸告，決定住院開刀，卻不忘問表哥：「既然是半身麻醉，你幫我把肚子打開的時候，我能用鏡子看開刀的過程嗎？」

表哥點頭笑了，一副「眞是好奇寶寶，連自己開刀也要看」的表情。

手術時，清醒的李遠哲躺在床上，一手拿著小鏡子。表哥動刀割開他的腹部時，他還能看到整個過程，「但是，後來越開越裡面，看不太清楚，我也就睡著了。」李遠哲說。

術後住院三天，李遠哲的母親、吳錦麗都北上到診所探視他。他恢復得不錯，心情大好，算是在出國前解決了心頭大患。聽說表妹劉敏敏在新竹女中榮獲壁報比賽冠軍，他還不忘拿起原子筆在紙上畫了兩顆柿子、一顆白菜，寫上：

祝敏敏表妹壁報比賽冠軍，事事清白　　破肚老人上

「表哥開完刀，還畫這張文人畫給我，眞是笑死我了，尤其是他還署名『破肚老人』。」劉敏敏笑著說。

思慮周密的李遠哲在清大實驗室忙碌的工作中撥空，陸續做了手術、拜別鄭華生等恩師、處理郵寄書籍到美國等事宜，眼看訂婚佳期就到了。

訂婚宴席只擺了三、四桌，邀請雙方最親近的親友，隆重見證這對青年的文定。歡喜的氣氛中，吳母與吳錦麗不禁淚眼婆娑。

八月二十九日，新竹火車站前舉辦了一場熱鬧的歡送會。主角有李遠哲和吳錦麗，還有搭同班機一起赴美攻讀博士的堂哥李遠輝。兩家扶老攜幼前來送行，來了四十多人，依依不捨。

李遠哲想起小時候讀《開明少年》雜誌裡的短篇小說〈藍色的毛毯〉，文中那位被搶走藍色毛毯憤而離鄉的老人，多年後歸來時，驚見家鄉已經被後人打造得更美好，深感慚愧而掩面哭泣，因為自己竟然從這場把家鄉改造得更美好的行動中缺席了。此刻，這段故事再度撲向李遠哲的腦海，惕勵著他。

這時，李季眉走過來，李遠哲很嚴肅地對她說：「我一定會回來臺灣服務，跟家鄉父老同甘苦。」李季眉將這段話刻在心上，相信這位啓蒙她科學智慧的二哥會堅守承諾。

列車緩緩進站，李澤藩與李蔡配、吳錦麗的父母親等少數人也上車，隨行前往臺北松山機場。

「遠哲，這一萬四千元新臺幣[80]（約四百美元）的機票錢，是我存了一輩子的積蓄的一半，你要打拚用功啊。」母親李蔡配叮嚀著，又從皮包裡拿出一張一百美元鈔票，塞進他的上衣口袋，「留著，到美國租房子可以用……」

---

80 當時機票費用昂貴，四百美元可以買下臺北市中心的一棟房子。也因旅費昂貴，許多人出國後因經濟因素短期內無法回臺，因此是生離。

父親李澤藩則贈送一幅畫作〈東門城〉[81]，他將畫作捲了起來帶到美國，日後思念父母與家鄉時得有所憑藉。

當李遠哲等三人從機場出境大廳轉身入海關時，不僅李遠哲與吳錦麗紅了眼眶，雙方家人也都哭個不停。「那眞是生離啊！機票那麼貴，不知道什麼時候才能回來臺灣了。」李遠哲形容。

世事難料，或許，此行一去，生離就是死別。

飛機緩緩升空，一位是從小被媽媽打得到處跑的怪小孩，另一個是悉心教養，從未經受打罵的乖女孩，看似南轅北轍的家庭環境，孕育了這對二十五歲的臺灣青年，搭上前往美國的航班。他們能否拓展不同的視野，爲人類科學文明開啓一幅從未被發現的新境界？

---

81 李澤藩常以相同主題於不同季節與環境下反覆作畫，以「東門城」為主題的畫作不少；送給李遠哲的此畫〈東門城〉典藏於美國加州家中，從未公開展出。

1 大學畢業後回新竹任教的吳錦麗。

2「就是很想要接近她」，在新竹與吳錦麗重逢的李遠哲，常主動約她在假日碰面。

遠哲：

謝謝你告訴我那個消息，我看到了衛星，還有我的好些同學也看到了。在那片刻我深深的感覺到人的偉大，更覺得我的渺小。我崇拜那些科學家。

上星期天確是很意外，記得剛回新竹時每每走在街上總是要東張西望，希望能找到些個熟悉的臉孔，但新竹的"台大人"畢竟太少，所以已不抱此希望，而那天居然遇到你，難得！

離開台大以來，尤其是最近，我都過得很緊張，也很忙碌，總覺得每分鐘都不能有什麼大轉變，我需要毅力，可是我也有軟弱下來的時候，所以每次我幾乎屈服於我的環境。我很想早點離開這滿是繁律的地方。你比我幸福多了，你說呢？好了，我們不談這個。

我怕我耽誤你太多時間，還是停筆吧！

祝

好

錦麗 12.16.

又：你的工作地址是什麼？

遠哲，

我很高興上星期六去了清華，你知道，我在去前打電話時還有點猶豫，我也不曉得是為什麼。

那天晚上我將近三點（不如說四點）才睡着，我一直在想一件事。我覺得我好像才開始認識你，以前你對我好，我總覺得你只是關心，只是同情我（我的處境?）。也許我是以庸人之心忖度你了，希望你不要太怪我的過去。我們可以 start everything all over again。我非常感激你給我的友誼。

記得姐姐結婚時我曾說她是傻瓜，她那時眼睛就含着淚告訴我說我還不懂，現在我想我懂了。

今天突然想起來寫信，也沒事，只是謝謝你那天陪了我一個下午，也許還誤了你不少事。我常會莫明其妙的想寫信，這種信有時只是兩三句話甚至於只有一句話，所以要是你忙，可以根本不理我，或高興時也回兩句。不過要是我的信會誤你事時，你告訴我，我會聽話的。

祝

好

錦麗 5.2.

3

4

3 吳錦麗於婚前寫給李遠哲的情書。

4 一九六二年，赴美留學前的李遠哲。

李遠哲與吳錦麗即將赴美，兩家人一起為剛訂婚的小倆口送行。

第二部

青年李遠哲

第一章 開放的自由風氣

半夜雨點，在細雨濛濛中告別送行的親友走入機艙，懷著不安的心情離開了家鄉，連日來的奔波與應酬確也給我帶來十二分的疲倦。起飛不久便昏沉入夢鄉了。迷糊中想到了雨中送行的人們與母親惜別的眼淚，也想到新竹盛夏的夜市，霍亂的流行帶來的不安，與幾天前在中山堂邊看到的凶殺。鮮紅的血使我忽然驚醒，覺得在這樣的狀況下離開自己的家鄉，很覺不安。只望時間趕快飛逝，也好早一天多學點東西，回到臺灣與家鄉父老同甘共苦……

——李遠哲[1]

一九六二年九月，李遠哲抵達舊金山機場，入境大廳引頸期盼的是五年不見的大哥李遠川與大嫂高坂玲子，而住在洛杉磯的吳錦麗胞姊吳錦雪也已經等候多時。他安心看著吳錦麗由天主教舊金山大學的神父帶領到寄宿家庭，隨後就前往柏克萊加州大學。

李遠川剛到柏克萊加州大學生物化學系做博士後研究，賃居學校南邊較偏僻的便宜街區，李遠哲租下附近小公寓[2]的一個隔間，用僅有的一百美元支付了四十元月租；不過他並不擔心，因爲開學後兼任助教就會有薪水，眼下他只關心何時能開始做研究。

沿山坡而建的柏克萊加州大學保留了高大的紅木森林群，小溪潺流其間，綠草如茵，花叢處處，攝氏十八度的年均溫是名符其實的四季如春，學生有如在花園裡求學。每到下午時分，海邊聚積的白色水霧從舊金山市區向柏克萊緩緩飄來，當白霧瀰漫著整座校園，置身其中恍如仙境。

每天早上，李遠哲從德懷路（Dwight Way）的住處跨上腳踏車，左轉熱鬧的電報街（Telegraph Avenue）騎往校園南邊的薩瑟門（Sather Gate），那是十九世紀學校初創時期，校長騎馬上班必經的大門。

「噹～噹～」遠方總適時傳來悠遠的報時鐘聲，來自一九一四年即矗立校園中央的薩瑟塔（Sather Tower），又稱大鐘塔（The Campanile），這是他最愛的校園建築。於是，儘管腳下的兩輪尚未滑過南大門，他的心神早已被嘹亮的鐘聲迎接入校了。

李遠哲在一封信中寫到，全校約有兩萬三千名學生，非美國的學生大約兩千三百人，占十分之一；非美國學生中約五百多人是華人，三分之二來自香港，其次才是來自臺灣的留學生，但也僅有

---

1 摘自李遠哲抵美國後著手撰寫，遲於一九六三年三月十七日完稿之信件，信中述及搭機赴美心情。

2 當地專租給學生的公寓。公寓中央的公共區域有廊道、廚房、衛浴等，面街的房型是單間的隔間，臨巷的房型是套房。地址為：2138 Dwight Way。李遠哲在此租屋逾一年半。

二十幾位。「校園裡不時會看到男女學生在草地上親熱，心臟不禁多跳了好幾下。」

柏克萊加州大學化學系所在全美公立大學化學系所中名列第一，規模甚大，隸屬於化學學院（College of Chemistry）。系上每年招收近百名大學生、五十名博士生。不過，如果在博士班表現不佳或未通過資格考試，頂多拿到碩士學位就必須離校，表現佳才可能取得博士學位。

在化學系辦理入學後，李遠哲參觀雄踞於柏克萊山坡，隸屬於美國原子能委員會（Atomic Energy Commission, AEC。現已改名爲能源部Department of Energy, DOE），孕育七位諾貝爾獎得主[3]的勞倫斯放射實驗室[4]，聞名於世的質子循環加速器等各種高科技研究設施使他大開眼界，恍如劉姥姥入大觀園般興奮，不少系上教授都在這裡做實驗。日落時分，舊金山海灣、海灣大橋與對岸舊金山市區共同烘托出一幅名聞遐邇的輝煌景致，從這裡俯瞰美景，尤其令人流連忘返。

順著蜿蜒的斜坡返回山下的校園，他也參觀化學系路易斯大樓（Lewis Hall）二樓成排的實驗室。

他踏進明星級的助理教授達得利．赫許巴赫[5]實驗室，裡面有二十多位學生在做研究。其中一位在美國出生長大的學生是國軍高階將領的子弟，還驕傲地對他說：「我正在做的這部儀器，是自己要用的，不會給任何其他人用。」李遠哲聽完並沒說什麼，因爲他打造的儀器向來不藏私，任何人都可共同使用，也能向他索取設計圖，這是他秉持的居里夫人精神。

這間實驗室與隔壁房間並沒有厚實的隔牆，所以兩實驗室之間可以輕易穿越，算是大通鋪。這時，有位很興奮的美國人從相鄰的布魯斯・馬漢[6]助理教授實驗室不斷向他揮手，他正覺得奇怪，對方主動自我介紹：「我叫做吉姆・波森（Jim Person），我太太也是臺灣來的！」

---

[3] 一九六二年李遠哲赴柏克萊加大求學時，勞倫斯放射實驗室已孕育七位諾貝爾獎得主：一九三九年諾貝爾物理獎得主恩內斯特・勞倫斯（Ernest O. Lawrence）、一九五一年諾貝爾化學獎得主葛連・席柏格（Glenn T. Seaborg）和埃德溫・麥克米倫（Edwin McMillan）、一九五九年諾貝爾化學獎得主歐文・錢伯連（Owen Chamberlain）、一九五九年諾貝爾物理獎得主艾密里歐・索吉（Emilio G. Sergè）、一九六一年諾貝爾物理獎得主唐諾・葛萊瑟（Donald A.Glaser）、一九六一年諾貝爾化學獎得主馬文・凱文（Malvin Calvin）。

[4] Lawrence Radiation Lab, Rad Lab，一九三一年由恩內斯特・勞倫斯與物理系合作設立於加州大學的放射實驗室。勞倫斯建立迴旋加速器（cyclotron）這種粒子加速器，於一九三〇年代做出一連串重要的基礎物理學研究成果並獲諾貝爾獎肯定。一九四〇年，實驗室遷至柏克萊山丘上，並運用四・六七公尺高的大體積迴旋加速器作為質譜儀，協助美國於二戰期間發展製造原子彈所需之濃縮鈾的電磁學基礎資料。戰後，實驗室改隸於美國原子能委員會的國家實驗室系統，實驗室也分為三處，其中位於柏克萊的實驗室仍名為勞倫斯放射實驗室，從事非機密的科學研究。一九五八年勞倫斯過世；一九七一年改名為勞倫斯柏克萊實驗室（Lawrence Berkeley Laboratory，LBL）。原子能委員會改名為能源部後，一九九五年能源部將所有實驗室冠上國家頭銜，此實驗室也更名為恩內斯特奧蘭多勞倫斯柏克萊國家實驗室（Ernest Orlando Lawrence Berkeley National Laboratory），其後又縮短名稱為勞倫斯柏克萊國家實驗室（Lawrence Berkeley National Laboratory）。

[5] Dudley R. Herschbach，李遠哲的博士後指導教授，詳見序章註解。一九六二年李遠哲赴柏克萊加州大學攻讀博士時，赫許巴赫仍在該系任教，一九六三年上半年，李遠哲修習其一學期的課程後，赫許巴赫就轉往哈佛大學任教。李遠哲完成在柏克萊加州大學的博士學位與博士後研究後，再赴哈佛大學跟著赫許巴赫教授做博士後研究，並以此交叉分子束研究獲致的重大成果獲得一九八六年諾貝爾化學獎。

[6] Bruce H. Mahan，一九三〇～一九八二，物理化學家，曾任柏克萊加州大學化學系主任、教授。美國科學院院士。哈佛大學博士。李遠哲的博士論文指導教授。

「眞的嗎？」李遠哲也很好奇，追問才知是新竹清大原子科學研究所第一屆畢業的學姊吳正言，已經修完博士了。備感親切的兩人開心聊著，而即將取得博士學位的波森也向他介紹馬漢教授的實驗室，學生雖僅有三人，研究資源卻很豐富。

博士生需要兼顧三種角色：一，修學分的研究生：修習基礎課程穩扎基本功；二，助教：頭三個學期擔任大學部課程助教並批改作業；三，跟著教授做研究並完成博士論文。

李遠哲入學後就迫不及待做研究，不過，需先經過層層面談。系上指派兩位教授擔任學術顧問跟每位博士生面談，依個別程度與興趣建議修習哪些基礎課程、該找哪些教授指導等，不過，該教授是否收這位學生，則視雙方面談情況而定。

李遠哲向來對物理化學很有興趣，在大學時就自修不少課程。學術顧問哈洛．強斯頓[7]教授給了李遠哲一份建議名單，赫許巴赫教授與馬漢教授就名列其中，而前者正是李遠哲的「第一志願」，於是，他去敲了赫許巴赫教授的大門。

年方三十，一九三二年出生，只比李遠哲大四歲的赫許巴赫教授在美國化學界素以才華洋溢知名，有志於物理化學領域的學子都希望進入其門下。

他一坐下來，教授就問：「你對什麼有興趣？」

「我對分子的結構和反應的關係很有興趣，想要進一步做研究。」李遠哲說。

教授很興奮地說：「這是化學領域的中心問題。」

李遠哲的興趣雖是赫許巴赫教授的專長領域，然而慕名者眾，教授擔心學生人數超過負荷，只好說：「我實驗室的人已經太多了，而且大多數人都在做分子碰撞的主題；如果你要跟我做，也許可以考慮我想做的另一個主題，是用微波做分子光譜的研究，不過，系裡另一位葛溫教授[8]這方面做得很好，你也可以和他談談看[9]。」

李遠哲覺得，赫許巴赫教授言下之意應該是婉拒了，遂轉而與葛溫教授面談，但是葛溫教授卻說：「我這實驗室沒有足夠經費，你要跟我做的話，必須一直做系裡的助教來支應生活費用。」

李遠哲依照學術顧問的建議名單共談了十位教授，非常慎重。其中，與馬漢教授的面談也很愉快，他們談起化學鍵形成的本質，也談及前人對化學電離的理論與計算有其可疑之處；於是他決定以此爲主題，馬漢教授也同意指導他。

這段時間，李遠哲回想起在臺大讀大四時選鄭華生講師擔任指導教授的往事，遂寫信給鄭教授報告來美的學習情形。「有名氣的教授都很忙，需要預約時間才能見面請教，但時間很短，學習不了東

---

7 Harold Johnston，一九二〇～二〇一二，已故柏克萊加州大學化學系名譽教授。曾任該系教授、化學學院院長等，一九九一年退休後仍教學不輟。

8 William Dulaney Gwinn，一九一六～一九九七，已故柏克萊加州大學化學系名譽教授。專研物理化學，尤長於微波光譜。一九九七年因中風逝世。

9 赫許巴赫教授後來指出，因為實驗室學生眾多，於是時常以實驗室已經額滿而婉謝，但若學生再度敲他的大門，他就會重新考慮收該生。李遠哲向來尊師重道，又剛從以儒家思想為主的臺灣來美攻讀博士，沒有料到這是赫許巴赫教授的策略。

西。」他也提及：「有一位年輕助理教授（馬漢）有新的研究計畫，而且爲了能升等爲專任教授必會努力打拚，所以，我要跟他（馬漢）一起打拚。」

「我看了遠哲這麼寫，就覺得他一定沒問題！」鄭華生教授對他很有信心。

確認了指導教授與題目，李遠哲也依照學術顧問建議，預計在接下來的一年半（三個學期）修習高等有機化學、量子化學、化學熱力學，還要到物理系修統計物理、群論等課程。

馬漢教授提醒：「有些課你在臺灣不是修過了嗎？像是物理系的統計物理課業很繁重，會花掉你很多時間，不像化學系的課相對容易。」

李遠哲雖然先前已經在臺灣學過一些，但仍想深入探索。不過，修習之後果然覺得吃重，教學進度很快，語言也是一大考驗。因爲在臺灣讀了不少日文寫就的教科書，來美國反而需要重新學習英文專有名詞，所以他常常與同學熬夜讀到早上六、七點才去上課，儘管疲累仍覺得充實，「柏克萊加大很重視基礎課程，沒有營養學分可言。」

每天上學，一進入校園就會經過學生廣場（student union），這裡有教科書店、文具店、演藝廳、噴水池，舉辦迎新會及各項文化活動之際，也是學生們帶著三明治野餐、休憩的地點。

不過，當美國與古巴兩國間的緊張情勢升高，關心時政的學生們也在此聚集。有時演講、辯論的人潮還蔓延到學生廣場對面的行政大樓斯普勞爾大樓（Sproul Hall）前，學生廣場與斯普勞爾大樓之間約半個操場大的空間，也因而形成一塊自由表達意見的時論場域，李遠哲行經時不免駐足聆聽。

有一天，一位自稱社會主義青年的學生嚴詞抨擊甘迺迪政府的外交政策，激動處還高聲自諷：「我們是侵略者！我們是侵略者！」（We are aggressors! We are aggressors!）社會主義青年學生們深感認同，紛紛熱烈鼓掌。李遠哲見證校內學生們關心時政並反思當局者的政策，不禁深深感動。「來美國之前曾聽說，美國學生愛看球賽且不過問政治，但近來時局的轉變使他們不再如此了。」他在寫給朋友的信中如是說。

午間用餐時，聽著周遭人等議論時政與校方管理制度，他也很想參與討論，卻發現在臺灣所學的美國歷史人文並不深入，無法參與議題。

柏克萊是一座大學城，李遠哲在其間生活、求學，對美國越發熟悉；儘管柏克萊並不能完全代表美國，卻仍反映了部分的美國面貌。

李遠哲注意到，即使是中學沒畢業的清道夫、餐廳服務生，只要有意願工作就能有事做；勤奮工作就能享有不錯的生活品質，人人平等，互相尊重，沒有階級貴賤之分。他想起在臺灣讀過李奧．胡伯曼[10]所著的《美國人民的歷史》（*We, the people the drama of America*）談及「美國是人民的美國，因爲人民是國家的主人」的立國精神；對照他心中的理想——「希望臺灣能成爲一個公平、合理的社會」，感觸頗深。

---

[10] Leo Huberman，一九〇三～一九六八，美國社會主義作家。一九四九年與Paul Sweezy合創《每月評論》（*Monthly Review*）。曾任哥倫比亞大學部（New College）社會科學系主席。《美國人民的歷史》為其暢銷名著。

或許因爲講究人人平等、尊重個人的美國價值觀，在校上課時，師生皆直呼名諱，不講究頭銜與敬稱；學生勇於發問，教授認眞聆聽，「在這裡，師生都很有活力。」他觀察。

在系上，他擔任約翰．羅斯穆森[11]教授的課程助教。有一天，教授請他回家共進晚餐。席間，教授與年僅四、五歲的兒子討論開車出遊的計畫。教授問孩子：「你說，我們沿著海邊走呢，還是往山上走好呢？」孩子問：「這兩條路線有什麼不同？」教授解釋：「走海邊時間可能久一點，但是風景非常漂亮，還能看到美麗的檜木林；往山上走的話，往北走的車程會快一點……」

「教授把五歲小孩當大人一樣尊重對待，一起討論；反觀在臺灣，家長不會想了解孩子的想法，小孩問問題，家長會罵：『恬恬！囝仔人有耳沒嘴！』」李遠哲目睹此景，心有戚戚焉。

敬佩於美國民主、平等、自由的價值觀之際，他已然適應柏克萊的環境，每天早出晚歸。

他總是將研究做到一個段落，才感到飢腸轆轆，邊喃喃自語著：「該吃午飯了，好餓。」他從地下二樓的實驗室走出，踏到戶外才驚覺竟是日落時分。「原來已經這麼晚了！趕快收拾收拾，回家煮飯吃！」不一會兒，就背著書包騎腳踏車返家。

柏克萊加州大學是一九六〇年代風起雲湧的民主思潮與學生運動的孕生處，而柏克萊加大化學系與勞倫斯放射實驗室擁有全美數一數二充沛的研究資源，氣候宜人，被科學界譽爲「宇宙的中心」[12]。如果這得天獨厚的環境是水，那麼，李遠哲就是優游水中的魚兒；如魚得水，是李遠哲攻讀博士生涯的最佳注腳。

11 John O. Rasmussen，一九二六～，核子化學家。柏克萊加州大學化學系名譽教授。美國勞倫斯柏克萊國家實驗室資深科學家。柏克萊加大博士。

12 在勞倫斯放射實驗室有迴旋加速器，戰時到戰後又有重要的質子加速器，皆進行突破性的物理或化學實驗，推進了物理學或化學進展。而戰後到一九九〇年代，在此工作的幾位教授均曾擔任總統的核能政策顧問、能源相關部門官員或顧問等，對美國國家科學政策舉足輕重，因此曾經被譽為「科學界的宇宙中心」。

第二章 What' s new?

「有什麼新發現？（What's new?）」馬漢教授每隔一段時間就到實驗室裡如是問。

李遠哲回答後，教授緊接著追問：「下一步你要做什麼？（What are you going to do next?）」

由於題目是由馬漢教授建議，起初李遠哲詢問教授實驗如何開展，教授卻說：「我怎麼會知道？如果我知道怎麼做，我早就自己動手做了，也不需要你來做博士研究了啊！」

當李遠哲發現，世界名校的教授也還是和以前在臺灣時一樣說：「我怎麼知道！」時，感到很不習慣。但是，看到隔鄰的赫許巴赫教授總是爲學生指點迷津，做完實驗會告訴學生下一個方向，不禁以爲這才是頂尖學府「指導教授」應盡的責任。相較之下，馬漢教授「無聲勝有聲、不指導的指導風格」令他深感困惑，遂對吳錦麗說：「我可能跟錯老師了[13]。」

入馬漢教授門下之後，「問自己問題，自己摸索，自己找答案」，成爲李遠哲做研究的常態，這與他在臺灣的經驗很類似。

雖然必須一切靠自己，李遠哲仍不減熱情，除了上課之外，不在實驗室時，就在前往實驗室的路上。因爲，馬漢教授建議的這個題目確實引燃了他的好奇心——被「光子[14]」激發的原子，能夠在能量不足的情況下被電離，那麼，被電離時不夠的能量到底來自哪裡？是來自吸附了電子的其他原子，所成爲的負離子釋放的能量；還是化學鍵形成時放出的能量[15]？到底人眼看不見的化學反應過程中隱藏著什麼奧祕？

一言以蔽之，他在探討原子與分子化學反應的基本現象，這正是一切物質轉變現象的基礎。

簡單來說，人類已知，原子裡有原子核，外圍有電子。用光照射原子，如果光子本身有適當的能量，可將外層的電子激發到不同能位的電子激發態（excited state）上，而這激發態的原子通常在很短時間內也能放出光子，恢復原狀；而如果能量夠大，光子就能直接打掉電子，而原子就變成正離子[16]，此過程稱爲「光離化現象」。

但是，激發後的原子會出現不少有趣的事。馬漢教授給李遠哲的論文題目就跟這個現象有關。

馬漢教授指出：「很多原子，比如鹼金屬元素（鋰、鈉、鉀、銣、銫、鍅），光子能量只夠把原

---

13 李遠哲此時的想法，後來在哈佛大學跟隨赫許巴赫教授做博士後研究時卻有了完全不同的體悟。詳見後文。

14 一種基本粒子，具有波與粒子的雙重特性。可傳遞電磁力。靜止時質量是零，真空中可傳至很遠的距離，速度是光速。

15 李遠哲的博士論文研究題目為：Chemiionization processes of electronically excited alkali atoms，提交於一九六五年五月十九日。

16 原子裡有原子核，核內有中子（不帶電，中性）與質子（帶正電）。原子核外圍有電子。質子與電子的電荷數量相等，這使得原子本身為中性。如果原子本身丟掉一個電子，那麼質子的電荷就會比電子多一個，原子本身就成為帶正電的離子。

子激發到電子激發態，還不到足夠把電子拿掉的能量時，就看到離子[17]的產生了，這一定跟被激發的原子與另一個原子碰撞有關係。」

「所以，關鍵的問題是，這離子怎麼產生的？還有，（這過程裡，讓原子變成離子的）能量怎麼來的？」李遠哲也好奇追問。

過去曾有科學家提出解釋。

比如一九二九年，詹姆斯．法蘭克[18]指出，激發態的原子（Na^*）跟中性的原子（Na）碰撞而成化合物（Na_2^+），形成化學鍵並產生足夠能量將電子踢走，就產生離子了。

所以，根據法蘭克的說法，能量那裡來？是化學鍵形成時給出的能量。離子怎麼產生的？是被激發的原子與別的原子碰撞後產生「由兩原子組成的分子的離子（Na_2^+）」。法蘭克的推論公式爲：

$$Na^* + Na \rightarrow Na_2^+ + e$$

這步驟通常也稱為「結合離化」(Associative Ionization)

這步驟通常也稱爲「結合離化」（Associative Ionization）。

但是，「這樣對嗎？」

馬漢教授說明，一九五〇年代末期，有位蘇聯（今俄羅斯）科學家計算得出，鈉原子（Na）吸附電子（e）形成負離子之後放出的能量還不少。公式為：

$$Na + e \rightarrow Na^-$$

馬漢教授參照蘇聯科學家的公式並進一步推論，如果一個鈉原子（Na）加上電子（e），鈉原子就會吸入一個電子，變成帶負電的鈉離子（Na^-）並放出不少熱量的話，就可能會跟法蘭克的推論相牴觸。馬漢教授認為，「鈉的激發態（Na^*）碰上鈉原子（Na）之後，如果鈉原子吸入電子時放出的能量高於激發態的鈉被離化時缺少的能量，那麼，碰撞後所得的離子為何不是來自於電子的移轉而產生的（Na^+加上Na^-）呢？」

擬問：

$$Na^* + Na \rightarrow Na^+ + Na^-$$

17 帶電的原子或原子團。正離子：一個原子或原子團若失去一個電子，就形成帶正電的正離子，其電量與一個電子所帶的電量相等，也稱為「帶一個正電荷」；負離子：一個原子或原子團若得到一個電子，會形成帶負電的負離子，其電量與一個電子所帶的電量相等，也可稱為「帶一個負電荷」。離子電荷數以n±來表示，記於原子或原子團的右上角，n是離子形成時失去或得到的電子數，+表示失去電子，−表示得到電子。

18 James Frank，一八八二～一九六四，物理學家，發現主宰原子裡的能量法則而榮獲一九二五年諾貝爾物理學獎。

一九二九年

法蘭克（諾貝爾物理獎得主）

結論：$Na^* + Na \rightarrow Na_2^+ + e$

一九六二年

馬漢（柏克萊加大化學系教授）

擬問：$Na^* + Na \rightarrow Na^+ + Na^-$

一九六二年

李遠哲（柏克萊加大化學系博士生）

驗証是 Na^+ 或是 Na_2^+

一步步推導下來，馬漢教授嚴肅地對李遠哲說：「三十年前法蘭克的結論不一定對喔！」

教授激起了李遠哲的好奇心，一方面，教授的擬問確實很可能推翻三十年前的推論；另一方面，一個化學基本現象竟然有這麼不同的可能性，也使他亟欲追查眞正的答案。

該如何找出答案？馬漢教授要他做實驗來證明誰對誰錯。他也覺得很有挑戰性，順著馬漢教授的思路，他接著表示：「是的。所以我只要驗證電離後產生的正離子，到底是法蘭克說的Na_2^+，還是馬漢教授說的Na^+。」

馬漢教授對李遠哲在討論問題時的明快反應十分讚賞，建議這個題目後，就放手讓李遠哲獨立設計實驗。

這個研究確實不容易，深深考驗著李遠哲的能耐。

由於鹼金屬元素碰到空氣中的氧氣就會燒掉成爲氧化物，很難做實驗，況且鹼金屬的蒸氣冷卻後吸附在玻璃管內時也能導電，造成做實驗的困擾，所以，他不斷自問：「到底該設計哪一種質譜儀[19]呢？」「到底該怎麼測量呢？」「怎麼做才不會讓鹼金屬汙染了質譜儀而停止正常運作呢？」

李遠哲需要一個鹼金屬濃度足夠的氣室（air chamber），以及能選擇光子能量[20]（波長）的強光源來做光激發的工作，也需要把光激發產生的離子送進質譜儀，然而，並沒有一部能接受不斷注入鈉蒸氣的質譜儀。於是，他思考並設計各種各樣的質譜儀，甚至把太空實驗用的無線電頻率加速過濾器裝進含有鈉蒸氣的玻璃管內，卻屢試屢敗。

每每馬漢教授到實驗室問：「有什麼新發現？」時，對他的進展似乎不甚滿意，但是馬漢卻和另一位麻省理工大學來的研究生討論得很起勁，這使李遠哲不免擔心自己的進度，但仍沒有氣餒。

每天，李遠哲會抽出時間到物理系圖書館翻閱各種期刊論文與雜誌，包括很少人看得懂的俄文期刊，了解各種領域最新的理論基礎、實驗設計與研究結果，並思考是否也能應用在自己的實驗上。

有一天，他隨手讀到其中一篇文獻，談及「氬（Ar）與帶正電的氬離子（Ar^+）會產生共振電子

---

19 mass spectrometer：測量帶電粒子的質量與電荷的比例（質／荷比）的一種分析方法，普遍使用於當代各種科學領域。先將樣品在離子源（ion source）中轉化成帶電荷的離子，經由質量分析器（mass analyzer）中的電場或磁場達到空間（或時間）分離，隨後，離子偵測器（detector）偵測到離子，即可得到質／荷比與相對強度的圖譜，稱為質譜圖。

20 光子的能量與光的波長成反比。

轉移（Resonance Electron Transfer）」的有趣現象：帶正電的氬離子（Ar^+）在「電場」的影響下移動時，旁邊若出現一個氬原子（Ar），那麼，前者就可能把電子從中性的氬原子捕捉過來；也就是說，前者因爲得到一個電子而成爲中性的氬原子（Ar），而後者因爲失去一個電子而成爲帶正電的氬離子（Ar^+）；因爲這個反應前後都是一個氬離子與氬原子，能量相同，所以在很遠的距離就會產生電子的轉移，稱爲共振現象。

但是，對於在電場裡移動的氬離子，如果電子不斷共振轉移，那麼，在電場中才剛加速的離子會成爲中性的原子，而新產生的氬離子是由並未在電場下被加速之中性原子所變成的，相比之下，新產生之離子比原來在電場中被加速之離子的速度來得慢，因此影響到電場作用下的「速度」。

在李遠哲看來，「電子因共振而轉移，就像變心一樣！」這個不斷「變心」的過程不只抓住李遠哲的注意力，「轉移的能量相同」與「速度受到影響」這兩個關鍵也吸引了他，大學畢業論文曾做過的電泳實驗的經驗頓時躍然心頭；他讀完這篇文獻拍案叫絕，聯想到自己的研究。

「這不就是龜兔賽跑嗎？」他想，如果有一個Ar^+（兔子）跟比較胖的兩個氬原子組成的Ar_2^+（烏龜）賽跑；Ar_2^+比較重，根據牛頓運動定律（$F=ma$，作用力等於質量乘以加速度），因爲Ar_2^+與Ar^+帶同樣電量，在電場中的作用力是一樣的，所以，Ar_2^+從電場得到加速度應該會比Ar^+較小。

但是，由於共振電子轉移會影響Ar^+的移動速度，所以，一旦加電壓後，Ar_2^+碰到Ar並不會「變心」，儘管會受阻，雖然跑得不快，卻會一直往前跑。反觀Ar^+碰到Ar時，在很遠的地方就會「變心」了，且一直不斷產生共振電子轉移，結果，每當Ar^+啓動往前跑，卻又忽然「變心」而打住，失去了從電場得到的速度，每次新誕生的離子就得重新啓動，無法往前跑得很快。因此在電場中，「龜兔賽跑」會使埋頭苦幹的Ar_2^+領先Ar^+。

這電光石火般的創新構想衝進腦子裡，他隨即速寫出一幅實驗設計的藍圖。「我的研究爲什麼還要做質譜儀呢？不需要啦！」李遠哲興奮地在紙上振筆繪圖，「我只要在眞空玻璃管上方做一個由兩片平行金屬組成的電場，把負電接在一片，另一片接正電，看兩片電極之間產生的正離子到底跑得多快，與直接由光電離產生之Na^+的移動速度相比對，就可以知道電離後產生的正離子，到底是Na_2^+還是Na^+了啊！」（見P251圖3-2）

這個畫面似曾相識。沒錯，他大學四年級時做的鍶離子和鋇離子的紙電泳分析畢業論文，實驗就運用了離子的「移動」（mobility）來測量。不同的是，眼下博士論文實驗的競賽選手成了Na_2^+與Na^+；而且是在鈉蒸氣中，而不是在溶液裡。

「有什麼新發現？」當馬漢教授踏進實驗室，李遠哲侃侃報告了他的最新研究進度與發現。馬漢教授不太明白，經李遠哲不斷解說，才終於了解箇中奧妙。教授很滿意，還說：「一九三〇年代的儀器測量電流只能達到10^{-9}安培，現在新的電流計可以量到10^{-15}安培，所以你現在測量，靈敏度高了一百萬倍。」

時至博士班一年級下學期，李遠哲設計完成儀器，開始做實驗，卻發現實情並不如教授所說的樂觀。因爲，裝了鹼金屬的眞空石英管經加熱後在管內產生蒸氣，隨後在電極上加電壓，但是，尚未照射光線（來進行光離化）時，測量到兩個電極之間的電流（也就是噪音的背景值）已經高達10^{-9}安培了。也就是說，電流計雖然比較靈敏，噪音卻太大，這麼一來，即使照射光線，Na_2^+和Na^+的電流遠小於這噪音的背景值，有如被大海淹沒，像是海底撈針。這樣電流計增加的靈敏度就沒有辦法發揮了。

「必須另想辦法，就算是海底撈針，也不可能抽乾海水，或許要改用強力的吸鐵把針吸出來。」李遠哲思考，既然信號微弱，那麼，重點不在於加強電流計的靈敏度，而在於調整「信號與噪音的比例（信／噪比）」。於是，他苦思解法。

「有什麼新發現？」馬漢教授再度踏進實驗室。

李遠哲說明了靈敏度的問題，馬漢教授不由得臉色凝重，一如以往追問：「下一步你要做什麼？」

「應該要提高信／噪比，我們需要一部不一樣的儀器。」

李遠哲解釋，設計一種可旋轉的轉盤，轉盤上附有可以截切（chop）光線的齒輪（chopper），可將光線有規律地一下子打入、一下子遮斷，讓光線斷斷續續；轉盤速度快，能讓光線忽進忽滅。

因爲齒輪把光線以一定的頻率截切的斷斷續續，所以，光離化作用後產生的離子也會以同樣的頻率斷斷續續產生。這時，背景值的電流仍是固定不變的10^{-9}安培。「如果離子提供的是這種斷斷續續的信號，那麼，我只要把檢測儀調到跟齒輪截切光線的頻率一樣，只對此一頻率敏感，這一來，就有機會看到離子的信號了！」

經李遠哲解釋，馬漢教授總算領悟，他所謂的「在海底要摸針，既不能把海水抽乾，卻要想辦法看到針」，就是利用這種儀器來提高信／噪比，才能讓實驗成功。馬漢教授告訴他，這個對相位敏感的檢測方法，以往也有學者[21]成功地使用過，他們先用電子槍[22]打HO_2分子產生斷斷續續的離子信號，再用質譜儀順利地檢測到這些微量HO_2^+離子。

只是，這部檢測儀能幫助他看到蒼茫大海中的針——離子的信號，然而，該怎麼做才能進一步辨認何者爲Na_2^+，何者爲Na^+呢？

他的答案是：以波的形式，以同樣的頻率來檢測波的相位（phase）的差別。

光線被齒輪截切後，產生的離子會遞延（delay）一段時間才抵達金屬片做的電極，這就會產生相位差（phase difference）。如果離子像光子跑得一樣快的話，就不會產生相位差了。

於是，齒輪截切光線後，光激發出兩種離子在電場裡賽跑，一個跑得較快（Na_2^+），一個跑得慢（Na^+），運用這部儀器，就能檢測出相位差是多少、該花多少時間才到；也就是說，只要測量相位，相位差大的就是跑得慢的離子，相位差較小的就是跑得快的離子，這樣就能驗證鹼金屬的光離化

21 詳見Foner & Hudson合作發表一系列十幾篇期刊論文。

22 原理是加熱就會射出電子，再加上電場就會產生電子束，這是因為用白金線或不鏽鋼做成線圈，就是柵欄（grid）。柵欄是正電，外面有負電，所以電子能來回跑。

現象中，電離後產生的正離子，到底是法蘭克說的Na_2^+，還是馬漢教授說的Na^+。」

馬漢教授很肯定李遠哲，並提及一九六二年的《今日物理學》（*Physics Today*）期刊曾刊登「相位敏感的檢測儀」（phase sensitive detector）新上市的廣告，欣然表示：「我給你買一部吧！錢不是問題，有好的構想（idea）比較重要！」

馬漢教授讚譽有加，對李遠哲也越來越感興趣，遂問：「咦，你怎麼想到這些方法的？」

他一五一十說明後，深自慶幸，**如果不是天天到物理系圖書館閱讀外國期刊，就無法吸收各國不同領域的論文文獻；如果在臺求學時沒有苦讀英文、德文和俄文，也無法讀懂；如果不是做深具挑戰性的學士畢業論文，學到電泳實驗經驗，那麼也無法從這些文獻聯想到創新的實驗方法。**

走過的路沒有白費，厚實累積的經驗成為創造力的泉源。

一九六三年夏，李遠哲持續埋首實驗室，設計新的實驗器材與流程，追根究柢，找出解決問題的方法；每踏出一步，都是科學家的成長。

第三章　十六個月，挑戰大師理論

一九六二年，剛到柏克萊的第一週，李遠哲與李遠輝前往車行距離一小時以內的舊金山看吳錦麗。她與三位臺灣女留學生同住在一名菲律賓裔婦人經營的寄宿家庭。

在臺灣從未下廚的吳錦麗進廚房準備午餐，忙了一小時，李遠哲與李遠輝仍在客廳等待，飢腸轆轆，只聞到米飯燒焦味。一名女留學生見狀，好心給他們兩個甜甜圈充飢。這次之後，吳錦麗勤奮鑽研廚藝，很快燒得了一手好菜。

李遠哲從小受母親訓練，雖會做菜，但是來美國後就專注學術而無心料理，乾脆每週採買一次，一股腦將食材倒進鍋裡滷，放涼冷藏冰箱，餓了就舀一碗蒸熱了吃。午餐更簡便，每週買一條吐司，將罐頭火腿肉切成五份，兩片吐司夾火腿就成了午餐。每日三餐一概簡單果腹，無暇顧及健康美味。

有一次，他跟幾名留學生聚會，其中一位興致勃勃地說：「我也是買肉罐頭切片當午餐。我注意到一種狗頭牌罐頭，肉的味道很不錯，而且很便宜！」對方熱心描述罐頭的品牌與包裝，李遠哲聽了眼睛圓睜，說不出話來，自忖：「啊，這位朋友把狗食看成給人吃的罐頭了！」

爲了營養起見，李遠哲天天喝牛奶，節儉的他，捨不得丟掉牛奶紙盒，清洗風乾後就堆在寢室角落，久而成了小紙盒堆。一天晚上，大風雨侵襲柏克萊，他照舊熬夜苦讀，畢竟再大的風雨也比不上年年侵臺的颱風。這時，雨水從天花板一滴滴落下，他順手拿一個紙盒接住。

該不會門外也漏水了吧？他開門朝外面的廊道看去，由四根柱子撐住的陽臺原本就不穩固，狂風一吹，晃動更甚；廊道、廚房、衛浴等公共區域的天花板滴滴滲漏，一幅「戶外下大雨，室內下小雨」景象。眼看著房東鋪的厚地毯就要遭殃了，他一把捧起許多紙盒，放在地上接住從天花板滲漏的雨水，便回房繼續苦讀。

風雨過後，房東苦著臉來勘查災情，來到二樓，卻見牛奶盒排列的「前衛裝置藝術」讓昂貴地毯不致受損，喜出望外，「臺灣來的李先生眞的太棒了！」房東先生逢人就稱讚。

每個週末，李遠哲與未婚妻吳錦麗小倆口固定見面。

日子一天天過去，李遠哲的頭髮長了。想起在臺灣時，他與弟弟總是互爲對方理髮，來到柏克萊，他爲了節省上理髮院的費用，就買了一把日本進口的理髮剪。當吳錦麗來看他時，他就請毫無理髮經驗的未婚妻操刀。

不料，隔天到實驗室，學長學弟們看到他的新髮型紛紛圍了過來。

「遠哲，你這頭髮是哪一家店替你理的？剪得頭皮上這裡一塊那裡一塊的？」一位學長很生氣，以爲李遠哲被理髮師傅欺負了。

「不是啦，是我未婚妻幫我理的。」李遠哲笑嘻嘻地說。

「喔！」學長轉怒爲笑說：「以這（愛情）觀點來看，眞是太好看了！」

不過，一段時日之後，吳錦麗發覺李遠哲大多時間都在苦讀做研究，嚴重忽略營養與健康；兩人愼重商量，「我們可以先結婚，讓遠哲專心讀書，他讀完博士我再讀。」吳錦麗覺得自己可以先休學專心持家，讓李遠哲無後顧之憂。

此時，一封新竹的信寄到舊金山，重創吳錦麗。

吳家人在信中說到，母親范咩因胃癌過世，後事才辦完。

「媽媽才六十幾歲，怎麼會呢？」「我眞是傻傻的，沒想到出國前媽媽就生病了，但是大家很疼我，一直瞞著我不讓我知道。」吳錦麗傷心痛哭，李遠哲只能不斷安慰她。

「我怎麼會沒注意到呢？以往媽媽常到鄉下去看親友，我出國前，她變得不太愛出門，也不太愛吃東西……她大概是覺得看不到我結婚[23]了，所以我訂婚時邀請了一些親友來……」吳錦麗輾轉反側，自責再三：「如果我當時知道，我其實可以照顧她，不用急著出國的……」

其實，早在李家提親時，范咩就刻意隱瞞自己不久人世的病情。深愛女兒的她，寧願忍受病苦，也要成全女兒高飛追尋人生的想望。

最摯愛的母親撒手人寰，吳錦麗悲慟之餘，原本思鄉的心不再急切，「媽媽過世後，我就覺得自己不那麼急著回臺灣了。」

選了一個週末，兩人到奧克蘭市（Oakland City）市政廳登記結婚。吳錦麗搬到柏克萊，李遠哲從原本租的德懷路臨街二樓單人房換到臨巷的小套房，終於成立小家庭。

「我這輩子只眞正喜歡過一個女孩子，而她也喜歡我，嫁給了我，我們一起過日子，我是世界上最幸福的男人。」李遠哲說。從臺灣連根拔起，在異鄉有吳錦麗相伴、心靈交流、照顧生活，帶給他踏實的安定感。

不久，吳錦麗懷孕了。

生命的起落如影隨形；傷痛仍難平復，翩然報到的喜訊卻撫慰了吳錦麗的心，也成爲這對小夫妻的新希望。

善體人意的吳錦麗深知李遠哲的第一要務是攻讀博士，總是獨自坐公車到奧克蘭市的醫院做產檢；儘管肚腹一天天隆起，堅韌的她仍操持家務，不願讓他煩惱憂心。「他的生活就是實驗室，上課，圖書館。他就是那樣，做一件事就很投入，自得其樂，眞的可以忘掉很多事情，全心專注，這樣的人很少。」她說。聰明好學且家境優渥的吳錦麗有如當年的李蔡配，毅然嫁給好學勤勉卻不寬裕的夫婿，拋下千金小姐所能享有的一切，洗手做羹湯，做先生的最佳後盾。這一點，李遠哲與父親李澤藩有著相似的生命軌跡。

＊ ＊ ＊

23 當時美國為了防止外國移民，對核發臺灣赴美留學的簽證有些潛規則，比如已婚男女申請留美，通常只有一人能取得簽證。於是，李遠哲與吳錦麗在出國之前並未結婚，以訂婚儀式取代。

實驗室裡，李遠哲站在自製的大工作桌前畫著一張張實驗設備的設計圖，以勤勉的耐心、想像力與創造力，有如在三度空間裡盡情創作的雕塑家。不同的是，他的每個鑿痕皆來自追根究柢，深思「我該怎麼做，才能解決這個問題？」後的解答，蘊含精密的物理化學邏輯與推論。

大桌上攤開幾個主要裝置：石英玻璃管、加熱器、正負電極、相位敏感的檢測儀、分光儀等，他依照自己的設計圖組合每一個裝置，才能完成實驗。除了檢測儀與分光儀是外購的現成儀器，石英玻璃管則是由玻璃師傅依據他的設計圖吹製（因石英玻璃熔點高達攝氏一千六百度，需由受過特別訓練的專業技師才能吹製），其餘都由李遠哲自製。

他的構想是，採用與鈉（Na）同屬鹼金屬元素的銫（Cs）來做實驗，因爲銫的熔點低，加熱到攝氏二十八．四四度時，固態就熔成液態，也比較容易蒸發，進一步加熱就可以用溫度調節銫的壓力，讓銫蒸氣充滿氣室。而氣室裡有兩個長約十五公分的金屬片做成的電極（一片是正極，一片是負極），再用分光儀選擇波長的光束打入兩片電極之間，與電極平行穿越。這麼一來，被光激發的Cs原子轉變成Cs_2^+或Cs^+，後兩者就搖身一變爲賽跑選手，往負極移動。這時候，與氣室負電極連接的檢測儀就能跑出數據，顯示觀測結果。

以此程序進行，李遠哲只要把光束裡的能量不斷提高（也就是透過調節波長來達成），那麼，被激發到不同能位而產生的離子會顯示檢測出的數據，加以記錄即可。

但是，這個構想的不少環節都很困難，李遠哲像個藝術家般，發展出許多有創意的解決方法。

比如，鹼金屬遇到空氣就會燃燒，銫也是如此。所以，他必須讓銫無論在固態、液態或氣態都要與空氣隔絕。李遠哲設計的石英玻璃管（作爲氣室並放置電極）類似一個「T形管」，橫管的長度大約二十公分，內置電極；下方豎管約爲試管口徑，存放銫金屬。

不過，銫接觸空氣就會燒掉，李遠哲是怎麼讓銫金屬不接觸空氣又能成功放進「T形管」的呢？（見圖3-1）

他事先把「T形管」接到先前已裝上含銫封口玻璃管的眞空裝置後，在眞空狀態中，用磁鐵把放在含銫玻璃管上緣的一個鐵球移到較高的位置，拉開磁鐵讓鐵球下墜，打破含銫的玻璃管，讓銫轉移到實驗設備後，才用火把實驗設備從眞空裝置熔解、封口。

就這樣，運用創意與巧手，他完成整個實驗用的眞空系統。（見圖3-1）

圖 3-2：真空系統側面圖。從波形看到相位差，分辨兩個離子的速度快慢，快的是實線（Cs_2^+）會先到電極 G，慢的是虛線（Cs^+）。

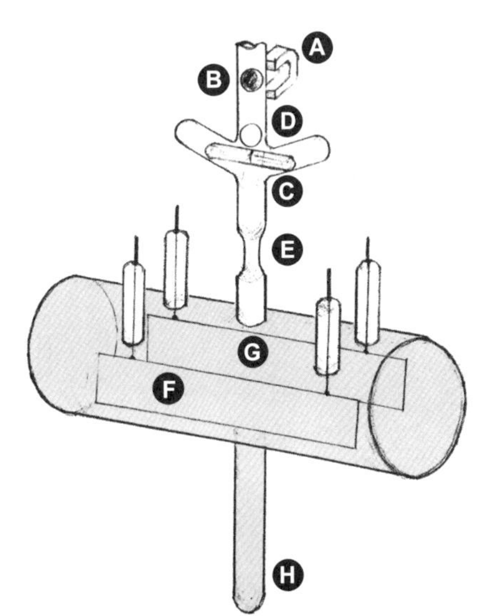

圖 3-1：李遠哲設計的真空石英玻璃管真空系統。A磁鐵B鐵球C含銫玻璃管D擊破點E封口處F電極G電極H存放銫金屬。
*灰色處即為由橫管與豎管組成的「T形管」。

在這個眞空系統外部有兩個加熱器可以控制溫度，一個在橫管外部，一個在含有銫金屬的豎管處。他先將豎管的溫度降低，銫蒸氣就會在管壁內凝結成固態；下次做實驗，只要先將橫管處加熱，再將含有固態銫的豎管處加熱，即可讓固態銫熔成液態，產生蒸氣。在此一眞空系統內，銫在液態、氣態、固態間轉換，毫無耗損，可重複使用，經濟又方便。

再如蒸氣的濃度該如何調整？爲何需要兩部加熱器？整座實驗設備處處都有解決環環相扣問題的巧思。

起初他決定採用銫元素做實驗，到市面詢價發現銫一公克要價十美元。

「好貴！我只需要四、五公克的銫就夠了，不如買便宜的氯化銫，自己吹玻璃做眞空蒸餾系統，用金屬鈣來還原，鈣就會把氯化銫還原變成氯化鈣與銫，而把銫蒸發出來。還原所得的銫一公克只要六元，比直接買五公克的銫省二十元。」從小就愛自己動手，在臺求學時爲了克服研究資源不豐的問題而常自製設備的他，不禁在心中盤算著。畢竟能幫教授省下二十美元，比清大研究生一個月支給的十五美元（由新臺幣換算）還多呢！

於是，他向庫房請領氣閥（stopcock），週末在實驗室吹玻璃做眞空蒸餾系統，製備了五公克的銫。但是隔天馬漢教授目睹卻訝異得差點昏了過去，說：「你不需要自己蒸餾爲我省錢，這筆錢我付得起啊[24]！」

隔鄰的赫許巴赫教授實驗室，高一屆的學長肯特．威爾森[25]聽見了，好意地拿了兩管液態銫走過來說：「遠哲，你需要銫怎麼不跟我說呢？這裡有兩支各含十公克銫的玻璃管，免費給你。我們實驗室有很多，都是一磅一磅在買的，裝在不鏽鋼容器內。」相較於臺灣，柏克萊加大的實驗室資源充足可見一般。

雖然馬漢教授不要李遠哲蒸餾銫，卻派他修理故障的分光儀。因爲比他高一屆的學長搬動分光儀時不慎掉落，某部分零件摔壞了，還沒來得及修理卻因未通過博士資格考，就被系上請走了，只拿到碩士文憑。

李遠哲的實驗需要使用分光儀來選擇光線的波長，調整光子的能位。於是他修理了破損的零件，使用不同波長的標準光源，肉眼目視各種光線通過，不斷校對光和指示器（indicator）之間的差距，寫了一個校準曲線（working curve）。「每次我修理時，都會想到這儀器是那位沒拿到博士學位的學長弄壞的。」他也會浮起莫名的擔憂。

---

24 馬漢教授就讀哈佛大學時的博士班指導教授，留學德國的烏克蘭裔美籍教授奇夏高斯基（George Bogdanovich Kistiakowsky，一九〇〇～一九八二）曾提及早年化學博士的訓練方式。奇夏高斯基說，當年他到德國柏林攻讀博士，因所需實驗儀器極為複雜，就央請玻璃師傅吹製，但是其指導老師——化學動力學前輩波登斯坦（Max Bodenstein，一八七一～一九四二）得知該設備並非他自製時，氣得拿枴杖將設備毀壞，要他重新吹玻璃自製才可以動手做實驗。可見這是化學研究者的基本功。李遠哲在讀清大研究所時學會吹玻璃自製實驗設備。

25 Kent R. Wilson，赫許巴赫的學生，曾任聖地牙哥加州大學（UCSD）化學系教授，將雷射引進化學反應的先驅。

十一月上旬，研究做得如火如荼之際，他向馬漢教授提及一個多月後（一九六四年一月四日）的博士資格口試日，並問道：「我準備口試時的責任是什麼？」（What is my responsibility?）

「你一定要學會講完整的英文語句啊！」教授建議。

「但是我還沒有做出實驗，時間不多了……」他說。

「咦？還有一個多月啊。」教授說。

他以為教授要他在口試前把實驗做完，於是全力衝刺，「我知道我遲早一定可以做出來，只是實驗還是有很多問題要解決。」他對自己說。

正值李遠哲早出晚歸，吳錦麗的預產期也逐漸逼近。

十一月十九日是李遠哲的生日。感冒一段時日的吳錦麗如常做了早餐，還加菜為他慶生。送他出門不久，她的咳嗽卻嚴重到擔心把孩子給咳了出來，因為怕傷及胎兒不敢服藥，她決定去找醫師商量。距離預產期還有幾週，她坐公車到奧克蘭市人稱「凱撒醫院」（Kaiser Oakland）的奧克蘭醫療中心（Oakland Medical Center），看診後，醫師要她留院觀察。下午，醫生覺得咳嗽一直擠壓胎兒不是辦法，或許要催生。

不久，她被送進產房，歷經艱辛的生產過程；直到聽見響亮的啼哭聲，她慢慢轉頭看，是個瘦小的赤紅嬰孩。護士量測嬰兒體重，竟然只有五磅（約二．二七公斤），她極度虛弱，昏昏欲睡。

「遠哲，我生了。」她打電話通知李遠哲。

「這麼快，離預產期不是還有一段時間嗎？」李遠哲毫無心理準備，驚喜又愧疚，隨即騎著五十

CC的小機車趕往醫院，緊張得一路奔馳。

他見到病床上的她時，百感交集。「我忙到太太生產都不在她旁邊，不只如此，家裡很多事情發生，我也都不在她身邊，她就這樣一起跟我到美國嫁給我，沒有學位，沒有成就，沒有財產，只跟著一個懷抱希望卻一無所有的年輕人，一直辛苦過來。」他見到孩子時，心中滿是喜悅，但一股責任心隨即加身，「我有下一代了，這是我們的孩子。」

醫生看吳錦麗咳得厲害，服用感冒藥後竟出現過敏反應，不敢讓她出院，將她轉進隔離病房。經過三天休養後，吳錦麗午睡醒來，卻見鄰床原本活潑開朗的年輕媽媽跪在床邊，一邊哭泣一邊禱告，原來，備受愛戴的美國總統甘迺迪在造訪德州達拉斯（Dallas）遊街時遭到暗殺。這是十一月二十二日，全美陷入一片哀傷。

就在這天，醫師同意吳錦麗出院。

李遠哲與住在附近的李遠川夫婦一起去醫院接吳錦麗與新生兒。李家在美國的第一代，共同見證第二代誕生的艱辛與喜樂。

回到家，吳錦麗無福享受坐月子的奢侈，養病之際，還要學著照顧新生兒。嬰兒哇哇大哭，她不知孩子是飢餓或不舒服，查詢育兒手冊才明白，嬰兒哭泣也可能是因爲想要活動。當孩子排便，她不知怎麼清理，幸好李遠哲有爲弟弟妹妹換洗尿布的經驗，她也很快就學會。

就這樣，吳錦麗從留學生搖身一變爲無暇休養的新手媽媽，在異鄉承擔養育新生兒的各種工作。每天早上，李遠哲將牛奶倒入六個玻璃瓶用蒸籠加熱消毒，放入冰箱後才去學校；白天由吳錦麗餵孩子喝奶；晚餐時分，他從實驗室趕回來餵，對孩子盡父親的一點本分。

有一天他到家時已逾孩子晚上固定喝奶的時間，他趕緊取了一瓶奶餵食，看著孩子咕嚕咕嚕把牛奶喝光，覺得心滿意足。

稍後，吳錦麗看見空瓶，驚訝問道：「遠哲你把牛奶喝掉了嗎？」

「沒有啊！我剛才給孩子餵奶，他喝掉了啊！」他說。

「咦？你今天晚回來，我就先拿一瓶餵他喝過了啊。」她解釋。

夫妻倆人同時意會到，「啊！沒想到孩子這麼會喝，才喝了一瓶又喝完一瓶。」

孩子是心頭最甜蜜的負荷，然而隨著口試日一天天逼近，李遠哲儘管心疼家中妻兒，卻仍必須在實驗室裡奮戰。接近耶誕節時，他一連數日忙到深夜；當其他同學放假過節，他也沒有休息；秒針跨過一九六四年元月一日零時零分，他也渾然不覺。

直到收集完最後一個數據，懸念許久的巨石終於放下，雙肩頓時變得無比輕鬆。他關掉電燈，興奮騎車返家，迫不及待要對吳錦麗說：「我的實驗做成了！」

然而，他回到賃居的小套房，一打開房門，卻見滿月不久的兒子啼哭不止，疲憊的吳錦麗掛著兩行清淚，有氣無力地說：「你去哪裡了？整夜都沒有回來，我好擔心……」

目睹此景，李遠哲很歉疚，衝上前抱住妻兒說：「我在做實驗，剛剛已經把研究做成功了！」吳錦麗不禁振奮，說道：「啊，眞是好消息！這樣你的博士資格口試就沒問題了！」

實驗完成後，李遠哲將數據整理好，將實驗設計、數據與圖表等畫在一疊全開幅的海報上，夾成一大落，以便口試時向委員們詳細說明。

元月四日口試當天，他帶著海報初次踏進化學學院新落成啓用的拉提瑪大樓（Latimer Hall）四樓會議室，身體因緊張不住微顫。四位口試委員微笑注視著他，其中一位開玩笑說：「這房間這麼冷，原來是遠哲在顫抖啊。」

李遠哲知道委員是想要緩和他的緊張情緒，仍說：「是啊，我很緊張。」

「你有什麼話想說嗎？」另一位口試委員也友善地問。

「我英文講得不好，有時候您問的問題我可能聽不懂，或是我說的您可能聽不懂。」

「遠哲，你不要擔心，我們會讓你聽懂我們問什麼，也會耐心聽你的回答。」

口試委員一派和氣，李遠哲放心解釋研究主題與成果。委員們看到實驗數據都很驚訝，不時問問題欲深入了解他觀察到的現象，他也一一答覆。

簡而言之，李遠哲的研究發現（見P258圖3-3），當能位介於量子數[26]8P到11P時，離子的速度是一致的。但是，當能位從量子數11P到量子數無限大（也就是銫直接被光子電離），相位差卻逐漸增加到兩倍，這表示，離子花了兩倍的時間才抵達電極另一端。

因爲較快到達電極另一端的離子是Cs_2^+，慢的是Cs^+，所以，對照圖中相位差與量子數就能回答

26 簡單來說，電子圍繞原子核的運動有波的性質，而環繞一圈約當是整數個波。能位越高，波的數目越多，這數目即稱為量子數。

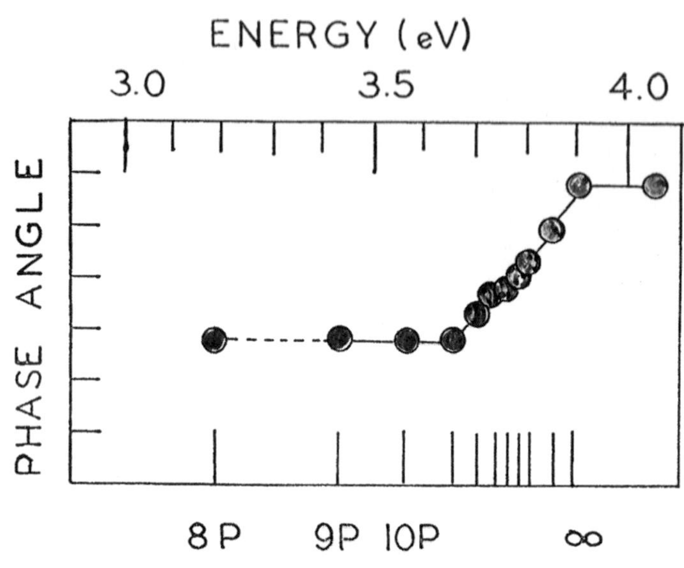

圖3-3：不同的電子激發態產生的離子的移動速度（X軸：量子數，Y軸：相位差）

這個研究的核心問題。

亦即：「鹼金屬元素在光離化過程中，電離後產生的正離子，到底是法蘭克說的Na_2^+，還是馬漢教授說的Na^+?」

李遠哲的實驗證明，當能位介於量子數8P到11P時，產生的離子是Cs_2^+，而當能位增加到量子數無限大時，產生的離子就是Cs^+。以公式來表達爲：（見P259上方說明）

在你來我往的詰問互動中，委員們對他一針見血的觀念與創新的實驗設計印象深刻：包括提高信／噪比，而非只追求信號的靈敏度，採用移動性（mobility）來辨別不同的離子等。

但是，其中一位委員不太相

一九二九年法蘭克

結論：$Na^* + Na \rightarrow Na_2^+ + e$

一九六二年馬漢

擬問：$Na^* + Na \rightarrow Na^+ + Na^-$

一九六二年李遠哲

用同樣屬於鹼金屬 Cs 做實驗，結果是：

Cs_2^+（量子數 8p－11p）.

在量子數超過 11p 之後，不只產生 $Cs_2 + e$，而且，$Cs^+ + Cs^-$ 也開始產生，而比例也一直增加。

此外，Cs 電子激發態的 8p 與直接離化 Cs 產生 Cs^+ 的能量差別，也就是 Cs_2^+ 的結合能，比想像中大很多，是比先前文獻中報導的 Cs_2 的結合能要強。

信他的實驗結果，問道：「你知道諾貝爾化學獎得主萊納斯．保林一九三九年經典著作《化學鍵的本質》（*The Nature of the Chemical Bond and the Structure of Molecules and Crystals*）提到，兩原子構成的分子（例如H_2）的化學鍵由兩個電子配對，比起帶一個正電荷的兩原子分子（例如H_2^+，只有一個電子的分子）的化學鍵還要強嗎？」

李遠哲點頭回答：「是的。我知道保林教授是用H_2和H_2^+來推論的，但是，我的實驗做的是鹼金屬元素，從Cs_2^+的化學鍵的強度與已知的Cs_2的化學鍵強度，證明只有一個電子成鍵的Cs_2^+，比兩個電子配對的Cs_2的化學鍵還要強。所以，在簡單的系統中的結果，不適用於複雜的系統，鉈等鹼金屬的反應畢竟與H_2、H_2^+不一樣。」

保林教授是諾貝爾獎史上少數的化學獎與和平獎雙料得主，也是李遠哲極崇敬的前輩，保林教授的名言更是他朗朗上口的。於是，他向委員們強調：「保林教授在一九四五年獲得諾貝爾化學獎後曾說：『當年輕人發現年老的一輩錯了，科學才會有進步，社會才會進步。』」

「呃，雖然我比較相信保林教授的理論，但是看了你的實驗設計與研究結果，實在也找不出哪裡有破綻。」這位委員委婉承認，李遠哲的研究結果就算沒有推翻，也算是修正了化學鍵大師保林教授的理論[27]。

委員們對他的實驗成果及答詢很滿意，仍好奇問道：「這些都是你自己做出來的嗎？」

「是啊，我進來化學系就在做了，耶誕節假期也沒休息，直到元旦清晨做出來了。」他說。

一位委員表示，系上很少人能在博士資格口試前完成實驗並做出成果，很難得他能在口試前完成這項困難實驗，並說：「你可以出去了，我們要討論，待會通知你。」

聽到委員這麼說，李遠哲才明白：「我之前誤會馬漢教授的意思了，去年教授跟我說還有一個多月，意思是要我把英文練好，但我卻誤以為必須趕在一個多月內把實驗做出來。」

再回會議室時，委員們紛紛笑著道賀他通過博士資格口試。

仔細一算，李遠哲從抵達柏克萊到做成實驗並通過博士資格口試，只花了十六個月，而且還修正保林大師的化學鍵理論，確實驚人。但是，他並未自傲，走出會議室時回想的則是過去一個多月來吳錦麗的辛苦，深感過意不去。

李遠哲將好消息與吳錦麗分享，一家三口終於能好好過上幾天輕鬆日子；為了讓妻兒更能安心生活，他買了一輛二手車，全家住進校園兩公里外，專供有家眷的研究生與博士後研究員住的大學村（University Village）。至於自己那輛機車，就送給剛從臺灣來的留學生。

終於得空提筆，他在寫給家鄉父母的信中也提及：「子曰：『不孝有三，無後為大。』有了小孩後，已經不算是大不孝的兒子了！」

通過口試的他再接再厲，運用每一個鹼金屬元素為素材，一一做出實驗，精確測量這些鹼金屬離子在不同蒸氣壓下的移動速度，把研究做得盡善盡美；並從離子與原子間的相互作用力等理論，探討這些實驗數據的實質內涵。馬漢教授要他把實驗成果整理成兩篇論文，兩人聯名發表於《化學物理期刊》（*Journal of Chemical Physics*）[28]。

---

[27] 哈佛大學赫許巴赫教授於一九九七年為文表示，李遠哲博士論文中「特別是關於確認當電子從一個鹼金屬二原子分子移去後，鍵距會更長且鍵結更強的研究結果，明顯有別於當時分子軌道理論認為鍵距更長且鍵結更弱的理論推測。當我知道這研究結果時，剛巧碰到一位相當有名的理論化學家正在哈佛大學演講，並在撰寫一本探討分子軌域理論的專書。我向他提起李遠哲的研究結果，他根本不相信，還信誓旦旦說：『如果你所言屬實，我就從此不教理論化學方面的課！』後來我寄李遠哲相關研究論文給他，他也真的沒再開這方面的課。」

[28] 此實驗的不少結果，除了李遠哲撰寫成博士論文，還與馬漢教授共同發表幾篇論文：MOBILITIES OF CESIUM AND RUBIDIUM IONS IN THEIR PARENT VAPORS，發表於*Journal of Chemical Physics*（Volume: 43 Pages: 2016-& Published: 1965）；PHOTOSENSITIZED IONIZATION OF ALKALI-METAL VAPORS，發表於*Journal of Chemical Physics*（Volume: 42 Pages: 2893-& Published: 1965）。

一九六四年底，李遠哲到柏克萊將屆兩年半時，馬漢教授對他說：「好了，你可以把研究結果整理整理，寫完論文就可以得博士學位了。」

李遠哲一聽，以玩笑口氣向馬漢教授抗議：「可是我覺得還沒學得很扎實，您就要趕我走嗎？」

馬漢教授提議：「如果你想多學一點，可以留下來跟我做博士後研究。接下來一年我就要到英國休假，你想做什麼題目都可以，我有很多經費可以讓你動用。只是，你必須幫我帶實驗室裡的學生。」言下之意，教授已經相當信任他。

他欣然同意教授的提議，隨後就專心撰寫博士論文。

＊＊＊

每天，他行經校園內的學生廣場，學生群聚抗議學校當局壓制言論自由的風潮越演越烈，午餐時，他常邊吃三明治邊聽學運領袖馬力歐·薩維歐（Mario Savio）（一九四二～一九九六）演講。不時，著名的女歌手瓊·拜雅（Joan Baez）也會在廣場前彈吉他高唱民謠，她清亮動人的歌聲確實是支持學生的一股動力。他駐足聆聽，總是深受感動。有一度，抗議學生欲進入行政大樓與郡警對峙時大喊：「非本國籍學生請退場，萬一被抓，可能會被遣送出境的！」他一聽連忙退開。

他見證柏克萊加大學生正在爭取校內的言論自由運動（Free Speech Movement）[29]，在一九六四年底達到最高潮，激起更大規模抗議聲浪後，一九六五年一月初柏克萊加大的新校長上臺，制定新規定以回應學生訴求，抗議聲浪才暫時落幕。

柏克萊加大不僅是科學界「宇宙的中心」，也是「民主、自由與人權的殿堂」。這波學生運動不但震撼美國與西方世界，也對美國校園及社會上的自由民主與人權帶來實質改變。他在寫作博士論文期間見證這波學運，對照家鄉，心有戚戚焉，期望家鄉眞正民主自由的時日到來。

李遠哲完成論文初稿後，口試委員會裡唯一一位外系的老教授親切細心地幫忙他修改文法，讓他得以順利於一九六五年五月交出論文，經博士資格審查委員會簽字；僅兩年九個月即取得博士學位，非常少見。

欣慰之餘，他抽空寫了一張明信片回鄉報告喜訊。

---

[29] 一九六四到六五年間發生。一九五八年由激進學生組成SLATE政治社團，爭取學生權利並聲援校外人權運動。一九六四年秋，SLATE在校內募款，爭取密西西比州的非洲裔美國人的投票權。但校方規定學生政治社團募款只限於民主黨或共和黨，並禁止SLATE招募會員，為候選人募款或宣揚政治議題，導致學生抗議言論自由受侵害，情勢越演越烈。十二月二日，逾四千名學生靜坐抗議，助教群起舉辦自由講座，歌手瓊・拜雅也來聲援。但十二月四日郡警入校逮捕八百名學生監禁，校方並控告學生領袖馬力歐・薩維歐，引發另一波抗議。一九六五年初，校長（Chancellor）Edward W. Strong辭職，新校長Martin E. Mayerson制定新法規並放寬校內政治活動；學運暫告落幕，但對後來席捲全美國的學運產生極大效應。

爸爸、媽媽及弟妹們：

近來好吧？你們大概都已經換上夏裝了吧？

我的論文已通過了，五月十九日交了上去，從六月便是博士。抵美兩年又九個月，算很順利的了。

從五月二十四日，我請了一個星期的假，想駕車帶以群[30]、錦麗到加州中部的勝地玩幾天，我們想到Monterey，據說是海陸交接最美的地方。回來後再寄給你們風景畫片及幻燈。

六月一日開始，我又得開始新的實驗，做科學研究總是很忙的。做了博士後，比起學生心理上大概會輕鬆些。

錦麗、以群都很好。以群像一條牛，意志又強，很不好相處，現已長大了很多，有時也會幫我拿鞋子。旅行回來再寫了。祝大家快樂！

遠哲上

兩年九個月內，李遠哲勤勉研究，從一無所有的留學生晉升爲化學博士，也從父母眼中的孩子成爲一家之主與新手爸爸，生命的起落與成長奇妙而難料。

過去這段時間內，他領悟「實驗成功的關鍵是信／噪比，而非信號的靈敏度」的觀念，修正化學鍵大師有關電子配對的理論，成果豐碩。

馬漢教授出國休假了，放暑假的六月校園裡，二十八歲的李博士並未停下腳步，帶著不斷累積的領悟，投入另一個未知的研究領域。

30 李遠哲的長子，現居美國。「以群」取其為「以群眾之力改造社會」之意。

第四章
在科學界的宇宙中心磨練

未滿三歲的李以群讓媽媽吳錦麗抱在懷裡，坐在柏克萊市民釣魚碼頭（Berkeley Municipal Fishing Pier）凝視湧動的海浪，不遠處就是紅色的金門大橋。李遠哲總是輕拍以群小小的肩膀，手指向更遠的海天交界處，說：「你看到最遠的地方了嗎？海的那一邊啊，爸爸跟媽媽就是從那邊來的！」

以群點點頭，儘管似懂非懂，但是假日時一家三口常常繞到家附近的岩岸望海，久而久之，似乎也就記得臺灣的名了。

望鄉，有著深深的思念。

一九六五年六月，李遠哲在柏克萊加大化學系馬漢教授的實驗室擔任博士後研究員，開啓科學探索新旅程。赴英國休假一年的教授臨走前問他：「你想要做什麼題目？」

他不假思索地回答：「我想研究離子與分子碰撞之後的反應動態。」

這並非馬漢教授的專門領域，不過教授仍追問：「你要怎麼做呢？」

李遠哲說：「我應該會打造一部儀器來進行離子與分子的碰撞，測量碰撞後的產物、速度與角度分布。」教授聽完點點頭就休假去了。李遠哲專心做研究，並幫忙教授帶（指導）博士班學生隆納．詹特立[31]。

李遠哲向來對於微觀的分子反應動態很感興趣，但這些都是人的肉眼無法直接看見的，於是他堅信「肉眼看不到的分子要『看到』，就要追尋它的軌跡；如果追尋碰撞前的分子與碰撞後產生的分子軌跡，就可以了解化學反應是怎麼進行的。」

然而，為何他想做離子與分子的碰撞反應的主題呢？

從離子和原子的層次來說，李遠哲的博士論文研究「原子跟原子碰撞之後產生離子」，攻讀博士期間涉獵許多離子相關文獻，注意到科學界對「離子與分子的反應」的了解不多，頂多知道離子的反應速率通常都很快、和溫度無關等。

但是，從分子的層次而言，分子碰撞後會出現新的化合物，比起原子相互碰撞複雜得多了。

他涉獵的文獻中，有兩個重要的研究工作啓迪他的好奇心，讓他不禁想探索：「離子與分子的碰撞，是經過什麼樣的機制，才會產生產物呢？」

---

31 W. Ronald Gentry，一九四二年～，美國明尼蘇達大學化學系教授，研究領域為反應動態學、雷射化學與光譜、原子與分子超低能量碰撞動力學。

第一個是一位德國學者研究被加速的氬離子（Ar^+）跟幾乎靜止的氫分子（H_2）碰撞，產物是ArH^+跟H。這位學者測量了碰撞之前高速移動的Ar^+的速度，與順著Ar^+的移動方向的ArH^+的速度，結果顯示，產物ArH^+的動量（momentum）和原本Ar^+與其中一個H原子合起來的動量是一樣的。這位學者還描述，兩個氫原子組成的分子（H_2）原本在一起，但是Ar^+來碰撞H_2時把一個H帶走了，剩另一個H像旁觀者（spectator）般目睹夥伴被帶走而沒有插手，這過程叫作「旁觀者剝離」（spectator stripping）；讓分子分開的機制則稱爲剝離機制（stripping mechanism）。

離子與分子碰撞竟然如此擬人化，彷彿搶婚似的，然而李遠哲的疑問是：「這位學者只測量碰撞前後順著Ar^+移動方向的速度，但是並不知道碰撞後的角度分布到底是怎樣？另一個H眞是個事不關己的旁觀者，沒有阻擋或拯救同伴嗎？」

第二件研究工作，就是赫許巴赫教授在一九五〇年代後期做的鹼金屬交叉分子束[32]實驗，鹼金屬元素和碘化甲烷（CH_3I）碰撞後有幾項發現：第一，鹼金屬碰撞碘化甲烷的反應一定與碘化甲烷的定向（orientation）有關。亦即，鹼金屬一定是順著碳—碘鍵的方向從碘的一端進來碰撞碘化甲烷，而碰撞產生的碘化鉀（KI）是與鉀（K）原子移動的反方向往後跳，呈現「反彈機制」（rebound mechanism）；第二，反應所產生的能量，大部分是反應後CH_3與碘化鉀互相排斥，而以動能的方式釋出。

李遠哲注意到：「這是第一次科學家觀察到，反應跟分子的定向有關係，也就是有方向性[33]；也是第一次觀察到能量是以產物互相排斥所產生的動能釋出。」

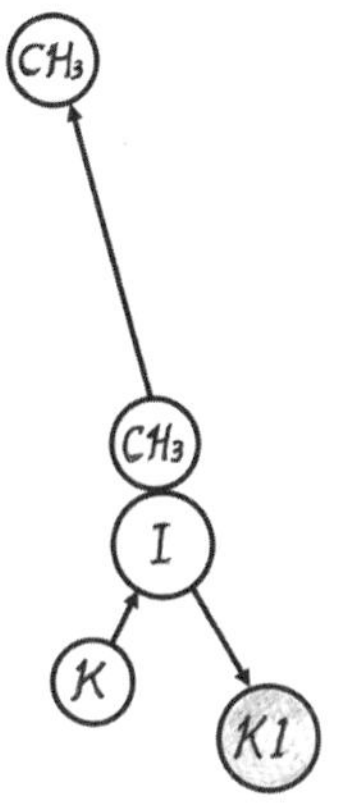

反彈機制

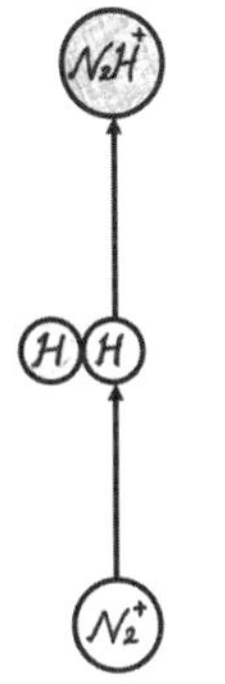

旁觀者剝離

綜合前述的「旁觀者剝離」與「反彈機制」，李遠哲暗下決心：「好！我要研究離子與分子碰撞之後的角度分布與速度分布，來了解肉眼看不見的離子與分子碰撞，這些化學反應到底是怎麼進行的！」

人們可能會問，了解離子與分子碰撞有什麼意義？爲何執著於探究它？

換一個方式來回答，人們目不轉睛觀賞球棒打到球有什麼意思？人們不也想了解球棒與球以何種速度與角度碰撞，從而發現何以能打出全壘打、界外球、高飛球或滾地球嗎？

探索分子與離子碰撞的化學反應，有一部分就和棒球比

---

32 原理是將兩股分子在真空氣室內高速碰撞，產生散射以了解分子反應的動態，揭開分子反應的奧祕。一九五〇年代，赫許巴赫教授的交叉分子束實驗只能做鹼金屬元素的研究。一九六七年，在李遠哲研究之下，成功設計打造全世界首座通用型交叉分子束儀器「希望」，將化學反應動態學帶入新領域，日後更不斷改進儀器，提升精緻度與精確度。後來其他實驗室想採用別的方式研製新儀器或改進，仍達不到李遠哲的儀器水準；因此目前全世界使用的交叉分子束儀器都承襲李遠哲的設計，或向李遠哲索取設計圖加以打造，李遠哲也無償提供設計圖與專業建議。赫許巴赫與李遠哲也因此與波拉尼於一九八六年共同獲得諾貝爾化學獎。詳見後章。

33 李遠哲指出，在實驗室裡可從產物碘化鉀的分布觀察到，鉀原子跟碘化甲烷碰撞時，一定是鉀要打到碘；而且從後面打才會有反應，如果是垂直方向打就不反應。

賽很像。

球棒通常以何種角度或速度敲擊到球？球通常會落到哪個地方？角度與速度又會帶來什麼效果？這都與李遠哲想研究離子與分子碰撞相似。

只不過，與棒球撞擊不同的是，離子與分子碰撞後往往會產生新的化合物；好比球棒打擊到球後，球與球棒已經不再是原本的球與球棒，轉而變成兩個新產物，並且各以不同的角度與速度飛了出去；離子與分子的反應就是如此，李遠哲就是要探究這個反應過程的普遍規律。

探索的機會到來，李遠哲在柏克萊加大擔任博士後研究員之際，就把離子與分子碰撞作爲題目。儘管他躍躍欲試，卻深知這主題極爲困難。

第一個原因是，肉眼看不見的東西要能看見，需要在特殊裝置中做實驗，但是科學界卻沒有現成的離子與分子束碰撞儀器。李遠哲之前豐富的儀器設計與自製經驗，都以玻璃構成的眞空系統爲主，但是這個研究題目需要很複雜的、能保持眞空，且能轉動檢測器的金屬機械系統。

於是他構想一部離子與分子束碰撞儀器系統，主要分爲五部分：一，含有質譜儀（測量離子的質量）的束源；二，能轉動而且測量角度分布的檢測系統；三，測量產物能量分布的能量分析器；四，對產生的離子做質量分析的質譜儀；五，計測產生的離子數目的離子計數器。不只如此，反應必須在眞空的氣室內進行。由於他構想的這部新儀器牽涉機械、電子等各領域知識，李遠哲沒有經驗，得重新學習。

第二個原因，益加關鍵的是，李遠哲要做成實驗，勢必需要計測碰撞後的產物（離子）每秒鐘進入檢測器被測量到的數目。但是科學界皆知，微量的離子數目甚難計測，因爲計測信號的檢測器的噪音往往高於信號本身，很難計測精確。他秉持「實驗成功的關鍵，不僅在於信號的多寡與檢測器本身的靈敏度，而在於提升信／噪比」之觀念，苦思解決方法，「我必須設計一部離子計數器，既能精準測出離子數目，還能算出檢測效率的百分比，才能成功。」

縝密的邏輯推理與構想要能落實，看似困難重重。幸運的是，馬漢教授新搬遷的實驗室就位於柏克萊山坡上，科學界俗稱「宇宙的中心」的勞倫斯放射實驗室院區編號六十二號的新大樓二樓，李遠哲能就近向放射實驗室取經。

他首先取經的是檢測器，欲了解他心目中「精確度高，又能分辨檢測效率的離子計數器」的構想是否可行。

他先到核子科學部專研高能粒子檢測器的單位參觀用矽打造的β粒子[34]檢測器，並請教他們：「現在的β粒子檢測器的能量分辨精確度與效率能夠做到什麼程度？」當他得知對方的檢測器具有極高的能量分辨力，不由得振奮起來，覺得可以運用他們的方法來發展自己的檢測器（產物的離子計

---

34 beta partical：高速、高能量的粒子，即從原子核蛻變時產生的帶負電的電子。

數器就包含在其中）[35]。

對方一聽李遠哲要自製檢測器，慷慨表示歡迎：「好！你來做啊！」於是，他每天都去學習設計、製造與組裝。對方也非常熱心，不僅協助他製造晶體、信號放大器，以便提高檢測效率與精確度；當相關零組件都製造完成，還教他組裝複雜的零組件。

不僅檢測器，整部機組的其他儀器，李遠哲也都學著設計、製造。

起初，李遠哲聘用一名機械工程師，將構想說明後，由對方畫設計圖，其後再回來與他討論；但是幾次之後，李遠哲判斷：「照這種進度，花兩年時間都無法把儀器做出來。」於是，他請對方教他繪製機械儀器的設計圖，對方不但爽快答應，還帶了幾本機械工程設計相關書籍與一些儀器的設計圖供他參考；兩星期之後，他就學會畫設計圖與完成機械工廠可照圖加工的設計圖。

帶著設計圖，他到勞倫斯放射實驗室附設的機械工廠，委託總管（foreman）進行專案管理並施工打造。

攤開李遠哲爲每個儀器或元件畫的設計圖，每一張圖紙上都詳列尺寸、精密度、焊接順序（welding sequence）、螺絲孔位置的精準度、打孔的深度等注意事項，非常精細。總管細心有經驗，給予許多實務上的建議，一起找出最佳方案。

例如氣室的焊接，他攤開設計圖上的焊接順序，告訴總管該怎麼從一片不鏽鋼的某處開始焊接，每個向度都要很精準；總管則建議：「也許你這裡要先打個洞，內部和外面焊接一起時才能接上來」，或是「下面這部分先加工的話應力會不平衡，你如果沒有對稱的焊接加工，它會變形的，所以應該粗略加工，大致底定之後再進一步精密加工，完成步驟等……」雙方拿著紅筆在設計圖上逐步溝通與修改，畫完藍圖，再由機械工廠內的師傅們加工。

這座機械工廠的規模很大，因爲專門製造質子加速器，所以從眞空體系內的材料切割、焊接，以及確認檢測是否有漏洞、組裝等，多達數百名師傅分工合作。

就這樣，李遠哲白天學習，晚上設計，每把一部分設計圖交給工廠，師傅就同步製造，雖辛苦卻也如魚得水，一年內就完成所需的設備。「我經過很多的磨練，在好環境裡每天都學很多東西；如果不是在勞倫斯放射實驗室，我也沒有機會學這麼多。世界上大概很難找到另一個能夠讓我這樣學習的地方了。」

由於整部機組僅有少部分組件可以直接向廠商購買，他計算了容許誤差的範圍，不斷溝通、讓廠商願意配合。學習新技術時，他更深入鑽研物理化學知識，包括檢測所需的統計力學、化學動態學，以及分辨離子能量的方式等，融會貫通。

日以繼夜辛勤工作，整部離子與分子束碰撞儀器以及所有的零件，都是他親自設計、工廠師傅打造的心血結晶，僅有離子束源是他帶領著學弟詹特立設計。

---

35 李遠哲的構想是把離子以較高能量打到金屬表面，使它產生不同數目的電子，把這些電子以同樣的高能量打入β粒子的檢測器，便可以量出每個不同的離子從金屬表面射出的電子數目。這樣不但能夠量到離子的信號，也能從電子數目的分布量出離子被檢測的效率，畢竟有時候離子打到金屬而沒能射出電子，便也量不到離子了。詳見後文。

回想起讀臺大時，學長建議他讀各種化學系不教的科目才可能成爲一流科學家，他遵照建議一一修習，打下扎實的物理基礎，甚感充實，對後來的科學研究助益不少。此時在勞倫斯放射實驗室大量且深入學習的滿足感，正與當時相仿。

過程中，他非常尊敬每一位師傅，相處融洽。「對於打造一部機械儀器的各種細節與技巧，我學的非常多，非常充實。很幸運的是這些師傅很有耐性地指導我，獲益甚多。」李遠哲說。

不過，李遠哲注意到，同樣常在機械工廠裡委託打造儀器的另一位團隊夥伴，卻常因小瑕疵對師傅大發雷霆。有一回，這位研究者拿到師傅打造的成品後，發現原來是自己寫錯藍圖上的尺寸，只好拜託李遠哲幫忙出面。

李遠哲替這位研究者向師傅們說情：「很抱歉，請你們重新做一個好嗎？他不小心把圖畫錯了。」

師傅們聽了，故意對那位研究者說：「喔，原來你也會犯錯啊！」最後總算順利化解了尷尬的場面，師傅同意重做，他則婉言勸對方：「師傅會犯錯，你也會犯錯，是人都會犯錯的。」對方的態度也因此改善。

不到一年，李遠哲從提出主題，到設計、打造，終於完成整部離子與分子束碰撞儀器。期間配合馬漢教授將實驗室再遷回山下柏克萊加大化學學院的拉提瑪大樓D二十一室，他甚至爲機組預留了搬遷的彈性，整部儀器分爲兩件，搬到拉提瑪大樓的實驗室組裝後第二天插電就能使用。

李遠哲在柏克萊加大做博士後研究員期間，自行設計了離子與分子束碰撞儀器。

苦盡甘來，終於能揭開分子與離子碰撞後的「神祕面紗」了。

他採用N_2^+和H_2來研究，碰撞後的產物是N_2H^+與H，依數據畫出產物的速度與角度分布的完整等線圖（complete contour map）。（見P276圖4-1）

實驗看到N_2^+加速得很快，氫氣（H_2）的氣體在等著；首先N_2^+用很快的速度把其中一個H帶走，反應成N_2H^+，第二個H看似是旁觀者，彷彿真的呈現德國學者描述的「旁觀者剝離」。

然而，他分析角度分布後發現：「在很遠的距離外，N_2H^+就已經形成了。而且第二個H並非那樣冷眼旁觀，有時它想阻擋卻被彈回來。」他觀察：「雖然大部分的反應確實如德國學者所說，但是有

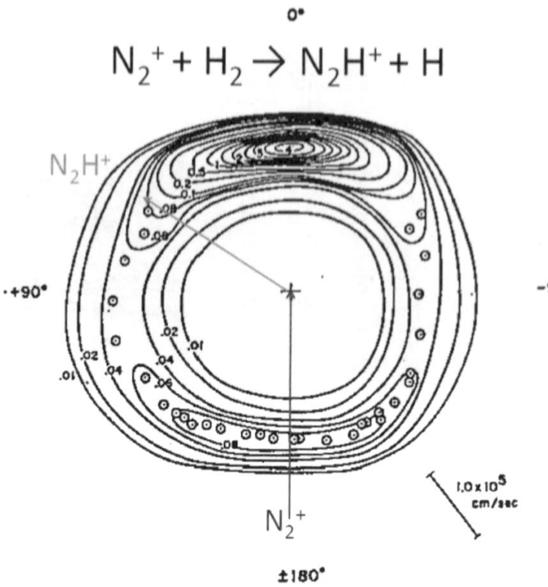

圖4-1：離子與分子碰撞後產物速度與角度分布圖

不少產物是N_2H^+後來跟H碰撞才散射產生的，圖中的圓圈即為其分布。」（見圖4-1）

換句話說，原本是N_2^+跟H_2反應，但是在很遠的距離，其中的一個H就被N_2^+拉過去變成N_2H^+。而最後變成N_2H^+跟另一個H碰撞。「所以第二個氫原子並不完全是旁觀者，它其實也想阻擋，只是被彈回來罷了。」

既然如此，為何當初德國學者會說，H是旁觀者呢？

那是因為受限於德國學者做研究時的實驗儀器，「他無法量到角度分布，只看到N_2^+進來把H帶走；只量N_2H^+往前加速的速度，就說第二個H是旁觀者。」李遠哲解釋，他的實驗數據證明（見圖4-1），「從第二個H往前走的四・〇單位到被向後彈回來的〇・〇八單位，兩者強度相差五十倍；可以說，德國學者根本看不到後面，只能量到前面，才會得出『旁觀者剝離』的結論。」

也就是說，李遠哲的實驗修正了德國學者先前的結論。「德國學者基本觀念是對的：從很遠的距離，H就被N_2^+帶走了。但必須修正的是：剩下的H有時候還是會跟N_2H^+碰撞。大部分N_2H^+形成時，另一個H在很遠的距離；就如打棒球時揮棒落空，另一個H沒被打著。」

短短一年多，李遠哲設計打造這部先進的離子分子束碰撞儀器，做成實驗，從角度與速度分布看到化學反應的整個過程，進而了解、修正德國學者提出之「旁觀者剝離」，且仍肯定其大部分描述。他感到欣慰，覺得自己在科學的道路上又往前走了一步。

然而，他自認個人的一小步，卻是科學界的一大步。

不久，交叉分子束實驗的鼻祖——已轉任哈佛大學的赫許巴赫教授回到柏克萊加大，順道來實驗室參觀，看到李遠哲做的儀器與實驗結果，驚嘆肯定：「這樣精確測量產物的角度與速度分布，是我們做交叉分子束實驗一直希望做到的！」

到底他首創設計的離子與分子束碰撞儀器有何玄妙？

光亮的房間裡，當投影片打在螢幕上，光束再清晰，影像都難以分辨。「如果把電燈關掉，讓房間變暗，螢幕上的投影內容就很清晰了！」李遠哲

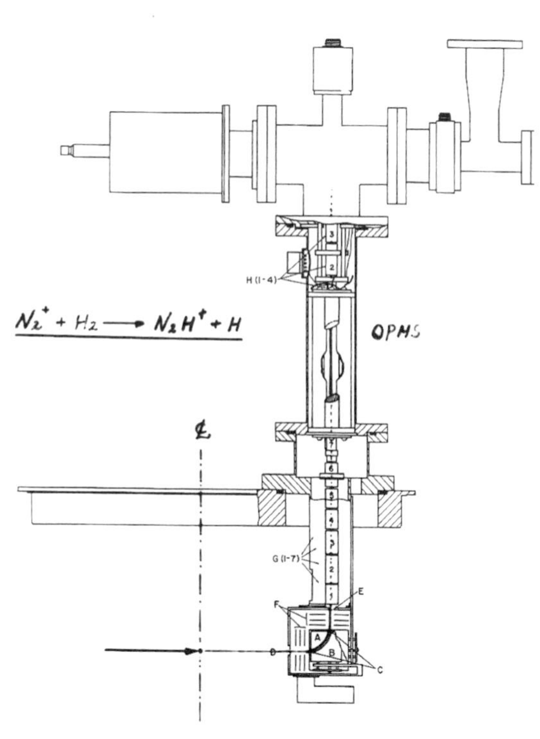

圖4-2：李遠哲設計的離子與分子束碰撞儀器

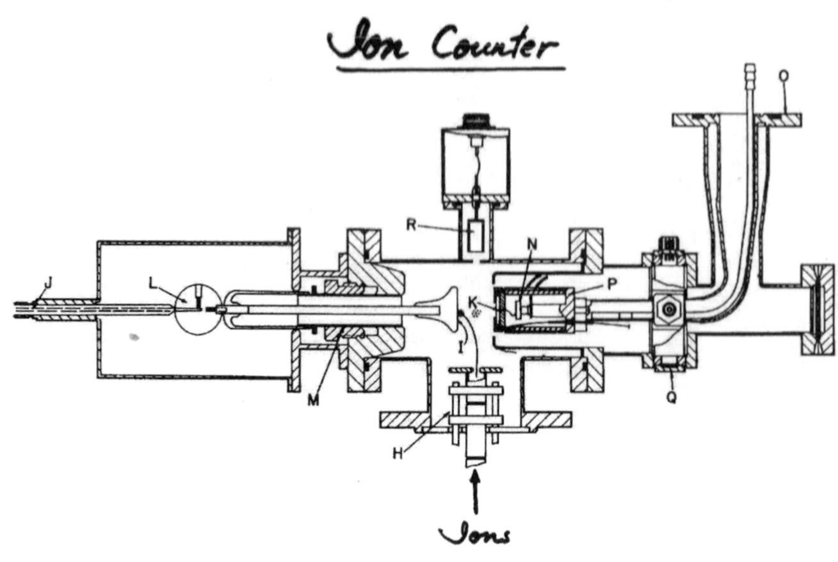

圖4-3：整部實驗機組中的離子計數器

比喻，他就是以「實驗的成功關鍵就是提高信／噪比」，爲這部實驗機組的設計主軸。

他的實驗機組（見P277圖4-2）基本原理是：從左下方，離子束射進氣室，跟分子碰撞產生離子，散射成不同的角度、不同的速度。檢測器對產物先經過能量分析和質量分析，辨認產物是何種離子，並計測離子的數量。

碰撞後會產生多少離子？科學界皆知，計測離子的數目向來不容易。李遠哲追根究柢解決問題，突破這項困難，也形成了這部實驗機組最創新之處：離子計數器的設計。（見圖4-3）

李遠哲設計的離子計數器首先用很高的能量將離子加速（圖4-3粗箭頭），由於圖中的「I」內有高達三萬伏特電壓（三十KeV電壓[36]）的負電，因此帶正電的離子以極高速度被吸引到鍍鋁金屬表面上並反射出電子，電子因爲與負電極互相排斥，所以電子很快地被加速射入圖中的「K」處。

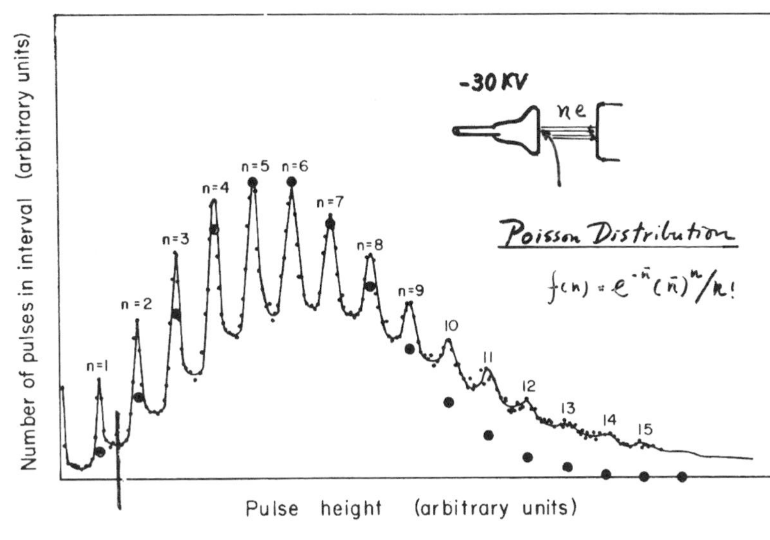

圖4-4：從脈衝高度量出電子的數目

「K」處是一張高解析度矽晶片，每個電子進入會產生電流，每進入一個電子，就會顯示三十KeV；乃因李遠哲以三萬伏特電壓來加速離子，所以，離子反射出的每一個電子也會以三十KeV的能量射入晶片。這晶片能精確分辨能量，如果量出三十個KeV，表示有一個電子進來，六十個KeV代表兩個電子進來，以此類推。

從圖4-4的脈衝高度（pulse height）可知有一個、兩個或三個電子進來（n = 1, n = 2, n = 3）。因此，「我每次檢測到某一個離子，我就同時測量這離子碰到金屬表面所放出的電子數目的分布。而分析放出的電子數目的分布，就可以知道，沒放出電子而沒被檢測到的離子的百分比。」李遠哲說明。

但是這樣精準嗎？怎麼分辨打進晶片的是離子產生的電子，還是噪音？

36 KeV，千電子伏特，將一個電子提高一千伏特電位能所需要的能量。

他舉例，如果有宇宙射線射入「I」處的表面，研判最多導致一個電子跑出來，高電壓從「I」表面誘發的電子也是一個一個射上來；只有離子打到「I」表面才同時能產生兩個以上的電子。於是，爲了提高計數器的信／噪比，並將噪音降到最低，他以兩個電子作爲門檻（見P279圖4-4），只有兩個或兩個以上的電子進到計數器才會被測量到數據，這樣一來，就能把噪音阻擋到很低，平均每分鐘才能量到一個。

記錄電子進到晶片的數據之後，從量到的卜松分布[37]，再根據公式（見P279圖4-4右）計算將門檻擋在n=1時遺失掉的百分比，就能知道檢測的效率可達之百分比。「以前別人用二次電子射出量離子的數目時，效率有多少並不知道。但是，（我設計的）這個離子計數器的另一個特點就是能得出檢測效率的百分比。」李遠哲強調。

例如當產物N_2H^+打到「I」表面後，反彈出來的電子的數目，從晶片測量的結果平均是六個，那麼，爲了減少噪音的干擾，把門檻設定爲n=2時，我們可以馬上算出，N_2H^+的檢測效率還高於八○%。但是，如果打到「I」表面的離子是H^+時，因其粒子小，易於穿入金屬內部而反彈不出很多電子，也許平均只彈出一個電子，那麼，門檻放在n=2時，計測到的檢測效率可能還不到三○%。

簡而言之，李遠哲可以計測出N_2^+跟H_2碰撞之前，N_2^+的數目與能量及檢測效率，還能計測出碰撞後的產物N_2H^+之數目、能量與檢測效率，從而比對出，N_2^+有多少可能性在與H_2碰撞時，轉換到產物N_2H^+上。而且無論做什麼離子與分子的碰撞實驗，都能算出各種離子的數目與檢測效率，非常精確，這是李遠哲這部檢測器的優點，「每一個離子，我都能知道我是以百分之幾的效率在檢測，而且噪音很小」，這正是他的實驗能做成的原因。

回首在柏克萊加大博士後研究的十九個月歷程，「在勞倫斯放射實驗室學到了複雜儀器的設計與組裝；創造出前人沒能做出的獨特的離子計數器，應該是最大的收穫，」李遠哲深深感恩，有幸能在勞倫斯放射實驗室這科學界的「宇宙的中心」鍛鍊實力。

在這裡，他催生一部先進的離子與分子碰撞反應儀器，初見離子與分子碰撞目不暇給的千變萬化。也在此人生階段，次子李以欣[38]於一九六六年二月誕生。四年之內，李遠哲從一介留學生到博士後研究員，從單身漢到四口家庭之主，肩上擔子更重了；在科學領域裡，他扛起的時代任務也將益加艱鉅。

---

37 Possion distribution：法國數學家暨物理學家Simeon D. Poisson（一七八一～一八四〇）發明的常態分布公式。在李遠哲的實驗中，離子以很高的能量打到表面時，表面會加熱激化導致部分電子彈出。高能量時，或然率低，就能以卜松分布來計算其常態分布。但是，李遠哲是如何想到「卜松分布」來提升信／噪比並計算檢測效率？那是因為他在設計之初追根究柢，想解決離子計數的問題，提升信／噪比並得出檢測效率，就聯想起大學時曾學過的統計力學，與博士班到物理系修習統計物理時所學的卜松分布等相關知識，發揮運用。

38 李遠哲的次子。「以欣」取其為「以群眾之力成功改造社會，人人感到欣喜」之意。現居美國夏威夷。

1 忙於探索科學未知的李遠哲，偶爾也抽空陪伴孩子。與次子以欣（左）、長子以群（右）於1966年攝於柏克萊。

2 柏克萊市民釣魚碼頭。剛到美國時，李遠哲、吳錦麗常帶著李以群來這裡看海，遙想著海的那頭，名為臺灣的家。

第五章　在工友室首創通用型交叉分子束儀器

一九六七年一月底，三十歲的青年化學家李遠哲一家四口坐計程車前往舊金山機場，欲搭機搬遷至美國東岸麻塞諸塞州，位於劍橋市（Cambridge）的哈佛大學。

在臺灣留學生圈內，李遠哲是出名的好幫手，大家有事都會找他幫忙，舉凡借宿、急病送醫、接機、送機，他總是全力協助；但是，自家有事卻從不麻煩他人。這一回舉家遷到東岸，他與吳錦麗打包行李、叫計程車，自行處理各種搬家瑣事，吳錦麗有感而發：「爲什麼人家有事都想到找你，卻從不覺得你也需要幫忙？」

李遠哲於一九六二年初入柏克萊加大時，曾希望能由赫許巴赫教授指導博士論文，但未能如願；一九六三年，赫許巴赫教授即轉任哈佛大學並設立大型實驗室。峰迴路轉後，李遠哲在柏克萊取得博士學位，做博士後研究時更打造一部先進的離子與分子束碰撞儀器並完成實驗，累積設計儀器與實作的豐富經驗。但他仍深感所學不夠，尤須深化理論基礎，正好一九六七年初，赫許巴赫教授團隊一位成員來跟馬漢教授做博士後研究，李遠哲在馬漢教授推薦下，申請到哈佛大學赫許巴赫教授團隊做第二個博士後研究；對方欣然同意，如獲至寶。

夜裡，李遠哲提著行李，帶著妻兒下機抵達波士頓機場。走出機場大門，攝氏零度的空氣經由口鼻吸入氣管，冰冷得讓他咳嗽不止。他趕緊退回門內，調整呼吸再踏出去，依舊咳了好幾聲，不禁望著窗外風雪呢喃：「這麼冷的天氣，人怎能活啊？」

他懷疑自己能否適應這寒凍的天氣，做成研究，「是不是乾脆買機票回柏克萊算了？」但是盤算所餘的金錢，並無法如願。經過幾次嘗試總算適應戶外溫度，招呼了一輛計程車。當司機搖下車窗，他問道：「坐到劍橋市區要多少錢？」

「照表計費！」

開門讓妻兒先坐進計程車，司機將行李置入後車廂，還將幾件放在駕駛座旁，遮住了里程計費表。路程很遠，感覺車子不斷在繞行，李遠哲跟吳錦麗說話時，注意到司機的右手動作怪異，彷彿在調增里程數。他想制止司機，卻又擔心妻兒在陌生環境的安危，於是默不作聲。

他們來劍橋市之前，一位在此讀書的昔日清大同學，已經幫忙在哈佛廣場附近找到一間房子，是一位義大利裔房東的兩層樓房舍。要出租的是二樓，但是房東表示二樓的格局與一樓相同，同學看過一樓後覺得合適，未察看二樓內部情況就和房東說定，只待李遠哲抵達，向房東繳交一個月押金與第一個月房租就能拿到鑰匙。他很相信這位同學，抵達市區後先讓計程車載他去找房東，付清款項拿到鑰匙就前往即將入住的二樓房舍。

入夜了，氣溫降到零度以下，計程車終於載他們抵達目的地。他想，車費一定很昂貴。然而，當全家人與行李都下了車，他取出駕駛座旁遮住里程表的最後一件行李，這才發現，里程表上竟然顯示：「八元。」

他和司機都很驚訝，照理說這趟車資至少也要三、四十元，但是司機卻不敢說什麼，悻悻然收了錢就開走了。看著計程車揚長而去，他推測：「可能司機偷偷調快里程表，因為一些失誤，計費反而變少了。」

這一路風塵僕僕，好不容易能定居了，李遠哲將鑰匙插入二樓房門，開了門，門栓卻傳出「呀～」一聲，隨之，濃濃的霉味撲鼻而來。

捻開燈一看，窗簾、沙發破損積塵，桌椅傾倒，牆上四處貼著老照片，不少婦人服還掛在衣櫥裡，抽屜裝有私人物品文件，房內凌亂不堪，所到之處都能揚起厚厚粉塵，他不敢置信：「這根本是鬼屋吧？」趕忙下到一樓敲門詢問究竟，鄰居出來說：「樓上啊！兩年前住在裡面的老太太過世，就沒人住了。」

淒風飄雪的深夜，一家四口難再另覓他處歇息，只好在客廳中央清出一塊空間席地而睡。苦的是，房內暖氣竟然故障了，全家人冷得直打寒顫。李遠哲翻來覆去，責怪自己竟讓妻兒如此委屈，身心極不安穩。

隔天清晨，他請替他租屋的朋友前來幫忙打掃，但是，數小時後朋友就疲累得無能為力。他直接去找房東抗議，房東太太答應來打掃，但一個小時不到卻又反悔：「我之前也不知道屋內變得這麼髒亂，我想，我應該做不來……」說完就走了。他決定退租，遂邀了一位朋友去找房東，未料房東以報紙上的黑手黨新聞威脅他小心，並說：「房子打掃後是會乾淨的。」

初來這陌生城市的兩天內，遭遇不合理的對待，權益被漠視，李遠哲相當氣憤，儘管會損失一個月押金與一個月租金，仍決定搬離這是非之地。

忍受寒凍的氣溫，他在哈佛大學附近找到一間合宜的房舍，帶著妻兒入住，總算是安頓了。經歷心力交瘁的四十八小時波折，抵達劍橋市的第三天，他終於能向哈佛大學報到。

「再見了！爸爸。」年僅三歲的李以群站在玻璃窗前向李遠哲揮動小小的手，身邊是懷抱著李以欣的吳錦麗。

＊　＊　＊

哈佛大學矗立於查爾斯河（Charles River）畔，園內遍植高大的樹木，地上厚厚一層冬日落盡的葉，枝幹盡顯淒清蕭條。校舍動輒是三、四層樓高，紅磚白柱構成的歐陸古典主義建築。校園並不開闊，在一幢幢老建物與陰鬱天候襯托之下，散發著一股貴族菁英氣息。化學系赫許巴赫教授團隊的實驗室隱身在其中一棟建築裡。

李遠哲走進實驗室，見狀一時詫異。相較於空間寬敞的柏克萊加大化學系拉提瑪大樓，這裡的室內空間窄小擁擠，他與好幾位博士後研究員的工作桌局促在同一區，而他的座位前面緊靠著一張黑板，每凡有人在寫字或擦黑板，粉筆的粉塵就飄到他的書桌上。

室內有一扇大窗攫獲他的視線，窗外正紛飛著白雪，風一吹，雪的顆粒在中庭旋舞，有時還往上飄飛。他在窗前凝望此未嘗見過的奇景，想像雪與風的作用、分子如何在空氣中反應，想得出神，連旁人都不禁訕笑。

出身亞熱帶臺灣的他，赴美後住在四季如春的柏克萊，未曾目睹降雪奇景。他來劍橋市頭兩天苦於酷寒，眼下卻在充滿暖氣的室內凝視雪景；良久，他感到平靜許多，遂對自己說：「既然來了，就定下心來，全力以赴吧！」

赫許巴赫教授與李遠哲深談，對他設計打造離子與分子束碰撞儀器的成就仍印象深刻，殷切期許他有更大作爲，並說：「時間已經到了！交叉分子束實驗可以做以大氣化學、燃燒化學中的重要反應爲研究主題的階段已經到了！我們可以嘗試超越現在的技術，打造一部新儀器，讓交叉分子束實驗不局限於做鹼金屬元素的化學反應，而是連其他各種各樣的原子與分子的碰撞反應都能研究！」

這段宣言和期待與李遠哲不謀而合，因爲他向來堅信：「肉眼看不到的東西要『看到』，就要追尋它的軌跡；追尋碰撞前的分子與碰撞後的分子軌跡，就可以看到化學反應是怎麼進行的。」這正是赫許巴赫教授與他一直走著的人類未知的路程。他也認爲，憑著他的經驗與毅力，要打造出一部先進的，能「跨越鹼金屬時代」的「通用型」交叉分子束儀器，是有機會的。

於是，他也回應教授：「好啊！我可以接受這挑戰！」

不過，除了打造通用型交叉分子束新儀器，教授還指示他帶著研究生羅伯・高登[39]做另一項「氫原子與鹼金屬二聚體（二原子分子）交叉分子束」研究，並說：「這項研究不用打造新儀器，之前已經有人把這部『信念』（Faith）做好了，就用它做實驗吧！」

他順著教授的目光望去，走近端詳後不禁自問：「這儀器怎麼那麼不理想？」

他之前在柏克萊加大親自設計打造的離子與分子束碰撞儀器，質譜儀能旋轉，能用不同速度來做碰撞，而碰撞後產物的質量可以分析，產物的速度與角度分布也能量測，計數器能計測到一顆顆的離子，精確度與檢測效率都很高，噪音也小，都是能贏得赫許巴赫教授讚譽之因。

然而，看過這兩部儀器的人都會同意：如果「信念」還在史前人類的「石器時代」，那麼李遠哲在柏克萊設計打造的機組早已經走過「銅器時代」了。

他深入了解「信念」，判斷與其大費周章用它做實驗，不如拆掉改裝。但是，赫許巴赫教授卻說：「這部機器好好的，怎麼要拆掉呢？」其他人也紛紛投下反對票，他只好用「信念」開始做實驗。

來到哈佛之後，李遠哲的時間精力被兩個不同研究題目分割。每天早上到校跟高登討論用「信

39 Robert J. Gordon，美國伊利諾大學芝加哥分校化學系教授。李遠哲在赫許巴赫教授實驗室做博士後研究時，高登為哈佛大學化學系碩士生，由李遠哲協助指導實驗，後於一九七〇年獲哈佛化學博士學位。

念」做實驗事宜；下午帶著兩位研究生道格．麥當勞[40]和皮埃．勒布列頓[41]設計通用型交叉分子束新儀器；返家吃晚飯後，回實驗室繼續帶著高登做研究，工作時間表緊湊異常，腦子彷彿有兩部不同儀器同時運作。

專注工作之際，初入團隊的李遠哲也能感覺到其他同事「看好戲」的眼光。

柏克萊的勞倫斯放射實驗室雖被科學界譽爲「宇宙的中心」，「自視甚高」的哈佛研究生儘管好奇，卻不免覺得：「到底這個柏克萊來的傢伙有什麼能耐？」逾半數成員常在室內翹腳抽菸斗，儼然一副大師派頭，一邊觀察他的動靜。

於是他開玩笑說：「不管你們要用多少菸霧，都掩蓋不住你們的無知。」（「It does not matter how much smoke you generate, it will not cover up your ignorance.）

這些人緩緩揚起嘴角，起身邀他抽菸，他則敬謝不敏。

他們等著看好戲，不久，眞的等到了一場實驗事故，目睹李遠哲「出糗」。

有一天，李遠哲帶高登用「信念」做實驗，啓動電源讓高電流通過水冷銅管線圈，以便產生所需的強磁場，但是卻忘了打開出水口的閥門，使得冷卻水流入後卻無法流出。由於銅管線圈通水也通電，通電後銅管與裡面的水逐漸升溫，水壓急速增加，不久銅管爆裂，水溢流滿室地板，幸無人員受傷。

李遠哲有點難過，不明白爲何會忘記打開冷卻水出口的閥門，也自責和高登沒有好好注意。他收拾善後，「信念」裡面全泡了水，水還流入幫浦，只好拆掉重新清洗。他心想：「既然已經拆了儀器，不如順便修改原本的設計再裝回去。」

於是他修改了多處，不需要的部分就拿掉。修改最關鍵之處是束源，「我把束源的距離拉近很多，讓束流增加，也就增加每秒分子碰撞的數目，讓它的信／噪比提高。」根據他的經驗，「實驗成功的關鍵在於提升信／噪比。」

修改並重新組裝「信念」後，成功做出很強的鹼金屬的二原子分子的束源。

這是因爲鹼金屬原子最外圍的電子只有一個，它有磁性，二原子分子的化學鍵由兩個電子配對，磁性相抵消，因此沒有磁性；但是三個原子的分子總共有三個電子，具磁性。所以，他用不均勻的強磁場，讓鹼金屬的二原子分子不受磁場干擾從中間穿過；將鹼金屬原子與少量鹼金屬的三原子分子被不均勻磁場折射出束源，留下二原子分子，使它與氫原子束交叉反應。

經過改裝，到了事故後第二個星期，他向赫許巴赫教授說：「你看！現在，鹼金屬的二原子分子已經與原子和三原子分子分得很清楚，束流也很強，已經可以開始研究與氫原子的反應了！」

赫許巴赫教授並不知他已把「信念」徹底修改得更精密，還以爲是機器拆開清理後更好用。後來

---

40 Doug McDonald，伊利諾大學香檳分校化學系名譽教授。研究物理化學與化學物理學。第一位觀測到震動電子量子拍（vibrational-electronic quantum beats）的科學家。一九七一年取得哈佛大學博士學位。李遠哲任哈佛大學博士後研究員時曾擔任助手，協助打造「希望」，視李遠哲為兄長。

41 Pierre LeBreton，伊利諾大學芝加哥分校化學系名譽教授。研究領域為光電子與DNA等。一九七〇年獲哈佛大學博士。李遠哲任哈佛大學博士後研究員時曾擔任助手，協助打造「希望」。

他與高登如期完成實驗成果，也得到教授讚賞。

柳暗花明又一村，那群抽菸斗看好戲的成員態度丕變，對李遠哲大為改觀，讓他覺得，「這件事故對我來說，也算是好事啊！」

因爲投入工作，李遠哲常常忙到夜裡才回家。

有天深夜，李遠哲從實驗室開車回家。冷清馬路空無一人，只有閃爍的紅綠燈相伴。他遠遠瞥見路邊的紅影，遂放慢車速並將車停駐路口等待，心裡還想著實驗的步驟。等啊等，「奇怪，紅燈怎麼還沒變綠燈呢？」他繼續思考實驗，繼續等待。然而，等了許久，綠燈依然沒亮。他看手錶赫見自己早已停等三十分鐘，這才發現錯把紅色的「停車」警戒標誌（stop sign）看成紅綠燈，竟一直傻傻地等待它變綠。

忙碌之際，他收到竹中暨臺大學長、任教臺大物理系的鄭伯昆即將來訪哈佛大學的信件，他欣然回覆表示將去接機。

五年未見的兩人，在機場相見欣喜不已。然而，前晚他熬到深夜才把實驗告一段落，匆匆回家小寐，此時來接鄭伯昆，腦筋仍盤算一整天實驗與新儀器相關事宜，因此，當鄭伯昆說著話，他卻有些反應遲鈍。「遠哲，你怎麼有點傻傻的？」鄭伯昆說話直白，還以爲李遠哲做研究做成了書呆子。

＊＊＊

不僅用「信念」做研究，李遠哲還投注許多心血設計先進的「跨越鹼金屬時代的通用型交叉分子束新儀器」。

赫許巴赫教授有個習慣，實驗室設計製造的儀器命名首字依照英文字母順序。例如繼「信念」（Faith）的是「葛羅莉亞」（Gloria），接著就是李遠哲設計的通用型交叉分子束新儀器，取名爲「希望」（Hope）。

「我們按照字母順序來爲交叉分子束儀器命名，『希望』在字母表的下一個順位，不過這也確實代表我們希望遠哲會帶我們探索化學反應的全新領域。」赫許巴赫教授指出。

這一次，李遠哲在哈佛設計「希望」的過程與先前在柏克萊時完全不同。

實驗室很小，李遠哲沒有空間畫設計圖，於是請赫許巴赫教授尋找場地，「我需要一個繪圖桌（drafting table）讓我放製圖工具，在上面畫圖就可以了。」

教授在化學系大樓與周遭遍尋不著這樣的空間，最後竟然找到一個地方：清潔工的休息室（工友室）。於是，李遠哲將繪圖桌與工具搬進工友室，每天午餐後就拿著能移動X軸與Y軸座標且能精確轉動角度的圖尺[42]，埋首桌前繪製設計圖。

---

[42] 在沒有電腦輔助設計系統的時代，所有儀器設計的三度空間（3D）圖樣都是藉由這些簡單工具完成的。宮崎駿動畫電影《風起》即具體呈現片中主人翁以此類工具繪圖設計飛機的過程。

室內約僅四坪大，工友們往往推著打包的垃圾袋進來，放下工具稍事休息，因而室內不時會飄散異味，但是他有時渾然不覺，更多時候是不以爲意。工友偶爾好奇問他：「你在畫什麼？」他就停下來慢慢說明。

可以說，如果實驗室是李遠哲探索科學奧祕之處，工友室就是他首創通用型交叉分子束儀器的聖殿。然而，設計是一回事，在哈佛大學打造機器卻是另一回事。

在柏克萊，勞倫斯放射實驗室的機械工廠以製造質子加速器起家，技術精良，師傅數百人。反觀較著重理論研究、歷史悠久的哈佛大學，卻只有兩個小型機械工廠。

李遠哲雖然曾在勞倫斯放射實驗室扎穩設計與打造機械儀器的知識與實作經驗，但是板金、焊接、組裝等工作本非幾個人就能完成，所幸化學系機械工廠的總管喬治．比西耶羅（George Pisielo）非常能幹，也願積極投入，常常一起討論設計圖。

李遠哲常站在大桌前攤開一張比報紙還大、約兩公尺見方的設計圖，解釋設計構想，並指出每一個重要元件的位置與相應的焊接程序、圖上精密的螺絲孔序列等，說明得一清二楚。這位義大利裔總管不時盯著圖又望著他，讚嘆：「我在這工作二十年，第一次看到有人在我面前攤開設計圖，一面說一面畫，而且還反過來從我的視角對我解釋兩度空間圖上的三度空間設計，眞是太不可思議了！」

被經驗老道的總管稱讚，他瞬間想念起遠在家鄉的父親，只是搖搖手，謙虛說道：「那沒什麼。我爸爸是畫家，我從小就看著他把立體的人物或風景畫在一張平面的紙上啊！」

李遠哲向來對工、農友善，一如以往在柏克萊與總管及師傅們亦師亦友，他在哈佛也與比西耶羅頻繁溝通、討論，成爲好夥伴。比西耶羅建議他該去哪裡購買不鏽鋼材、該找哪間工廠焊接，並建議另一家精密工廠做進一步加工，甚至常開車陪他去買材料，監督焊接與加工等事宜。儘管這裡不比柏克萊一應俱全，友善的比西耶羅卻給予他莫大的幫助，兩人因而成爲至交，有時還一起打棒球；獵雉季節時，比西耶羅獵到第一隻雉雞就送給李遠哲。「我看到雉雞嚇了一跳，不知道怎麼煮，只覺得羽毛眞的很漂亮，」吳錦麗印象深刻。等烤好的雉雞端上桌，他們倆回想起牠原本漂亮的外型，也就無心將牠吃下肚了。

雖然比西耶羅幫了他很大的忙，但是，正因爲機械工廠的師傅不夠多，專業也較有限，李遠哲必須緊盯細節，學會彈性應變。

像是鋼材在機械工廠加工時溫度會上升，此時材料也隨之膨脹，影響精確度。於是，他常常下午到工廠測量精確度是否符合他的設計時，還必須確定加工後的儀器溫度是否爲常溫。例如在儀器很厚的鋼材裡打出一個直徑二十五英吋的大洞，他希望直徑的精確度能做到千分之一英吋到千分之三英吋之間，但加工後溫度還沒下降，鋼材處於膨脹狀態，他就必須等到夜裡儀器的溫度降低，隔天早上再去測量精確度。

此外，由於預算與時間限制，工廠如果出了些微的錯誤，他也無法要求重做，只能修改相應設備的設計圖來配合。如此一來，每一個相應的元件都需要配合著修改，藍圖也要重畫，牽一髮動全身，非常辛苦。實驗室裡的成員看到他彈性修改的能力都感到很驚奇。

專注打造之際，有一位他校知名教授來訪，看到李遠哲正在建構這部雄心遠大的通用型交叉分子束新儀器，好奇問道：「你要花多少時間做？」

「一年。」

「一年，哈哈哈，怎麼可能呢！」這位名師彷彿聽見痴人說夢，笑著走了[43]。

李遠哲有信心能完成，仍不免戰戰兢兢，因爲赫許巴赫教授說服化學系總務主任羅恩・瓦內利（Ron Vanelli）從化學系研究帳戶借提資金，光是一九六七年就預支八萬美元，絕對是一筆大數目，足見教授對他的信賴與支持。瓦內利主任的壓力也很大，每次來視察新儀器的進度，總是語帶威脅地說：「如果這部機器沒能成功，你以後五年就得留在哈佛做剷雪工人！」

這段日子，「希望」團隊緊密合作，感情很好。李遠哲總是很有耐性地說明構想，也聽取兩位研究生麥當勞與勒布列頓的意見，而李遠哲也深受教授信任。

「我們非常尊重他的判斷及意見，他在我的實驗小組時，我們會討論儀器或實驗的設計，有時討論後，他就會大聲的裁決（verdict）：『應該是沒有問題！（Should be alright!）』所以，每當他這麼說，我們就很有信心會成功。」赫許巴赫教授笑著說。

但是李遠哲卻覺得，赫許巴赫教授才是最強而有力的啦啦隊長。「每次團隊成員與教授討論儀器的設計，教授不只提供意見，總是不忘爲大家打氣，並興奮地說：『遠哲，這一定會成功！』」

承載「首創世界第一部成功的通用型交叉分子束儀器」之冀望，李遠哲與兩位研究生孜孜矻矻努力拚搏，不到十個月，「希望」就完成裝機，並將進行測試實驗。

這部他在工友室設計的「希望」是否眞能名符其實成爲超越鹼金屬時代的希望？

一九六七年耶誕節前夕，李遠哲站在整座大機組的高處，一一解決組裝的問題，反覆確認。在臺灣當兵時原是視力極佳的「神射手」，來美之後過度用眼，鼻梁掛起厚重黑框眼鏡的他，總算抬起頭，以他習慣不加主詞的這句口頭禪，慢條斯理地說：「應該是沒有問題！」（Should be alright!）

在場的教授，博士後研究員與研究生們都如釋重負，知道不會有問題，不約而同睜大雙眼屏息迎接劃時代的一刻。

43 這位名師當時雖做如此反應，但後來看到李遠哲的成就，對加州理工學院的學生們盛讚：「李遠哲是科學界的林布蘭特（Rembrandt van Rijn）。」此為二〇一六年七月中研院院士會議，爾灣加州大學教授何文誠院士向李遠哲轉述。乃因當年何文誠即為加州理工大學博士生，曾聽這位名師說過。

第六章　「希望」的奧祕

實驗室裡的一個角落，幾瓶香檳站得直挺挺的，很難不引人注意。即將倒數的神祕時刻，這些香檳將成爲最佳配角，慶祝改變歷史的大事發生。

李遠哲站在高兩公尺、長寬約一公尺半的「希望」前方，此時，「希望」開始運轉，溴（Br_2）的分子束與氯（Cl）原子束開始交叉了，有些氯原子與溴分子碰撞後在顯示器可看見碰撞後的產物氯化溴（BrCl）的信號。他將數據記錄下來，繼續把檢測器轉到不同的角度……赫許巴赫教授在旁邊看著，嘴角止不住的上彎線條說明了一切。

幾個小時之內，溴分子與氯原子碰撞前後與產物的詳細數據一一輸出，也立即看出氯化溴這產物是順著氯原子移動的方向廣泛散射出去的。「希望」就像一部大型「顯示器」，透過李遠哲的精心構造，將以往肉眼看不見的分子碰撞前與碰撞後的完整反應過程全部顯示出來。換句話說，**「希望」不負眾望完成測試實驗，成為世界第一部成功的通用型交叉分子束儀器**。見證此刻的實驗室成員興奮不已，比親自穿上太空衣踏上月球表面還雀躍。

「希望」踏出的「一小步」是化學動態學的一大步，能夠揭開科學新紀元。

「啵！」氣體從香檳瓶蓋口上衝，發出清脆聲響，「乾杯！」成員們舉杯歡慶，紀念這場空前的勝利。赫許巴赫特別爲李遠哲準備了無酒精成分的香檳酒，好讓他也能舉杯慶功。

「希望」確實爲化學界帶來希望。小從扭開並點燃瓦斯爐加熱鍋子煎蛋，炸山開鑿隧道；大到火箭發射的熱能反應，都牽涉到化學反應。然而，人眼看得見鍋子加熱將蛋煎熟，火箭發射時的壯觀場面，卻看不見燃燒一瞬間分子與分子發生的化學變化，也不了解導致這一連串化學變化的分子反應的詳細過程，可說是「知其然，不知其所以然」。如今藉由「希望」，可以詳細觀察分子碰撞的化學反應而「知其然，更知其所以然」，促進基礎物理化學家觀察更細微的分子反應動態，不但能夠與基礎理論相結合，也促進發展更多有助於人類生活福祉的發明。

「取名『希望』的另一個原因，也確實代表我們希望遠哲會帶我們探索化學反應的全新領域，而他也真的做到了！」赫許巴赫教授開心地說。

在李遠哲首創「希望」之前，全世界至少有十個團隊[44]汲汲於打造一部通用型的交叉分子束儀器

[44] 根據Joseph O. Hirschfelder於一九六七年發表於*Intermolecular Forces*期刊的文章指出，十個團隊包括：一、Bonn, University of（Germany）; H. G. Bennewitz, H. Pauly, J. P. Toennies.；二、Brown University（Providence, R.I.）; E. F. Greene.；三、Convair/General Dynamics（San Diego, Cal.）; R. H. Neynaber, E. W. Rothe.；四、Freiburg, University of（Germany）; D. Beck, Ch. Schlier.；五、Harvard University（Cambridge, Mass.）; D. R. Herschbach.；六、Massachusetts Institute of Technology（Cambridge, Mass.）; I. Amdur, J. Ross.；七、New York University（New York, N.Y.）; B. Bederson.；八、Oak Ridge National Laboratory（Oak Ridge, Tenn.）; S. Datz.；九、Purdue University（Lafayette, Ind.）; C. R. Mueller.；十、Wisconsin, University of（Madison, Wis.）; R. B. Bernstein.。

卻未能成功。即使交叉分子束的鼻祖赫許巴赫教授團隊開發的儀器也未竟其功，而且只能做鹼金屬元素的實驗，例如他們開發的「柏莎」（Bertha）（見圖6-1）就是專門做鹼金屬原子與含鹵素元素化合物的反應。

「柏莎」有一個簡單的眞空室，並有兩個分子束源固定在旋轉盤上。只是，分子束沒有選擇速度，產物的角度分布則是讓束源旋轉來測量，檢測器是固定的。其原理主要是通電流在加高溫的鎢絲，因爲鹼金屬與它的鹵化物很容易在高溫鎢絲的表面電離，只不過，鎢絲表面被氧化後可以檢測到鹼金屬原子與鹵化物，但鎢絲表面碳化後只能測到鹼金屬[45]；也就是說，只要能檢測出鎢絲表面兩個不同狀態的離子產生的電流，便能從兩者的差別得出信號。因爲無法選擇碰撞前的速度，也無法了解碰撞後產物的速度分布，實驗數據並不那麼精確，還算是非常「原始」的狀態。

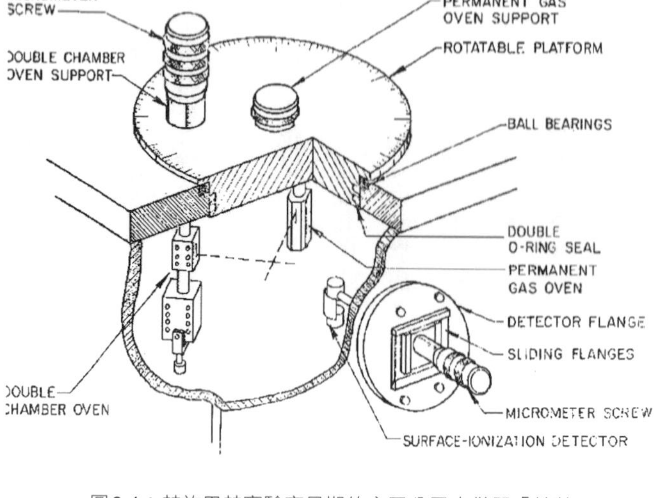

圖6-1：赫許巴赫實驗室早期的交叉分子束儀器「柏莎」

這也就是爲什麼，當陷於瓶頸多年的赫許巴赫教授於一九六六年見到李遠哲在柏克萊打造的離子與分子束碰撞儀器時，會讚嘆其精緻度與精確度。

因緣際會之下，赫許巴赫成爲伯樂，在一九六七年把「打造通用型交叉分子束儀器」的神聖使命交給李遠哲這匹千里馬。

「希望」的意義是：「第一次，鹼金屬以外的元素化合物能用交叉分子看到反應。歷史上，以前都是用鹼金屬做實驗，而我們是把交叉分子束儀器從鹼金屬帶到通用型，任何化合物只要把它變成分子束，就可以做散射實驗，並看到各種各樣的反應。」[46]李遠哲指出。

到底這匹千里馬怎麼解決世界十大團隊都克服不了的難題？

起初他閱讀各團隊曾發表的論文，仔細探究既有儀器，明白他們最頭痛的問題就是：很難檢測到碰撞後散射出去的原子或分子。一般分子不能在高溫鎢絲表面電離，只能用電子槍進行電離，而大約一萬個分子穿過電子槍，只有一個離子產生；他們認爲，一般分子能給出的信號太低，很難測到碰撞後產生的分子。

但是，「他們的觀念是不對的。」李遠哲判斷，碰撞後能進入檢測器的分子每秒有上百萬，即使

45 加高溫的鎢絲表面氧化後，拿掉電子（電離）的能力較強，可以檢測得到鹼金屬原子與鹵化物；碳化後拿掉電子（電離）的能力較弱，只能測到鹼金屬原子。

46 但是，通用型交叉分子束儀器進展到能夠選擇原子與分子束的速度，以及測量產物的速度分布，則是李遠哲到芝加哥大學之後才一步步開展的成果。

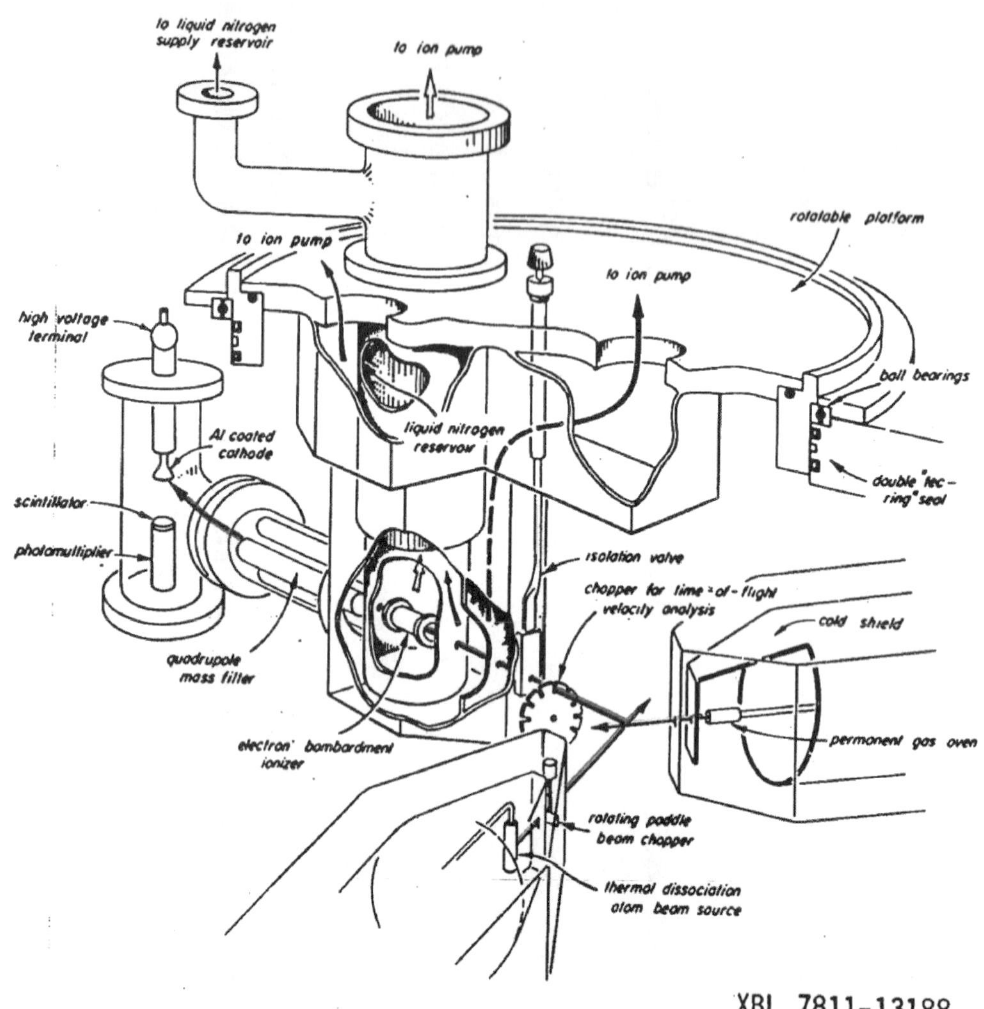

圖6-2：李遠哲手繪的「希望」側面圖

只有萬分之一被電離，每秒鐘也將有幾百個離子產生。重點在於，他在柏克萊做博士後研究時曾經一個一個離子計測過，因此知道，每秒幾百個離子是足夠的數目。

「實驗成功的關鍵不僅在於檢測器的靈敏度，還在於提高信／噪比。」他以「提高信／噪比」爲中心思想來設計「希望」，「我們要把檢測器的噪音減少到最低，做這部很複雜的儀器，這個觀念有別於世界上同領域的其他團隊。」

噪音從哪裡來？他追根究柢，找到減少噪音的方法。

分子是中性的，要如何測量？原理是：先將分子離化，再檢測離子。

所以，兩股分子束先射入主氣室，分子相互碰撞得出產物的分子。接著再用電子槍把眞空中的分子加以電離，產生離子。然而，因爲電子槍周圍的壓力還很高，通常用超高眞空幫浦（離子幫浦）抽空，最好也只能抽到10^{-10}個托[47]。在這樣的高眞空中，一立方公分還有三百萬個分子在裡面。

他指出，「如果這三百萬個分子都與要檢測的反應產物有關，那麼噪音會高到淹沒信號。但是，如果這三百萬個分子是眞空幫浦本身產生，與信號的質量沒關係，那麼質譜儀可以把它區別出來，而不影響檢測工作，這是實驗能否成功的主因。」也就是不管檢測器的壓力能抽到多低，要把主氣室產生的與產物有關的分子盡量不帶進電子槍的區域內。

李遠哲將檢測器抽眞空，一共抽三段，成爲一個眞空套一個眞空再套一個眞空的情形，每一段經

[47] 壓力的單位，記為Torr。1 Torr=1 mmHg（毫米汞柱）= 1/760 atm（大氣壓）。

由檢測器預留的小洞流入的氣體流量約每秒一公升，幫浦每秒能抽出的是一百公升，從氣室進入的分子的濃度每一段減少一百倍，所以，經過三段抽真空後，噪音便會降到主室的10^{-6}，也就是一百萬分之一。同時，檢測器每一個器壁上預留的小洞「打通」成一條直線路徑，讓兩道分子束交叉後，產生的分子能直接射入最尾端的電子槍之內，就像搭「直達車」衝到目的地。

這是一部極爲複雜的儀器，包括固定角度的兩支束源、測量碰撞後產物的角度分布且能轉動的檢測器等，都非常精緻。其中，最關鍵的信／噪比，李遠哲設計了複雜的結構來降低每個環節的噪音，提升了檢測區的信／噪比，贏過其他團隊，比世界上任何此類儀器的信／噪比高出幾個數量級，是他能成功打造世界第一部通用型交叉分子束儀器的奧祕。

「這麼複雜的儀器，應該是像你這種有深厚中華文化積累的人才能設計得出來的吧？」赫許巴赫教授開玩笑對李遠哲說。不過，李遠哲卻不如此認爲。

也有人歸功於他的想像力、創造力或細膩的分析能力、靈巧的手做能力，以及過去的知識與經驗累積等，但他認爲這些頂多只反映出一位科學家的成長。他表示，**「希望」成功的主因是「追根究柢，找到問題並且想出解決辦法的態度與堅持。」**

不能不提的是，他深究其他十大團隊的文獻，找出其盲點，也是成功的原因之一。「很多人鼓勵『不要怕失敗，失敗才有豐富的經驗累積，獲致未來的成功。』但我認爲，**不能只是鼓勵大家不怕失敗，還需要擷取別人失敗的經驗，把失敗經驗總結起來。**」李遠哲強調：「要把別人的失敗當作你的經驗，才會成功。」

一九六八年六月，赫許巴赫教授帶著李遠哲與幾位同仁參加重要的高登研討會（Gordon Conference），教授以「希望」做成的實驗數據驚豔全場，也詳細說明這部儀器的特殊設計，公開對李遠哲讚譽有加。

有人問：「主室的眞空已經到10^{-7}托，檢測器抽眞空抽兩段就到極限10^{-10}托了，爲何要抽三段？」

李遠哲不疾不徐地說明：「很多人檢測器抽了一段，達到10^{-9}托，抽第二段到了10^{-10}托，就覺得這已經是抽眞空的極限，繼續抽第三段眞空仍然只會是10^{-10}而已，不是徒勞嗎？但這觀念是不對的。」

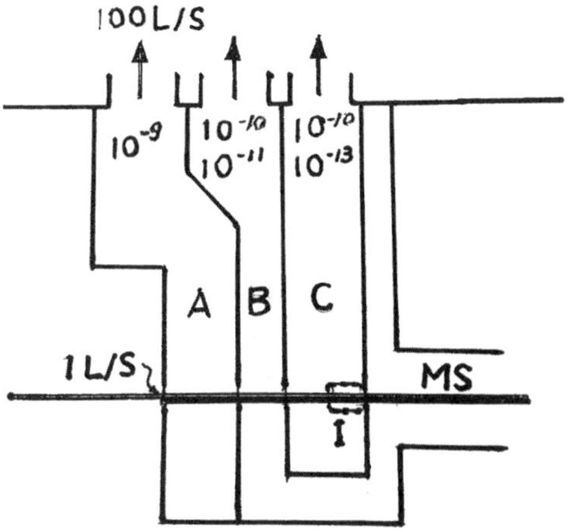

圖6-3：「希望」檢測器的分段抽空。A、B、C三個氣室各以100 L/S的真空幫浦抽空。I是電子槍，MS是質譜儀

他反問：「第二段抽到10^{-10}托，但是，請問這10^{-10}托是哪裡來的？是從氣室裡跑進來的噪音，還是幫浦本身產生的噪音？」

他解釋：「幫浦抽到10^{-10}托就似乎達到極限。但是大家卻忽略，幫浦外殼是不鏽鋼做的，常常會從表面釋放出一氧化碳（CO）跟氫氣（H_2）；所以，抽眞空時幫浦留下的其實是一氧化碳跟氫。因此，只要檢測的分子不是氫和一氧化碳的話，那麼理論上，噪音還是可以分段抽空以使其往下減低的。這就是爲何應該要抽空到第三段。」

又有人問道：「照你這麼說，爲何不繼續抽到五段、六段、七段呢？」

「這樣就浪費了！」李遠哲微笑解釋，如果檢測器中間的洞不是連成一排的「直達車」而是不規則狀（見P305圖6-3），讓主氣室的分子散射進來，那麼理論上是可以繼續抽眞空來降低噪音。但是因爲從主氣室進來的噪音分子已經搭「直達車」前往目的地達到10^{-13}托，而且抽到第三段時，背景值眞的來到了極限10^{-13}托，因此，如果檢測器的位置是一樣的，繼續抽到第四、五、六段眞空中「搭直達車進來」的背景也仍還是10^{-13}托，多抽這幾段眞空就是浪費了。

會中，不少世界各大團隊的知名學者目睹三十一歲小夥子竟然能解決他們努力多年的頭痛問題，搶先一步實現了他們的夢想，而且數據精確度不是只贏他們的儀器兩倍、三倍，而是贏了不只幾千倍，因而由衷佩服。赫許巴赫團隊在會議中大放異彩，也讓「希望」團隊同仁與有榮焉。

回到實驗室之後，李遠哲著手寫論文解釋這部儀器[48]的設計，也不禁想起五年多前剛到柏克萊加大時，看到聰明又能迅速爲學生指點迷津的赫許巴赫教授時，曾對照馬漢教授「放牛吃草」的指導方式而感到沮喪的往事。如今，走過這些年的研究生涯，他有了全然不同的領悟。

如果他一開始就跟赫許巴赫教授做博士研究，那麼，對方會希望他用舊儀器做實驗，像其他研究生一樣發表許多論文，絕不會有打造「希望」的機會，即使後來再跟馬漢教授做博士後研究，以馬漢教授的指導風格，還是會讓他自己探索與成長，但可能得不到寬廣的視野，因而不會有目前的成就。

然而，過去這六年來，馬漢教授不斷讓他自己摸索、追根究柢找到問題並解決問題，一步步讓他琢磨出該有的知識與經驗，並學會各種實驗技巧，例如打造出離子與分子碰撞儀器，創造能計測一顆顆離子、算出檢測效率的離子計數器。後來再受赫許巴赫教授的信任，讓他立足於先前所學而發揮所長，打造出第一部成功的通用型交叉分子束儀器「希望」，也爲科學界開闢一條新路。這奇妙的機緣，讓無宗教信仰的李遠哲也隱約感覺到命運的安排。

不過，此種訓練歷程只適用於李遠哲這樣資質與學術背景的學生，畢竟在馬漢教授實驗室未能通過博士資格考而離開的學生也大有人在。「我已經在臺灣讀過研究所，完成碩士論文研究，當兵時還做另一個研究，才到美國讀博士。而這樣的路適用於我，卻不見得適用於大學剛畢業就來美國念博士的人。」李遠哲認爲。

能確定的是，李遠哲這段特殊的學術訓練與經歷，也是「希望」成功的奧祕之一。

就從「希望」開始，赫許巴赫與李遠哲一起將交叉分子束實驗帶到新的境界；歷史改寫了，典範轉移，化學動態學的新典範就此登場。

---

48 有關儀器設計的論文Molecular Beam Reactive Scattering Apparatus With Electron Bombardment Detector，由赫許巴赫教授、李遠哲和研究生勒布列頓、麥當勞聯名刊登於一九六九年七月*The Review of Scientific Instruments*（40）11，p51-67.。這項研究也於一九六八年由四人聯名發表兩篇相關文章。

第七章

三十一歲找工作的博士後研究員

「這怎麼可能呢？」

一九六八年七月，赫許巴赫教授雙眼盯著《化學物理期刊》一篇由馬漢教授甫發表的論文〈離子分子的反應動態學〉（Dynamics of Ion-Molecule Reactions）[49]，不斷搖著頭，隨後拿給李遠哲看。

李遠哲看完很訝異，因爲那是他先前在柏克萊加大做的博士後研究主題與成果，但是文章作者卻不見李遠哲的名字，僅在文末的致謝（acknowledgement）處提及「感謝李遠哲協助打造儀器」。

「怎麼會是這樣呢？」赫許巴赫教授非常不以爲然，因爲研究的主題與觀念，以及離子與分子束碰撞儀器的設計和打造、實驗都是由李遠哲所做出，馬漢教授卻沒有列入李遠哲的名字，這在學術界是不道德的。

當赫許巴赫教授頻頻抱不平，李遠哲只覺得：「來日方長，我未來還可以做很多事情；而且，馬漢教授先前也給了我機會與空間做我想做的研究。」他沒有計較，就此放下。不久之後傳來消息，馬漢教授升等爲柏克萊加大化學系副教授，隨後並擔任系主任。

✻ ✻ ✻

早在一九六八年初，幾位實驗室裡的博士紛紛申請其他學校的教職，到四月時，不少人都確定找到助理教授工作。李遠哲算一算，來美近五年學了不少，是該轉換角色的時候，但是赫許巴赫教授仍未推薦他去其他學校任教，「應該是希望我繼續留下來做博士後研究吧！」

他與赫許巴赫教授懇談，教授勸他：「遠哲，你留下來，以後再去找副教授的永久教職。你的程度已經超過助理教授了，不要從助理教授開始。」教授認爲助理教授不是永久教職，過一段時間還要面臨升等考核，不如先在實驗室裡繼續工作，等到其他學校釋出副教授的永久教職職缺時再推薦他去。

李遠哲了解教授的用心良苦，但是，「我覺得很多學校並不會眞的要從博士後研究員直接聘請副教授，所以，我還是應該從助理教授開始。」

他對於找尋教職沒有很大的信心，赫許巴赫教授並不認同，還提醒他說：「很多學校都希望有一位像你這樣能照顧並培養學生的人；你看，麥當勞和勒布列頓一個是極右派、一個是極左派[50]，你

---

[49] 馬漢教授該文發表於*Journal of Chemical Physics*，July, 1968, 1（7）, p 217–224.。

[50] 一九六〇年代後期，美國社會對右派與左派的區分，粗略來說，「右派」傾向於支持資本主義，強調個人努力；「左派」傾向於同情弱勢，講究公平正義與社會主義。

能夠帶著他們，幫助他們成長，有這種能耐的傑出科學家是各個學校都想要的，你不要擔心找不到事。」

李遠哲一聽，不禁莞爾。麥當勞與勒布列頓是赫許巴赫教授指派的博士生，是他設計與打造「希望」時的重要助手。

勒布列頓很關心美國正風起雲湧的學生運動，也常提出看法；李遠哲向來富人道主義關懷，比較偏向左派，加上自己也曾親身經歷柏克萊加大的學運，所以，「我知道勒布列頓在想什麼。」

至於從德州來的麥當勞，「他非常痛恨他媽媽，因爲他童年時在玩玩具，拆了又裝，裝了又拆，他媽媽怒罵：『爲什麼整天都在玩這個！』說完就把他的玩具拿去丟。當他說起這些往事時仍帶著恨意。」從小到大看過許多人在壓抑的環境下養成類似性格的李遠哲說：「右派的心情，之所以讓他們變成右派的人性，我也能理解。」

他常傾聽麥當勞的心事，知道麥當勞雖然聰明，卻是比較自我中心的人，因此，他常像兄長般開導麥當勞，也贏得麥當勞的敬重。

有天深夜，麥當勞手邊一個電源的保險絲斷了，就順手拆下其他人儀器上的保險絲，裝在自己的儀器上繼續做實驗。隔天，別人的儀器無法運作，花了很多時間追查才發現少了一條保險絲，而且是麥當勞半夜拿去用卻沒有裝回去。李遠哲知情後找麥當勞懇談，並警告：「下次再有類似行爲，只圖自己方便而不爲他人著想的話，我就不讓你跟著我做研究了！」麥當勞很在乎李遠哲的友情，這次事件之後就不再犯。

李遠哲決定自己找工作之後，撥電話到柏克萊加大給馬漢教授，探聽各校化學系是否有職缺？

馬漢教授說：「不要違背赫許巴赫教授的好意吧，他如果希望你留下來繼續幫他做實驗……」

李遠哲說：「你放心，我已經跟赫許巴赫教授說過了。此外，我訓練了兩位研究生，他們都很聰明也很認真，也都能幫教授做實驗。」

馬漢教授這才告訴他，科羅拉多大學（University of Colorado）、芝加哥大學都在找一位助理教授，建議他試試。又說：「新學期開始，我就是柏克萊加大的化學系主任了，我們系上其實明年也要找一位助理教授。你如果明年來申請而得到職位的話，我希望你能接受，但也希望你不要跟我做同一個領域的研究；還有，系上有些物理化學的老師的研究領域，我希望你也不要跟他們競爭……」

「可是，如果這些重要的研究工作，我這也不能做，那也不能做，我還能做什麼呢？」

「你可以做離子的光譜，這相關主題沒有人做。」

「可是，我對這個研究工作並沒有很大的興趣[51]……」

李遠哲很感謝馬漢教授提供消息，但是，他經過深思，與其回柏克萊加大任教卻必須自我限制，甚至連許多重要的主題都不能探究，那麼，不如到其他學校試試看。於是，他著手寫信到科羅拉多大

51 儘管當時對離子光譜的主題沒有興趣，李遠哲在一九七〇年代末期仍因緣際會做了一系列相關研究，相當成功，但他的興趣仍不大。詳見後文。

學和芝加哥大學，很快就收到回信，邀請他參觀訪問和面試。

他首先前往科羅拉多大學，深深感覺：「這裡眞的好漂亮，有蔥鬱的森林和白雪！也有兩位在物理化學界頗負盛名的大教授。」他回到劍橋市後，對吳錦麗說：「我們好像會到科羅拉多大學呢。」

「好，我們就去科羅拉多。」吳錦麗微笑支持他的決定。

幾天後，他又前往芝加哥大學化學系介紹自己的研究成果，並與該系教授交流；見到幾位世界大師級的教授，格外使他感到興奮。教授們也講述芝加哥與校內的情況，包括芝加哥的治安問題。

他很關心芝大對他的研究能給予多少支持，於是問系主任：「我想要繼續做更進一步、更完美的交叉分子束實驗，需要龐大的經費才能打造更理想的儀器，芝大能提供這些費用嗎？」系主任沒有承諾會給多少經費，但是口氣極爲肯定地表示：「芝大會盡全力。」主任暗示，芝大是一所知名的私立大學，爲了有好的辦學成績，會不遺餘力襄助知名學者或有潛力的學者。

他也參觀芝大的機械工廠，無論規模與人數都遠超過哈佛大學，師傅的經驗也很豐富。而且，知名學者恩里科．費米[52]促成連鎖反應的原子堆計畫[53]也是在這機械工廠製造的。

回到劍橋市，他分析給吳錦麗聽：「芝大確實是一所世界名校，無論教授群的水準跟芝大研究中心的設備、學校的氣氛、行政組織，科羅拉多大學比起芝大是差了一截。所以從學術的觀點，我應該去芝加哥。但是，我有個很大的掙扎，芝大所在的地區，治安並不很好……」

吳錦麗也知道，當初（一九六二年）李遠哲在臺灣申請留美時曾寄出五家學校申請函，得到的回覆中，芝大就曾承諾給他全額獎學金，並且無須兼做助教，條件極爲優渥。然而，一方面，柏克萊加大的物理與化學系是世界知名；另一方面，他們曾看過一部美國電影，內容講述美國芝加哥的義大利裔西西里幫派分子不時持機關槍掃射互爭地盤，李遠哲雖知道劇情指的是過去的黑暗時代，但也獲悉位於芝加哥南邊貧民區的芝大治安不佳，因此決定不到芝大攻讀博士。

眼下，過了六年，芝加哥的治安並未改善多少，但是，芝大確實有助於他深入交叉分子束與化學動態學的研究，也將提供較好的學術研究環境，幫助他成爲更優秀的科學家，他到底該不該去呢？

李遠哲心裡很糾結。

高中一年級因肺浸潤在家休養時，想要做自己生命的主人、做有意義的事，成爲一流科學家以貢獻人類的初衷仍在心中激盪。如今，他親手打造的「希望」終於能讓世界看見分子碰撞過程，但是這部儀器還有不少地方有待他改善，才能讓信／噪比更加提升；而且，他希望能做到反應前的分子束的速度選擇，與反應後的產物速度的詳細分析，這些「希望」都還沒能做到。留在哈佛再做更先進的

---

52 Enrico Fermi，一九〇一～一九五四，義大利裔美國物理學家。一九三八年諾貝爾物理學獎得主，諾貝爾基金會表彰其「證明新的放射性元素的存在可由中子照射，及發現慢中子引發的核反應的相關研究」。生前曾教出最多諾貝爾獎得主，被譽為二十世紀的首席物理學家。

53 Atomic Pile，一九三九年美國實施「曼哈頓計畫」，要製造原子彈。但是必須要先建造原子堆，也就是原子反應爐，才能取得製造原子彈的相關數據資料。於是一九四二年，費米帶著一群人在芝加哥大學祕密建造世界第一個核反應爐，完成鈾分裂，是人類第一次使用原子能。

交叉分子束儀器的機會應該不大，他必須要找一個地方能容許他打造更精緻的交叉分子束儀器，才能不違初衷，繼續做對世界有意義的事……

答案，似乎很清楚了。

1 李遠哲一九六八年於哈佛大學實驗室，背後的儀器「Eve」是「Hope的姊姊」，李遠哲說。

2 李遠哲（後）與恩師赫許巴赫（前中），以及在哈佛大學指導的博士生麥當勞（前右）、勒布列頓（前左），於「希望」前合影。

第八章
治安陰影下的生活

金黃色葉片眩目無比的秋日九月，位於美國伊利諾州的芝加哥大學已有陣陣涼意，比起柏克萊加大或哈佛大學，這裡的氣溫低得多。亞熱帶臺灣的氣候型態已經離李遠哲一家四口越來越遠。

李遠哲全家從住了十八個月的劍橋市遷移過來，搬進芝大南邊的助理教授宿舍區。一位助理教授鄰居七月就搬來，稱讚道：「我芝大的聘期從八月才開始，我說我七月會搬過來，雖然到七月底才搬來，但是芝大從七月初起就給我薪水了，福利眞好。」

李遠哲聽了淡淡一笑。本來八月就要到芝大任職，但是答應赫許巴赫教授在哈佛大學多留一個月幫忙，就事先通知芝大會遲至九月才到任。陰錯陽差的是，後來哈佛只需要多幫忙到八月中旬，八月薪水沒有著落，但他仍需付清一整個月房租才能搬離劍橋市；而搬來芝大需支付八月全額房租，卻領不到芝大八月的薪水。搬家似乎總是讓李遠哲吃了些虧；儘管如此，他也沒想爭取什麼，泰然處之。

鄰居好心提醒他，學校安排他們住的宿舍位在貧民區，當中僅二%人口不是非洲裔，而這二%少數人口都是芝大教職員。

夜半，不遠處槍響驚醒了睡夢中的李遠哲，他起身到窗邊查看，紅亮亮的警車車燈一閃一閃射向漆黑的街道，是警察正在追逐嫌犯。「不能看！不能看！危險！」吳錦麗使勁欲將他拉離窗邊，深怕他被流彈射中。

白天，李遠哲開車載吳錦麗去買菜，開到市場的停車場時，一名手持長鐵棍的非洲裔男孩跑了過來，壓低聲音說：「先生，你有零錢嗎？」

李遠哲夫婦迅速交換眼神，到底該給錢還是不該給？給了錢，男孩就會離開，不給，等兩人離開車子去買菜時，男孩很可能砸車洩憤……該怎麼做？

對於教育，吳錦麗自有一套原則：「縱使只是零錢也不能給。給了，他以後會養成搶劫的習慣，這不是好的教育。」她堅持由李遠哲留在車裡看守，自己下車去市場買菜。男孩沒有得逞，一會兒就不見蹤影。

從遷居芝大校區起，治安確實是李遠哲全家的隱憂。學校的一棟棟校舍被馬路隔開，與其他公私立建物共存於城市中，校區內不僅有師生，還有市裡各行各業的居民。

爲了預防師生遭遇危險，芝大建議的標準作業程序（Standard Operation Procedure, SOP）是要求每位教職員隨身口袋放十美元現鈔，萬一遭遇搶劫，就把十美元給對方以求保命。

李遠哲上班時就這麼做，倒是沒有發生過意外。而且，他晚上離開實驗室前，都會在窗內張望許久，確定門外無可疑人士才會離開，謹慎應對。不過，有一天，他的一位學生神色慌張進到教室，一問之下，是在路上遭一名少年搶劫，學生還沒把錢拿出來，又有一名青少年追過來警告少年：「我告訴你好幾次了，他看起來只是個窮學生，別跟他要錢。」學生因此脫困，驚魂甫定。

另一位學生的哥哥讀芝大時總說：「大家都說芝大不安全，其實不會的，我在這裡念了那麼多年，也沒有人向我要過錢。」不料，畢業後穿著西裝回到芝大就被搶了。

連來訪的外校教授也經歷了莫名其妙的遭遇。

曾有一位非洲裔教授前來芝大演講，下公共汽車後，因爲沒帶手錶，主動詢問一位路過的老先生：「你知道幾點了嗎？」老先生當場脫下手錶就逃了。這位教授拿著手錶來到教授俱樂部（faculty club），無奈地說：「我剛才碰到一位老頭子，我問他時間，他居然給我這個……」

由於李遠哲大多數時間都在學校，而吳錦麗每天上午、中午、下午都要步行接送五歲的李以群與兩歲半的李以欣往返幼稚園與托兒所，使得她總是提心吊膽。兩人商量後，決定留意新住處，等到一年租期過後就盡快搬離此區。

正因李遠哲全神貫注於科學研究，理家育兒責任都由吳錦麗一肩扛起。

每天晚上，李遠哲回家陪妻兒吃完晚飯就趕回實驗室，凌晨過後才返家就寢；他上午八、九點起床時，孩子們已經上學了。於是，孩子在家或學校成長的點點滴滴，大半是吳錦麗在就寢前或早餐時轉述，他可以說是個「不常在場」的父親。

「半夜到凌晨四點之間是一天唯一能讓我獨自安靜思考的時間，一些創新的想法、做不完的工作都在這段時間做，然後才去睡。等到睡醒時，孩子已經去上學了，所以，我常覺得我很自私。」李遠哲自承。

爲此，吳錦麗想盡辦法增進父子間的相處機會與感情。

例如週末時，吳錦麗會爲孩子們準備小小的便當，讓孩子們帶到李遠哲的實驗室。李以群喜歡在實驗室角落閱讀，而李以欣則模仿李遠哲畫設計圖、拿鐵鎚與板手敲敲打打，非常逗趣；吳錦麗也偶爾幫忙整理雜亂的室內。

當研究工作越來越忙碌時，李遠哲也不見得能帶孩子去實驗室了。有時候他答應週末帶孩子出門，不料實驗室儀器出了問題，他非得趕到學校親自解決，惹得孩子們滿臉盡是失望。「這樣不好，孩子們會覺得父親是一個不可信的人，」吳錦麗於是準備一個口袋妙計，每次李遠哲失約，她就帶孩子們去附近的科學與工業博物館（The Museum of Science and Industry），館內有許多小工具和自己動手做（Do it yourself, DIY）的小實驗，孩子們總是玩得很開心。

耶誕節時，吳錦麗按照孩子們向耶誕老公公許下的願望購買了需要ＤＩＹ的禮物，等到李遠哲從實驗室忙碌整天回到家，她就趁孩子入睡時拿給李遠哲組裝。他總是拿出零件組裝成機械小汽車等禮物，熬夜完成後放在耶誕樹下，第二天清晨就會聽見如小鳥般蹦跳雀躍的孩子們喊著：「爸爸！媽媽！眞的有耶誕老公公呢，祂昨天晚上把我們許願的禮物送來耶誕樹下了！」

其實，李遠哲與孩子們相處的時光，遠多於父親李澤藩當年花在每個孩子身上的時間，但是吳錦麗仍覺得不足，她很羨慕赫許巴赫教授親自教導孩子所花的心思，「赫許巴赫教授的小孩要學習太陽系，他就把家裡房間布置成太陽系，還掛上月亮與九大行星[54]，一個個教孩子認識；孩子學小提琴，他也跟著學。」

然而，充滿濃厚社會主義情懷的李遠哲卻認爲，「教育很重要，而且，別人孩子的教育與自己孩子的教育一樣重要；別人把他的孩子交給我，我也必須盡教育的責任來好好培養他。」

雖說如此，教育畢竟是百年大計，無論如何，李遠哲再忙都會和吳錦麗討論孩子們的文化、教養、人格培養和教育方針等，一起作主。

有時候，李以群在家裡會翻轉地球儀，找到太平洋西岸那座形似番薯的小島後興奮地說：「這裡就是臺灣！」這舉動總讓李遠哲又驚又喜。李以群在幼稚園裡也會這麼做，老師驚嘆地問吳錦麗：「五歲多的孩子竟然會認地球儀！」

李以群常跟同學說：「我的爸爸是修理匠（fixer man）！」同學們紛紛開心地帶故障的玩具或機器到校，要李以群帶回來讓李遠哲修理。而李遠哲除了找不到合適零件無法修理的玩具或機器之外，也果眞修理好了大半數，讓李以群帶到學校還給同學。每想及此，他總是莞爾：「我確實是一個 fixer man啊！」

至於不滿三歲的李以欣，才上托兒所不久。一天，吳錦麗對李遠哲說：「園長希望你能請假和我一起去學校談談。」

這對困惑的夫婦來到所內，所長興奮相迎，驚喜地對他們說：「你們的孩子眞叫我驚訝！」

這對夫婦仍摸不著頭緒。

所長滔滔不絕說：「前幾天啊，教室的一把椅子壞掉了。以欣向來是我的小幫手，我叫他去工具箱幫我拿起子來修椅子。他竟然問我是要平頭還是十字頭的起子，讓我大吃一驚，這不是三、四歲孩子會做的事吧？」語畢又追問：「他年紀這麼小怎麼懂？你們是怎麼教他的？」

李遠哲想一想，說：「或許是因爲他看我在學校做實驗，很好奇拿工具把玩，我教他怎麼使用的吧。」

臨走前，所長鄭重表示：「我也很好奇你們夫妻怎麼教育以欣的，我會注意以欣日後的成長和成就！」

一九六九年五月，李家第三個孩子出生，是個女孩，取名李以旋[55]；適合育兒的住居問題越來越急迫。半年後，李遠哲在芝大東邊鄰近密西根湖的區域找到適合育兒的公寓二樓，舉家遷往，夫妻倆安心多了。

搬到新環境，李遠哲把以欣送去就讀美國哲學家暨教育家約翰．杜威（John Dewey）（一八五九～一九五二）創辦的芝加哥大學附屬實驗學校附設幼稚園，每天早上九點到十二點上學。但是一段時間之後，校方就向吳錦麗表示，希望李遠哲也能一同來商討重要的事。

夫婦兩人去到幼稚園。園長表示，李以欣放學回家之前會把玩具、書本等歸回原處擺放整齊，

---

54 二〇〇六年，國際天文聯合會將冥王星判定為矮行星，原本通稱的九大行星也改為八大行星。

55 李遠哲的么女。「以旋」取其為「以群眾之力改革社會，凱旋而歸」之意。

其他同學則是亂丟一地就走了。「依照兒童的發展，這個年紀的小孩不應該會像以欣有這麼大的責任感，這表示他受到太大的壓抑。」園長提醒他們注意教養方式，不要過度訓練小孩。

李遠哲很詫異，他表示，孩子的行爲舉止往往是模仿而非訓練而來。「我太太的家務整理井井有條，一塵不染，這是她的習慣；而且，她也不會要求孩子仿效，更不會以此處罰小孩。」儘管如此，園長仍要求他們「讓孩子亂一點，像一般的孩子一樣。」

於是，在家裡，吳錦麗看到李以欣玩完玩具，就會示意「不要收回去，亂一點是可以的。」一段時間之後，李以欣的行爲雖然稍有「改亂」，園長仍不滿意，這使吳錦麗苦惱不已。

搬遷到較安全的環境之後，吳錦麗常帶李以欣到家附近的公園打棒球。起初李以欣很喜歡，後來卻鬧彆扭不肯再去了，喊著：「沒有人在跟媽媽打棒球的啦！（因爲大家都是跟爸爸打棒球）」

李遠哲想了想，既然不能大白天陪孩子打球，晚上用餐後，就將自家房屋的隔間走道充當練球室。他站在一頭，讓兩兄弟站在另一頭；他振臂投球，孩子就接球，反覆練習。

李遠哲沒有時間帶孩子們出去露營，於是他會帶著孩子爬進睡袋裡，睡在客廳地毯上，關掉電燈，想像父子們正睡在夜空下，「我們都稱之爲『露營』，那是父子最親密的時刻之一，」李以群說，「我也很喜歡看爸爸修東西，手錶停了他會修，老電視壞了，他會把眞空映像管和重要零件拿出來，到電器行（Radio Shack）教我們怎樣一個個測試出故障的，再買新的回來換裝[56]。」

不只李以欣，李以群的學校教育方針也曾讓李遠哲夫婦傷透腦筋。

李遠哲的芝大同事都把孩子送到芝大附屬實驗學校就讀，當中大半學生是芝加哥的權貴子弟或芝大教授子女，原本李以群也就讀同一所學校。但是，當耶誕節假期將近，李以群放學回到家卻問：「媽媽，我們這次要去摩納哥還是亞斯本的滑雪勝地度假？」吳錦麗大爲咋舌，也才知道李以群很多同班同學都前往歐洲滑雪度假。

李以群曾聽同學說家裡有兩臺彩色電視，回家就問：「媽媽，我們爲什麼沒有兩臺電視？爲什麼不是彩色的？」而九月初的猶太新年當天，李以群到校上課時，班上只剩四位同學，另外二十一人都去猶太教堂；他回到家又問：「媽媽，我可以去念希伯來學校嗎？」

「我們覺得不對，小孩應該平民化，更接近眞實社會。」吳錦麗認爲。而向來講求人人平等，不希望孩子有階級之分的李遠哲判斷，私立學校的同學也許家境較富裕，卻已讓孩子對社會與自身產生錯誤認知。學期終了，夫妻倆就將李以群轉入附近的公立小學，讓孩子習慣社會的眞實樣貌。李以群在學校裡很快就認識新朋友，不少是非洲裔，且不少好朋友也是非洲裔，「他不會以膚色來看人，選擇朋友，」吳錦麗甚感欣慰。李遠哲也認爲，公立學校才是融入眞實美國社會生活的途徑。可以說，爲了孩子的教育，夫妻兩人煞費苦心。

然而，在芝加哥生活近兩年，治安仍是不定時炸彈，讓吳錦麗備感壓力。

---

56 李以群受訪時回憶，這也是父子間很親暱的時刻，並說：「天啊，我真希望看他再修一遍！」

有一回，李以群和同學去書店，突然出現三個年紀較大的非洲裔少年，「我們又矮又瘦，同學的錢就被他們搶走了。」李以群說。還有個上午，李以群和同學們騎腳踏車到附近的公園，忽然有個大男孩要搶車，他們挺身就和對方扭打起來，對方後來見情勢不妙逃跑，但他們也掛了彩。

「媽媽，我們打贏了！我們打贏了！我保住我的腳踏車了！」李以群返家後驕傲地說。吳錦麗看到孩子受傷，雖心疼卻不能稱讚孩子；因爲，她既無法鼓勵孩子爲了保住腳踏車拿命來拚，也不能鼓勵孩子爲求保命而把腳踏車交給對方，這樣的教育問題很兩難；類似的情況在芝加哥不時上演。

有一天，李遠哲赴美國東岸參加研討會，只有吳錦麗和三個孩子在家。

吳錦麗送兩個兒子上學之後，趁著小女兒還在搖籃裡酣睡，趕忙到附近的郵局繳費。飄雪的冰冷天氣，地上覆滿積雪，陽光照射白色的雪地，反射的白光照得她睜不開眼。

她走進熟悉的郵局大門，由於內外光線的對比太強，使她看進郵局的視線一片漆黑。才踏進室內就覺得不對勁，平時人聲鼎沸，此刻卻鴉雀無聲。好不容易適應室內光線，看見櫃檯後方的人都舉起雙手，地上也有人趴著，眾人都盯著她看。此時，有個男人大喊：「站著不許動！否則我要開槍了！」一個男人的斥喝聲嚇得她幾乎魂飛魄散。

遇到搶匪的吳錦麗腦海一片空白，隨後想起出差在外的李遠哲，心繫著可能甫睡醒哭著找媽媽的李以旋、正在學校上課的李以群與李以欣，此刻自己卻生死操之於人。

當搶匪得手現金轉身逃走，劫後餘生[57]的吳錦麗已驚懼得四肢麻木。經歷這場生死交關，對於身處的生活環境，她有了更清晰的體認。事後，她對李遠哲說：「你把孩子交給我照顧，但是萬一孩子出事，我該怎麼對你負責呢？你要給我一個安全的環境。」

李遠哲跟吳錦麗商量：「芝大的助理教授不是終身職，是三年一聘；既然這裡這麼不安全，大家生活得這麼辛苦，等三年期滿前，我就換去其他學校教書。」

兩人取得共識，只是，這個計畫是否眞能如願？

李遠哲一家五口在家中。（左至右）李遠哲、李以群、李以欣、李以旋與吳錦麗。

57 李以群表示，吳錦麗甚少提及她遭遇搶匪的事件，應是避免在孩子心中留下陰影。

第九章 科學的良性競爭

一九六八年，李遠哲到芝大化學系擔任助理教授，實驗室還沒開張就收了兩位從哈佛大學化學系慕名而來的學生，一位是研究生約翰．帕森[58]，另一位是博士後研究員彼得．希斯卡[59]，他們都滿懷熱忱希望跟著李遠哲做有挑戰性的主題。

開學後，他在大學部教「物理化學」，也開一門課給專攻人文社會科學且毫無化學基礎的學生（Chemistry for Non-Scientists）修習，又有兩名意志昂揚的研究生加入實驗室[60]。

李遠哲來芝大任教隱隱有幾個目標：首先，他要打造一部更精緻的交叉分子束儀器，能選擇分子碰撞前的速度，並針對碰撞後的速度分布進行分析，這是「希望」還沒能做到的；其二，他對不少挑戰性的主題都很有興趣，例如原子與分子間的高動能碰撞，如何把分子解離為「離子對」，或氬穩定電子激發態的氦原子與其他稀有氣體原子間的作用力等，希望幫助學生把這些主題做出成績；最終，他要傳承自己摸索與累積的知識、技能與經驗，培養學生成為獨當一面、對人類有貢獻的科學家。達成這些目標的柴薪，是熱情的態度和充足的資源。

起初，實驗室空空如也，李遠哲在機械工廠開始創建他的新儀器，支出先由芝大化學系的帳戶來負擔，「芝大眞的用對待一名大教授的態度來看待我，他們對我研究的支持不遺餘力。」

他引導實驗室學生思考解決問題的方法，教導他們畫機械設計圖，帶著設計圖到工廠裡找總管和師傅討論、捲起袖子一起工作，學生們也跟著學習。而他以誠待人，尊重師傅們的專業，不分地位、階級及族群的態度，很快就跟師傅們打成一片。

他先前在哈佛大學打造「希望」就花費逾八萬美元，這回建造新儀器的費用需龐大的經費，爲了不讓芝大挑起太大的負擔，他撰寫研究企畫，探詢美國國家科學基金會（National Science Foundation）和原子能委員會（Atomic Energy Commission）申請經費。兩家機構都回覆資助意願，前者表示每年給予兩萬美元經費，後者願意每年給予兩萬五千美元，對於一名助理教授來說，這些金額都相當龐大。兩家機構都很看好李遠哲的潛力，都希望能取得獨家資助研究的冠名權益（credit），結果演變成競價、互搶的局面。最後由原子能委員會以每年四萬美元經費資助。

李遠哲先後設計完成了兩部儀器，一部是比「希望」更複雜，研究成果更精緻的通用型交叉分子

58 John M. Parson，俄亥俄州立大學化學系名譽退休教授。是李遠哲指導的第一位博士。

59 Peter Siska，一九四四～二〇〇九，哈佛大學化學博士，曾任匹茲堡大學化學系教授。李遠哲在哈佛大學做第二個博士後研究時相識。一九六八年李遠哲赴芝大任教時，跟隨李遠哲做博士後研究直至一九七一年，是李遠哲指導的第一位博士後研究員。

60 李遠哲第一年收的團隊成員共四位，除了最早加入的約翰．帕森、彼得．希斯卡，以及楚迪．雪佛（Trudy P. Schafer）和法蘭克．塔利（Frank P. Tully）。

束儀器；另一部造價比較便宜，但是也能做有挑戰性的主題。這是爲了變通而苦思所得的創意。

由於通用型交叉分子束儀器的檢測器很昂貴，李遠哲想出共用束源的辦法。他教導學生因應各自的實驗主題來設計各式各樣的束源，一部儀器做完研究時，就把束源拆下並換上新的束源，把舊的束源安裝到另一部功能不一樣的儀器上做不同的研究。這樣，他跟學生都能做實驗，只要分配時間即可。

「任何機械師傅都不願製造一部機器，而半年後卻看著它被擱置不用，但李博士從來不讓這樣的事情發生。」芝加哥大學機械工廠儀器設計師赫爾穆特．卡博（Helmut Krebs）說。

爲了打造儀器，他每天一進實驗室就動手畫設計圖，然後去機械工廠給新設計圖、看成品。他移動到哪裡，學生就學到哪裡。他一邊做事，學生跟著學、問他問題，他會停下來耐心講解，於是學生學得很快。儘管這讓他耗費許多時間，卻是他想把學生培養起來的理想境界，「我想要點亮每一個學生。」他期許著。

戴著黑框眼鏡，一頭無暇整理的亂髮，袖子隨時都捲著並調整儀器的李遠哲自有其教學風格，他不像以往馬漢教授只進辦公室找學生談話，也不像赫許巴赫教授到實驗室來視察就走，迥異的是，他每天都在實驗室內，學生一定能在他的交叉分子束儀器旁找到他。他的黑板是儀器，他的課本是儀器，他的研究都寄託於儀器，他的儀器就是他的熱情所在。他是一位熱情的發明家，以通用型交叉分子束儀器來探索未知的科學家。

當他忙於設計打造更精緻的交叉分子束儀器時，芝大也席捲一場風起雲湧的學生運動。

芝大學生們呼應紐約哥倫比亞大學學生的反戰運動訴求：抗議美國出動五十萬軍隊參加越戰，並反對大學參與戰爭相關研究，芝大學生們更在校園內集結，後來更進占校長室。

芝大校長先遷到其他大樓辦公，接著召集校內教授成立一個委員會來商討因應對策，一位化學系教授也受邀參加。午休時間，這位教授在教授俱樂部內情緒激動地表示要嚴懲學生的不當行爲，李遠哲不斷勸阻：「學生不是爲了自己而這麼做，他們是爲了公共事務，而且，他們的行爲也不是完全沒有道理。」

這場美國各大學串聯的學運如星火燎原，越燒越旺，一九六八年底，尼克森總統出動軍警壓制學生而釀起更大的輿論壓力，最後才於一九六九年宣布從越南撤軍。

在一九六四年和一九六五年的柏克萊加大，以及一九六八年和一九六九年的芝大，李遠哲親身見證這兩場改變美國民主制度與世界歷史的學運，感受極深，沒想到學生敢反抗權威。他聯想起《美國人民的歷史》書中的一段故事：有許多民眾參加一場活動，這時一位議員要從後方擠到前方，不斷聲稱：「我是人民的代表。」這時在場民眾紛紛指著自己對議員說：「我們就是人民。」

在這兩場學運中，李遠哲親眼看見學生純潔堅定的信念，逼使執政當局不得不正視「美國是人民的美國，因爲人民是國家的主人」的立國精神。

＊＊＊

一九六九年七月，在激昂的美國政治社會氣氛中，李遠哲一篇解釋設計「希望」的文章在重要學術期刊《科學儀器評論》（*The Review of Scientific Instruments*）上發表了，是繼前一年在高登研討會公布之後，將「希望」這部通用型交叉分子束儀器的詳細設計公諸於世；換句話說，包括赫許巴赫教授實驗室在內的世界十大團隊應該都已看過這篇論文。

值此之時，威斯康辛大學麥迪遜分校化學系教授李察・伯恩斯坦[61]的團隊也發表新研製的通用型交叉分子束儀器，並宣稱「這是當前世界上最先進的交叉分子束儀器」[62]。由於伯恩斯坦教授在交叉分子束領域研究多年，並擁有美國國家科學院院士頭銜，因此受到學界注目。

有一天，芝大化學系史都華・萊斯[63]主任訪問了威斯康辛大學，回到芝加哥之後就將伯恩斯坦教授的學生新近完成的博士論文拿給李遠哲，直白地說：「據說這是現在最先進的，你正在設計的儀器能做的跟這個一樣好嗎？」

彷彿間接被下戰帖般，李遠哲仍謙虛地對萊斯主任說：「我回去研究一下再告訴你。」

經過分析比對，李遠哲判斷，他的儀器的分子束束源比較強，每秒碰撞次數多三十倍，檢測器的噪音低至少一百倍，所以信／噪比比對方強逾一千倍。

不過，幾天後，李遠哲仍客氣地回覆萊斯主任：「我的儀器會比伯恩斯坦教授團隊的好一百倍。」萊斯主任聽了，眼神充滿著質疑。

伯恩斯坦教授是美國科學院院士，李遠哲只是三十二歲的助理教授，或許萊斯主任認爲，他憑什麼如此狂妄？

每到一個新的環境另起爐灶，李遠哲總會看見這種眼神，也早已對「看你到底有什麼能耐？」的質疑司空見慣。但最要緊的是把儀器打造好，不忘初衷。

一九六九年秋天開學，又有幾位研究生滿懷抱負要跟李遠哲做研究，於是他又加收了三名研究生[64]。而校方注意到李遠哲幾乎天天都跑機械工廠，便指派他擔任機械工廠的「教授代表」（Faculty Representative）。

---

61 Richard B. Bernstein，一九二三～一九九〇，專研化學動力學、反應動態學、分子散射與雷射技術，飛秒化學（Femtochemistry）創始人。二戰時曾參與哥倫比亞大學的曼哈頓計畫及太平洋比基尼島原子彈試爆，一九四六年獲哥倫比亞大學博士。曾任教於威斯康辛大學麥迪遜分校、德州大學奧斯汀分校、哥倫比亞大學等，後於洛杉磯加州大學化學系退休。曾獲美國化學學會獎章、美國國家科學獎章、彼得．迪拜獎等，獲獎無數。伯恩斯坦教授胸襟寬大，賞識李遠哲，算是他的貴人。

62 在一九六九年的研討會後，由Biker and Bernstein投稿一篇文章，並於一九七〇年五月發表於*The Review of Scientific Instrument*。文中指出，檢測中性粒子的最大問題是分子束散射技術有其限制的原因，除了以鹼金屬來做實驗，其表面離化的精確度可達百分百之外，即使使用現代高強度的中性束源，一般中性與中性的散射實驗仍很難像做帶電粒子的研究那樣細緻，因為帶電粒子可以計數，但中性粒子還做不到。由於一九六八年赫許巴赫與李遠哲的研究已證明信／噪比才是關鍵，因此李遠哲疑惑，難道伯恩斯坦教授沒有看到他們的研究論文嗎？為何伯恩斯坦教授在一九六九年的研討會與一九七〇刊登的論文仍延續舊觀點，不知道信／噪比才是關鍵問題？

63 Stuart A. Rice，一九三二年～，美國理論化學家、物理化學家，芝加哥大學化學系名譽教授。曾獲美國國家科學獎章、彼得．迪拜獎、沃爾夫化學獎等。

64 李遠哲第二年收的團隊成員有三位：包括詹姆斯．法拉（James Farrar）、來自臺灣的陳仲瑄，以及來自香港的Y. C. Wong。

巧的是，他那「更精緻」的交叉分子束儀器尚未打造完成，校方卻縮減了機械工廠的下一年度預算，使得師傅們忿忿不平，因爲他們不僅可能無法加薪，還有可能被裁員。於是工會代表建議罷工。學校深知李遠哲與師傅們感情融洽，又是機械工廠的教授代表，就指派他代表校方由學校的律師們陪同，和工會談判。

談判桌上，李遠哲與校方律師坐在同一排，對面一排坐著工廠的工會代表們。當工會代表痛陳校方不合理的待遇時，李遠哲很能明白師傅的心情，不時表達同情與支持，這也使得校方律師數度發言提醒：「李教授，你是我們這一邊的。」

在雙方的交涉中，律師說明校方受限於對機械工廠的總預算而無法加薪的原因，而工會則表明加薪是校方明訂要保障的權益。這時，律師表示：「因爲今年學校的總預算比較困難，你們要加薪，那麼就會有一些人能加薪，但有一些人必須走路。」工會代表聽了大爲緊張，表明要回去和其他工會會員商討。

李遠哲問工會代表，如果維持加薪，那麼以工會的慣例會是如何呢？工會表示，通常會資遣年資較淺的人員。他與工會代表深入討論：「如果爲了給資深人員加薪，反而讓年輕的人失業，這樣眞的比較好嗎？有沒有可能共體時艱？」結果，機械工廠的師傅們最後都同意，如果維持加薪而資遣較年輕的師傅是唯一選擇，那麼，他們寧願不加薪而留住年輕的師傅們。

平日的待人接物與悲天憫人情懷讓李遠哲取得工會信任，就此化解一場罷工危機，保留了年輕師傅們的工作，也完成學校指派的協調任務，是難得的三贏局面。

＊＊＊

一九七〇年初，李遠哲已設計打造完成更精緻的交叉分子束儀器，並開始用它來做分子散射實驗。

有一天，伯恩斯坦院士特地來芝大參觀李遠哲的實驗室，看到他的實驗結果，並測量出各種惰性氣體原子與原子碰撞後散射的角度分布，很是驚訝。

「你的電話能借我一下嗎？」院士問。

「好啊，請用。」李遠哲說。

撥通電話後，院士對話筒那端的威斯康辛大學實驗室學生大聲說道：「你們今天一定要測出氖原子與氖原子的散射實驗的第一個震盪才能回去！」

院士把電話掛掉後，李遠哲平靜地說道：「院士，您的學生坐在那裡一年也量不出來的。」

「爲什麼？」院士沮喪地問。

「因爲信／噪比差很多。」

李遠哲解釋他的儀器與伯恩斯坦研究團隊的儀器在設計上的差別。首先，他的束源很近，對方束源太遠，他的束源每秒鐘碰撞的次數至少比對方高三十倍。最關鍵的是信／噪比；他的儀器有三個分段抽氣的眞空氣室，因此噪音比對方少一百倍。「所以，我的分子碰撞的次數比您高三十倍，背景噪音比您少一百倍，那麼我的儀器的信／噪比就比您高出三千倍。」他婉轉解釋：「要得到我實驗室一天做出來的結果，您的儀器恐怕要好幾年的測量才能得到一樣的結果。」

如果李遠哲的儀器只是贏過兩、三倍，或許伯恩斯坦院士還可以不服氣，可是，李遠哲的儀器卻是比院士的好上至少三千倍，院士不可能短期內追上。

聽完他的說明，院士傷心地說：「我從國家科學基金會申請了一筆經費，預計未來四年要做彈性散射的主題，但是一直沒有好結果，沒想到你一個星期就把各種碰撞的實驗都做了。遠哲，我一輩子做科學研究，從來沒有做到一半卻發現不轉彎不行的。」

接著，院士很誠懇地邀請他：「過幾個月有一場研討會，我受邀去講我的稀有氣體彈性散射研究成果，但是，我確定是不可能有數據能講的。我希望屆時我能邀請你上臺，把你的成果講給大家聽。」

這一年夏天，美國田納西州的橡樹嶺國家實驗室（Oak Ridge National Laboratory, ORNL）舉辦分子碰撞研討會，學界重要的人士都到了，赫許巴赫教授也在其中。李遠哲原本就受邀主講先進交叉分子束儀器設計，隨後的議程輪到伯恩斯坦院士。只見院士緩緩走上臺，向會眾說：「原本我受邀來講我的彈性散射的實驗，但是，我並沒有數據。欣慰的是，任教芝加哥大學的李遠哲已經把我未來四年預計要做的實驗都做出來了，現在就請李遠哲來讓大家聽聽他在這方面獲得的成果吧！」

經由胸襟寬闊的伯恩斯坦院士引介，李遠哲走上臺，以一張張投影片裡的精采數據獲得學界的注目。這些惰性原子的彈性散射實驗從來沒有人能做到，李遠哲竟然成功了，與會學者們儘管嚇了一大跳，看見他從彈性散射的角度分布，得出了眾人夢寐以求的稀有氣體原子之間的作用力，都極爲肯定。

會中，義大利熱那亞大學（University of Genoa）物理系教授賈勤多・思加勒斯[65]表示，自己運用輻射熱測定計（bolometer），測量抵達檢測器的信號，半年前左右同樣得出彈性散射的角度分布。但是，思加勒斯接著又承認，只不過，自己的方法並無法像李遠哲一樣量測到原子質量（因爲沒有像李遠哲的儀器裡具有的質譜儀，無法測量原子質量）。如果是對於同一種原子的散射，就沒有問題；但如果是對不同種的原子之間的散射，在分析上就會有不少困難。思加勒斯很佩服李遠哲，兩人雖競爭卻能互相交流，因此成爲好友。

原本李遠哲做彈性散射的研究，只是爲了測試他最新的交叉分子束儀器，因爲他最關心的主題是分子的反應動態，沒想到反而引起很大的迴響。然而，李遠哲在會中引起的注目與肯定還不僅於此。會中，美國麻省理工學院的知名教授約翰．羅斯[66]提到最近做的一項研究，觀察一個高能量的氙原子（Xe）怎麼樣把一個溴化銫分子（CsBr）經由碰撞而加以分解，變成離子對（ion pair）。

羅斯教授運用共振電子轉移（resonance charge transfer）的原理來製作束源，先把帶電的氙原子加速，經過充滿氙的氣室，產生共振電子轉移變成中性跑出來。但是，「我的束源很弱，看不到到底是什麼時候、原子的能量到多少，分子才分解的？」羅斯教授坦承。

---

65 Giacinto Scoles，一九三五～，活躍於歐洲與北美的義大利裔物理化學家，專研交叉分子束。曾任美國普林斯頓大學化學系教授、加拿大滑鐵盧大學物理化學教授、義大利熱那亞大學物理系助理教授等。英國皇家學院院士。荷蘭藝術科學院院士。與李遠哲為摯友。

66 John Ross，一九二六～，專研物理化學，史丹佛大學化學系名譽教授。曾獲美國國家科學獎章、彼得．迪拜獎、美國化學學會獎等。

李遠哲注意到，羅斯教授這項先進的實驗設計的問題是離子束源不強，所以看不到詳細的數據。但其實「分子的碰撞與分解」是重要的主題，他已經帶學生做過羅斯教授這個「分子如何分解」的主題了，而且他把實驗做成了。

這時，李遠哲起身說：「我們也做了這個實驗，用的方法和你不同。」

他引用化學界前輩約翰．芬恩[67]教授的理論指出，重的原子跑得慢，輕的跑得快；如果看高壓膨脹前的速度分布，速度慢的是重的原子，快的是輕的原子。但是，如果從高壓狀態膨脹到真空，溫度下降，所有的原子會以同樣速度跑出來，因此，重的原子或分子如果以大量的較輕的原子或分子當作載體，用超音速膨脹[68]，那麼，射出來的原子或分子的能量，將會與它們的原子量或分子量成正比。（見圖9-1）

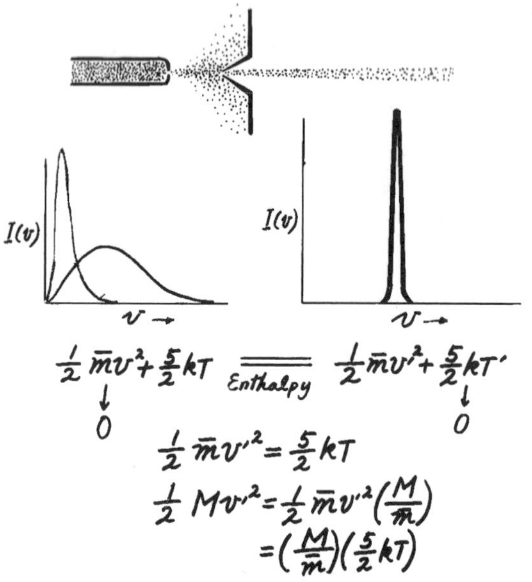

圖9-1：李遠哲利用圖中芬恩教授的理論來做氙原子的加速

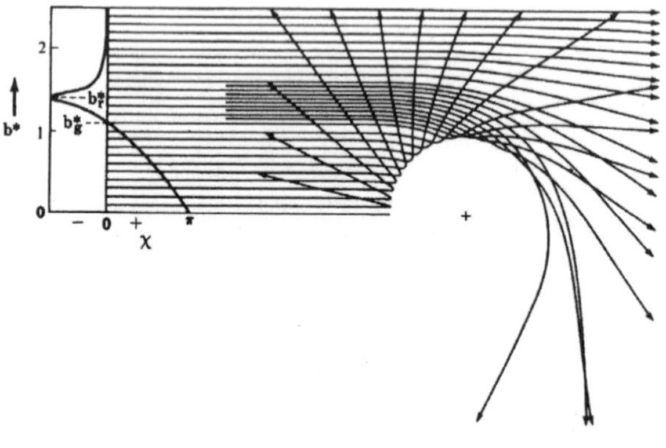

圖9-2：分子碰撞的誤差跟散射角度的關係圖

他繼續指出，超音速膨脹之前，雖然原子與分子跑得很快，不斷碰撞，但整個群體的移動速度很慢，動能幾乎等於零，所有的能量都在熱運動。一開始膨脹到眞空裡時，氣體馬上就冷下來；膨脹使溫度變得很低，下降到幾乎等於零度，所以這些熱能就變成動能。也就是說，要知道速度，可以從平均分子量算出來。如果這裡面有一個重的原子或分子、一個輕的原子或分子，以同樣的速度跑出來，由於動能是質量乘上速度的平方，重的粒子的能量比較大，能量大小跟它的質量成比例；很有趣的是，在這裡每個粒子的能量在膨脹前都一樣，跑出來之後，重的粒子比輕的粒子能量要大，因爲速度是一樣的，而能量大小就取決於質量的比例。

「所以我怎麼做呢？我把鎢（W）的金屬管加熱到三千度左右，把一％的氙放在九十九％的氫裡面，氙的原子量是一百三十二，氫是二，平均質量是三．三，氙的能量是平均質量的四十倍，我如果加熱到攝氏三千度，可以把氙原子加速到二十eV，要把溴化銫的分子鍵打斷只要五eV。但是我的束源強度在十個eV以下，比羅斯教授的強一百萬倍，所以我可以從溫度來調速度，可以從平均分子量來調速度，然後我就能看到一個氙原子從束源打到碘化銫，到底要多少碰撞能量才能產生離子配對，

---

67 John B. Fenn，一九一七～二〇一〇，專精於物理化學方法論，以電灑游離法（electrospray ionization）聞名。因發展出軟脫附游離法（soft desorption ionisation methods）來做生物大分子的質譜分析，於二〇〇二年獲得諾貝爾化學獎。曾任教於普林斯頓大學、耶魯大學、維吉尼亞聯邦大學等。

68 supersonic expansion，將氣體分子裝在高壓容器中，使氣體分子經一小孔噴向真空氣室，也稱為絕熱膨脹（isentropic expansion）的過程。

進一步用電場對產生的離子進行折射，了解不對稱的鹵化鹼金屬的分子兩頭的碰撞，對分解動態的影響。」李遠哲說。

經他解釋，羅斯教授才恍然大悟，「喔！原來你是把氙用氫來加速的。而且你的束源比我以離子束開始而用共振電子轉移產生的束源竟然強一百萬倍！」與會學者也覺得不可思議。

爲了追求眞相，科學界進行著良性競爭，各大團隊在這兩年的近身肉搏戰中已經確定分出勝負，李遠哲用更精緻的通用型交叉分子束儀器引領風騷，而且是以萬倍、百萬倍的精確度在不同的實驗領域贏過對手。

這一役，李遠哲從橡樹嶺揚名，成爲交叉分子束研究領域都知曉的名人。回芝大途中，系上與他同行的史蒂芬·貝利[69]、萊納·華頓[70]教授都感動地異口同聲說：「遠哲，我跟你一起在芝加哥大學當同事，我覺得非常榮幸！」

然而，李遠哲並非僅靠橡樹嶺「一戰成名」。攤開幾本重要的物理與化學期刊，在一九七〇年六、七月，他帶著學生做研究並聯名發表的論文就有四篇[71]，成果豐碩得令人驚嘆。因爲，通常一間實驗室數年才能做成幾個實驗，他的實驗室竟然一年多就能做成，而且在同一段時間發表四篇前人未能做到的實驗論文，可以看出他一步一腳印、辛勤探索科學所累積的成果。

他從橡樹嶺回到芝大不久，系上正寄信給各大學的外部專家，考核是否續聘他做助理教授。這是由於一九六八年時芝大聘用李遠哲任助理教授僅三年，並非終身職，三年期滿前就需考核，如果研究做得尚可就能再續聘三年助理教授，做得不好就必須「走路」。結果，系上收到外校專家們回覆的續聘考核信，一一拆開，答案清一色是：「李遠哲早就應該升等了！」顯然，外校專家們都看見李遠哲這些年來的成就。

實驗室內，當李遠哲正在帶學生操作儀器，萊斯主任走進來說：「你聘期滿三年就馬上要升等了，升爲永久聘任的副教授。」

「爲什麼？」李遠哲嚇了一大跳。升等意味著必須在芝大繼續留下來，但是他已與吳錦麗有共

---

69 R. Stephen Berry，一九三一～，哈佛大學博士。專研生物聚合物的結構、性能與動力，芝加哥大學名譽教授。美國藝術及科學院院士。皇家丹麥科學院外籍院士。曾任教芝加哥大學、耶魯大學、密西根大學等校。

70 Lennard Wharton，化學家。一九六五年於芝加哥大學化學系擔任助理教授，一九六八年升任終身職副教授，因而化學系出現一名助理教授空缺，使李遠哲得以申請並進入芝大任教。李遠哲任教芝大六年期間，兩人感情甚篤。

71 一九七〇年發表的論文分別是：一、P. E. Siska, J. M. Parson, F. P. Tully, Y. C. Wong and Y. T. Lee, Effect of Nuclear Symmetry in Atom-Atom Scattering, Phyical Review Letters.,25,271-272（1970）；二、J. M. Parson, T. P. Schafer, F. P. Tully, P. E. Siska, Y. C. Wong and Y. T. Lee, Intermolecular Potentials from Crossed Beam Differential Elastic Scattering Measurements, I. Ne + Ar, Ne + Kr, and Ne + Xe. J. Chem. Phys. 53, 2123-2124（1970）；三、T. P. Schafer, P. E. Siska, J. M. Parson, F. P. Tully, Y. C. Wong and Y. T. Lee, Crossed Molecular Beam Study of F + D_2, Journal of Chemical Physics., 53, 3385-3387 （1970）；四、J. M. Parson, T. P. Schafer, P. E. Siska, F. P. Tully, Y. C. Wong and Y. T. Lee, Intermolecular Potentials from Crossed Beam Differential Elastic Scattering Measurements.II Ar + Kr and Ar + Xe, Journal of Chemical Physics., 53, 3755-3756 （1970）。除此之外，這一年夏天還有一篇論文是先前李遠哲帶著赫許巴赫教授的學生高登用「信念」做鹼金屬二聚體的實驗，由高登、李遠哲及赫許巴赫教授聯名發表。

識，三年聘期屆滿就離開芝大。

「因爲信回來，外部專家都說你應該升等。」

「爲什麼？」

李遠哲一連問了好幾個爲什麼，心裡有點七上八下，回家後該怎麼對吳錦麗說明呢？

李遠哲在芝加哥大學打造了更精緻，測量更精準的通用型交叉分子束儀器。他隨時現身實驗室，爬上爬下修理儀器的身影，令學生印象深刻。

第十章　三年升等副教授

入冬了，又是攝氏零下的氣溫。

一大早，吳錦麗帶著李以群與李以欣兄弟走路上學，隨後趕回家照顧年幼的李以旋。在李遠哲出門前，她總是先鏟除公寓前停車位周遭與車頂覆雪，忙得滿頭大汗，清除得差不多再回室內爲李遠哲做早餐。室內開暖氣，戶外卻冰天雪地，溫差動輒二、三十度，頻繁進出之下，她總是不小心就感冒了。

李遠哲不忍心她忙進忙出，不要她特地爲晚起的他再做一次早餐，總是對她說：「我不餓。」但是吳錦麗仍堅持讓他飽足，精神抖擻地去芝大工作。

但是，冬天實在寒冷。搬來芝加哥之後，身高逾一六五公分的吳錦麗日漸消瘦，體重甚至僅有四十五到四十七公斤之間，一年有八個月受寒、咳嗽。

每天，李遠哲依慣例回家與吳錦麗、讀小學的李以群、幼稚園的李以欣，以及兩歲多的李以旋共進晚餐，約莫一個鐘頭。不過，他有時似乎心不在焉，吳錦麗問：「好吃嗎？你晚餐吃了什麼？」他果然答不上來。她笑笑說：「下次不花心思煮難做的料理了。」

一晚，李遠哲飯後心想，實驗應該做得差不多了，於是走向大門準備回學校看研究成果。這時，李以旋睜著一雙大眼站在門口說：「謝謝你來我們家！」

李遠哲愣住了。

「請問妳剛才說什麼呢？」吳錦麗問李以旋。

李以旋依舊說：「謝謝你來我們家陪我玩啊！」

稚女的童言童語透露出重要訊息：她不知道父親李遠哲跟全家人同住，誤會他僅每晚來用餐。這是個警訊。當晚兩人取得共識：李遠哲每晚回家用餐延長為兩小時，陪李以旋入睡後再回學校研究室。

自從一九七〇年中，李遠哲在橡樹嶺研討會揚名，不少知名教授專程來芝大看他的精緻版通用型交叉分子束儀器，討論研究議題。他決定做更具挑戰性的主題，也頻繁受邀講學，足跡遍及加州、美國東岸，德國哥廷根、柏林，義大利佩魯賈（Perugia），法國巴黎等地，也與萊斯主任等系上教授合作多項研究，工作時間越來越長。他每逢晚餐後就坐立難安，等不了多久就趕回學校工作，三更半夜才返家，日復一日，也難怪年紀小小的李以旋誤認他不住家裡。

治安與氣候的問題一直令他們念茲在茲，先前的共識是：助理教授聘期三年屆滿就離開芝加哥，如今，萊斯主任表示聘期屆滿將擢升他爲終身職副教授，使他與吳錦麗陷入兩難。「總不能升等了就跑掉了，這樣離開芝大，實在說不過去……」

吳錦麗雖不甚適應芝加哥的生活環境，但審思芝大的學術環境佳，對李遠哲的研究支援甚多，是一位熱情的科學家所求之不得的，於是兩人決定續留芝加哥三年。

＊＊＊

李遠哲不僅獨立進行自己的題目，也帶學生們做不少不同的主題，加上靈活運用兩部儀器，並教導學生設計製作所需的束源等儀器，是以，僅靠一個研究團隊的資源，卻能做出其他團隊幾年都做不來的重要成果。他勤奮工作的身教也成為學生的榜樣。

「他非常用功，我們即使工作到凌晨兩點，他也會來看我們。也許只是調整一下機器，然後就說：『應該是沒有問題！（Should be all right!）』那時候我們就知道實驗能成功。」研究生詹姆斯·法拉[72]說。

其實，一九六八年秋李遠哲離開哈佛大學後，赫許巴赫教授研究團隊總是很想念他這句定心丸般的口頭禪，「我們還真的把這句話掛在實驗室牆上。當然了，實驗真的順利，而且有好結果！」曾在赫許巴赫教授團隊跟隨李遠哲用「信念」做研究的羅伯·高登說。

李遠哲著迷於每一個主題，非常好奇實驗會有什麼新發現，因此學生們幾乎隨時都看見他出現在實驗室裡，覺得不可思議。

「遠哲總是長時間工作，我根本不覺得他需要睡覺。」詹姆斯·法拉笑著說：「他是我們的榜樣，激發了我們該如何努力工作。」

由於對人類肉眼不能見的世界太過於好奇，他也曾犯錯並引以爲鑑。有天深夜，一位學生與他討論問題後留下來繼續做實驗。他後來從辦公室走進實驗室時注意到學生已關機離去，實驗筆記本仍遺留桌上。他看了筆記本，對於學生做完一半的實驗結果心生好奇，忍不住開動儀器繼續做，直到隔天早上終於把學生的實驗做完，他興奮地在筆記本上留言詳錄實驗結果給學生後才離開。

他原本以爲學生也會很高興，後來才得知學生爲此十分惱怒，卻悶在心裡沒對他說。此後他引以爲鑑：「不要幫學生完成他的實驗[73]。」

但是他並未改變謙和有耐性的風格，無論什麼性格的學生都適性而教，要將每一位學生培養上來。雖讓他耗費不少苦心，卻也漸漸體會孔子「因材施教」的眞諦。

有一天，麻省理工學院教授約翰．羅斯來到芝大參觀李遠哲的實驗室。羅斯教授深深折服於他這部交叉分子束儀器，因爲既能選擇碰撞前速度，還能分析碰撞後速度，並能做從一個態（state）到

---

72 James Farrar，芝加哥大學博士，紐約羅徹斯特大學化學系教授。是李遠哲任教第二年收的學生。

73 二〇一五年，李遠哲到美國參加分子碰撞五十週年研討會，主講他參與並見證之五十年的研究進展。會中，他公開向與會學者坦承這個畢生在研究上所犯的大錯。

另一個態的完整實驗，不禁幽幽嘆氣：「我們實驗室裡那部鉅資打造的機器一年如果能夠成功運作一次，我就很高興了。」

幫羅斯教授打造交叉分子束儀器的博士後研究員，正是李遠哲在柏克萊加大做博士後研究時帶的學弟隆納．詹特立。羅斯教授與李遠哲討論詹特立的設計圖，他注意到，詹特立用液態氦做了兩個階段的幫浦，目的是將超高眞空提得更高，不禁疑惑：「奇怪，爲什麼只設計兩個階段的抽氣？至少要有三個，才能把背景的噪音降到最低啊！」

李遠哲最不解的莫過於，在一九六八年高登研討會，赫許巴赫教授已口頭發表過他如何設計「希望」；一九六九年時他也在重要學術期刊爲文介紹「希望」的設計，照理說全世界相關團隊都看到了，爲何一九七〇年此刻，無論伯恩斯坦院士團隊或羅斯教授團隊都沒抓住基本觀念是「提升信／噪比」呢？

他向系上好友華頓教授談起，華頓教授微笑揶揄，也許他們自以爲聰明到能另闢蹊徑設計出更好的交叉分子束儀器吧？華頓教授又說：「遠哲，你站在山的最高峰，立於山頂上，其他人想學你並改善，卻像是往東、往西、往北、往南走，都是走下坡的。」

柏克萊加大的馬漢教授來訪時，特別來見識他設計的精緻版通用型交叉分子束，由衷肯定他：「我知道你很出色，但是我不知道你有這麼出色！」（I knew you were good, but I didn't know you are that good!）

他明白華頓教授與馬漢教授的讚譽，但不敢自滿，一心只想把好幾個研究做得更完美，並發表重要的成果。

這位熱情的科學家專心探索著未知，然而，這所國際知名私立大學讓他無法認同的地方也逐漸暴露。

例如芝大每年保留一〇%入學名額，提供給美國中西部的高中徵選成績優異的少數族裔畢業生（以非洲裔爲主），雖然他們達不到入學標準，仍給予獎學金讓他們就讀芝大，用意是「給予少數族群較好的機會」。然而，入學後的頭兩年，不少非洲裔學生成績競爭不過白人學生，導致無法升上高年級，甚至被退學，僅極少數能晉級，最後，非洲裔學生僅占全校畢業生的一%；亦即，當初入學的非洲裔學生中多達九〇%未能畢業。

李遠哲對此政策非常不以爲然，希望校方改進。「學校既然給他們就讀的機會，就有必要再給他們補救教學，讓他們能跟上其他白人學生，不然是害了他們；他們入學時充滿希望，退學時自覺是一個失敗者，再也爬不起來。」李遠哲見證許多喪失自信的非洲裔學生，不斷提醒學校。

無奈，校方並未正視他的屢次建議，也未改弦更張。而他卻要年年目睹這些學生受挫，非常不忍，卻也無法改變什麼。

有一天，李遠哲的實驗室冷氣故障，學校派員來修理時卻先問他：「實驗室的帳戶號碼是多少？」

「爲什麼這麼問？」他問。

「修理費由你們實驗室負擔，學校不支付。」工人回答。

以公立的柏克萊加大來說，實驗室的冷氣等共同設施費用均由校方支付；而芝大雖是私立，然而他向原子能委員會申請的研究經費都已撥付一定比例給芝大作爲行政管理費用，芝大卻連冷氣修理費也要另外向實驗室收費，「或許，與其說私立大學禮聘教授來教書做研究，不如說它們是房東，而教授也只是房客罷了。」他認爲不合理。

期待之所以有如此落差，仍與李遠哲一心一意於學術有關。

李遠哲初來芝大任教時一心只想做研究，對營運一間實驗室的行政、管理、財務等繁瑣細節並無心理準備。開辦實驗室後才明白，還須耗費心力申請經費、編預算、支付團隊成員薪水等，不禁自覺像個「小生意人」，而開辦實驗室彷如「創業」「做生意」；想起讀竹中初一時曾寫下的「我要當科學家」期許，不禁感嘆：「我就是不喜歡做生意，想當學者的啊。」也想念僅需專心研究，毋需煩惱行政事務的博士生或博士後研究員的幸福時光。

幻滅是成長的開始；脫離舒適圈，越不舒服就越快成長。李遠哲以耐性慢慢熟悉行政事務，卻仍堅持不變成「生意人」；他要保有科學家的純粹，讓做研究是一種志業而非生意。他也發現，要脫離這樣的矛盾就需要充足的經費，而這又立基於研究的原創性與好的研究成果。

他的學習不僅限於自己從事的工作，而更來自於芝大的教授圈。

謙虛不多話的他，來到芝大後，每天在化學系教授俱樂部共餐交流，討論學術與學校事務；他也參加每月一次的跨系教授交流活動，邀請不同學門的講者講述研究心得或觀察。每週一次化學系學術演講之後，教授們也常請外地來的講者共進晚餐，會後則彈性地移師到某位教授家中繼續討論。跨領域交流拓展他的見聞與知識的廣度，感到相當充實，並從中汲取了經營管理實驗室之道。

芝大化學系也發布消息，李遠哲將於一九七一年中升任終身職副教授。僅三年就從助理教授升爲終身職副教授，是極大的肯定，豔羨芝大教授圈。

經過任教數年的歷練，李遠哲不再只是熱情的研究者，而早已成爲獨立自主的科學家、管理者與領導者，指引方向，並鼓舞團隊成員獨立研究，帶領整個團隊一起鑽探未知。

值此之時，與家鄉有關的事務也喧騰一時。

一九七〇年，美國宣布將於一九七二年把二戰後代管的琉球列嶼交還日本，釣魚臺也在內。儘管在臺灣的中華民國政府主張釣魚臺主權，日本卻已開始驅逐臺灣漁民。

在美國，華裔人士與臺灣來的留學生紛紛批評美國與日本私相授受，疾呼中華民國政府積極作爲。一九七〇年十一月，以普林斯頓大學爲主的留學生組成了保衛釣魚臺的組織，一場抗強權、爭主權的「愛國運動」就此展開，不久，風潮更傳播到其他美國華裔社群與臺灣社群。

一九七一年一月，臺、港留學生預計前往聯合國大樓外示威抗議，美國各地的華裔人士與留學生也將在各地集結響應。

「李教授！我們要在芝大辦示威，您可不可以幫忙？」有臺灣留學生求助，說明一月底會在芝加哥遊行，鄰近城市的華裔學生前一晚會趕到芝加哥集結，需要自願者提供住宿。

李遠哲同意了。

於是，天寒地凍的一月底，多名華裔留學生住進李家的公寓。遊行當日，他也陪同走進人群中。自一九六四年底參與柏克萊加大學生爭取言論自由的運動，這是他參加的第二場遊行。不過遊行不久，一位留宿者即臉色發白，身體極度不適，李遠哲隨即照護這位留宿者回家休養，直到康復才安心。

三月，傳真機傳來一封信，是由美國華裔人士聯名上書中華民國總統蔣介石保衛釣魚臺，對方邀請李遠哲簽名響應。他看見頭一個簽名者是華裔諾貝爾物理獎得主楊振寧[74]，於是他也簽了名。上書之後，眾聯名者的期待仍落空了。

出乎意料的是，下半年，李遠哲收到新竹清華大學化學系來信邀請他回國講學。離開家鄉已有九年，他欣然同意返國，並決定於明年學術休假（Sabbatical）時成行。

然而，幾個月內，另一場攸關家鄉的變局卻鋪天蓋地而來。

十月二十五日，第二十六屆聯合國代表大會中，以中國共產黨政權爲主的中華人民共和國依照「聯合國第二七九八號決議」取得代表權，而原本擁有席次的中華民國代表則以「退出」聯合國「抗議」，催化了兩岸在國際外交的大逆轉。

這時，在美國的保釣運動也出現質變。

原本雖是愛國運動，後來一部分參與者既對國民黨政府失望，同時從西方報章初次聽聞中共正在實行「人民公社」，以爲中國正在走一條有別於西方資本主義的道路，因此對中共產生浪漫的想像，認同逐漸轉向。

有一天，一位學生來到李遠哲的實驗室，嚷嚷著讀書無用，不如讀《毛語錄》，還勸他別做研究了。李遠哲努力勸說：「報效國家也需培養能力。」但是卻沒有成效。「很多人對中共的社會主義認識不深，卻認爲自己已經覺醒了。」他觀察。

在這股左傾的風潮中，中共也不斷拉攏在美國的臺灣留學生。他所知道的一些人到中國大陸參訪後，即被國民黨政府列爲黑名單且禁止回國，甚至被取消中華民國護照。

中共當眞是這些人的新希望？

有一天，高中時代經常互動討論的同學賴再興來找他，憤怒地說：「我去了中國大陸，根本不是他們說的那回事。他們一聽我是臺灣人，就排擠我、看不起我……根本不是階級平等的社會主義！」賴再興一邊指責與抱怨，也勸李遠哲往訪，一探究竟。

有一回，楊振寧自中國大陸參訪返美，到芝大演講時宣揚毛澤東與毛氏思想的偉大，甚至讚揚毛澤東未經科學證實之「物質可以不斷分裂」的謬論。李遠哲聽了，訝異不已。

風雲變色中，李遠哲見證保釣運動人士分成數派，一派堅決支持國民黨政權，一派轉向認同中共。同時，他也看見一些人認爲國民黨是外來政權，共產黨不可信，臺灣唯有獨立才能爭取眞正的自由民主。

---

74 一九二二～，華裔物理學家。一九五七年，李政道與楊振寧以「宇稱不守恆理論」同獲諾貝爾物理學獎。

一場激烈的外交變局，再將美國的華裔人士及留學生碰撞成誓不兩立、截然不同的幾組陣營，實令人始料未及。

受此變局牽連，在家鄉的中華民國政權又將如何因應？在新竹的親朋好友現下又如何？明年就要返國了，想起久違的家人，李遠哲與吳錦麗百般想念……

第十一章 十年一瞬

白雲漸漸稀疏，透過機艙內的小窗，李遠哲看見飛機下方湛藍的海洋。優美的海岸線，遍植水稻的綠意和處處蔥鬱的山林，這裡就是臺灣，是他誕生且撫育他成長的母土，是他想念了十年的家鄉啊！他激動地淚濕眼眶，吳錦麗感同身受，緊握他的手。

一九七二年春，李遠哲應新竹清華大學化學系之邀，擔任一個學期的客座教授。前一年，清大校長徐賢修[75]赴美招攬學者來臺任教，曾拜訪芝大化學系另一位華裔教授。這位教授建議徐校長：「你們臺灣有一位很優秀的化學教授李遠哲也在我們系上，而且他明年下學期應該能休假。」徐賢修就責成清大化學系系主任王松茂[76]教授寫信邀約李遠哲。

李遠哲欣然允諾於一九七二年春天全家返國，這是他與吳錦麗久違十年的家園，也是他曾許諾要歸來與家鄉父老同甘共苦的土地。

十年的留學路迢迢，如今的返鄉路也並非不艱辛。前一年，中華民國退出聯合國，國際地位艱困；在國內，白色恐怖仍肅殺。已揚名美國化學界的李遠哲終於盼到返鄉的機會，但眼下的臺灣適合他留下來貢獻嗎？有待他好好觀察。

李遠哲一手推行李、一手抱著三歲的李以旋步入臺北松山國際機場入境大廳，吳錦麗牽著十歲的李以群與六歲的李以欣。一位彬彬有禮的年輕人上前接過行李，帶他們走向機場大門。

李遠哲看著這位年約二十的年輕人，心想：「臺灣的機場服務什麼時候變得這麼好？」一邊伸手到口袋要取小費。

「二哥，你認不出我了嗎？我是遠鵬啊！」年輕人喊。

李遠哲與吳錦麗都愣了一下，這才明白，噗哧笑了出來。

「是遠鵬啊！你已經長這麼大了！」李遠哲訝然，十年前念小學的么弟，如今相見卻不相識，不僅已成爲臺大化學系學生，還是臺大管弦樂團的團長。歲月難道眞有這麼大的魔力？

進入高樓林立的臺北市區，街景已與當年有所不同；車行臺灣西部的省道，路樹林立的農村景象，在在是他熟悉的臺灣鄉村風貌。兩個多小時後，車子逐漸駛近清領時期的東門城、日治時期就矗立的新竹火車站，再經過孔廟舊址前兒時和堂哥們一起像猴子般攀爬的成排榕樹……從小到大的生活

---

75 一九二二～二〇〇一，美國布朗大學數學哲學博士，北京清華大學數學系學士。曾任國科會主委、新竹清大校長。對臺灣最大的貢獻是擔任工研院董事長期間（一九七九～一九八九）提議設置新竹科學工業園區，裨益臺灣科技電子產業發展。其子徐遐生為知名天文學家暨中研院院士，亦曾於二〇〇二年至二〇〇六年應李遠哲之邀回臺出任清華大學校長。

76 一九二三～二〇〇二，師大理化系學士，美國杜肯大學化學博士。一九六六年創立清大化學系，擔任主任達十年，並兼任所長。一九七六年創辦清大化工系。

記憶彷彿一一與現下場景交疊，他終於回家了！

心上糾結著，低矮的亭仔腳前，那是離開了十年的老家。

車子在家門口停駐，映入眼簾的是父母親李澤藩與李蔡配，以及家中弟妹與眾多親友。他的內心頓時湧上萬般感觸，從小一起長大的親人都在這裡，這裡才是他的家啊！

他把孩子介紹給親友，心裡不禁冒出問號：「怎麼大家都長得不太一樣了？父母親老了好多，堂哥遠中也不再年輕。難道我自己也是嗎？」

親友們簇擁著李遠哲全家走進室內，客廳布置擺設十年如一日，不同的是牆上懸掛的父親畫作更多了。這時李以旋喊肚子痛，吳錦麗抱著她去廁所，但隨後她面有難色地將李以旋抱回來，低聲對李遠哲說：「家裡是老式的廁所，以旋很害怕會掉下去，不敢用……」

這下可尷尬了，孩子們在美國出生後就習慣現代衛浴設備，「哎喲！」李以旋喊著肚子疼，大家面面相覷，不知如何是好。混亂中有人提醒，清華大學教授宿舍「新南院」配備的是抽水馬桶，於是他們趕赴新南院。

約莫十分鐘，汽車駛入清大校門約一百公尺處，就是他們一家即將入住的新南院。

李遠哲領了鑰匙開門，還沒來得及看看接下來幾個月的新家環境，吳錦麗與李以旋已直衝廁所。吳錦麗牽著李以旋走出時，驚見一道黑影閃過地面，「老鼠！有老鼠！」她們驚聲大叫，迅即躍上一旁的床鋪。「遠哲，你不把老鼠處理掉，我跟以旋今天就不下來。」吳錦麗驚恐地說。

李遠哲到戶外撿了一支木棍回到室內，坐在門邊高舉木棍，不一會兒老鼠再度現身，疾速衝往門口。他彷彿球員看準奔跑中的目標用力揮棒，老鼠應聲倒地。隨後明快清理完現場，終結這場令妻女驚慌失措的驚魂記，同時小小得意於從小練就的球員身手並未生疏。猶記得去年他參加高登研討會討論分子科學議題（Foundation science of molecule），主辦單位將會議集中在上午與晚上，並安排下午時段讓與會人士自由參加各項戶外活動。他跟幾位學生及其他幾位教授的研究團隊成員組成一支棒球隊，和另一隊進行友誼賽。

球場上，李遠哲駐守外野，揮棒者打了一記高飛球，他緊盯擊球的方向快速移步奔跑，眼看著球即將落下，他將手套轉到背後，球應聲落入手套，順利接殺。眾人目睹他的守備技巧都目瞪口呆，紛紛開玩笑大喊：「炫耀！（hot dog!）」他們不知道這位年輕的知名學者受過扎實的少棒訓練[77]。

李遠哲走出新南院，這才看見幡然改變的清大校園。當年草創時遺留的農田不再，曾住過的研究生宿舍已經改建，不少校舍也矗立校內。二戰時曾是日軍燃料場，被美軍的燒夷彈摧毀殆盡的區域，經過清大復校的運用與歲月洗禮，早已難見戰火的蛛絲馬跡。倒是曾有的小湖仍展現鄉村風情。

十年如一瞬，李遠哲雖不覺得自己的行事作風有變，但久居新竹的家人卻不認爲。

---

77 美國化學界的研討會常會安排戶外活動或運動，增進學者間的交誼，李遠哲也因此常在會外賽中展露身手。專研臭氧層破壞、一九九五年諾貝爾化學獎得主法蘭克．薛伍．羅蘭教授每次介紹李遠哲時，總是回顧一場在研討會外的排球賽，「我們一般人發球就是把球丟出來，人跳起來發球，但是，我看到李遠哲卻是反手勾著球來發球的；所以，他發了兩個球都沒有人能接到。」於是李遠哲就會解釋，反手勾球的發球法，是二戰時期九人排球賽的發球法，他年幼時就學會這種發球法。

有一天，李澤藩與李蔡配特地來新南院看他們夫妻一家人。李遠哲先請父母親入座後，隨即問：「你們要喝茶或水嗎？」

「不用、不用。」他們也隨即回答。

於是，聊著聊著，一直聊到父母親離開，李遠哲都不覺得有異樣。

又有一回，其他親戚也來看李遠哲，言談中不斷盛讚他才三十五歲就升任聞名於世的芝加哥大學副教授。

聽見長輩不住肯定，他雖然不好意思，仍回答：「謝謝、謝謝您。」

但是，後來經弟弟妹妹轉述，他才得知父母對他的態度很有微詞。

「遠哲這孩子變了！人家稱讚他，他竟然不懂得客氣，一點也不謙虛。」而且，「到遠哲家裡坐，連一杯水都沒得喝，基本的禮貌都沒有。」

他大吃一驚，頓感被冤枉。他想起十年前剛到美國，他剛做出一些實驗成果，馬漢教授大加讚許，他卻以臺灣人一貫謙虛的待人接物習性回答：「沒有啦，不是真的那麼好。」（No, not really.）馬漢教授聽了覺得奇怪，以爲他的實驗數據眞的有問題。後來他在美國生活久了，才熟悉美國這種名實相符，「是就是，不是就不是」的文化。

文化差異日積月累，僅僅十年之間，他就成了不懂禮貌的「美國人」，文化衝擊不可謂不大。

後來，親友來新南院看他，無論對方如何推卻，他一定奉茶請對方；而無論哪一位長輩稱讚他，他也改口回答：「哪裡哪裡」「沒有沒有」「不敢不敢」「您過獎了」「託您的福」。

有一天，劉遠中帶他去拜訪年少對他影響甚深的表哥劉筱春時，卻聽見劉遠中對劉筱春說：「我們李家如果有哪一個人會在全世界留名，應該就是遠哲了！」他感到不好意思，趕忙搖頭，表示沒這回事。

回來家鄉，倒是吳錦麗的家人喜出望外，紛紛對她說：「怎麼妳到美國去之後，臺灣話不但沒有退步，還講得那麼好，進步好多！」這也難怪，因為去美國之後，李遠哲都和吳錦麗說臺灣話，自然比以前在臺灣時更加熟練。而只會講英文的三個孩子，看著電視上熱播的黃俊雄布袋戲，不僅跟著看，還央求李遠哲把臺灣話發音的黃俊雄布袋戲，以及晚間電視連續劇片頭主題曲加注羅馬拼音，讓他們也能學著唱。他欣然配合，孩子們也眞的朗朗上口。

一個星期日清晨，李季眉騎著腳踏車來新南院找李遠哲。行經他的宿舍窗外，她調皮地向內一瞥，本以為他還沒起床，卻見他竟然已坐在桌前閱讀英文期刊論文。

「星期假日，一般人都是趁這時間睡覺休息，沒想到二哥一點也沒變，竟然已經在用功了。而且身為教授的他，竟然比我這個研究生還用功……」向來嚴肅認眞的李季眉對此景印象深刻，難以忘懷。

在變與不變的課題裡，十年之間，或許李遠哲曾改變的是因應外在環境的舉止應對，依舊不變的則是他對人與家鄉那顆熱誠的心，和根深蒂固的價值觀。

有一天，一位大學部學生來找他，問：「李教授，我只差一個學分就能畢業了，但是我很想修您的課，您能不能開一門一學分的課？」

他想了想，對大學部學生最實用的課程應該是儀器設計，於是回答：「好啊！我開一門一學分的『儀器設計』，教你設計質譜儀吧。」

他本以為可以只為這名學生開課，但教務處人員說，每開一門課就需要公告，讓有興趣的學生都有機會修習。怎料公告後竟來了一大批學生，幾乎爆滿。

在課程的規畫上，他將學生分為：電子槍、磁場、眞空系統、檢測器等四組，讓學生從事深度學習與實作。第一堂課，他開宗明義提醒想修課的學生：「這門課很複雜喔！你們要有心理準備。如果有問題，隨時都可以直接找我或電話討論，早晚都可以。還有，你們不只是來上課，還要做一些東西出來。」

開課之後，從學生來電詢問他的問題，他才發現想像與實際的落差。

「我以為是最簡單的事，很多學生打電話來問，我才知道他們連最基本的材料或零件都不知道。」

李遠哲發現，學生雖然知道教科書上的原理、原則，卻不會找材料動手實作。「教科書的紙上談兵到動手實作間的差距很大。但是，美國（芝加哥大學）學生比較會動手，也比較願意花時間找資料，不懂的事情會獨立想辦法解決。」

儘管如此，他還是很有耐性地給予每位學生建議。例如他會說：「你可以先留意街上買得到的電源有哪幾種？有多少型號？低電壓高電流的多，還是高電壓低電流的容易買到且便宜？若是前者，則設計磁鐵時，可以稍微減少水冷的銅管線圈數。」

不過，他是否對臺灣的學生太嚴格？

回溯李遠哲一九五八年就讀臺大化學系四年級時，鄭華生教授指導他做學士論文研究，他就是自己找來工具材料，並找人製作電泳所需的直流電源。

就這樣，在清大客座教導的一學分「儀器設計」課，每位學生至少需耗費五學分的時間，身爲老師的他更耗費心血，「我眞的是花了不少時間教他們。」他說。

在清大擔任客座教授的這個學期，李遠哲也另外爲大四生和研究生教一門「化學動力學」，並協助一位清大化學系年輕教授做研究，設計打造不鏽鋼的眞空氣室。爲此，他常到機械工廠與師傅們一起工作。

機械工廠規模雖小，仍有三名師傅。他先向師傅們解釋，眞空系統爲何需要從內部焊接。李遠哲詳細說明，從外面焊接，兩片不鏽鋼中間會留下一條縫，容易夾藏很多髒東西與空氣，不容易抽除；從裡面焊接，可讓兩片不鏽鋼中間相連，所以一定要從裡面焊接。說服他們後，李遠哲常常到機械工廠和師傅們一起做，一步一步教他們。

師傅們初次看到他的氣室設計圖時表示，從未焊接過這麼厚的不鏽鋼。

李遠哲鼓勵他們：「沒關係！你可以試試看，到底在不同電流與不同焊接速度下，熔得有多深，可先用樣品熔接再切下來看，比對看看就知道。」他耐心地說服，並一步步教導，「可以用『氬護焊』，焊的時候用強電流把它熔解，被加熱的部分可用電極旁邊噴出的氬來保護，使它不會氧化。」

一連幾個月，李遠哲花了很多時間教導機械工廠的師傅，師傅也願意在大熱天的工作條件下將頭伸進不鏽鋼內部焊接。就像知名義裔美籍物理學家恩里科．費米當年在芝加哥大學那樣，一步一步訓練機械工廠的人；李遠哲也希望能將師傅的水準提升上來，有所成長。

由於實驗室和研究室僅一牆之隔，李遠哲不時會去看研究生做實驗。他注意到，其中一位化學研究所研究生張子文[78]窮盡心力替分子生物研究所的王企祥教授做實驗，有時張子文也會請教他問題。「我雖然沒有修李教授的課，但是很崇拜李教授。有一次我寫了一篇英文論文請李教授幫我審稿。他不但幫我看完還給予寶貴意見。後來國際知名的《自然》（*Nature*）期刊接受我這篇投稿，還建議把文章登在它們新創刊的《生物自然》期刊（*Nature Biology*），論文就刊出了。」

然而，有一天，張子文紅著眼眶走進他的辦公室，手上拿著一本論文。

「怎麼了？」李遠哲有點擔心。

「我……」

「你還好嗎？」

「我的指導教授王企祥老師把我的論文丟到垃圾桶裡，說水準不夠，不簽我的碩士論文。」張子文把論文放在桌上，說：「李教授，我想請您抽空過目我的論文，看是不是眞的那麼不好……」

張子文是清大化學系第一名畢業生，王企祥教授主動要求收張子文爲碩士班研究生。張子文就讀研究所之後，王教授要張子文幫忙做研究並寫論文發表在重要國際學術期刊。研究生修業期滿前夕，張子文將最後一批實驗數據做成，寫好論文交給王教授，並問：「老師，我可以畢業了嗎？」但是王教授卻對張子文說：「這是我的研究。你要畢業，自己去做其他題目。」

王教授的話語如晴天霹靂，讓張子文驚懼不已，如果沒有論文，勢必無法畢業了。怎麼辦？

張子文想了一個新題目，找了物理系的朋友幫忙，花了一個多月時間，不眠不休地將論文寫成，再交給王教授。不料，王教授當面將論文丟進垃圾桶，並責罵張子文[79]。

聽完張子文細述，李遠哲很不忍心。

他勸張子文先回寢室休息，他專心讀完這本論文後覺得相當不錯，研究結果也具學術價值。他想起十一年前自己被指派去服國防替代役，在王企祥教授的實驗室裡「服役」的往事，當時王教授的作風就令許多人不敢領教。儘管同梯次幫王教授做研究的另外三個成員都退出實驗，只有他撐了下來，役期屆滿仍幫忙完成研究，直到訂婚才離開。

他向系上打聽，顯然，王教授的作風沒有改變且屢遭投訴，甚至校長也知道王教授在校內外的行徑。他問明化學系所的相關規定，得知客座教授也能簽准研究生的論文，讓學生畢業。於是，他敲了

---

78 中央研究院基因體中心客座講座，生技製藥專家。曾任生技中心執行長，新竹清大生命科學院院長、教授等。曾任美國Tanox公司創辦人暨研發總裁。一九七二年在清華大學化學研究所畢業前夕，與李遠哲互動相處甚多。

79 前清大理學院院長劉遠中委婉指出，王企祥教授在清大任教時因故屢次轉換系所，從清大化學系所轉調清大物理系，再轉調分子生物研究所。而中研院基因體中心特聘研究員張子文受訪時回憶，當時王企祥雖擔任分子生物研究所教授，「但是他（王教授）不懂分生，分生是我自己去修的，這樣才能做研究。」不過對於這段陳年往事，張子文表示自己已經放下。

王企祥的門。

「王教授，請問你看過張子文這本論文嗎？」李遠哲客氣地問。

「看過了，那程度不夠，根本不能給他畢業。」王企祥說。

「我倒是很詳細地看過了，覺得很不錯，也有學術價值。」

「是嗎？」

「王，是這樣的。我問過了化學研究所的規定，客座教授是可以簽准碩士論文的。如果你不想簽，我想我會幫張子文簽這本畢業論文……」

李遠哲尚未說完，王企祥已經一把將論文搶了過去，說：「李遠哲，你不要跟我搶學生！」

王企祥隨手拿起桌上的筆，迅速在論文上簽名同意，就把李遠哲趕了出去。

事件過後，李遠哲並未向張子文提及，而張子文對此事也毫無所悉。

張子文如願取得碩士學位並準備申請出國，指導教授王企祥沒有幫忙寫推薦信，於是，張子文來請李遠哲寫推薦信[80]，他也一口答應。

十年一瞬，王企祥自我中心的行徑未變，李遠哲的正義感也沒變，不同的是，李遠哲更有自信，也更有挺身而出的實力。

＊　＊　＊

李遠哲用心講學，熱心指導，很受學生愛戴。

有一天，一位學生來找他，問：「李教授，今天楊國樞[81]教授要來清大演講，您能不能去坐第一排？」

「喔？爲什麼要坐第一排？」

「因爲每次我們邀請對時政正義敢言的人來演講，教官就會事先動員，把第一排坐滿，講者接受公開提問時就會率先發問，不讓別人有機會問問題。」

李遠哲明白學生的意思。當天晚上，他提早到現場坐在第一排，也任教清大的好友暨學長張昭鼎也邀請一些教授同來，就這樣坐滿了第一排。當教官群抵達時見狀，頓時臉色鐵青。

這段時間，李遠哲不時觀察臺灣的社會風氣。在清大校內，有學生騎腳踏車載著李以欣在校園裡玩。但有一次，學生不小心，讓後座的以欣的腳卡進車後輪，被鐵條削下一大片皮肉，流了很多血。李遠哲想起一位中學同學是開業的外科醫師，趕忙將孩子送往診所。

醫師檢查過後爲李以欣縫合傷口。李遠哲看見傷口縫得歪七扭八，不禁私下對吳錦麗說：「怎麼

80 幫張子文寫推薦信的推薦人，除了李遠哲，還有清大化學系主任王松茂、教授劉兆玄。後來張子文赴哈佛大學攻讀博士。

81 一九三二～，戒嚴時期的自由派學者。中研院院士。曾任中研院副院長、臺大心理系主任暨教授、中原大學心理系教授。一九七〇年代曾任《大學雜誌》總編輯。

像是在縫布袋一樣？」

每次到診所換藥，這位醫師就會和李遠哲聊天。有一次，醫師給他看一張X光片，上面顯示病人的腳斷了，醫師不僅沒接好，距離還差得很遠。李遠哲說：「你把骨頭接得差那麼遠，病人不是很痛嗎？」醫師卻漫不在乎地說：「可以弄斷了再接，是他痛又不是我痛啊！」

李遠哲很生氣，忍不住斥責這位認識多年的醫師：「你怎麼可以這麼做，當醫師要有醫德和同情心啊！」

下一回他帶李以欣來換藥，醫師正為病人開刀。他注意到，診所沒有專業護士，只有醫師娘充當助手，沒有足夠的安全防備下就直接動手術。他吃驚地問醫師：「萬一病人出事怎麼辦？」醫師回答：「出人命就給病人家屬一點錢啊，沒出人命就收大一點的紅包。」

李遠哲很生氣，當場教訓這位醫師舊識。「你怎麼這樣墮落呢！醫生要有愛心和醫德，怎麼能說要收紅包呢！」

再下一回，這位醫師侃侃而談自己擔任車禍事故調解委員會委員的事，還問他：「車禍時，怎麼判定誰對或錯？」

「依照力學原理，兩輛車相撞時，動能跟車子的質量與速度有關……」李遠哲還沒說完，醫師就打斷他，並洋洋得意地說：「車禍是誰對或錯，要看誰包的紅包比較大包，就是誰對啊！」

李遠哲很憤怒，再度教訓這位醫師：「臺灣社會的貪汙腐化，就是你這樣的人造成的，你應該要做好的榜樣，而不是如此自甘墮落！」

每次與這位醫師見面[82]，儘管其作爲可能不代表臺灣整體社會的現象，卻總讓李遠哲痛心與警醒，認爲是臺灣社會沉痾，需要改革的警訊。

初夏，告別了新竹家鄉，李遠哲與吳錦麗再度揮別親友。

李遠哲一直熱切渴望能回到臺灣，與家鄉父老同甘苦。但經過這段時間的體悟，李遠哲深深感觸：「現在還不是時機，只待自己回美國累積更大的影響力，才是回臺灣貢獻，眞正幫助臺灣的時刻。」「並不是要等到臺灣社會變好才要回來，就是因爲臺灣社會需要改革才更需要回來。只是，如果沒有著力點時就回來，還是浪費了青春。」

拜別親生父母，告別東門城、新竹火車站，李遠哲一家人跨過松山機場出境大廳，這一去，親人何時才能再相見？

---

82 李遠哲每次回到臺灣，都會抽空與這位醫師見面。後來對方在李遠哲教誨下痛改前非，行善助人，造福鄉里，令李遠哲相當欣慰。

第十二章 重返柏克萊

一九七二年夏，李家五口返回芝加哥後，李遠哲繼續投入忙碌的研究與講學工作。

這一天，芝大化學系萊斯主任走進李遠哲的實驗室，開門見山地說：「明年一月，系上要升你當正教授。」

「爲什麼？」李遠哲詫異，去年九月才升副教授，一年四個月後就要再升等？

「有很多因素……」萊斯主任肯定他在交叉分子束儀器與化學動態學的學術成就，此外，「我們聽說，史丹佛大學好像想聘你去當教授……」

「是嗎？我沒聽說啊。」

「總之，芝大很希望你永遠留下來，明年一月就會升你當正教授。」

一九七三年一月，李遠哲正式升任芝大教授。

算起來，他任教芝大僅四年四個月就達到許多學者夢寐以求的目標，是了不起的成就。然而，李遠哲原是芝加哥臺灣同鄉教授學者群甚爲歡迎的人物，此刻，他的快速升遷雖然鼓舞了一些年輕人，卻也遭致一些人的妒忌和疏離，箇中冷暖，李遠哲與吳錦麗體會在心頭。

爸爸、媽媽：

一月底到東海岸的Providence開了一個國際會議回來後，二月底又到加州洛杉磯附近的勝地講學了一個星期，學術教學、研究都很忙。下個月要到倫敦一趟，目前忙著準備倫敦之行。

回想一年前的這時候，我們十年來第一次回臺，興奮異常，沒想到轉瞬又過了一年。徐校長要我暑假再回去一趟，但我需到德國一趟，怕不能成行，年底或明年不知能否找到時間。

祝大家好。

遠哲　匆匆

一月底，李遠哲從美國東岸羅德島（Rhode Island）寫了明信片回臺灣。自從返鄉擔任客座教授一學期旋即回到美國，他在芝大努力而充實地工作著，忙碌的研究與講學中，又是一年飛逝。

想念是一首歌，從美國唱回臺灣，又從臺灣傳來美國。

李澤藩與李蔡配來信說，預計在秋天來美國一遊，順便到李遠川、李惠美、李遠哲家中小住。李遠哲夫婦很高興，但臺灣政府嚴格管制人民出國，因此吳錦麗趕忙在芝加哥問明相關行政要件，寫信回覆新竹的家中。

爸爸、媽媽：

媽媽來信收到了，經打聽使館，辦理探親證明需要你們的：一，户口謄本，二，照片兩張和居住此地的證明，請將以上兩樣東西寄來即可辦理，據說只要證件齊全辦起來很快。孩子們都很高興地期待著公公婆婆來玩。

順祝

愉快

錦麗 匆上

六，十九

是年秋天，李澤藩與李蔡配兩人踏上美國的探親之途，先到美國西岸看李惠美，接著到芝加哥探望李遠哲。這是李家難得的三代同堂，儘管住在同一個屋簷下僅有短暫的一星期。

雖說是探親之旅，對大畫家李澤藩來說，卻是四處取景寫生的好機會。畢竟，地大物博的美國，風景與臺灣甚爲不同。

抵達芝加哥後，李遠哲開車載他們到處遊覽，每日繪畫不輟的李澤藩拿著速寫本與一支炭筆，從車內望向窗外並迅速描繪著，一頁接著一頁。有時候看到細節較多的景致，會突然大喊：「遠哲，停下來！」

巧合的是，每每李澤藩喊著要停車時，車子都正好在高速公路上疾駛。李遠哲只好不住抱歉，解釋：「高速公路按規定是不能停下來的。」

這也難怪，臺灣最快的道路就是省道，尚未闢建高速公路[83]，李澤藩並不能理解「不能停車的道路」的設置，無法好好速寫，確實是徒呼負負。

他們也來到李遠哲在芝大的實驗室，當李澤藩看到巨大又複雜的交叉分子束儀器，不禁嘆道：「這是一件藝術品啊！」

李澤藩應該沒有意識到，儘管自己一直不鼓勵李遠哲繪畫，卻也在日日的身教與薰陶中，將一雙巧手的基因，以及想像力、創造力、觀察力、體力與耐力都傳承給了李遠哲。李遠哲在研究上的成就，與李澤藩脫不了關係。

每天，李澤藩睜開好奇的雙眼，抓緊從未見過的美國都市景致，不只出外素描，坐公車到美術館飽覽早期印象派的畫作，更採買畫紙與顏料回到李遠哲的公寓陽臺上勤快地繪畫。對李以群、李以欣與李以旋來說，祖父能將日常風景呈現在白紙上，很是奇妙，總愛在背後欣賞。

李澤藩看著三個孫兒興致勃勃，就指導他們拿炭筆畫素描。「我是左撇子，阿公每次看到我用左

83 時為一九七三年，而中山國道一號高速公路於一九七八年方闢建完成。

手握畫筆，就會用他的大手往我的手背打下去，要糾正我用右手。他握我的手教我畫，但換了右手，我就不知道該怎麼握筆了。」李以群說。從事教育工作數十年的李澤藩有其根深蒂固的習慣，即使教導親孫兒繪畫也不假辭色。

李澤藩對自己的作品也向來採取嚴格的高標準。有一天，李澤藩盯著牆上的〈東門城〉，那是自己在一九六二年李遠哲留美攻讀博士時繪贈的，李遠哲輾轉搬家數次都帶著這幅畫，每逢思鄉時就不禁凝望。

不過，六十六歲的畫家此刻對這幅舊作卻有著不同想法，逕而將畫取下，重新添色修改。

畢竟是日夜凝視十一年的畫作，李遠哲回到家，一見這幅畫就覺得不對勁，問道：「爸爸，您把畫改過了嗎？」

李澤藩威嚴地點點頭，說道：「我的畫風，十年來進步了很多。」

其實，李遠哲比較喜歡清淡透明風格的原作，但是畫作既然已經被父親修改得較爲濃厚，他也就不再多說什麼。

這些年來，李遠哲從么弟與么妹的信件中得知父親的和藹或風趣，他總是難以想像。大哥李遠川、大姊李惠美與他從小認知的父親總是威嚴、難以親近。因爲父母親相信，只要頭一、兩個小孩帶好，排行較後面的孩子就比較好管教，所以對長子、長女特別嚴格；他雖是次男，卻也不例外。

他腦中搜尋著幼時與父親融洽相處的情景：釣魚、池塘抓魚、手作走馬燈、兒童樂園的溜滑梯……都是少數愉快與親暱的回憶。政權遞嬗，社會制度與氣氛不斷逼著臺灣人適應。臺灣人太苦了，父母親從那樣的環境苦過來，奮勉將九個孩子養大，卻也在經濟開始起飛、社會逐漸開放之後，在與子女的互動上轉變不少。

他自從當了父親，慶幸與孩子們相處融洽，任何事情都能談，不用家父長的威權對待孩子。李遠哲兒時甚少享有的親情，注定要灌注給下一代。

一個星期後，李澤藩與李蔡配告別芝加哥，啓程前往巴爾的摩（Baltimore）探望李遠川。臨行前，畫家將在芝加哥所繪的畫作都送給了李遠哲，瀟灑揮揮衣袖，不帶一張畫作離開，那是李澤藩對當年嚴厲管教過的兒子所能表現最深的父愛。

時間是一列奔馳的火車，絲毫不等人。李遠哲的熱情都在研究上，儘管因短暫與父母親相處而悵然，行事曆卻很難空下來，實驗室裡不斷開展一個個新發現，指導學生與各地講學的事務都塡滿了行事曆。畢竟，一直以來，驅動他往前走的力量，就是做一位貢獻世界的科學家，如今自己正走在夢寐以求的道路上。

＊＊＊

一天，李遠哲邀請高中同學林明璋到芝大做專題演講，專研化學動力學的林明璋，在華盛頓的美國海軍研究所擔任科學家。演講結束後，他邀請林明璋回家吃晚飯，飯後又送林明璋出家門，這時，吳錦麗跑出來喊道：「明天見！」

「我嚇了一跳，想說，難道是希望我明天還在這裡嗎？後來看到李遠哲向吳錦麗揮手點頭，才知道他送我離開之後就要回學校繼續做研究。不禁覺得，李遠哲雖然已經很有成就了，卻依然很努力。」林明璋印象很深刻。

爲了做研究，李遠哲無法全程陪伴短暫來訪的父母親；幸好，孩子們住在家裡，只要勉力抽時間，還是有機會陪伴孩子。

每隔一段時間，李遠哲就會陪九歲的李以群去看棒球賽。「學校會給學業成績優秀的學生兩張球賽票券，作爲獎勵，我常常會拿到票，但因爲還只是小學生，就需要大人陪著去。」李以群說。

坐在看臺上，李以群目不轉睛盯著球場，李遠哲也很專心，卻是在讀著手上的研究論文。當場上響起歡呼聲，他才抬起頭來問兒子：「剛才怎麼樣了？」畢竟對他來說，分子碰撞產生的動態變化，其精采度不見得遜於球賽啊。

偶爾，李遠哲也會陪孩子們在家看電視的轉播球賽，當然也是文獻不離手。但往往輸贏未分曉，就到了孩子們就寢的時間。他總是安撫失望的孩子們去睡，自己則熬到球賽結束將比數寫在紙上，孩子們隔天起床就能看到結果。

李遠哲雖勤於工作，但是他一直記掛著與吳錦麗的約定——爲了給孩子一個安全的生活與教育環境，必須要搬離芝加哥。只是，大多時間不在孩子身邊的他，卻忽略十歲的李以群與七歲的李以欣已經對芝加哥有一定的認同感了。

李以群自懂事以後就在芝加哥成長，很喜歡芝加哥，好友們都是在地人。受吳錦麗影響，從小喜歡閱讀與寫作的李以群甚至和同學合辦了一份街報，「同學家裡有影印機，我們想，很多人都會想知道社區發生的事，所以就自己擬定主題，找管道蒐集資料、寫報導，影印成一疊就在街區兜售；我還立志要當記者。」

這個早已深深認同芝加哥，即將自小學畢業的十歲小男孩無從想像，不久之後，從自己的出生地柏克萊傳來的消息，將改變他們全家。

是年，李遠哲得知，柏克萊加大有一位助理教授恐怕無法升等必須離職，應該會釋出一個教授職缺；化學系的聘選委員會也開始徵詢李遠哲回到柏克萊的可能性。

李遠哲大致詢問相關情形，聽說未獲續聘的副教授是他認識的前輩，也在化學動態學領域，和他一樣做交叉分子束研究，因此有些爲難。

但是，根據柏克萊加大的升等標準，教學與研究成果需具備以下幾項條件：一，教學卓越；二，具有國際知名聲譽；三，位居該研究領域在全世界最領先的幾位。升等委員會討論時，有人表示，在化學動態學領域，這位副教授並不在世界領先的前幾位；有人提議，既然李遠哲是同研究領域中最領先的年輕學者，如果可能，應該爭取他來柏克萊加大任教。

既然該副教授未續聘在先，李遠哲的顧慮就少了一分，也應邀前往柏克萊加大演講、面談。畢竟柏克萊加大是物理化學家最嚮往的地方。

他參觀自己曾做過博士後研究的勞倫斯放射實驗室，此時已更名爲勞倫斯柏克萊實驗室（Lawrence Berkeley Laboratory, LBL），大家都張開雙臂歡迎他。化學系主任、化學學院院長及勞倫斯柏克萊實驗室的主任、承辦人員，都口頭承諾要撥給充足款項支持他的研究，而母校熱情優秀的學生們也讓他印象深刻，「可惜的是，當年協助我的機械工廠總管及一些老經驗的師傅已經離開了。」

當晚，化學系教授亨利．符立茲．薛佛[84]邀他前往郊外的住家用餐。席間，薛佛提及廚餘處理機故障了，開動後只聽見馬達轉動聲，卻不見葉片轉動，導致廚餘卡在流理臺的水管內，費了很多勁遲遲找不出原因。

李遠哲主動提議：「讓我來看看吧。」來到廚房，伸長手探到轉動葉片的位置，取出一根卡著的雞骨頭，接著再開動廚餘處理機，廚餘應聲順利地切成碎片，不到半分鐘就修好了。身爲理論化學教授的薛佛很高興，隔天到校津津樂道：「李遠哲這位傑出的實驗科學家，眞是很了不起啊！」

李遠哲此行談得很愉快，回家後將轉赴柏克萊加大任教的可能性告訴吳錦麗，她也很高興。

然而，當他向芝大化學系萊斯主任說明，主任不接受，勸他打消辭意。副校長爲了提高他校挖角的門檻，竟然一舉爲他加薪了二〇%。李遠哲表示，自己與吳錦麗早有離開芝加哥的共識。不料，系上的一位主管卻對他說：「我可以讓你的日子很難過。」（I could make your life difficult.）

李遠哲感到震驚、難過和受傷，就著手進行「離開」芝大的相關手續。

待要處理他設計的兩部儀器的搬遷事宜時，萊斯以這些儀器是芝大資產爲由，要求賠付補償金才准許搬離，而且，萊斯對柏克萊加大建議的賠償金額很不滿意。

雙方僵持之下，李遠哲只好去信原子能委員會，這是五年來資助他研究工作的主要機構。原子能委員會表示，爲了促進與鼓勵重要學術研究，儀器理應遷移到勞倫斯柏克萊實驗室，並由勞倫斯柏克萊實驗室付一筆款項給芝大，以補足一九六八年時芝大曾支付打造儀器的費用。

歷盡波折與煎熬，李遠哲先後打造的兩部交叉分子束機組總算保住了。下一個問題是，該怎麼運送這兩部極複雜、精密、體積龐大的儀器？由於運送時若有劇烈震動就可能損壞儀器，他不斷聯繫並打聽有經驗的貨運公司，研擬打包方式，以及避免跨州搬運途中可能的震動等安全風險方案。

這時，芝大機械工廠的師傅們也得知李遠哲即將轉任他校，憂喜參半。喜的是李遠哲即將到國際聲譽更加響亮的校系任教，憂的是失去了以誠待人的好夥伴。

當李遠哲好不容易熬到一九七四年上半年學期結束，帶著學生拆卸與包裝儀器時，機械工廠的師傅們也紛紛來幫忙，令他甚爲感動。忙了好幾天，終於順利完成儀器打包。

令人耳目一新的是，爲了避免精密的儀器因震盪而損壞，李遠哲在貨運公司的建議下採用特殊的懸空裝載法，就是將儀器的八個角都繫上粗繩，並從貨櫃內部的四個角落緊緊綁住這八條粗繩，好將巨大的精密儀器五花大綁，懸掛於貨櫃中央不受卡車震盪影響。

當他目送卡車緩緩駛離芝大，往柏克萊加大開去。他估算，卡車司機必須開三天兩夜的車程才能

---

84 Henry Fritz Schafer，理論化學家，擅以電腦運算工具分析分子動態。現任喬治亞大學教授，一九六九到一九八七年任柏克萊加大化學系教授時，與李遠哲是同事。曾獲彼得·迪拜獎。

抵達，而一般家用汽車通常要開四天三夜，他已經決定自己開車載著全家人與家當搬往柏克萊。

爲了給孩子們安全的教育環境，李遠哲夫婦做了搬家的決定。柏克萊是他們兩人住過四年半的熟悉大學城，於是，當孩子們對芝加哥的朋友與社區依依不捨，他們向孩子們保證：「柏克萊是很有活力、很安全的城市，會有很多新同學，會找到跟你一起玩棒球卡的朋友，也有地方可以踢足球。」

李遠哲坐上雪佛蘭汽車駕駛座，吳錦麗坐在旁邊，後座是十歲、七歲與四歲的三個可愛孩子。其實，孩子們並不眞正能想像什麼是「搬家」，只覺得像是一趟探險旅行。他們坐在滿載家當與行李的後座，旁邊還放著兩個盆栽，就這樣一路唱著歌，開開心心地出發了。

這趟長途搬家路線經過事先規畫與研究，對照一本厚厚的美國地圖集，出發後將先後經過伊利諾州的莫林（Molin）、內布拉斯加州（Nebraska）的格蘭愛德蘭市（Grand Island）、懷俄明州（Wyoming）的羅林斯市（Rawlings），再經過內華達州（Nevada）的埃爾柯鎭（Elko），最後到達北加州的柏克萊。

每從窗外看見不同的城鄉與風景，孩子們都很期待住在旅館裡，那意味著少有的家庭旅行。李以群遠遠看到一家肯德基炸雞旅館，「感覺好新奇、好想住喔！但是要想說動爸媽接受，幾乎是不可能的事。」不過由於旅途上的新鮮與興奮，儘管頭一夜住的是尋常的汽車旅館，孩子們仍然很開心。

第二天很快就開到內布拉斯加州，他與孩子們談笑、歡唱著，眼前是一望無際的筆直道路，不知不覺加快了油門。突然，從後照鏡看見一輛警車駛來，示意要他靠邊停車；他覺得奇怪，慢慢停車，搖下車窗。

「先生，請問你要去哪裡？爲什麼開那麼快？」員警問。

「喔，我原是芝大教授，將轉任柏克萊加大，現在正要搬家到柏克萊。」

員警接著低頭探向車內。

「嗨！」

「嗨！」

「嗨！您好！」

三個孩子原本開心唱著歌，一見員警都覺得新鮮，遂笑嘻嘻地打招呼。李遠哲轉身望向後座，只見三個孩子各抱著一個玩具，夾在充滿各種家當的後座，不覺發噱。

員警看著這溫馨開朗的五口之家，沒有開罰單或看駕照就放行了，還友善地叮嚀他：「慢慢開吧！一樣也會到目的地的。」

李遠哲確實開得很快，因爲心裡擔心著交叉分子束儀器在卡車上是否受損。結果，第三天傍晚，一家人已經提前抵達預計住宿的城市雷諾（Reno）。他看了一下手錶，內心盤算：「或許我開快一點就能先到柏克萊。等明天卡車到柏克萊，我就能親眼盯著儀器卸貨。」他向吳錦麗提議。

「你每次都這樣。」她搖搖頭。而孩子們也都失望了。

「爸爸又食言了！」

「我們想在雷諾市的旅館過夜……」

「大家睡在車上也很好玩啊，一下子就到了。」李遠哲繼續開著車，從白天開進日落，黑幕漸漸籠罩雪佛蘭，路燈直挺挺地在遠方招手。

夜間開車，是他平日就習慣的風景；不同的是，六年前，他的夜行汽車曾停駐東岸的劍橋市、密西根湖邊的芝加哥，眼下即將回到當初抵美的第一站：柏克萊。昔日的出發地，正是今日的目的地。

熬夜做研究的體力與耐力是李遠哲向來不缺的，當天空變成藍白色，跨州夜馳換來滿天繁星，他仍緊握方向盤往目的地前去。妻兒們漸漸醒轉，歡笑與歌唱再度充滿這輛家庭房車，柏克萊就在方向盤前方不遠處。

深夜，李遠哲開車抵達柏克萊時，確信他們比卡車先到，不過妻兒們已經累壞了，於是他帶著全家暫棲汽車旅館。隔天清晨，妻兒們仍在酣睡，他已經來到勞倫斯柏克萊實驗室旁的卸貨平臺，親自監督珍貴的儀器卸下卡車，實驗室的人們也來協助，小心翼翼地把儀器搬移到室內。

經過十二年鍛鍊，醉心研究的李遠哲已是獨立自主的青年科學家。重返柏克萊加大之後，他將遭遇什麼預料不到的事？

一九七三年，李澤藩（右三）、李蔡配（右二）夫婦首度踏上美國，探望李遠哲一家人。此為李遠哲抽空陪他們，由吳錦麗（左二）、李以群（右一）、李以欣（左一）、李以旋（中）相伴，到美術館欣賞畫作。（攝影者：李遠哲）

第十三章 我家後面有實驗室

汽車繞行柏克萊加大校園外圍道路，攀上後方柏克萊山陡峭的窄小路面，李遠哲直踩油門往山頂去，彷彿稍微停歇就會倒滑下山，驚險程度不輸舊金山市區斜坡街道。終於，車子在校園路一五六〇號[85]停下，這裡就是新家了。來美國之後總是住在公寓裡，如今第一次住進獨棟屋舍，而且竟是沿峭壁山勢興建。

好美啊！從入口的車庫大門直驅內部，窗外就是伸手可觸及的清朗天空，眼底是盤踞山腰的勞倫斯柏克萊實驗室院區。睇眼遠眺，山下的柏克萊加大校舍和遠處舊金山灣區聚攏的雲霧美景，布滿整張天然的畫布，明信片裡的風景也不比這裡美麗。

一般的房舍都是往上興建，但這棟相反。一樓入口是車庫大門，從一樓往地下四樓分別是廚房、臥房、書房、儲藏室。從最底層的儲藏室後門走出去，赫見山坡的岩盤上站著好幾根四層樓高的直挺立柱，安穩地撐起這棟建物。往左右張望，整排校園路的房子都是如此興建的。

從家家戶戶的後門走出來，就被森林與草地包圍。坡勢險峻，如果想健行，倒是能穿過這片起伏的林地，往上攀到十分鐘路程外的勞倫斯科學館[86]。想走到勞倫斯柏克萊實驗室院區，只要彎腰蹲低慢慢沿陡斜小徑下行約三分鐘，經過一道圍牆小門即可進入。李遠哲工作的實驗室位於棟號「七十A」（核子科學部門）的大樓，從家裡的陽臺或窗戶就能一目了然。

「不可能更近了！」李遠哲審視周遭，滿意地說。

搬到柏克萊之前，李遠哲先請仲介代尋住屋，「請幫我在柏克萊找離實驗室近的房子，我不希望花太多時間通勤……」如今他親臨理想的家屋，喜出望外。向晚，璀璨的金色夕陽四射，迷幻的仙境包圍著全家人，最後一點一點由屋後蓊鬱的森林收攏。歷次跨州搬家的經驗中，這是最如意的一次。

安居了，柏克萊加大化學系教授李遠哲神采奕奕地開始他停擺了多日的研究與教學工作。李遠哲捲起袖子和跟著他從芝大來的博士生詹姆斯・范倫提尼[87]及吳灼耀[88]，小心翼翼地著手組裝自芝大搬移過來的交叉分子束儀器。

---

85 這棟房子位於1560 Campus Drive.，後來李遠哲因此居所離實驗室太近，心神一直在工作上無法抽離，十多年後搬離。

86 Lawrence Hall of Science, LHS，一九六八年創立。位於柏克萊加大校區的公共教育中心，服務兒童、青少年、家長及科學教育工作者。內部展示諾貝爾物理獎得主勞倫斯・恩內斯特的事蹟與得獎文獻，館外廣場上展示首座粒子加速器。館舍位於柏克萊山的高處，是賞景眺望的絕佳去處。

87 James Valentini，李遠哲在芝加哥大學任教第三年時收的研究生，後來隨李遠哲轉到柏克萊加大，於一九七五年取得博士學位。曾任紐約哥倫比亞大學化學系主任及教授。現為哥倫比亞學院校長及大學部教育副校長。

88 Cheuk Yiu Ng，香港人。李遠哲於芝大任教時收的學生，隨李遠哲到柏克萊加大，並取得博士學位。戴維斯加州大學化學系特聘教授。

爲何李遠哲任教於柏克萊加大，實驗室卻位於山腰上的勞倫斯柏克萊國家實驗室？

「之前面談時，化學學院院長表示我可以選擇把實驗室設在山下的化學學院，或山上的勞倫斯柏克萊實驗室。我想了想，決定設在山上，雖然到山下的系裡授課較不方便，好處是，能和勞倫斯柏克萊實驗室園區裡的部門交流，距離機械工廠也近。」他說。

於是，李遠哲白天從家裡開車下山，繞經山下的校區再進入山腰的實驗室；有時候就從家後門步行往返實驗室。晚上回家用餐後，由於家後門的林地小徑周遭光線較暗，他就開車往返實驗室與家裡。這樣開車繞行看似捨近求遠，卻能保障安全。

畢竟是美國原子能委員會轄下的國家級實驗室，進行著許多高科技實驗，門禁管制很森嚴。

李遠哲初到任，尚未領到員工證與停車證，每次在園區入口前都會遇上值班警衛盤問，很是耗時。「下次用其他的理由來回應看看。」他頑皮地想。

有一天汽車開到警衛亭，「認證不認人」的值班警衛攔問時，他就回答：「我是化學系教授，我來找所長的。」畢竟他與所長的辦公室接近，每天見面。

警衛聽了，轉身拿了一張臨時停車證給他，就放行了。

隔天，李遠哲又在警衛亭前被攔下，他心想，不如做一個「實驗」：看看整座實驗室園區裡，哪一位才是「最偉大的科學家」。於是回答：

「我和李遠哲教授有約。」

警衛依然只拿了一張普通的臨時停車證給他，就放行了。

再過一天，李遠哲在警衛亭前改口說：「我和葛連・席柏格[89]教授有約。」警衛聽了，轉身拿了一張藍色三角形特別停車證，畢恭畢敬遞給他，憑此證可停車在實驗室大樓前方的特別停車位。

「原來，擔任六任總統的原子能委員會主席的席柏格教授，在整座勞倫斯柏克萊實驗室受尊敬的程度，畢竟很不一樣啊！」他恍然大悟。

實驗室內的工作很順利，一個星期就完成了交叉分子束儀器的組裝，並安排好配電管線，一切就緒，只要接電就能測試儀器、展開研究了。

他洽詢管理電源的人員：「請問什麼時候能接電呢？」

對方回答：「耶誕節時，質子加速器沒有在使用，屆時大樓會有斷電的機會，就讓你接電。」

他很詫異：「什麼？不行啊！我馬上就要做研究了。耶誕節是年底，我不能等上三個多月啊！」

透過協調與說服核子科學部的主管與同仁，約莫一個星期後，全棟大樓暫時斷電，才完成實驗室的接電工程。

---

89 續序章註解。美國化學家。以參與合成元素，發現並探索十個超鈾元素獲得諾貝爾化學獎，並因此發展出化學元素表中的錒系元素。曾任十任美國總統（杜魯門至柯林頓）的核能政策顧問，並於一九六一年至一九七一年擔任美國原子能委員會主委（一九七七年改為能源部，任部長）。畢生於柏克萊加大任教與研究，曾任柏克萊加大校長。與李遠哲為摯友。

值此之際，行政大樓也通知他領取員工停車證。

他去領取時，負責的女士正在講電話，她看到李遠哲出示的領證通知單，隨手拉開抽屜拿出一張停車證，示意他簽名即可離開。他走出去時覺得不對勁，因爲停車證上有編號，但簽名簿上並沒有標註停車證編號，「至少也應該一起記載我的名字與編號才對啊。」他疑惑著走回去，但女士仍在講電話，不知還要等多久，所以他就離開了。

有天傍晚，他從實驗室走出來，警覺到樹後似乎閃現黑影；走到停車位時，黑影化爲兩名警衛疾步而來，脫口就問：「先生，請問您貼在車上這張員工停車證是哪裡來的？」兩人表情似乎得意於已經找到「罪犯」。

「這是我一個多星期以前領來的。我是新到任的教授，就在七十A大樓工作。」

「負責停車證的單位報案說，這張編號的停車證被偷了。」

「被偷？」李遠哲一如以往慢條斯理的說話，即使在此情況下也很鎮靜，「我去領的時候，負責的女士正在講電話，把這張停車證給我就讓我走了。也沒登記號碼或什麼的……」

「原來如此。」警衛登記了車號，查看他的相關證件後隨即離去。

他原以爲會被當作小偷，算是虛驚一場，卻也非一件愉快的事。

＊＊＊

做研究需要不少經費，想像不到的窘境卻出現了。

先前面談時，勞倫斯柏克萊實驗室主任、化學系主任、化學學院的院長和原子能委員會都口頭承諾要支援豐裕的研究經費，但是他到任之後，經費卻久久未能撥下來。

李遠哲了解之後方知，原能會認爲柏克萊加大化學學院院長大衛．田普頓[90]的結晶學研究是日落西山，欲將向來資助院長的研究經費全數轉移給李遠哲的研究，並添加更多經費。李遠哲知情後，覺得原能會讓他「很難做人」。

他也得知，勞倫斯柏克萊實驗室畢竟隸屬於原能會之下，如果沒有配合他們的想法，也無法有所作爲。化學學院雖然也曾在他到任前表示會全力協助研究經費，但由於他的實驗室在國家實驗室院區而非校區內，也沒辦法幫上忙。

「我眞的很後悔，當初應該要白紙黑字將各單位的承諾寫下。」李遠哲有苦難言。研究經費窘境在短時間無法解決，他只好自己想辦法，熬了一個學期之後，才眞正獲得原能會額外撥款。

其實，他從未說出口的是，當初芝大將他的薪水提得很高，好讓想挖角的學校知難而退，他不願讓柏克萊加大爲難，因此提供給加大的參考薪資是芝大加薪前的待遇，加大就是依照此待遇聘請他的。

---

[90] David H. Templeton，一九二〇～二〇一〇，已故柏克萊加大化學系名譽教授，曾任化學學院院長，也是一名長老會牧師。戰時曾赴芝加哥大學參與曼哈頓計畫，戰後到柏克萊取得博士學位並任教。與李遠哲為摯友。

他從未對外提及降薪轉任之事，因爲，「能帶家人回來柏克萊讓我很欣慰。而且，柏克萊是每一位物理化學家最嚮往的地方，我也不計較待遇高低，這薪水足夠支付家人的開銷了。」

與其說李遠哲是正面思考，不如說，遷居柏克萊確實也紓解了不少他對家人的歉疚。

在大都會芝加哥，特別在海德公園（Hyde Park），商店店員很少是由年輕人從事，多半是對搶劫司空見慣的年長者；但是在大學城柏克萊，店員多是朝氣蓬勃的年輕人。

柏克萊的氣候乾燥涼爽，四季如春，吳錦麗再也無須忍受嚴酷天候帶孩子上學；李以群、李以欣每天出門走一段路就能搭公車或校車到公立中學與小學，李以旋就讀的附設幼稚園也在附近。

由於治安無虞，李以群每天清晨七點之前，就和大多數美國小孩一樣送報紙賺零用錢；喜歡科學的李以欣主動申請到勞倫斯科學館當圖書室志工；五歲的李以旋則開心地和鄰居在幼稚園裡玩耍。

來到柏克萊的第一個萬聖節傍晚，李以旋與越南裔同學相約在社區玩「給糖或搗蛋」（Trick or Treat）的遊戲。

「妳爲什麼想去呢？」吳錦麗問。

「我同學約我跟她一起，還有，我沒有在這附近玩過這個遊戲……」李以旋解釋。

住家的社區相當安全，李遠哲和吳錦麗讓女兒打扮成可愛的女巫與同學出門。但是，一分一秒過去，入夜逾九點，李以旋卻仍未返家，夫妻兩人擔心不已，開車出門找這對小女孩。他們先開往柏克萊山下，再沿路緩緩繞上山仍遍尋不著，直到近山頂，才看見李以旋與抱著一大袋糖果的同學坐在路邊。

「以旋，這麼晚了，妳們怎麼坐在這裡？」

「因爲我們走不動了，就停下來休息……」

「妳是不是覺得，爸爸媽媽會出來找妳？」

李以旋點點頭。

他們將兩個小女孩抱進車裡，帶她們平安返家。

這天晚上，李遠哲與吳錦麗安心了。或許，三個孩子們先前被迫揮別熟悉的芝加哥，得重新適應新環境，尋找新朋友與新認同；但是，此事證明他們夫妻做了相對正確的決定，柏克萊確實是安全又合適教養孩子的環境。而對於責任感強烈的李遠哲來說，安全的環境遠比優渥的高薪來得更重要。

然而住在這裡的優點雖多，卻不是沒有缺點的。晚上，每當李遠哲頻頻走近窗前，向家後面的實驗室方向張望、坐立難安時，吳錦麗就會開玩笑說：「你的心都在實驗室啊。」

第十四章 Is there any break through?

每逢週一和週五，李遠哲在柏克萊加大的教授俱樂部，會分別與系上教授及專研物理化學的教授午餐交流，不少同事都曾是他的老師，但他仍改不了尊師重道習性，總是相當恭敬，「畢竟他們都是世界聞名的大科學家。」

學術交流之際，他更重視探索、啓迪與傳承。

每週二、三、四中午，鄰近勞倫斯柏克萊實驗室七十A大樓的餐廳，能遠眺柏克萊絕美風景的戶外用餐區，李遠哲與學生們共進午餐，談笑自如的輕鬆氣氛裡，從科學到政治、社會、校園生活等議題，無話不談。

「李教授，我想跟你做研究！」到柏克萊任教後，一個個優秀、熱情，睜著晶亮雙眼的研究生來到他面前。這些來自世界各國的頂尖學生充滿著探索未知的理想，都深信「天下無難事，只怕有心人」，他收了一些學生組成研究團隊，深感「得天下英才而教之是一件多麼快樂的事！」

他認爲，每答應收一位學生，就是一個承諾，將每一位學生培養起來，「點亮學生心中的火炬」是他的責任。因此，儘管研究與教學工作相當緊湊忙碌，他仍花許多時間與學生互動、討論，並提出具挑戰性的題目指導學生進行。

他也帶著學生一起運動。因爲團隊裡的博士後研究員與研究生比起芝大時期還多，爲了塑造團隊共識與默契，他與學生以及其他研究室的人組成一支慢速壘球隊，參加化學學院的慢速壘球聯盟，每週固定打壘球巡迴賽約一個半小時，李遠哲一定上場打球，出國或出差時除外。「就像做研究會列時間表，實驗室裡的人也會把打球的時間排入時間表，該打球的時候就不做實驗。」

從小就是棒球、桌球和網球校隊隊員的李遠哲深知，球類運動可以鍛鍊體魄，培養達成目標的競爭心與企圖心，還能活化腦力，「我念大學時，碰到解不出來的習題，先出去打一場網球回來，習題就解出來了，而且會覺得，怎麼這麼簡單？」

每週上場打一次壘球，由於是競賽，大家都打得很認眞。不過，還是有對此一竅不通的學生。在眾人的鼓勵下，從沒摸過棒球或壘球的希薇亞．賽亞[91]初登場，拿起制式手套就要套向自己的右手，卻怎麼都套不上去。她看見二壘手李遠哲就在她附近守備，遂求救：「遠哲！我是右撇子，我套不上去！」

李遠哲不敢笑，只說：「希薇亞，手套應該是要套左手的啦！」

「喔！我眞的超糗的！」打完這場球，希薇亞明白，自己雖然喜歡像李遠哲那樣做研究，卻不

---

[91] Sylvia T. Ceyer，麻省理工學院化學系主任、教授。美國國家科學院院士，曾任化學組召集人。她是李遠哲在柏克萊加大任教第一年收的學生，一九七九年獲得博士學位。

是一塊打壘球的料。「這是我和遠哲的第一場棒球賽，也是最後一場。我放棄了棒球，但沒有放棄科學。」她哈哈大笑說。

跟學生打壘球之餘，李遠哲偶爾也與其他教授打網球、桌球健身。

柏克萊加大的華裔教授很少，物理系教授沈元壤是其一。「我初識遠哲，不是因爲他的科研學問，而是因爲他的球技。」校內的礦冶大樓有一張球桌，許多教授常在週末相聚。沈元壤有一次來打球，「印象深刻的是，他的桌球打得很不錯！」

一九七五年，大學部舉辦全校桌球大賽，學生們組了很多隊伍等待較勁，有人看他們幾位教授常打桌球，就建議他們組隊參加。「我們覺得我們都很年輕啊！」四十歲，比李遠哲大一歲的沈元壤說。於是，沈元壤偕李遠哲共五位教授就組隊報名了。

比賽當天，他們一路過關斬將，全力以赴，從早上「殺到」傍晚六點鐘，晉級冠亞軍決賽。由於時間已晚，主辦單位擔心比賽會拖得更晚，遂臨時改變競賽規則，讓兩強各派一位選手單打，勝利的一方就是冠軍。

教授隊員們不假思索，派李遠哲出場，「因爲遠哲打得最好，最有勝算。」沈元壤說。

冠亞軍之戰開打了。在眾多學生圍觀之下，加油聲此起彼落，三十八歲的李遠哲與約莫二十歲的大學生你一拍、我一擊，打得難分軒輊。最後，李遠哲還是輸了，只拿到亞軍。

可別以爲他們一路過關斬將是來自於學生的禮讓，「我們只拿到亞軍，證明大學生根本沒有讓我們！」沈元壤觀察，李遠哲輸了這場球之後，就沒再打桌球了。

李遠哲倒不是輸不起球，而是以球會沈元壤時，常常聊起有興趣的「紅外光多光子解離」等科研主題就欲罷不能，遂決定攜手研究。

多光子解離是什麼？

通常，一個分子吸收紅外線把振動激發之後，就不會再吸收同一波長的第二個光子了，因爲分子振動的能位差距不一樣。但是，在一九七〇年代初期，有人用很強度很強烈的紅外線雷射來照射分子，居然看到分子可以吸收很多光子，然後才分解，這就是「多光子解離」[92]。而且，第一個光子進去分子時，它的頻率和分子的組成有關係，結果，含有某個同位素的可以分解，含某個同位素的卻不能分解[93]。

李遠哲舉例，鹽酸（氯化氫HCl）中，Cl比較重，H比較輕，所以它激發的時候，H在動，Cl動的不多。但是把氫（H）換成氘，氘是氫的同位素，它重兩位，所以它振動的頻率比較低，HCl的頻率比較高。但是當較小的分子各自的特定頻率被激發之後，再也不能用同樣的光源激發到第二個能

---

92 李遠哲説明，當時的科學家主要是觀察到，小的分子由於振動的位階不一樣，所以調到一定的波長之後，一個光子吸收再也不能激發。但是，如果用比較強的雷射光來照，分子比較大，就可以看到多光子解離。

93 首先提出多光子解離與同位素關聯性的是得過列寧獎的蘇聯科學家Vladilen S. Letokhov（一九三九～二〇〇九），例如六氟化硫，硫三十二是一個同位素，另一個同位素是硫三十四，如把多光子打進去後，即可把分子分解，並可以用不同的波長選擇含有不同的同位素的分子來分離同位素，而且很有效，引起很多科學家的注意。

位，可是如果分子比較大，強光就能將分子分解，而且光子進去時和分子的同位素或構造是有關係的。

爲什麼含有某一種同位素的，有的可以分解，有的卻無法分解？爲什麼一個分子用同一個波長，強光就能繼續不斷地把光子打進去？然後這個光子打進去時，到底多快打進去？它到底怎麼分解？

物理與化學家們對這些疑問並不完全了解，紛紛投入研究。

李遠哲與沈元壤也很想揭開背後的謎團。而且各有專才。

「我們想到，遠哲有分子束儀器，我比較懂雷射，我們就能合作，用這個方法就能把裡面的機制搞清楚。」沈元壤說。

的確，在紅外雷射方面，沈元壤一直專注於雷射研究；在分子的化學動態上，李遠哲首創通用型交叉分子束儀器，並持續將這項工具改進得更加精緻，後來，不僅是精準測量分子的反應動態，連分子之間的能量轉移等都能有效測量。他已是世界上最精於運用交叉分子束儀器來探索微觀分子動態的人。

「在分子束裡面，分子都是單獨、一個一個游離出來平行移動的，我可以測量分子分解後的產物角度分布、速度分布。所以，用雷射把它激發出來時，我們可以控制雷射的波長與強度，來詳細觀察激發之後，它分解的能量的分布狀況。」李遠哲說。他的實驗室能把一個游離出來的分子在眞空裡單獨以強光照射，然後觀察它的動態，是世界上其他實驗室做不到的。

「我們來合作吧！」

沈元壤帶來紅外光雷射儀器，每天帶研究生來到勞倫斯柏克萊實驗室七十A大樓，專屬於李遠哲的一整層實驗室；而李遠哲也帶著學生把一個分子束的束源改爲雷射光束源，把巨大的交叉分子束儀器暫時改爲交叉雷射分子束儀做研究。

簡而言之，大多數科學家想解開以下兩組問題：其一是，爲什麼同一個波長的光，能在一個分子裡面打進那麼多光子？也就是說，一個分子裡面怎麼能吸收那麼多同樣波長的光子呢？另一組問題是，打進去之後，累積的能量是否集中在原始激發時的振動模式，以至於斷開的化學鍵，與原始激發的振動有關係？光子打進去之後，累積的能量是否在分子裡面到處流竄，也均勻地分布呢？然後，最弱的化學鍵累積到足以斷開化學鍵之後才分解？也就是說，分子分解的方式是與分子被激發的啓動模式有關嗎？這需要測量速度分布，還要知道打進多少光子。

後面這組問題，就是李遠哲與沈元壤每日孜孜矻矻專注的主題。

「這時候才發現他厲害的地方，他全心投入，彷彿不用睡覺，每天都做到超過凌晨一點鐘，還沒回家。」沈元壤佩服地說。

而沈元壤也很投入。他們每天不研究到深夜一點鐘不罷休，有時候實驗在深夜十一點鐘結束，他們兩人仍繼續討論到深夜，不藏私，也不虛飾，全心全意爲了探索眞理。「我們不像其他領域的學者會互相搶功勞，我們常常這樣實驗之後就熱烈討論，」沈元壤非常享受這個過程。

「故事」往往從「事故」而起。由於雷射技術仍不夠穩定，沈元壤的雷射儀器常常損壞，前後壞了四部之多，對於這位研究經費並不充裕的物理系教授，眞是雪上加霜。而李遠哲的實驗室規模是化學系最龐大的，他的交叉分子束儀器是一百二十萬美元的設備，更是所費不貲，如果發生狀況，損失往往也不輕。

研究做得如火如荼之際，沈元壤除了Tachisto二氧化碳雷射，還帶來了一個紅外線專用的觀景窗（window），材質是氟化鈣（CaF_2）。李遠哲將這個觀景窗裝到交叉分子束的實驗裝置後，分子束打出來，雷射也打出來。不料，實驗進行不久，雷射竟然把觀景窗打穿了，瞬間，空氣進入交叉分子束儀器的眞空系統，導致內部檢測器等昂貴的零件燒掉。

發生觀景窗被穿破（break through）的連鎖反應後，李遠哲捲起袖子停機檢修，耗損固然大，幸好李遠哲就是交叉分子束儀器的首創者與設計者，「我設計得非常理想，不管什麼時候任何東西壞了，我可以在一天之內拆下所有零件再來全部裝回去。」他埋首工作，一天後就修復交叉分子束儀器了。

儘管耗損很大，他還是笑嘻嘻地對沈元壤比喻：「我們這一百二十萬美元的儀器，你們拿一個二十塊美元的氟化鈣觀景窗就把它毀掉了。我們應該買較貴而不容易損壞的zinc selenide觀景窗，才能算是『門當戶對』。」

兩天後，材料與分子科學部門（Materials & Molecular Science Division）的主任大衛・薛利[94]，經過他的實驗室，問道：「有什麼突破嗎？」（Is there any break through?）

這裡是接受國家高額經費進行研究的國家級實驗室院區，因此實驗室主任的壓力很大，常到各實驗室問有沒有新的突破（break through）。李遠哲馬上說：「有啊有啊，有一個很大的突破（break through）。」薛利大喜，趕快走進來聽好消息。

「前天啊，我們晚上做實驗，沈元壤的雷射打穿觀景窗，把觀景窗給突破了（break through）！」調皮的李遠哲說完，怎料，沒有幽默感的薛利生氣起身就走了。

不過就在三天後，李遠哲與沈元壤的研究眞的出現了重大突破。他們換了新觀景窗做研究，看見了多光子解離的完整動態現象，解開其他物理化學家苦思許久的謎團。

前三天是觀景窗的突破，三天後是科學的突破。他們觀察到，分子吸收這麼多光子以後，能量亂掉了，轉移到其他化學鍵裡面。「能量亂掉」的意思是，能量被不同的自由度分享掉了。

約莫一個月後，沈元壤過去在哈佛大學的博士指導教授尼古拉斯．布隆伯根[95]來參訪他們的實驗，嚇了一大跳。因爲，通常普通科學家打了雷射之後，觀察氣室裡的分子是否已經分解了，但是，李遠哲與沈元讓早就超越這個層次；他們不僅看單一分子的分解，還進一步看到能量的分布。

---

94 David Shirley，一九三四～，化學家，美國國家科學院院士。曾任賓州大學資深研究總裁暨研究所所長、柏克萊加大化學系主任暨教授。薛利於一九八〇到一九八九年擔當第四任勞倫斯柏克萊實驗室主任；一九七四年為勞倫斯柏克萊實驗室材料與分子科學部門主任，皆為李遠哲的直屬主管。

95 Nicolaas Bloembergen，一九二〇～，荷蘭物理學家。曾任教亞利桑那大學、哈佛大學等。一九八一年因對雷射光譜發展的貢獻，獲得諾貝爾物理學獎。一九七四年獲美國國家科學獎章。

「我以爲化學鍵如果需要一百個千卡就斷掉，那麼，以十微米波長的光子激發，應該是吸收了三十三個光子之後，它就馬上斷掉？」布隆伯根教授不解地問。

「不是的。如果能量是分子的各種振動或化學鍵都分享的話，每個化學鍵得到的能量平均不那麼高，它要等能量聚在某一些化學鍵才斷掉。化學裡面有一個RRK統計理論[96]，亦即，雖然能量夠了，但是化學鍵不是馬上就斷掉，要振動到某一個時候，鍵的能量累積很多才會斷掉。」李遠哲解釋。

他進一步向布隆伯根教授說明，根據這個RRK統計理論，並不是累積了某個能量，化學鍵就會馬上斷，因爲這些能量是平均分布在分子內部的運動，而是要等到某一個化學鍵累積到某一個一定能量時才會斷掉，但是隨著光子打進分子的數目的增加，能量越多，分子分解的速度會越快。「從我們的實驗就可以看到，分子吸收很多光子後，到底能量怎麼分布，到底雷射能把分子打到多高的能位，分子怎麼分解，了解分子分解的動態學與產物的種類及能量的分布，我們是眞正一個一個量出來的。」

布隆伯根對李遠哲與沈元壤的研究成果相當佩服，而他們更在一系列的研討會、演講與論文發表中獲得了眞正的肯定。

在一場多光子解離的研討會中，會議上午排定三位物理學教授演講，分別是布隆伯根教授、一位麻省理工學院的教授大衛．拉森（David Larson）和發現多光子解離與同位素關聯性的蘇聯科學家維拉狄倫．列托科夫（Vladilen S. Letokhov）（見注93），三位都是做理論的研究報告；下午只排定一組演講者，就是李遠哲與沈元壤分享他們的合作研究發現。

上午第一位主講的布隆柏根教授指出，一個分子能夠吸收那麼多光子，主要是它激發時不只是激發振動，它還激發轉動，所以有時候轉動的能位差跟振動的能位差可以互相抵消，所以在強光照耀下，在能位不確定性增加之後，很多光子就可以進去。比較複雜的分子有很多振動的能位，而且狀態的密度就變得很高，經過轉動的互補，有時候轉得很快的，在振動激發時轉得變慢，多餘的能量就補上能位不夠的地方，經由轉動能位的改變，來補振動能位不一樣的地方。所以雖然強光照耀下，能位從不確定性原理拓寬的寬度有限，但是在轉動能位的互補下，很多光子就被吸收了。

布隆柏根教授說完，第二位教授很失望，「我不講了，因爲我要講的，布隆柏根已經講完了。」不過，受邀第三位主講的列托科夫教授依然上臺發表自己的研究結果，內容與布隆柏根教授一樣，是因爲振動跟轉動的互補導致能吸收多光子。

上午的三位演講者是英雄所見略同，下午就不同了，只有李遠哲與沈元壤有能力發表令人興奮的

---

96 RRK theory：由O. K. Rice、H. C. Ramsperger和L. S. Kassel於一九二〇年代末期提出。其理論是，一個分子能量累積之後，因為能量在不同的化學鍵、不同的振動模式裡面分享，所以，分解得多快，可以用統計學的觀點來看。但是，Rice教授在普林斯頓大學任教時提出此一理論卻沒人相信，未能在普林斯頓大學得到終身職，雜誌也不刊登其文章，就被辭退了。後來，其學生Rudolph Macus用量子力學來解釋，發展成RRKM理論（Macus因大分子內電子轉移理論於一九九二年獲諾貝爾化學獎），所以直到一九五〇年代學界才知道這是了不起的理論。而Rice教授的成就被埋沒數十年，一九七四年受邀到洛杉磯附近一場化學動態學研討會演講，談到自己當年的遭遇仍耿耿於懷。後來，念物理化學的學生都會學到RRKM理論。

研究成果。

李遠哲提出一張張幻燈片與研究數據指出，分子開始吸收光子進去之後，能量是不是眞的在分子裡面互相共享的呢？然後，達到某一個能位之後，它分解跟繼續吸收光是有競爭的；當分子吸收足夠的光子抵達分解能時，如果光不是很強，沒能吸收更多光子，分子就分解了。光很強的話，它打上去之後，還沒有分解就再吸收一個光子，吸收一個光子就分解得更快了。接著繼續有競爭，再上去就更快，所以打了七、八個多餘的光子之後，激發到更高的能位，就漸漸不可能贏過分解的速度。

「分解的快慢，與能量超過分解值有多高是有關係的；如果能量剛好在分解值高稍微一點點的話，它要等很久，化學鍵才能累積那麼多能量，再分解掉，如果同時放進兩倍於需要打斷化學鍵的能量的話，那麼，只要一半的能量累積到一個化學鍵，它就斷掉了。所以，我們控制雷射的強度，然後看它分解時產物的速度分布，再從分布的情況看它是不是以統計的方式，分子能量是眞的在分子裡面轉移，因此，我們可以回答吸收的速率與分解的快慢等問題，」李遠哲說。

「所以，激發之後，雷射如果強的話，它會把吸收的線寬（line）拓寬，然後經過轉動的互補就上去了，能量的傳遞後來就有了競爭，上升跟解離的競爭，決定了能量的分布情況……所以你如果有兩個不同的通道，可以用雷射的強度來控制，到底是讓它慢慢分解到低能位的通道呢？還是打得很高兩邊都出去呢？這些都可以控制。」

李遠哲與沈元壤的合作研究，深刻地了解整個多光子解離的動態，也是上千篇已經發表的相關研究論文都沒有抓到的重點。

這是一場關鍵的研討會，一舉揭開多光子解離的理論與化學動態過程，而且李遠哲與沈元壤能把動態了解得如此深刻，已經研究此一主題多年的物理及物理化學學者都自嘆弗如。其中，美國某大型國家實驗室以龐大的團隊與鉅額經費在研究多光子解離與同位素分離，但是，對於基本原理的了解，仍不敵李遠哲與沈元壤兩團隊合作的成就。

謙虛的沈元壤常常在公開場合裡說，沒有李遠哲的交叉分子束儀器，多光子解離的研究是不可能成功的。而且，「從合作研究的交往，就可以看到遠哲是怎麼樣的人。他做事非常認眞，最希望就是看到科研成果，而獎項或報酬他不是那麼在乎，我們都是這樣，也不會競爭成果。」沈元壤說。

李遠哲則是欽佩沈元壤做研究時的嚴謹與精確，「我們學化學的跟學物理的不太一樣。學物理的對解釋、推理很嚴謹，化學常常是實驗的科學，所以我們常常對基本的物理原理是沒那麼嚴謹，就是雷射跟分子的作用。化學常處理複雜的多原子分子問題，條件很多才決定一個狀態；但是物理學者常探討能完全掌控的體系，所以可以很精確。」他說。

無心插柳柳成蔭，他們倆人從以球會友到合作研究，達成科學的突破，促成了一段佳話。運動能幫助知識與智慧的提升，無庸置疑。

他們兩人合作研究時指導的學生不僅學習，也見識到他們的工作態度與待人處事的風範。

從任教柏克萊加大以來，李遠哲都邀請實驗室裡的博士後研究員、研究生及合作夥伴到家裡舉辦耶誕晚餐會，攜伴參加的總人數常多達四十人，由吳錦麗親自下廚宴請辛勞的團隊成員，與李遠哲合作研究的不同實驗室的研究生也都共襄盛舉，和樂融融。

李遠哲與沈元壤合作研究之後，有一回耶誕晚會，沈元壤指導的挪威籍研究生亞斯曼·蘇德柏（Asmund Sudbo）帶了一把小提琴獻奏，眾人聽得如癡如醉。餐後，蘇德柏沒有和大家一起玩遊戲，而是主動幫忙吳錦麗收拾餐具，相當貼心。

而吳錦麗爲了這場一年一度的盛事，採買了四十幾張摺疊椅、數張長桌與足夠的餐具，晚會前幾星期就忙碌著，直到晚會結束後一個星期還在收拾與清理相關用品[97]，但她看到晚會中師生們互敬互愛，互相珍惜，覺得一切都很值得。

人類所知的仍甚爲不足，李遠哲以他獨有的風格與態度，繼續帶領學生們尋求科學的突破。

---

[97] 李遠哲的研究團隊成員習稱Lee Group，後來大家談到以前在柏克萊與李遠哲共度的時光，最讓他們深感溫馨的就是每年舉辦的耶誕節晚宴與善體人意的吳錦麗。

1 李遠哲實驗室的畢業生，在各個學術會議中，都會集合在一起，他們是聲勢最浩大的「Lee Group」。（二排左四為李遠哲）

2 李遠哲在柏克萊加大時期，曾和學生以及其他研究室的人合組慢速壘球隊，每週固定打巡迴賽。

3 在一次會議後，研究室師生的排球賽。

第十五章 那些陪病的日子

「請問是遠哲嗎？我是范倫提尼，我有急事……」

一九七五年的一個淩晨，電話鈴聲突然響起，還在工作的李遠哲第一時間接起電話。話筒那一端是博士生詹姆斯．范倫提尼，也是他芝大時期指導的碩士生。

原來是兩天前，范倫提尼在柏克萊車禍受傷，進醫院急診室處置後即返家休養。但事故過後兩天的淩晨時分，鼻子卻開始大量出血且血流不止，不知所措的范倫提尼心想：「淩晨三點還有誰會醒著？」於是打電話給李遠哲，果然鈴響第二聲李遠哲就接聽了，「他完全是清醒的，他還在工作！」范倫提尼說。

李遠哲立刻開車載范倫提尼到附近的醫院急診處，一位實習醫師來爲范倫提尼止血，但是三十分鐘過去了，血不僅止不住，還越流越多。向來很有耐性的李遠哲越發擔心，當機立斷詢問醫院人員：「請問主管是誰？」

李遠哲依指示走進主管辦公室問：「請問主治醫師在嗎？」

「主治醫師休假，現在是實習醫師値班。」

「你們一定要請主治醫師過來，再不來，要出人命了！」

一小時後，主治醫師趕過來接手處置，不到五分鐘就止血了。原本的緊張情勢似乎稍微解除，但當醫師進一步爲范倫提尼檢查身體時，卻發現失血過多，血壓很低，必須馬上急救與輸血。就這樣，李遠哲一直陪著范倫提尼接受治療，幾個小時後，狀況恢復不少的范倫提尼才由李遠哲開車護送出院回家。

「謝謝你一直陪我，」范倫提尼問李遠哲，「爲什麼在急診室時，你的臉色那麼奇怪？是不是不舒服？」

「不是。我擔心你的狀況越來越壞，所以趕緊向醫院抗議，堅持要主治醫師來幫你治療。」李遠哲說明。

護送范倫提尼返家後，李遠哲獨自開車去上班，不由得回想起十年前還在柏克萊加大擔任博士後研究員時的相似場景……

凌晨，電話鈴聲響起，同在柏克萊加大做博士後研究的好友曾俊明的夫人來電求救。他緊急開車趕到曾家時，曾俊明掙扎著大口喘氣；焦急的曾夫人說，可能是服用盤尼西林藥物產生了過敏反應。幾分鐘後，救護車也趕來，兩位救護員將曾俊明抬上車。李遠哲正要跟著上救護車，卻遭救護員擋下，還說：「依照法律規定，您不能坐在病人旁邊。」於是，他只好坐在駕駛座旁，陪同前往醫院。

分秒不斷流逝，感覺度日如年，他看了手錶，救護車不僅開得慢，未開鳴笛，連車頂的警示燈也沒有點亮。他很納悶，本能地將身體轉向後方的車廂查看，但是看不出任何動靜，「希望救護員已經在後車廂爲他做基礎的急救處置了。」他憂心想著。

三十分鐘後，救護車終於抵達了醫院。救護員將曾俊明推進急診處，他心中浮現一絲希望。未料，五分鐘之後，一位醫師走來對他說：「先生，我很抱歉，您的兄長過世了，在到院之前就已經沒有了呼吸。」

「我是他的好友。」李遠哲訝異追問：「怎麼會呢？上救護車前，他還在掙扎著大口喘氣的。這段路上，救護員沒有幫他先做急救嗎？」

「我很抱歉告訴您。沒有。」

「我注意到，車子開得很慢，比平時開到醫院的時間還久；車子沒有開警示燈，也沒有警鳴聲，爲何救護員也沒有先做緊急的維生處置呢？」無論李遠哲怎麼問，醫師也給不出答案，而救護車上的處置並不屬於醫院的責任。警察也前來查問死因，聽完李遠哲的說明，警察認爲醫院應該沒有責任，但也不了解爲何救護車沒開警燈盡速送病人到醫院。

「看著一個生命在我眼前消失，我卻無能爲力，」李遠哲内心遭受極大的衝擊，「我到曾家時，曾俊明還掙扎著呼吸的，爲什麼到醫院就天人永隔了！」

他不斷回想事件經過，「如果我要求救護員幫俊明戴上呼吸器等急救措施，他是不是就不會死？」「如果我要求駕駛開快一點……」「如果我請救護車開警示燈與鳴笛……」他氣惱自己沒有當機立斷多做一些，或許就能挽回寶貴生命。

「俊明是我在柏克萊的好友啊！」

比他年長幾歲的曾俊明，常和他一起參加臺灣留學生的活動。這些活動平常各由不同人主辦，參加者不少，但是有一場活動的參加人數卻很少，他們兩人詢問之後才知道，原來那場的主辦人是「職業學生[98]」。

身形粗壯，個性豪爽，深富正義感的曾俊明去找這位主辦人，嚴厲地說：「你到底來這裡的目的是什麼？你老實說！不然我今天就不放你回去。」兩人在柏克萊加大的學生廣場後方草地上僵持不下，最後到了深夜，對方只好和盤托出，自己每個月拿中國國民黨多少資助金，負責蒐集在海外的留學生情報，每個月都要寫幾篇報告。

「什麼情報？你寫了什麼？」曾俊明追問。

「我寫李遠哲是社會主義分子，我還寫另外那個○○○是共產主義分子……」

事後，曾俊明向李遠哲轉告此事，李遠哲訝然：「奇怪，那個人有一天來找我，問我很多我對社會的看法，我就具體將我的理想告訴他，沒想到他竟然是領國民黨的錢寫小報告的職

98 白色恐怖年代，拿中國國民黨的中山獎學金出國留學的留學生之中，有些人在海外負責監控其他臺灣留學生的思想與行為舉止，並寫報告向國民黨匯報。俗稱職業學生。

業學生！」李遠哲很感謝曾俊明伸張正義，查明眞相，對自己的處境也有更深刻的體悟，畢竟在白色恐怖籠罩的臺灣，被打「社會主義者」小報告，是很有可能會被政府槍決的。

在回憶中，十年前曾俊明意外喪生的往事與今日范倫提尼的急救情景交疊，李遠哲才領悟，幾個小時前，自己之所以一反平常的謙和與耐性，斷然向醫院主管抗議並要求主治醫師趕來，就是不希望讓當年的悲劇重演。

幸好李遠哲當機立斷，范倫提尼康復後不久取得博士學位，轉往哈佛大學做博士後研究。

有一天，馬漢教授走進他的研究室，直言：「遠哲，你願不願意當我的遺囑執行人？」

「什麼？您在開玩笑嗎？我也沒有比您小幾歲。而且您還年輕，怎麼會想到這個？」李遠哲看著自己的同事，當年的博士論文指導教授，感覺有點荒謬。

教授慘然一笑說：「我沒開玩笑，我是認眞的。」

李遠哲瞪大眼睛，說不出話。

「我被醫生檢查出來，得了肌肉萎縮性脊髓側索硬化症，」馬漢教授說。

這種病俗稱漸凍人症，初期症狀爲腳尖動作不順，再來雙腳麻痺，接著是肌肉萎縮，漸漸連四肢都無法動彈，頭部無法運作，只剩眼睛能眨動，慢慢死去。通常，依照病徵的發展情形，從病發到死亡大約是五年左右。

李遠哲深知，單身未婚的馬漢教授不善交際，獨來獨往，有些孤僻，在系上的好友不多，唯一的親人是母親，住在離加州很遠的東岸。教授如此請求，確實是將他當作可以信任的託付人。「好，我答應你。」李遠哲承諾。

自從一九七五年馬漢教授罹患「漸凍人症」，李遠哲就更加忙碌，他除了帶領自己的研究團隊，也幫忙指導教授的學生，每週還帶教授就醫。

馬漢教授聽說一種新的治療法，可將體內的血液抽出來，用離心機把固態分離，再將處理過的血液輸回身體，「我想試試看這種治療法，也許能有助於延緩病情惡化。」教授說。

於是，逢每週固定的治療時間，李遠哲就開車載馬漢教授前往舊金山的太平洋路得醫學中心（Pacific Lutheran Hospital）。往返與治療時間約需三至四小時，李遠哲也利用在醫院等待的時間閱讀化學研究文獻。

「遠哲眞的是個好人，會做一些讓人很溫暖、感動的事。像他那樣忙，那樣一個『惜時如命』的人，每個星期都帶馬漢教授去醫院治療。」吳錦麗看在眼裡，深受感動。

不過，李遠哲觀察到，馬漢教授在去程時總是帶著笑容，但是，治療後卻總是顯得很不舒服，也沒了笑容。

於是，他請教醫師：「請問你能告訴我，這治療是怎麼做的嗎？」

醫師解釋後，李遠哲追問：「請問你把血液做完固態分離之後，有加什麼嗎？」醫師說：「有啊，五百ＣＣ的食鹽水。」

他問：「請問食鹽水是從哪裡來的？」

醫師：「攝氏四度的冰箱啊。」

他分析：「照你這麼說，把冰冷的食鹽水直接注入人體，病人會很不舒服，應該把食鹽水溫熱到人體的溫度再注入體內才對啊。人的體溫攝氏三十六度減去四度是三十二度，那麼，三十二度乘以五百ＣＣ就是一萬六千卡路里，這是很大的能量消耗。這能量不該讓虛弱的病人來補足。」

醫師說：「你提醒我了。我確實應該把食鹽水加溫，再輸血回病人身上。」

經過這次談話，下一回，李遠哲帶馬漢教授來治療，結束後，教授果然恢復了笑容，身心都舒服多了。

可惜的是，這種治療法並未減緩馬漢教授的病情。後來，教授就不再到這家醫院治療了。但是，李遠哲仍持續帶教授到其他醫院就醫。

一九七八年，轟動全球的電影《星際大戰》上映，連化學系的教授群也很風靡。馬漢教授已不良於行，但仍常坐輪椅到教授俱樂部用餐。有一天，馬漢教授聽見同僚都在談論這部電影，似乎很有興致，李遠哲注意到，就問：「您也想去看嗎？」

馬漢教授點點頭。

雖然李遠哲已經陪孩子們看過這部電影，但是，爲了尋找附設輪椅座位的戲院，他開車找遍柏克萊與舊金山周遭的戲院，終於在一家購物商場附設的戲院找到專供輪椅人士的座位區，就載著教授去看電影。

看完後，馬漢教授津津樂道，李遠哲也深感欣慰，「上次陪孩子們看《星際大戰》，我因爲前一天熬夜，看到一半就睡著了。孩子們不能想像，看這麼興奮的電影，爸爸竟然能睡著。這次帶教授來，我很清醒，這電影還滿好看的，我從頭到尾都看完了。」

平日一肩挑起孩子們照顧與教養工作，常被孩子們的學校老師與同學誤認爲「單親媽媽」的吳錦麗，看著李遠哲對馬漢教授無微不至地照顧，更深刻體會到，「遠哲眞的是一個很溫暖的人。」

無奈，馬漢教授的病情每況愈下，身體狀況急速惡化，後來已臥床不起，只能藉著眼睛眨動與人溝通。

李遠哲常常去看馬漢教授，說些系上的事情或是學術會議聽到的科學新進展。每凡教授要說話，他就拿著一張字體放大的字母表，用手指從上往下移動，如果教授要表達的字母在這一行時就會眨一下眼睛；他用手指從左至右移到特定的字母時，教授又眨一下眼睛，這樣逐個字母拼出每一個英文單字，再組合成一句話，來了解教授想表達的內容。往往耗費近半小時，他才明白原來教授只是想了解某專業領域的研究近況。他說明之後，再拿起字母表耐心地依據眨眼找字母。健康者稀鬆平常的簡單對話，他們卻得溝通兩、三個小時。

馬漢教授臥床初期，系上同事都輪流探視，但臥床時間一久，同事們就漸漸減少來訪，只剩下李遠哲與另一位朋友定期來探視。

「李教授當然忙得不得了，他有一個很大的研究團隊，馬不停蹄地在世界各地奔波，是個大忙人。但是他的學術生涯之父（馬漢教授）不能說話了，他當然覺得有義務去探視，這讓我對他很尊敬。」耶魯大學化學系詹姆斯．克羅斯[99]教授來訪柏克萊加大時眼見此事，印象很深刻。

後來，馬漢教授的母親從外地搬來親自照護，末期只有李遠哲仍常來探訪[100]。

系上師生很難了解，為何李遠哲僅在馬漢教授門下不到五年時間，卻不同於美國一般的師生情誼，願意盡心盡力照顧？

只能說，儘管李遠哲已融入美國現代社會文化，仍維持了念舊、扶弱助人的性格。從幫助竹中同學何坤、竹中校友蔡錦福；大學時背著表哥劉筱春返鄉；做研究時與機械工廠師傅們並肩努力；在清大耐心教導機械師傅；陪伴曾俊明和范倫提尼就醫；以至不離不棄照顧馬漢教授皆然。

然而，濟弱扶傾、重情重義、尊師重道的性格，又將會為他帶來什麼樣的糾葛與困擾？

99 R. James Cross. Jr.，哈佛大學博士。專研物理化學，耶魯大學化學系名譽教授。

100 馬漢教授於一九八二年過世，李遠哲為其代行遺囑，並舉行葬禮。馬漢向來與母親不睦，因此遺囑中未將遺產留給母親，而是捐贈學校，並將書籍留給李遠哲。但李遠哲與律師討論過後認為，馬漢的母親盡心盡力照護，仍由馬漢遺產中以工資名義撥予一筆款項，後來其母以此款項成立馬漢教授獎學金。

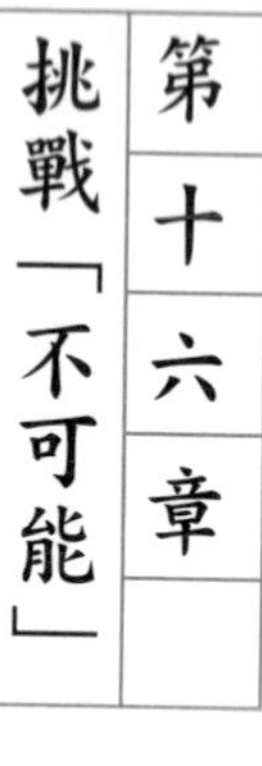

第十六章
挑戰「不可能」

「這個是實驗不可能量測到的！」

柏克萊加大化學系教授符立茲．薛佛如此斷言。這位理論化學家在黑板上寫著自己計算所得的密麻麻化學分子式，得出斬釘截鐵的結論。

坐在聽眾席的李遠哲聽見同事的斷言，不禁深思，這個實驗眞的不能做嗎？

科學新發現是令人興奮的。

往往李遠哲孜孜矻矻解開一團謎題，並將某個主題的分子動態測量解釋得清清楚楚，眾人恍然大悟之餘，總是有學生不住讚嘆：「原來這麼簡單啊！」

科學新發現也是殘酷的。

後進者常重新做同樣的實驗，反覆驗證這些實驗是否有破綻或其他可能性，追求眞理與眞相。也有學生會喪氣地說：「簡單的題目都被你們做完了，我們後面的人要研究什麼呢？我們很難做呢！」

但學生們想像不到的是，他們以爲「簡單」的題目，先前也往往是複雜且困難的，是被前人解開並剖析後，才變得「簡單」。

李遠哲的觀念是，科學是不斷探索與進步的過程，前人的失敗與錯誤都是很好的學習基礎，讓後人站在巨人肩膀上爬。畢竟科學史是一面明鑑，後人證明前人的錯誤，學生證明老師不對，往往促進了科學的進步。從他做博士論文起，他的研究歷程就有不少這樣的例證。於是，每凡有人斷言「不可能」時，他總是不忘質疑，甚至勇於挑戰不可能。

這一回，李遠哲要挑戰薛佛教授所聲稱「不可能做出來的實驗」。

人們已知，酸（H^+）與鹼（OH^-）中和會變成水[101]。酸性水溶液是因爲水裡的質子與水結合，變成H_3O^+[102]。H_3O^+旁邊也有很多水黏著。

科學家也知道，要了解水溶液裡面的酸，最好是把一個質子H^+跟水分子一個接著一個黏在一起，慢慢從氣體變成液體而觀察這一系列構造的變化。但是，能夠用來決定構造的離子光譜實驗很不容易做。

薛佛在演講中說，「我最近算了一個質子H^+跟一個水的構造，也算了一個質子H^+和兩個水的構造、三個水的構造。我發現，一個質子H^+跟兩個水的結合的時候，到底是質子H^+屬於某一個水形成

---

101 水（H_2O）：其分子結構的中心是O，O的最外層有六個電子，四個電子配成兩個電子對，剩下的兩個電子各與氫原子結合，形成兩個OH鍵。水分子中的氧原子電子密度較高，容易吸引其他分子的電子密度較少的地方，如水分子中的氫原子。

102 水合氫離子（H_3O^+）：氫原子失去電子，即氫離子，也稱為質子，很容易和水分子結合，變成H_3O^+。

H_3O^+，再接上另外一個水形成不對稱構造呢？或者，質子H^+在中間是兩個水共享的呢？因爲能量差不多，我還是分不出來到底哪一個是較安定的。」

「三個水是H_3O^+在中間，兩個水分子內的氧原子個別接在H_3O^+內的一個氫，是對稱的，這我可以算出來；但是，因爲實驗室裡這些離子能夠被製備的濃度太低，測量這些離子的吸收光譜是沒辦法從做實驗得到的。」薛佛教授斷言。

薛佛指出，普通測量一個分子的吸收光譜，樣品的量要足夠，才能測到光子是否被吸收，但是，實驗室在質譜儀分辨出的離子的濃度太低，能夠被吸收的光子的量不多。因爲，「如果是一百萬個光子裡面有十萬個光子被吸收，也就是說被吸收了十分之一，就可以測量得到。但是因爲離子的數目很少，就算光子被吸收了，好比一百萬個光子只被吸收一個光子，不容易量到的原因是光源不穩定，會有一些誤差，有時多來幾個，有時少來幾個，這些誤差比吸收光子還多，怎麼測量得到呢？總之，實驗是做不出來的。」薛佛斷定。

理論化學家薛佛的說法，讓實驗化學家李遠哲不服氣。

「光子進去之後，H_3O^+分子和一個水、兩個水、三個水等的錯合物，到底有沒有吸收光子，爲什麼需要測量光子呢？如果能夠測量吸收光子後的分子性質的變化，就可量出是否有吸收光子了啊！」李遠哲認爲。

這時，他也從與沈元壤教授合作的多光子解離研究得到啓發。

「H_3O^+與一個水、兩個水、三個水的錯合物，如果用一個紅外線光子激發的話，分子是在振動激發態。我用很強的紅外線去試圖分解激發態的話，激發態光子被吸收的可能性，和分子在基態時光子被吸收的可能性是不一樣的。」李遠哲解釋，「所以，當光子經過樣品之後，如果有一個分子被激發，我可以用強光把這個分子分解掉。因此，要知道分子有沒有吸收光子，就看強光能不能把這個分子分解掉。」

李遠哲另闢蹊徑，想出這個間接的辦法，不直接測量光子，而是測量東西的性質是否改變。他很興奮地對研究團隊成員們說明構想：「我想這麼做，把帶電的離子分離之後，把這群離子局限在一個長長的電場陷阱裡，讓它在裡面來回跑。我先用可調波長的光照射分子之後，這時候，分子到底被吸收了沒有，我們並不曉得；接著再用強光照一次，如果光子被吸收了就會被分解，分解完就把它送進質譜儀裡一個一個測量，所以，只要一個分解，就可以測量得到啊！」

這個構想令人躍躍欲試，李遠哲帶著成員們分工合作設計了一部極為複雜、專做離子光譜實驗的交叉分子束儀器。

挑戰化為行動，構想化為實際，這實驗成功了，讓薛佛教授驚訝不已，李遠哲與團隊也發表一系列引用次數極高的論文。

更重要的是，李遠哲與團隊為此開創一系列離子光譜[103]實驗的方法與工具，為世界各地科學家廣

103 一九九四年，李遠哲回臺灣時帶回幾部交叉分子束儀器，其中就包括這個做離子光譜實驗及做轉動的光分解的儀器。

爲採用。隨著雷射技術益加發達，長波長、短頻率的實驗都能做到，追溯源頭，就來自李遠哲的首創。

抱持開放的心，勇於挑戰不可能，不放棄追求科學眞理。離子光譜的一系列研究，是李遠哲研究態度的最佳例證。

只是，李遠哲想起，早在一九六八年時馬漢教授曾建議他到柏克萊加大任教，而且希望他只做離子光譜的研究主題；但是，當時他對這個主題並無興趣，一心只想設計打造一部更精緻的通用型交叉分子束儀器，來研究肉眼不可見的分子動態。反而是馬漢教授後來專注於離子光譜的研究。

眼下，李遠哲成功實現了理論化學名家所斷言的「不可能的實驗」，創造新的離子光譜研究典範，今昔對照，不禁啞然失笑；而馬漢教授卻已然罹患重病，無法再做研究。科學的新發現既興奮又殘酷，長江後浪推前浪，一代代科學家接力探索未知，只能說不勝唏噓。

儘管已名列離子光譜領域的傑出科學家，但是詢問李遠哲是否喜歡這個主題，他卻吐著舌頭笑說：「呵呵，我可以做啊，但是依然沒有太大的興趣分析複雜的吸收光譜……而我也有很多學生已做了非常精采的研究。」

一九七八年，一位伊利諾大學教授對李遠哲說，美國國家科學院（National Academy of Science）將提名他選院士，結果最快將於一九七九年揭曉。如果成眞，將是世界性學術殊榮。

李遠哲去看馬漢教授時，特別轉告此事。

「沒那麼快吧！我以前被提名院士，兩、三年過後才被選上。」教授提醒他。

十多年來，李遠哲首創通用型交叉分子束儀器，並以這個工具進行原子與分子的動態研究、原子與分子的彈性散射、多光子解離、離子光譜，一連串的突破性研究成果在學術界有目共睹，對科學貢獻極大。

他是否可能以一位華裔化學家身分，於四十二歲之齡獲得美國科學院院士殊榮呢？

李遠哲不在意。因爲，還有數不清的「不可能的研究」亟待他挑戰。

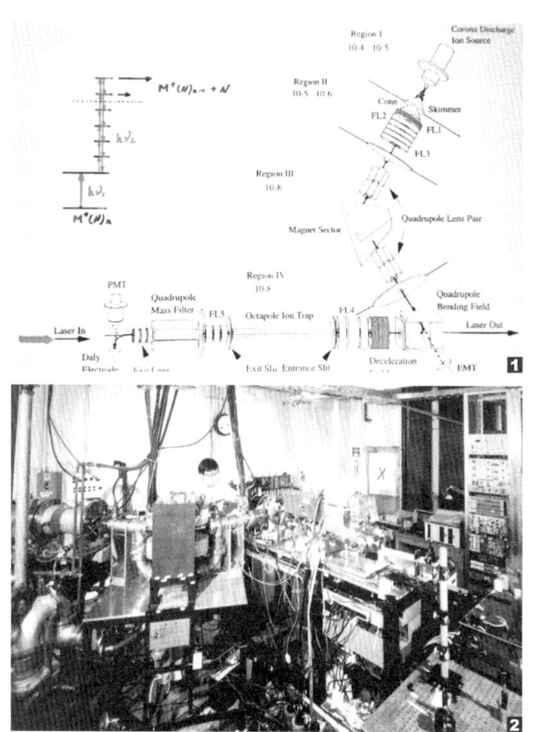

1 李遠哲設計繪製，用於測量離子光譜的交叉分子束儀器。

2 運用測量離子光譜的交叉分子束儀器做研究。照片中為李遠哲的指導學生奧村道夫。

第十七章 教育的責任

班機起飛前三小時，李遠哲從實驗室匆匆趕回家換西裝，從地上兩個外形與顏色相同的行李箱中拉起其中一個，裝進汽車的後車廂。「錦麗，我走了，晚上打電話給妳！」他開動引擎踩油門出發。目送李遠哲離去，吳錦麗回到室內，看著儲藏室前另一只一模一樣的行李箱，疑惑地想：「遠哲該不會拿錯了吧？」她拉開拉鍊，裡面疊滿整齊的嬰兒紗布尿片，是三個孩子以前用過的，她不忍心丟棄，遂裝入行李箱，外形跟李遠哲常用的行李箱一樣，都購於大賣場。

李遠哲從未拿錯行李箱，有時候倒是會拿錯午餐。他上午趕著到校或實驗室，總是從冰箱拿了大紙袋就走，吳錦麗通常會把便當裝進紙袋裡。但是，有好幾次中午，他打開紙袋就將食物放進嘴裡，一邊想研究的事，一邊嚼呀嚼地，忽然覺得異樣，「咦，怎麼今天的便當都是葡萄啊？」李遠哲不禁苦笑，原來自己匆忙把太太買的水果（通常賣場會將水果放進紙袋裡）當作便當了。

自從李遠哲在物理化學界的學術成就聲名遠播後就異常忙碌，除了帶領自己的團隊，並與別的實驗室合作，照顧馬漢教授，他還頻繁受邀國內外演講，全神貫注於科研與教育。

沒出差的時候，李遠哲的心思都在學術與培養年輕人。

每次返家晚餐後，從陽臺上看見不遠處的實驗室亮起燈光，就讓他坐立難安。他常對吳錦麗說：「我今天晚上有可能會待在研究室，天亮之前不會回來了。」

有一段時間，和他合作研究的其中一位教授因工作晚歸疏於家庭生活，其妻要求離婚，這位教授不禁感嘆：「遠哲，你每天都比我晚回家，爲什麼要離婚的是我太太，不是你太太啊！」

「人家吳錦麗好啊！」另一位教授打圓場。

李遠哲很感激吳錦麗全心奉獻於家庭與孩子，也慶幸她能獨立自主，讓他無後顧之憂。

「我不喜歡到處玩，也不在乎名利。我可以一個人靜靜地看書，做很多事情，不要人打擾。」吳錦麗說。

李遠哲也體會到，「夫妻相處的時間與品質都很重要。兩人要好好溝通，要盡力讓她知道你在做什麼，回到家也要關心她，幫忙分擔她面對的問題與困難。」例如他常在踏進家門後，就聽到吳錦麗開玩笑說：「你在實驗室玩夠了吧！幫我把屋頂（或其他物品）修理一下再去睡覺吧。」

＊＊＊

越是繁忙，家鄉寄來的信，李遠哲總是抽不出時間靜心回信。吳錦麗常叮嚀他，他仍常積欠未回。有時候吳錦麗代爲提筆答信，李蔡配覆書仍提及：「希望下次遠哲能夠親自回信。」

父母親之所以如此在意他親自回覆，有其原因。

早在一九七三年，李遠哲的小妹李季眉取得臺大農業化學研究所碩士學位後，到新竹師專擔任講師，並準備申請出國深造。一九七三年，李遠哲的小弟李遠鵬也自臺大化學系畢業且入伍服役，著手申請出國留學。因此，父母親寫信給李遠川與李遠哲，希望他們協助小弟小妹申請學校。

李遠哲並未積極回信，父母親因而覺得他不照顧自己的弟弟與妹妹。然而實情卻是，申請美國的學校不僅看成績，教授們的推薦信與個人計畫書最爲重要。「柏克萊加大已經沒有農化系了，李季眉如果要來念，要選擇適合自己興趣的科系；選好了領域，也不容易申請到獎學金。父母親不了解，如果沒有申請到獎學金，一般臺灣學生負擔不了美國讀書的學費與生活支出，而我的收入只夠支付一家五口的開銷。」

當手足要申請出國，李遠哲眞的不願意幫忙嗎？

翻出一九六三年十二月十七日李遠哲寄給李遠欽的信，信中，他回覆李遠欽的詢問，建議如何寫信申請美國的學校，要去大使館考英文云云，並提到，「如果申請不到獎學金，要先做自費的打算……而既然要自費，不如申請好一點的學校。如果申請到柏克萊加大，我能供你食住，以外的學費遠川可以幫你（每學期四百美元，一年八百美元），反正暑假裡可以找工作，一年後應該也可以在學校裡找到兼差工作，經濟問題倒可不必擔心……」後來，李遠欽有其他考量，並未立即申請出國，直到工作數年後才前往日本、美國深造。

逾十年後的一九七四年，美國物價飛漲，大學院校的各項費用也提高了，李遠哲成了五口之家，李遠川已遷居馬里蘭州（Maryland）的巴爾的摩，在約翰．霍普金斯大學（The Johns Hopkins University）擔任教授職。時空條件改變，換作李季眉申請留美，李遠川與李遠哲能給的支援也不同了。

即使言之成理，但是，當化學成績優異的李遠鵬要申請來美國攻讀化學博士，李遠哲既然已在名校化學系任教，該幫忙嗎？

李遠哲依然搖頭。

從小，他就不認同華人攀親帶故的文化，認爲有必要革新。此外，他一九六二年離開臺灣，僅一九七二年回臺任客座教授一個學期，沒有觀察過李遠鵬的學習與成長，也沒有親自教導，雖知其絕頂聰明，並不清楚其性格與實力，加以若由他幫忙申請學校與獎學金，更有瓜田李下之嫌。「其實，以李遠鵬的能力與表現，很多大學都會想爭取他才對。」

父母親在家書提及申請出國之事，當事人李季眉僅知道，「爸爸媽媽很難過，二哥都不回信給他們。」

不知情的李遠鵬則說：「我覺得憑我的實力應該可以申請到好學校。」

李澤藩與李蔡配確實是爲孩子打算的多慮父母。李季眉與李遠鵬向來表現優異，憑著自己的能力，一九七四年，李季眉申請到德國哥廷根（Göttingen）大學微生物研究所攻讀博士。李遠鵬更以臺大的學士學位申請到柏克萊加大化學系「直攻」博士，於一九七五年入學。

姊弟兩人都如願申請到名校獎學金，但父母親對於李遠哲很少覆信仍頗有微詞，寫給他的信也少了。

李蔡配的眼睛長期不適，數度就醫未癒。李遠欽帶她到臺北開刀之後，寫了情意真摯的家書給李遠哲，述及治療情形，感嘆：「這幾年，媽媽眞的老了好多……」

案牘勞形的李遠哲收到，意識到自己疏於寫信給父母親，遂提筆關心母親的身體。「哥哥很快就回信了，也比較常寫信回來，後來，爸爸媽媽就沒有再生他的悶氣了。」李遠欽說。

一九七五年夏，李遠鵬偕一位物理系同學赴美就讀柏克萊加大，由於宿舍還沒開放新生住宿，兩人先暫居李遠哲家。

「二哥二嫂對我很好，二嫂很照顧我。從他們家的互動，我感覺二嫂是一位傳統女性，以先生爲依歸，先生有什麼成就，她也會同樣感到榮譽。」李遠鵬笑著說：「只是我比較不懂事，自己來麻煩哥哥嫂嫂不夠，還帶同學來一起打擾。」

幾個星期後宿舍開放，李遠鵬和同學遷入，空閒的週末才到李遠哲家小坐。

在系上選擇指導教授時，李遠鵬刻意避開了李遠哲。

「一到柏克萊加大化學系，就知道二哥是明星教授，每一個對物理化學有興趣的學生都想跟他做研究。」李遠鵬雖然也對物理化學有興趣，卻只能找其他教授指導。

李遠哲開的課程很重要，學生們趨之若鶩，李遠鵬也去修習，但絕不提及血緣關係，「我們在學校遇到，就假裝是一般師生，不讓別人知道我們是兄弟。」

倒是在生活上，兄弟兩人私下互動頗多。一九七八年李遠鵬結婚，就在李遠哲家裡舉辦了一場小型派對，只邀請少數親友參加。

一九七九年夏天，李遠鵬取得博士學位。比起李遠哲當年，李遠鵬獲得博士學位的速度並不會比較慢，「拿到博士學位時，我才告訴系主任，李遠哲其實是我的哥哥。系主任很驚訝。」

李遠鵬以實力證明了自己，卻仍惋惜：「如果問我有什麼遺憾，就是如果他不是我哥哥，我就可以跟他學到很多，請教很多了。」

李遠鵬讀小學時，李遠哲帶李遠鵬等鄰家的孩子們用望遠鏡觀測天體，看人造衛星飛過天際的往事宛如昨日。如今，兄弟已身處同一個學術領域，卻囿於兄弟身分，李遠鵬難再直接受到李遠哲的教導了。

相較於李遠鵬，李遠哲對遠在德國的李季眉能支援與照料的更有限了。

一九七六與一九七七年，趁著到德國演講與參加研討會，李遠哲兩度到哥廷根探訪李季眉。這樣的關懷對於隻身在外求學的她並不算多，但她仍感激自小啓蒙她科學潛能的李遠哲。一九七九年，李季眉也憑著自己的努力與實力獲得哥廷根大學微生物研究所博士學位，旋即返國服務。

或許，李澤藩與李蔡配曾感到失望，李遠哲沒有依照期望幫忙李季眉與李遠鵬申請赴美讀書與獎學金。但是事過境遷，或許也會慶幸，在李遠哲的堅持下，弟弟妹妹都能靠自己的努力獲得成就，走上學術之路。

教育是什麼？

自承「好爲人師」的李遠哲年少時放學回家，就會教導附近的孩子們，或在校刻鋼板印講義幫同學一起提升能力。當大家都學會了，眼裡閃爍著被啓發的成就感，對他而言是最棒的事。

他的觀念是「幼吾幼以及人之幼」，教育機會該是平等的，不論是自己的孩子、弟弟妹妹，甚至其他父母的孩子，都該給予平等機會，並不因爲是自己的孩子或弟妹而該受到更多照顧。他認爲，從事教育工作，「對每個學生都花費許多心血，點燃其做學問的火花，貫徹教育的責任」，才能送學生走出校門[104]。

他的學生希薇亞·賽亞就是一例。

一九七四年進入團隊，賽亞學會畫機械設計圖，成果甚佳，李遠哲甚至委由她代爲赴美國化學學會演講。

李遠哲與其他教授合作時，會讓學生選擇進適當的實驗室，並定期討論。他爲了與嘎伯·桑默賈[105]教授合作表面化學，就讓賽亞到桑默賈教授的實驗室。然而，雙方互動卻出現一些問題。

賽亞曾經與桑默賈執筆寫一篇表面化學的年度回顧文章，但是桑默賈教授讀後指責她：「妳在文中沒有提及我們團隊在表面化學的諸多貢獻。」

但李遠哲認爲，「賽亞是很有觀點的人，也寫得很持平，就是講這一年世界各地在表面化學的研究領域中發生的變化。寫回顧文章本來就應該要中肯，且桑默賈也是共同作者，他盡可在寫作過程中深入討論。」

賽亞也曾設計一部新儀器，請桑默賈教授過目，但教授看不懂而要求她重新設計。李遠哲看在眼裡，也爲她抱屈，「有時候桑默賈教授不用心去了解賽亞在做什麼研究，就叫她停下來再重新設計，好讓他自己看得懂。」

好幾次，賽亞委屈難平，回來對李遠哲說：「我不跟桑默賈做實驗了，我要回到你的實驗室。」然而，儘管她因一時氣憤回來做了些光化學研究，一段時間之後仍盡責地回到桑默賈教授實驗室完成工作。

賽亞受刁難的類似事件發生數次，李遠哲體認到，儘管在強調性別平權的柏克萊加大，仍有些教授相對保守，對女性從事學術工作並不鼓勵，甚至有偏見。

一九七九年，賽亞以優異表現取得博士學位。但是，她起初申請的學校都沒有給她教職，李遠哲也覺得很奇怪。

不久，赫許巴赫教授打電話給李遠哲說：「我看到賽亞的申請資料，她的經歷很優秀，你幫她寫

---

104 二〇〇七年，美國《化學教育期刊》刊出一篇論文，在美國大學化學系裡，培育出最多教授的研究室，第一名就是李遠哲的研究室。而李遠哲早在一九九四年即離開柏克萊加大回到臺灣服務，卻仍高居榜首，可見其培育的教授質量之佳。詳見第三部「與家鄉父老同甘苦」。

105 Gabor A. Somorjai，一九三五～，柏克萊加大化學學院名譽教授。曾與李遠哲合作研究表面化學。美國科學院院士。曾獲彼得．迪拜獎、沃爾夫化學獎、美國國家科學獎章等。

的推薦信也很中肯。她也是我所見到的非常優秀的女性。但是我也看到隨附的另一位教授爲她寫的推薦信，像他那樣寫，她再優秀都找不到工作的。」

「我沒想到那位教授會那樣寫，對她非常不公平。」李遠哲馬上向赫許巴赫教授說明賽亞的負責認眞與傑出。赫許巴赫教授建議李遠哲讓賽亞拿掉該教授的推薦信，改以另一位教授的推薦信取代。

後來，哈佛大學化學系邀請賽亞去面談，審議委員同意邀請她擔任助理教授。不過，賽亞同一時間也申請了麻省理工學院化學系，該校也同意給她助理教授的教職。

到底該去哪一家任教？賽亞很兩難，前來請教李遠哲。

他持平分析並提醒：「哈佛的助理教授一向有個廣爲流傳的綽號，叫作kimwipe[106] appointment，意思是助教授是『用後即丟』的精密科學擦拭紙巾，因爲哈佛的名號可以挖角到更多的大師來當教授，所以哈佛的助理教授不容易被擢升爲副教授或教授。」

賽亞經過審慎考量，決定到麻省理工學院任教。到任後，她發揮所學，自己畫設計圖打造儀器做研究，常常請教李遠哲，好幾次儀器故障也商請他支援。幾度他順道探訪，看到嬌小的賽亞在偌大的儀器旁邊忙碌著，頗有傳承衣缽的味道，相當欣慰。

一九六八年起，李遠哲執教逾十年，已培育出十餘位優秀學生任教各大學化學系。而化學界也趣稱，只要看到實驗室裡面有龐大又複雜的儀器，會自己畫設計圖的教授，大概都是李遠哲的學生。

爲什麼李遠哲對自己培養的學生這麼有信心，多所協助？

他指出，「一所大學要聘請一位教職時，會聽申請者演講，聽申請者要做的主題，能對其觀察的僅僅一小段時間。但是，當他們（該學校）問我時，由於我對這位申請者已有四、五年的觀察，有足夠的了解，所以他們會相信我。」

「我收了很多各地來的優秀學生，但是很多人不知道，我對學生們花了很多心血教導。我幫學生寫推薦信，保證他們以後會做得不錯；我盡了我教育的責任，而我對他們有信心。」李遠哲說。

他的風格與馬漢教授極爲不同。馬漢教授一生指導過不少學生，寫的推薦信中卻只有三位得到高評價，李遠哲是其一。他問馬漢教授，爲什麼不願意給其他學生高評價？馬漢教授反問：「我怎麼知道他們將來做得好不好呢？」

李遠哲與馬漢的看法不同，他認爲當一位指導教授，指導學生時要盡全力培養，把每一位學生的潛能與熱情點亮，讓他們對科學及人類有貢獻，方不負學生及家長所託，也忠於自己的期望，這就是他一直堅持的教育責任。

同樣面對正在成長學習的年輕人，李遠哲投注於自己孩子的教育，並不比自己的學生多。這也是出於社會主義的價值觀。

106 精密科學儀器專用擦拭紙的品牌名稱。一九七〇年代的哈佛大學助理教授被暱稱為Kimwipe，意思是用後即丟，很難升為終身職副教授或教授。

其實，他的三個孩子也早就習慣父親不常在身邊，「我當然也很希望爸爸多陪在身邊，但那是不可能的。」李以群幽幽地說。

曾經，高中時的李遠哲假日走出房門，看見客廳裡，一群年紀相仿的學生圍著談笑風生的父親李澤藩，深感陌生，因爲從未見過那樣幽默的父親。

物換星移，眼下，高中生換成李以群，李遠哲也來到父親當年的年歲；兩代對照，兩位父親投注於教育子女的心力確實有限，而由兩位母親扮演了主要的角色。

三個孩子的教育責任，吳錦麗擔負的更多。而李遠哲一直感激她全力付出，深信由比自己還聰明的她來薰陶，是正確的決定。

一九七八年，比同齡者早一年就學的李以群雖僅十六歲，卻已從柏克萊高中畢業，著手申請學校，「爸，我想去印第安那州立大學讀書。」

「爲什麼呢？」李遠哲問。

「因爲那裡有很知名的新聞學院。」

「那是在中西部，我陪你一道去好了。」

「我需要你陪我去的話，就在這裡念大學就好了！」李以群說：「你只要給我錢，讓我能去讀就好了。」

就這樣，渴望獨立、試圖尋找自我認同與個人定位的青少年李以群隻身前往美國中西部，是李遠哲夫婦最早離家獨立的孩子。

至於個性叛逆、喜歡自己動手做的李以欣，雖然還在念中學，卻已經嶄露出科學的天分；而仍在念小學的李以旋，看見父母親的分工模式，總愛對李遠哲說：「爸爸，我也是個管理型的人，我以後也要像您一樣娶個好太太[107]。」

「孩子們對未來的想法，想做什麼，我都尊重。」李遠哲說，當年，「爸爸媽媽沒有要我們出名或賺大錢，只希望我們做有用的人，對社會有貢獻。」他對三個孩子也抱持著相近的價值觀。

一九七九年，四十三歲的李遠哲已執教十一年，肩負著與當年父母親相同的教育工作。面對每一個渴望學習成長的年輕臉孔，李遠哲更能體會何謂教育的責任、堅持與承擔。

107 關於李遠哲三個孩子的志向與職業生涯，詳見後文。

第十八章 初訪中國

一九七八年初春，柏克萊加大化學系教授暨美國原子能委員會主席葛連．席柏格向李遠哲提及，美國國家科學院要組團赴中國參訪化學研究機構，團長就是席柏格。

「我是不是可以跟你們一道去？」李遠哲問。

「啊，一個學校只能有一個人代表。」

「我了解。」

出發前三天，席柏格教授主動徵詢他：「我需要精通華語的人協助處理相關事務。你有興趣來嗎？」

李遠哲同意了，這是他初訪中國。

一九七八年的此時，中共發動社會主義革命近三十年，十年的文化大革命已經收場，四人幫也已倒臺。三月時，中國才舉行全國科學大會，欲推動實行科學技術現代化，原本被視為「臭老九[108]」的科學研究人員抬頭；高校招生也將舉辦，新一批大學生即將進入校園。

李遠哲認為，真正的社會主義應該是追求民主自由、公平正義，與受壓迫的人民站在一起。他很好奇，中共宣稱經過「社會主義」革命，實行「社會主義」這麼多年，人民在政治與精神上的面貌到底是如何？他過去常聽到中國留美學生唱文革的歌曲，歐美國家也曾經以為人民公社走出了一條有別於資本主義的道路，後來證明是失敗收場。

當參訪團的班機抵達北京機場時，席柏格教授從上衣口袋裡拿出小冊子，不斷默記即將來迎接的中國代表人員的名稱與頭銜。席柏格教授以科學家頭銜組成參訪團，但他畢竟具有美國聯邦政府官員身分，行事審慎。

一行人下機，機場內外陳設了旗子與花等豪華的歡迎裝飾，「這是迎接我們的嗎？」團員們很訝異。但李遠哲辨認旗子上的簡體漢字，卻是歡送西方世界熟知的獨裁者羅馬尼亞總統尼古拉・西奧塞古（Nicolae Ceau escu）（一九一八～一九八九）出訪離境。

化學參訪團預計訪問北京、長春、撫順、大連，經瀋陽回到北京，再往上海、南京、杭州、西安、蘭州，長達三個星期的行程。

中方派出周培源、錢三強、朱永漢、唐敖慶、蘇鳳林等人迎接，安排參訪團成員乘坐小轎車，卻端出中國最豪華，用作最高級禮賓車的「紅旗」大轎車供席柏格教授乘坐。

「大家都是團員，怎麼會這樣？社會主義不是應該更重視平等的嗎？」團員議論紛紛。畢竟在

108 中共在文化大革命時，辱罵知識分子或讀書人的稱呼。

美國，不論輩分或階級，人人平等，團長或團員都坐一樣的車子；但是，中共經過社會主義革命三十年，卻仍循中國傳統論資排輩的做法，讓團員們頓感矛盾。

參訪時，某些科研機構人員私下表示，「中國共產黨發動社會主義革命之前，北京協和醫院是權貴人士才能享用，而中共解放軍強調人民優先、不擾民，因此受到廣大人民的支持。社會主義革命成功，將腐敗又無視貧富差距的中國國民黨蔣介石政權驅趕到臺灣，徹底解放了中國人民。但是，共產黨得到政權後，解放軍進城，農民、工人也都進來了，協和醫院仍然無法容納所有需要的人，誰能優先享用到呢？討論結果是：幹部優先，於是又萌生了新的階級。」

「這意味著，政權雖然轉移，但是社會並未改變。在中國，社會主義的理想與現實是脫節的。」李遠哲心想。

參訪北京中國科學院化學研究所時，到了中午，教室裡空無一人。團員們很訝異，這眞的是一流學術研究重鎭嗎？中國官方代表解釋，因爲正逢「午休」時間，研究員們都回家幫孩子複習功課，準備高校入學考試。李遠哲詫異，中共社會主義革命之後，「萬般皆下品，唯有讀書高」的科舉制度等傳統文化仍換湯不換藥，文革後又完全恢復了。

當他與一些人討論社會主義的基本觀念，更驚訝於他們的觀念並不確實，也很少有「量變造成質變」或「下層結構影響上層結構」等唯物辯證法的哲學思辨能力。「雖然中國共產黨在政治上『解放了』人民，但是整個社會裡，人民的精神面貌並沒有被解放。」

受訪的人員說，文革十年讓工農兵抬頭，知識分子受到桎梏，科學研究人員首當其衝，連福州物質結構所化學教授盧嘉錫[109]在文革時都飽受激進派聯合紅衛兵欺侮，甚至被指派去掃廁所；如今四人幫倒臺已一年半，文革也已結束，局勢卻仍讓人民捉摸不定。

例如，參訪團來到蘭州的劉家峽發電站，依參訪慣例，發電站派人做簡報。但是，做簡報的人員竟高喊：「水庫是文革的產物！」參訪團參觀一所幼兒園時，孩童們的表演主題卻是「打倒四人幫！」

三週的行程內，李遠哲觀察到，中國各大學化學研究的水準相當落後。不過仍有相當先進的，像是大連化學物理研究所的大型化學雷射研究，其發展將空中的飛機射擊下來的武器，在投資與研究規模上都相當龐大。

他很好奇，自己在硬體研究條件不佳的臺灣也能勉力做研究，但是為何這些中國的化學研究人員無法做出更高的水準？仔細了解得知，他們不少化學研究相關機構的人員先前均留學蘇聯的大學如莫斯科大學、列寧格勒大學等，就他所知，「蘇聯的科研重鎮並不是大學，而是在蘇聯科學院。這是制度的不同。在美國，大學才是科學研究的重鎮。」他為這些留學蘇聯的科技人才的錯置與虛耗感到惋惜，也對他們未能提升的研究水準感到遺憾。相較之下，從歐美學成回來的學者所受的訓練較優秀。

---

[109] 一九一五～二〇〇一，祖籍臺灣臺南，廈門出生。曾留學柏克萊加大。中國化學家。參訪團回美國不久，即升任中國科學院院長。比利時皇家科學院外籍院士。中國科學院院士。

儘管如此，一些機構對化學動態學研究仍極具企圖心。例如，大連化學物理研究所、北京中國科學院的化學研究所、上海復旦大學都把握機會請他演講其化學動態學研究。出乎他意料的，這算是他第一次在中國講學。

講學時，他注意到學生大多是非常愛國的工農兵學員，問他們想做什麼？學員們異口同聲回答：「國家要我們做什麼，我們就做什麼！」

第一天，李遠哲覺得這些學員似乎很有使命感；第二天他換一個方式問問題：「你們覺得做什麼才能對國家有幫助？」他們就答不出來了。

另一件奇妙的事是，中方派了兩位女性作爲隨團助理，但是兩人卻常暈車不舒服，無法協助參訪團。「原本是派她們來照顧我們，最後卻變成全團的人在照顧她們。或許中國還沒有足夠的接待國際外賓經驗。」他心想。而隨團翻譯員也常無法善盡職責，他只好不時代打，協助翻譯。

中方每天安排宴會，而席柏格教授每天都必須在會中進行簡短演講。唯獨在行程最後一站的蘭州，席柏格教授對中方接待人員說：「今天晚上切勿再招待晚宴了，我們參訪人員自理即可。」

他們毫無拘束、輕鬆地吃完晚餐，一行人走出飯店，卻被數百位好奇的民眾團團圍住。民眾像是觀賞動物般對西方人品頭論足，使他們寸步難移。席柏格教授看著李遠哲，眼神發出求救信號。這時，李遠哲想出了一個簡單的辦法，他往面前的民眾伸出手，邊握手邊開道，後面的參訪團成員也如法炮製，一一向民眾握手；順利突破重圍，搭車離開。

結束初訪中國的旅程回到美國，李遠哲感受很深，「沒想到中共發動社會主義革命三十年後的今天，仍充斥著封建思想，我很失望的是，爲何中國在社會主義革命之後，精神面貌沒有改變……」

一九七八年十二月，中國科學院聘請李遠哲擔任化學研究所名譽研究教授。北京大學、上海復旦大學、中國科學院大連化學物理研究所也邀請他日後前往中國講學。

身在美國的他，同意了這些邀約。他想起初訪中國時，眼見精神仍受壓迫的廣大中國人民，就覺得自己有義務在科學與教育上爲其盡一點力量。

爲了幫助年輕人，一九八〇年赴中國講學前，李遠哲致函中國科學院化學研究所副所長胡亞東，提出了他的構想：「關於聽課的人數，一百人左右十分理想，除了有經驗的科研人員以外，我希望至少有百分之二十是年輕的大學生或研究生。如果是從重點大學裡選出的二十位三年級程度的學生，當他們在學習上遇到困難，我願意爲他們多花點時間。你大概會同意訓練年輕的科學家是很重要的。」

他在信中還提議自付美國與中國兩地的往返旅費，並謝絕所有邀宴與旅遊行程。信中寫道：「有一點我要堅持的是，我希望能在短暫的時間裡多做出貢獻。兩年前去中國時，我已經看了不少名勝古蹟，所以我不想多花時間在遊覽上面……我希望在中國期間盡量避免宴會。大家見面談談，簡便的茶會已足，在宴會上花費財力是不應該的。我們的生活起居也力求簡便……雖說我在名義上是北京化學研究所的研究教授，但是現在中國外匯有限，中美間的往返旅費，我將自己負擔。」

一九八〇年，他在北京講學的三個星期，從上午開始講課，下午接受學生提問，並指導設計交叉分子束儀器，每天都工作到深夜。此後幾年，他幾乎都會到中國講學或參加化學反應動態學研討會[110]。漸漸地，在他的指導下，北京中國科學院化學研究所、大連化學物理研究所都建立了不同的交叉分子束儀器。他也建議中國發展化學科學，尤應集中人力、物力於基礎化學中的物理化學、化學動態學。

從初訪到後來赴中講學，李遠哲的初衷很單純，「我去中國大陸講學，並不是說他們好，或是認同他們，而是中國的人民需要幫忙。」

在臺灣成長時，他就深受居里夫人「知識為人類所共享」的精神感召；寓言小說〈藍色的毛毯〉也不斷提醒著他，追求自由與平等，公平與正義，與受壓迫的人民站在一起，使人民免於被壓迫，才是真正的社會主義精髓。

儘管李遠哲的理念明確，自一九七二年起也常常回臺灣講學，但是在家鄉，威權統治與堅稱反共的中國國民黨政府卻不是這麼看待他，已然引發的懷疑、抹黑與打壓，早已令他難以擺脫……

110 秉持與被壓迫的人民站在一起的理念，李遠哲前往世界各地講學，也包括了臺灣和中國。但一九八九年天安門事件發生，他暫停前往中國近兩年以抗議中共。後來他秉持同樣的理念，於二〇〇〇年臺灣總統大選時支持民進黨，後國民黨失去總統大位，臺灣首度政黨輪替，國民黨開始刻意抹黑他，中共封殺他前往中國講學。從此他成為中共與國民黨共同的敵人。詳見第三部「與家鄉父老同甘苦」。

第十九章 當選美國科學院院士，籌設中研院原分所

一九七八年，李遠哲初訪中國回到柏克萊不久，河濱加州大學（University of California, Riverside）物理系主任浦大邦[111]來探訪他，劈頭即問：「遠哲，你們都去訪問中國，怎麼不回去幫臺灣呢？」

李遠哲與浦大邦在臺灣時並不認識，後來同在勞倫斯柏克萊國家實驗室，才方知彼此皆爲臺灣成長的留美學者。

「我隨美國國家科學院的代表團參訪中國大陸，了解不少他們的情況，確實也希望幫助他們的年輕人；其實我更想幫助臺灣的科學教育，一九七二年回臺時在清大做過一學期的客座教授，此後每次到日本開會，都會回臺灣幫忙。」李遠哲說明。

浦大邦力邀李遠哲貢獻臺灣的科學研究，並分析，臺灣經濟由於發展輕工業而起飛，稅收與財源較一九五〇、六〇年代充足，「現在，政府終於有錢發展基礎科學研究了，我們在美國的學者應該要幫臺灣一些忙。」

李遠哲說：「大邦兄，我很願意回臺灣幫忙，但是我每次回國要辦簽證，在領事館都要等一、兩個小時，我去問，他們就說還沒好，要再等；但我太太卻是辦了就走，每次都能拿到四年簽證，我都

是拿到單次簽證。臺灣政府對我不友善啊！」

他猜測，辦簽證遭刁難一事，應和他初來美時被職業學生打過「社會主義者」的小報告脫不了關係，或許還會追溯到在臺灣就學時被特務密報的紀錄。白色恐怖籠罩臺灣近三十年，政府對他不友善，令他甚感困擾。

他並不知道，自己已被列入臺灣出入境管制的「灰名單」。所謂「灰」並不是禁止入境，但是要專案審查，只能拿單次入境[112]。

談話中，他對浦大邦直截了當地說：「我願意幫忙臺灣，但是你要保證，我回去幫忙，政府不會因為我的思想或我去中國大陸而來干擾我。」

「我答應，這一點我該能幫忙。」浦大邦應允。

浦大邦的父親浦薛鳳[113]曾歷任四次臺灣省政府祕書長，也是資深國民黨黨員，因此，此番承諾讓李遠哲較為放心。

---

111 一九三五～一九八四，生於北京。一九四八年遷臺後，赴美留學，獲柏克萊加大理論原子物理博士學位，隔年任教河濱加州大學物理系。致力於臺灣基礎科學研究發展，以推動國家同步輻射研究中心、中研院原子分子科學研究所較知名。

112 引自《浮生後記——一而不統》，沈君山著，天下文化出版，二〇〇四年，頁三九〇。

113 一九〇〇～一九九七，曾任行政院善後救濟總署副署長，一九四八年七月起擔任臺灣省政府祕書長。曾任清大政治學教授、政治大學政治系主任等。

此後，他們兩人不時見面討論國際科學研究趨勢、臺灣該發展的基礎研究。他們初步認爲，不該做昂貴的高能物理或粒子物理的研究。不過，有兩個方向可以進行：首先，原子分子科學研究是發展最快的領域，海外學者也不少，人才不至於不足，或許該凝聚共識往這方向發展；此外，臺灣在一九五〇年代用庚子賠款長年累積的基金，購置了原子爐與小型的加速器振奮學術界之後，至此二十多年來沒有科學研究的大投資，此時興建同步輻射設施這類較大的設備也許較爲適合。

這時，一場外交變局卻逆轉了海峽兩岸的局勢。

一九七八年底，美國宣布與中國建交，同天與中華民國（臺灣）斷交。驚天動地的消息傳來，在美國的臺灣學人與華裔學者反應兩極，認同中國者樂觀其成，心向臺灣者憂心忡忡。長年關心國際局勢、才剛參訪中國的李遠哲，隱隱感到此項外交舉措爲意料中事。出身臺灣，也關心中國的他，只在乎如何不囿於國境藩籬而都能協助兩岸的科學發展。

一九七九年初，一位美國國家科學院院士告訴李遠哲，他名列該年被提名的數理組院士提名名單上第一名，可望順利當選美國科學院院士。不久，美國科學院傳來消息，年僅四十二歲的他當選了新科院士。對家鄉的意義是，他是第一位臺灣出身[114]的美國科學院院士。

這位新科美國科學院院士的學術號召力與聲望也被浦大邦善加發揮。

一九七九年八月二十三日至二十五日，李遠哲受邀參加國科會召開的第一屆「原子與分子科學研討會」。十幾名外國學者與上百位臺灣出身的學者參加，也凝聚共識，應建立同步輻射研究中心與從事原子與分子科學研究。「這是我第一次受邀回國開會。」從一九七二年初次返臺後就常回國進行學術交流的他說。

值此之時，李遠哲也收到中央研究院生物化學研究所籌備處主任羅銅壁[115]的來函，表示翌年中研院院士會議將提名他爲新科院士，並要他提供個人論文發表等相關資料。不過，他回信婉拒了，因爲，「我認爲，中央研究院的院士應該選拔在臺灣做研究並且有所成就的人……」

根據美國科學院的慣例，新院士獲選翌年要參加院士會議暨登錄儀式。因此，一九八〇年四月底，李遠哲全家前往華盛頓的美國科學院，並受邀參觀大哥李遠川任教的約翰·霍普金斯大學。

「他是我弟弟，剛被選爲美國科學院院士。」李遠川主動向同事介紹時，與有榮焉的神情溢於言表，畢竟在美國科學學術界是極高的肯定，任教大學者被選爲院士的並不多。李遠哲聽在耳裡也覺得欣慰。

此行到華盛頓，他的中學同學、物理化學學者林明璋很感動，邀集一群在東岸的臺灣學人宴請並

---

114 在李遠哲獲選美國科學院院士之前，其他美籍華裔院士分別是：吳健雄（一九五八）、陳省身（一九六一）、林家翹（一九六二）、李政道（一九六四）、楊振寧（一九六五）、李卓皓（一九七三）、丁肇中（一九七六）、田炳耕（一九七八）。另一位與李遠哲同年當選的臺籍院士為祖籍板橋，北京出生，在臺求學長大的張光直。詳見第三部「與家鄉父老同甘苦」。

115 一九二七～，曾任臺大副校長、中研院副院長、中研院生物化學研究所所長。中研院院士。

恭賀他，且頻頻說：「李遠哲是我們臺灣人的驕傲。」

儘管李遠哲婉拒提名，一九八〇年七月，兩年一度的中研院院士會議中，他仍被選爲新任院士。連兩年分別成爲美國科學院院士與中研院院士，中研院對李遠哲也有不同的對待。

一九八一年，中研院院長錢思亮[116]到美國進行兩年一次的中研院院士分區座談，期望他們爲臺灣的基礎科學發展出力。在美國西岸與談的中研院院士有數學家陳省身[117]、語言學家趙元任[118]、土木工程學家林同棪[119]、生物學家李卓皓[120]、李遠哲等人。

陳省身教授說：「遠哲最年輕，他能夠幫忙。」

「好，我會幫忙。」李遠哲承諾錢院長。於是，李遠哲與浦大邦分工，他推動建立原子與分子科學研究所，浦大邦則負責同步輻射研究中心，兩人也相互討論與支援。

原子與分子科學的研究工作通常是在化學系或物理系，但是浦大邦提醒他，在論資排輩的臺灣，提升既有的物理或化學研究單位並不容易，體質也難改善。兩人結論是：「應該在中央研究院設立一個新的研究所，就叫做『原子與分子科學』，把物理跟化學中做該研究的領域整合在一起。」他也親撰「中研院設立原子分子科學研究所建議」報告，於一九八二年二月完成。

翻開這份報告，開宗明義指陳，「原子分子科學的研究範疇涵蓋融會了化學、物理、量子電子等數門學科，近年來它的迅速發展成爲許多科學應用不可或缺的基礎，對多種尖端工業技術之發展也有密切之關聯。」報告中羅列原子分子科學的各種研究範疇，檢視國內外現況及將來展望，也建議做可行性研究。「本建議之目的是在中央研究院設立一原子分子科學研究所來從事該領域的學術研究，並協助國內其他學術及研究機構培養及訓練這一方面的高級科技人才。」李遠哲將報告完成後，由浦大邦和一群核心人士看過再轉交中研院。

原子與分子科學研究所的籌設是否有譜？或只是這群人滿腔熱血的美好想像？

一九八二年七月，李遠哲的建議書在中央研究院院士會議中提出，經多位院士共同簽署，全體院士一致通過。九月奉准先行成立「原子與分子科學研究所籌備處」。其後，「原子與分子科學研究所設所諮詢委員會」[121]成立，並推舉李遠哲擔任主任委員。

---

116 一九〇八～一九八三，化學家、教育家。美國伊利諾大學博士。中研院院士。曾任中研院第五任院長、臺大校長，曾任教臺大、輔大、北京大學、南開大學等。

117 一九一一～二〇〇四，華裔數學家。德國漢堡大學博士。美國科學院院士。中研院院士。一九八四年自美國柏克萊加大退休後，赴中任教於北大、南開大學、華東師範大學等，創立南開數學研究所並任所長。其女陳璞的夫婿為物理學家朱經武。

118 一八九二～一九八二，語言學家。哈佛大學博士。中研院院士。後於美國柏克萊加大退休。曾任美國語言學會會長等。

119 一九一二～二〇〇三，結構工程師。曾任教柏克萊加大。中研院院士。林同棪國際（T. Y. Lin International）土木工程事務所創辦人。

120 一九一三～一九八七，生物學家。曾任教加州大學。美國科學院院士。中研院院士。

121 諮詢委員會成員為：吳大猷、李遠哲、浦大邦、張昭鼎、張圖南、湯光天、閻愛德等七位。

投入許多心血，原分所設所的提議眞的成功了，龐雜事務亟待推進。首先要問的是，原分所該設在哪裡？

李遠哲、浦大邦等人都希望能設在交通方便、科學支援多、優秀學子（有潛力的年輕研究人才）也多的臺灣大學化學系館前方的校地。浦大邦還率直地說：「南港太偏僻了。」臺大副校長羅銅壁卻說：「不可能的！臺大那塊精華的校地怎麼可能給中研院用呢？」

李遠哲親自去找甚獲臺大教授們愛戴的臺大校長虞兆中[122]談。兩人觀念一拍即合，虞校長很認同他培育人才並做出國際尖端研究的願景，承諾借出這塊校地給原分所使用。

虞校長答應後，李遠哲又回臺數次，說服中研院錢思亮院長將原分所設在臺大校園。錢院長疑惑，爲何不設於中研院院區本部呢？

其實，設在臺大並非沒有先例，中研院生化所籌備處與地球科學研究所籌備處都設在臺大。而李遠哲的眼光很遠，「我希望，原分所在世紀之交（二〇〇〇年前後）能夠成爲首屈一指的研究機構。我更希望臺灣的學子未來不需出國留學，在自己的家鄉就能做很好的研究工作。」他認爲原分所可以培養下一代的年輕人才，設在臺大，很多研究機會就能讓學生來加入。

不過，要培養下一代年輕人才，爲何不設在新竹的清大呢？新竹的清大也向錢院長爭取。

李遠哲的家鄉雖在新竹，卻覺得，不僅著眼於培養年輕人，原分所仍有許多行政事務須與中研院院區聯繫，設在同屬臺北市的臺大，交通與聯繫較容易。浦大邦與諮詢委員會的其他委員也完全同意。浦大邦還直率地說：「南港、新竹都太遠了！在市中心的臺大還有另外一個好處，晚上做完研究出來，吃東西方便！」

最後，錢院長才批示將原分所籌備處設在臺大校內。

籌設工作異常龐雜，唯有盡快找到合適人選擔任籌備處主任，才能順利推動。李遠哲苦思人選，誰有學術聲譽、有行政經驗，既能與他有共識，還能與他在臺美兩地越洋溝通，更重要的是兼具理想且能務實做事？

先前，清大理學院院長出缺，清大化學系教授張昭鼎與劉兆玄[123]兩人都在角逐，後來由劉兆玄出任。李遠哲想到，求學時與學長張昭鼎志同道合，對科學探求與社會改革一向有共識。經過徵詢，張昭鼎願意接下重任。

終於，是年十二月，原分所設所諮詢委員會第一次會議決議，聘請張昭鼎爲籌備處主任。辦公室則借用臺大操場旁的一棟小木造房舍，那曾是中研院地科所的籌備處所在地。

在這段日子裡，李遠哲與諮詢委員們也共同撰寫「中研院原子與分子科學研究所第一期五年發展

---

122 一九一五～二〇一四，土木工程學家、教育家。曾任臺大校長、中國工程師協會理事長、中研院評議員。任臺大時制訂校徽，設立校園規畫委員會，完成長達四百餘頁《校園環境總規畫》，為後來臺大校園設施的藍圖。倡議通識教育、大學自治、學術自主、尊重學生的獨立人格、大學教育是一種品德教育等，但不為國民黨政府所容，任三年遭撤換。

123 加拿大多倫多大學化學博士。曾任行政院院長、副院長、交通部長、國科會主委、清大校長、東吳大學校長、理學院院長、化學系教授等。

計畫」，通過決議實施。

五年內，籌備處將完成實驗大樓，並建立分子束、磁共振光譜及雷射等基本裝置，以及輔助性設備如電子計算機、金工廠、玻璃工廠等。研究人員共三十二名，技術人員五名、行政人員三名、不占編制的研究助理及研究生十五名。在此基礎上，一九八八年將銜接中研院內的第二個五年計畫之第二年計畫來加強經費。不僅要提升所內研究人員工作品質，同時配合相關大學培育尖端學術人才，促進國內大學間及國際間的學術交流。

依照五年發展計畫，研究課題將集中在：原子及分子之結構、原子、分子及電子間之交互作用、原子與分子的碰撞過程、光子與物質間之交互作用、核磁共振光譜的研究、眞空紫外光與物質之交互作用、表面物理及化學等。

籌備處的工作如火如荼開展，李遠哲既然對原分所許下承諾，原本忙碌的工作時間就更加緊湊。白天，他是柏克萊加大化學系教授，教學並指導學生；深夜回到自家書房，他是中研院原分所設所諮委會主委，發揮影響力與學術人脈，去信邀請美國各大研究機構與學者推薦懂華語的原子分子科學研究好手。他收到了許多履歷表，讀他們的研究論文並親自面談，期能爲原分所找到合適的研究人才。

而自家在新竹，任教於新竹清大的張昭鼎教授則住進臺大宿舍，以臺大爲家，和李遠哲一起爲籌設原分所努力。

設所的繁瑣事項需要諸多溝通，李遠哲與張昭鼎不只頻繁傳眞、寫信，週間數日也固定於凌晨兩點鐘（臺灣傍晚六點鐘）與張昭鼎打國際電話討論。

詎料，一九八三年六月，對原分所甚爲支持的錢思亮院長因過度操勞及糖尿病住院，身體極度不適，九月十五日竟與世長辭。

一個多月後，中研院評議會補選院長，由科學發展指導委員會[124]主委吳大猷出線，經總統聘任爲中研院第六任院長。

不久，吳院長轉告李遠哲，清大理學院院長劉兆玄爭取原分所改設在新竹的清大校園，吳院長還轉述劉兆玄的說法，「既然現在由吳院長主掌中研院院務，那麼，先前錢院長所做的決議應該可以重新考慮。」

李遠哲詫異。中研院早已公告原分所設在臺大，難道會有變動？

「沒有，我已經回絕劉兆玄了。」吳院長斬釘截鐵地說。

原分所雖確認設在臺大，在臺大校地興建宿舍並與臺大各使用一半的經費卻碰到問題，因爲行

---

124 一九六七年，總統蔣介石修改憲法的特別條款，成立動員戡亂時期國家安全會議，其下設科學發展指導委員會，任命吳大猷為主任委員。一九九一年裁撤。

政院長俞國華宣示過學校不蓋宿舍的原則。「李國鼎[125]資政要你親自去跟他說明，」張昭鼎轉告李遠哲。

爲此，李遠哲回國去見行政院政務委員暨行政院科技顧問組召集人李國鼎。

李國鼎一見他就說：「聽人家說，你因爲是新竹人，只顧自己家鄉的利益，堅持把原分所設在新竹。」說到這裡，李國鼎一時語塞，似乎發現自己張冠李戴了，隨即轉移話題。

李遠哲也覺得不解，「李政務委員應該是搞錯了，因爲我雖然家鄉在新竹，卻是主張將原分所設在臺北的臺大啊。顯然他聽到各方面的不實消息。」

會談後，李國鼎也准許原分所在長興街的校地與臺大合建宿舍。爭取設所的土地與宿舍耗費許多時間精力，終於底定了。然而，當原分所的水電工程公告對外招標後，卻出現一件怪事。

有一天，張昭鼎對李遠哲說，政府高層某位官二代所經營的公司拿了名片來，希望標到大樓的水電工程，這使得其他公司都不敢來競標了。李遠哲不認同特權關說之風，問張昭鼎該怎麼做。張昭鼎建議：「也許把工程預算降低，讓他們工程流標三次，無利可圖，就可以進行議價。」籌備處這麼做之後，眞的流標三次，對方果然就放棄了。

當籌備處舉辦建築公開競圖，李遠哲也特地從美國回來參與會議，因爲「臺灣沒有建造過原子與分子研究的複雜的實驗大樓，建築師沒有經驗，我必須回來和他們討論實驗室的不同需求。」

第一次競圖決審選出三家事務所的設計圖，雖然與理想差距很遠，李遠哲親自對他們說明先進實驗室需有的條件與做法，並傳授研究者的實際使用經驗後，希望他們改進，過一段時間，再進行第二次競圖。

第二次競圖時，原本第一名者的設計僅稍微修改。至於原列第二名者則容納了李遠哲曾提點的建議，並修改不理想的設計，最後，決審就選了這家建築師事務所。

原本就常常不在家的李遠哲，自從推動原分所籌設，後又擔任原分所設所諮委會主委，頻繁奔波臺灣與美國，即使在美國時，午夜仍沒歇息，陪家人的時間就更少了。自家窗外美麗的柏克萊暮色，他甚少有時間享受。

有幾個凌晨，吳錦麗走進燈光通明的書房，對仍熬夜工作的他說：「遠哲，你領加州大學的薪水，晚上回到家都在幫臺灣做事。這樣算不算對不起加州大學？」

「我白天的研究、教學還是很認眞在做，只是晚上少睡覺來幫臺灣啊！」李遠哲笑著解釋。

承諾過的事就一定做到，這是李遠哲的個性。發揮所長，幫助臺灣的基礎科學發展，是他一直以來的理想；他沒忘記自己曾說過，常在心上的這段話：

「我希望，原分所在世紀之交，能夠成爲首屈一指的研究機構。我希望臺灣的學子未來不需要出國留學，在自己的家鄉就能做很好的研究工作。」

---

125 一九一〇～二〇〇一，主導臺灣經濟轉型，被譽為臺灣經濟奇蹟的推手。曾任總統府資政、行政院政務委員、財政部長、經濟部長、美援會祕書長等。

第二十章 協助同步輻射研究中心

一九七九年起，李遠哲頻繁奔波於太平洋兩端，爲臺灣投注源源不絕的科學研究經驗，推動中研院原分所和同步輻射研究中心，不斷引介國際人才回臺。可是，他入境臺灣的簽證問題仍未改善。

有一回見到浦大邦，李遠哲忍不住說：「大邦兄，我是中央研究院院士，在幫忙國家這些事情，申請出入境卻還對我刁難，只能單次簽，每次申請簽證都要等很久，很不方便。」

浦大邦這才發現自己的承諾並未兌現，再度向他表示，應該沒有問題。

這兩位留美學人想幫助臺灣的分工明確，李遠哲協助籌設中研院原分所之際，身爲高能物理學者的浦大邦則推動同步輻射研究中心；兩人常常互相討論，給予專業支援。

相對於原分所籌設，推動同步輻射研究中心的速度雖較爲緩慢，李遠哲卻見證浦大邦在以黨領政的環境下完成艱難目標的做事方式與能耐。

同步輻射[126]研究中心爲何重要？

在國際發展趨勢上，早在一九四〇年代，物理學家發現同步加速器中的電磁輻射是加速器消耗能源的一個原因。到了一九五〇與六〇年代，高能物理學家為了利用輻射光，創造出特別的電子儲存環，使得這種涵蓋X光到紅外光的同步輻射光源開始應用在材料、物理、化學、生物等實驗上。一九七〇年代用在固態物理、原子分子物理與化學研究上；史丹佛大學和威斯康辛大學利用同步輻射光源的實驗結果也受到矚目。一九七六年，美國科學院評估同步輻射研究對工業及學術甚具發展潛力，建議美國國會撥款設立三座同步輻射研究中心。此後世界各國紛紛跟進建造。

浦大邦與李遠哲都看到了這個國際趨勢，而一九七〇年代末葉，臺灣經濟成長也具備了發展同步輻射的客觀條件。於是，浦大邦先凝聚學界共識。

早在一九八一年九月，中研院院長錢思亮赴紐約並訪問美東的中研院院士，會議中，吳健雄[127]院士與袁家騮[128]院士建議臺灣可以考慮興建同步輻射光源。浦大邦也參加了這場會議。事後，錢院長寫

---

126 又稱同步加速器輻射。在同步加速器中，被加速的帶電粒子接近光速轉彎時，放出的電磁波輻射不是四射的，而是沿著轉彎的切線方向縮成錐狀射出。因光源在固定軌道上，是連續光源，含有紅外線、可見光、紫外線和X射線等，具有波長連續、亮度高、準直性佳、偏極光等優點，可應用於物理、化學各種科學研究與工業應用。

127 一九一二～一九九七，中國物理學家。美國科學院院士，中研院院士。曾任紐約哥倫比亞大學教授、美國物理學會會長。柏克萊加大物理學博士。二戰時期在美國曼哈頓計畫（製造首顆原子彈）參與濃縮鈾製程，發展γ射線探測器，是計畫中唯一女性科學家。一九七三年起赴中國講學。一九八〇年代協助推動臺灣的同步輻射研究中心計畫。

128 一九一二～二〇〇三，中國物理學家。中研院院士。美國加州理工學院博士。祖父為袁世凱，妻為物理學家吳健雄。

信給國科會主委張明哲[129]，轉達美國東岸院士們的建議。

李遠哲也認爲，同步輻射研究中心若能在臺灣建立，將可運用這個基礎設施，「臺灣在原子分子研究上應該是可以做出一些貢獻的。」

隨後，國科會在一九八二年一月成立「同步輻射可行性研究小組」，網羅國內物理與輻射研究相關學者，包括清大物理系主任閻愛德[130]、清大理學院院長暨物理研究中心召集人劉遠中、臺大物理系教授鄭伯昆、師大物理系教授張秋男[131]、鄭國川[132]教授等五位學者。浦大邦也參與其中。

可行性小組的成員都希望能提升臺灣基礎研究環境。

閻愛德的父親是原子能委員會主委閻振興[133]，並與浦大邦相熟。留日的劉遠中與留美的鄭伯昆在臺灣物理學界服務多年，兩人都是實驗科學家，深知臺灣基礎科學研究因硬體條件缺乏而落後國際的情況；雖然曾見證過親友受白色恐怖迫害的兩人一直跟政府保持距離，仍同意加入可行性小組，因爲「這件事對臺灣社會好，就值得做。」劉遠中強調。

可行性小組著手收集國內外同步輻射相關數據，建立檔案。對外聯繫從事同步輻射的海外學人及各大實驗室和廠商，了解國際能提供的協助，並邀請海外學人返臺講學；對內與國內機構及相關學科研究者溝通聯繫，了解臺灣科技界對同步輻射設施建造能提供的支持，籌辦研討會推廣同步輻射等。

爲了考察先進國家的趨勢，可行性小組還赴美參訪各重要研究機構的同步輻射設施，包括勞倫斯柏克萊國家實驗室，李遠哲也帶他們參觀他的實驗室。

走進七十A大樓二樓的實驗室時，劉遠中看到龐大、複雜又精密的交叉分子束機器，嘆爲觀止，這竟然是堂弟李遠哲首創、設計與打造的。

李遠哲想起讀高中時，總是向劉遠中借大學物理課本及各式各樣的書籍，一直感激在心。他從一個大型木製抽屜櫃裡抽出一張張巨型尺幅的設計圖說：「這些都是我設計的。國際上很多想建造交叉分子束儀器的實驗室，都跟我要設計圖去仿製或參考，我都（無償）給他們。」

劉遠中端詳精細的設計圖之際，李遠哲說：「怎麼樣，沒有讓你漏氣吧？」他對劉遠中的尊敬與感恩盡在言表，想起早年在臺灣總是與劉遠中、鄭伯昆等學長討論該如何以科學報國，沒想到二十多年後眾人眞的有志一同，爲提升臺灣的基礎科學研究而努力。

可行性小組爲了更加凝聚學界共識，於一九八二年七月十六、十七日，在臺大舉辦同步輻射應用

---

129 一九一四～一九九八，曾任新竹清大校長、國科會主委等。麻省理工學院碩士。

130 曾任行政院同步輻射研究中心主任、清大物理研究中心主任、物理系教授等。就讀美國紐約州立大學石溪分校博士班時由諾貝爾物理學獎得主楊振寧指導。

131 師範大學物理系名譽教授。美國俄亥俄州立大學博士。

132 曾任原子能委員會核能研究所主任祕書、研究員等。

133 一九一二～二〇〇五，曾任臺大校長、成功大學校長、原子能委員會主委、國科會主委、教育部長等。在臺大校長任內曾發生臺大哲學系事件。

研討會。浦大邦邀請李遠哲、張圖南[134]等海外學者，介紹同步輻射在物理、表面化學、生物、化學、原子與分子科學各方面的研究，逾一百四十人出席。會後，共識逐漸往上層凝聚，國科會與中研院都相當支持建立同步輻射研究中心。

然而，學界共識到位了，主政者卻沒有共識。

同年七月，主導國家科技事務發展的行政院科技顧問組召集人李國鼎提出「八項重點科技」[135]，卻擱置了同步輻射研究中心。李國鼎的立場是，國家應該集中資源支持應用導向的科技，而非基礎科學研究。

可行性小組沒有氣餒，一九八二年十一月發表「同步輻射研究中心可行性評估報告」。一九八三年一月，國科會邀請六名海外科學家組成評審諮詢委員會，負責評估這份報告，成員包括：諾貝爾物理獎得主丁肇中[136]、李遠哲、吳健雄、浦大邦、袁家騮、鄧昌黎[137]等人。他們都認可報告中的大部分內容，其中最重要的建議[138]是，同步輻射研究中心應該成爲國家級設施。

科技主政者不認同，讓同步輻射研究中心即使徒有學界與國科會支持也無法有所進展。

有一天，浦大邦邀李遠哲去見原子能委員會主委閻振興。浦大邦向閻振興說：「閻伯伯，我們同步輻射研究中心的可行性小組評估這麼久，總是推動不了。該怎麼做？」

閻振興指點：「這件事要總統點頭，行政院長就會馬上同意。」

「怎麼樣能讓總統點頭？」

「邀請國外一個有名的人回臺灣來跟總統說。還有，不要要求其他事喔。」

「吳健雄行不行？」

「吳健雄行。臺灣現在財力不錯，科學界應該有一個比較大的設備。」

浦大邦發揮自小見識的黨國官場做事方法，而官場打滾多年的閻振興也指點浦大邦，李遠哲親眼見證了。

不久，浦大邦邀李遠哲去見時任科學發展指導委員會主委的吳大猷院士。

「主委好，我前陣子在美國碰到吳健雄院士，她說很久沒看到您，請我向您問好。」浦大邦說。

吳大猷主委很高興，也說：「好，我邀請她回臺灣來。」

---

134 河濱加州大學物理系博士。曾任南加大物理系主任、中研院原分所設所諮詢委員等。

135 一九八二年，行政院科技顧問組第二次科學技術會議後，提出八項重點科技包括：能源、材料、資訊、自動化、生物、光電、肝炎防治、食品。

136 華裔美國物理學家，一九七六年獲諾貝爾物理學獎。美國國家科學院院士。美國麻省理工學院教授。一九三六年生於美國，在臺灣受中學教育，保送臺南工學院後因志趣不合休學轉讀美國密西根大學並獲博士學位。發現一種新的次原子粒子，命名為「J粒子」。

137 一九二六～，物理學家，芝加哥大學物理博士。中研院院士。曾任美國阿岡國家原子能研究所加速器物理部主任、美國費米國家加速器實驗室加速器物理系主任、特別計畫室主任。一九八五年任行政院同步輻射研究中心主任。

138 共有五項建議：一，建議政府優先建立同步輻射；二，盡可能集合海內外力量，由實驗科學家設計與建造，技術專家完成，工程設計著眼於臺灣本地的工業機構；三，選擇合適的專案主持人；四，制定嚴明制度來執行專案；五，同步輻射設施應該成為國家級設施。

隨後，浦大邦致越洋電話給吳健雄，說：「吳院士，中央研究院吳大猷院士說很久沒見到您了，說要請您來。」吳健雄欣然答應。

看著這一切，李遠哲很訝異，吳健雄院士並未要求浦大邦代向吳大猷問好。但是，經過浦大邦這麼穿針引線，事情卻眼看著就要辦成了。

一九八三年三月，經浦大邦安排，袁家騮與吳健雄院士夫婦回臺面見蔣經國總統，並當面建議籌設同步輻射研究中心。總統同意後，浦大邦又去見行政院長孫運璿：「孫伯伯，總統已經接受吳健雄院士建議，建造同步輻射加速器了。」

儘管此事歸行政院科技顧問組召集人李國鼎管轄，但是既然總統已經拍板定案，孫運璿也就同意了。「李國鼎知道這件事之後大怒，因爲他是管科技事務的，怎麼行政院長決定了卻沒有先知會他。」浦大邦事後向李遠哲轉述。

就這樣，在總統與行政院支持下，一九八三年七月，行政院核定設立「同步輻射研究中心」，由行政院出資興建設立，層級高於國科會。因爲是行政院出資，不會排擠到國科會或行政院科技顧問組的預算。

同時，行政院也成立「同步輻射研究中心指導委員會」，由袁家騮擔任主委，委員有吳健雄、鄧昌黎、丁肇中、李遠哲、浦大邦、吳大猷、錢思亮、李國鼎、蔣彥士、閻振興與張明哲等人。其中，專業學者與政治人物各占半數，也凸顯以黨領政的環境下，如果沒有政府高層介入，經費申請難能順遂。

九月，中研院錢思亮院長過世，海內外院士愕然。早先若不是傾向基礎科學研究的錢院長大力支持，籌設原分所與同步輻射研究中心不見得能順利進展。

李遠哲在紐約參加錢院長追悼會時巧遇吳健雄。吳院士不諒解地說：「遠哲，我看到美國的華人報紙報導，你說建議建立五個ev[139]的同步輻射加速器，那麼低的能量，怎麼可能呢？」

「吳院士，您誤會了。那位報社記者把我說的話寫錯了，我說的是五百Mev的小型加速器。」李遠哲解釋。

十月，同步輻射研究中心指導委員會舉行第一次委員會議並決議：要做就做最好的，建造一部一Gev的世界最先進同步輻射加速器；二，設在新竹科學園區，於一九八四年動工，預計五年內完成，每年培訓四十人次用戶……

從決議觀之，歷經各方角力與折衝，同步輻射研究中心設立在新竹科學園區。

在這次會議後，浦大邦被任命爲同步輻射用戶培育小組組長，與擔任原分所設所諮詢委員會主委的李遠哲相仿，兩人都頻繁奔波於臺美兩地之間，異常辛勞。

一九八四年十二月，李遠哲與浦大邦都在臺灣參加同步輻射會議。清華大學教授王松茂對李遠哲說：「我看到浦大邦的臉色很差，覺得很奇怪。」

---

[139] 電子伏特（Electron Volt）：能量的單位，寫為ev，是一個電子經過一伏特的電位差加速後獲得的動能。Mev就是一百萬個電子伏特，Gev就是十億個電子伏特。

隔天，原訂與李遠哲見面的浦大邦，卻忽然心臟病發，送醫不治，親友與同步輻射相關人士慟憾不已；中研院原分所設所諮委會也頓失一名重要成員。

從一九七八年浦大邦邀請李遠哲為臺灣基礎科學研究奉獻，直到一九八四年底浦大邦逝世，原分所與同步輻射研究中心皆已進入籌設階段[140]。六年間兩人共同努力的成果，可惜浦大邦沒能見到，匆匆離世。

哀悼之際，原分所籌備處決議把即將完工的研究大樓講堂命名為「浦大邦紀念講堂」，並邀請藝術家為浦大邦製作浮雕。

浦大邦走了，徒留李遠哲與有志之士們繼續奮鬥。少了浦大邦穿針引線，李遠哲促進臺灣科學教育的擔子顯得更加沉重；而他秉持科學無國界，致力在兩岸交流學術的熱忱，是否將遭致政府更不友善地對待？

---

140 同步輻射研究中心於一九九三年十月正式成立。中研院原分所則於一九九五年四月正式成所。

浦大邦紀念講堂中，藝術家所製作的浦大邦浮雕。

第二十一章 挑戰極限

「極限眞的就不能挑戰嗎？」

李遠哲善於突破前人的盲點，對自己建立的典範也不忘如此反問。

一九七〇年代末期，在一場研討會中討論如何了解固體燃料的燃燒啓動機制。聰明的化學家已經合成含有高能量的「高能材料」，這材料是由一個相當複雜的分子組成的，該分子內有燃料的成分，也有氧化物的成分，可以不靠外面提供氧氣，自己持續燃燒放出高溫氣體推進火箭上太空。很多科學家都以爲，這個RDX大分子[141]最弱的幾個化學鍵先斷，產生自由基之後才進行快速反應。

但李遠哲並不同意這個判斷。他認爲，先斷一、兩個鍵，能量需求高，怎麼獲取？他從分子的結構觀念認爲，應該是同時斷三個鍵也形成新的三個化學鍵；也就是說，這種分子易構化是「協同反應」（concerted reaction），同時分爲三個相同的小分子所需的能量不多。

李遠哲提出不一樣的觀點後，一位坐在後方，年紀稍長的科學家問：「李博士，你能夠用實驗證明你剛才的論點是正確的嗎？」

「我如果有經費，建造新的光分解儀器，我確實可以回答這個問題。」

這位與會者表明身分，是海軍研究所支援高能材料研究的官員，願意提供所需的經費。於是，李遠哲接受海軍研究所的資助，由亞利克・塢基[142]和羅莉・芭特勒[143]完成建造新儀器，直到一九八〇年代，利用他新建造的交叉雷射分子束儀器持續進行一系列研究，將高能物質、燃燒起動與下一步的化學反應等關鍵問題探求透徹[144]。其後，趙新生[145]的博士論文研究也證實李遠哲所提出，高能分子確實是協同反應同時產生三個產物。

早在一九六〇年代末期，李遠哲在芝加哥大學設計打造了精緻版的交叉分子束儀器後，因爲他抓住儀器的關鍵在於提升信／噪比，將檢測器抽了三階段的超眞空，一舉將信／噪比提升到極限，數據的精確度很高，後來各大團隊都在研發改進如何超越他。一九七〇年代後期，學術界都認爲李遠哲設計的交叉分子束儀器是登峰造極的作品，很難超越，於是紛紛向他索取設計圖仿製。但即使仿製成

---

141 Research Division Unknown，李遠哲研究的高能化合物。科學家合成這化合物之初，尚不知它的結構，遂用此來命名。多年過去，至今人們仍以RDX來稱呼此一化合物。

142 Alec M. Wodtke，聖塔芭芭拉加州大學化學系教授。李遠哲在柏克萊加大指導的博士生，一九八六年取得物理化學博士學位。

143 Laurie Butler，美國芝加哥大學化學系教授。李遠哲在柏克萊加大指導的博士生，一九八五年獲博士學位。

144 這系列研究的成果極為豐碩，一九八六年十月十四日，李遠哲受邀做這系列研究的演講，與會人士高度肯定。詳見序章。

145 北京大學化學系教授。完成北大的學士學位後，赴柏克萊加大接受李遠哲指導，完成博士論文研究。

功，仍需李遠哲協助調整儀器的各種設定，才能順利開展實驗，這也是他頻繁受邀在美國與國際一流研究重鎮講學的原因之一。

不過，李遠哲仍常自問：「現在的交叉分子束儀器的檢測精密度就是最高的了嗎？這個信／噪比眞的已經是極限了嗎？」

他發揮想像力，化身爲噪音與科學家兩個角色，自問自答，不斷推敲：

如果我是來路不明的分子，叫做噪音。但是，我沒有在分段抽眞空時被抽掉，而且還到了目的地（檢測器）。

科學家會問：「你怎麼進來的？」

我可能會回答：「我不知道啊，我就這樣進來了啊。」

科學家追問：「可是我已經抽了三次眞空抽到極限了，你是噪音，應該已被我抽掉了啊，到底你是怎麼進來的？」

我可能會回答：「可能是我走的方向正確，就經過三個在同一個路徑上的小洞，就像搭直達車進來的啊。」

科學家會問：「這直達車是我們專門設計，給兩個分子束的交叉點上經過碰撞後產生的訊號直接到達目的地（檢測器）用的，應該只有訊號能進來。你是噪音，你怎麼摸進來的？」

那麼，我會怎麼回答呢？

李遠哲推敲，在高眞空的主氣室內，分子之間的碰撞機率很小，噪音不太可能經過檢測器門口時被別的分子臨門一腳踢入內，再經過後面的兩個，與第一個排在一個直線上的小口進入而被檢測的。

想像一下，在「抽三次超眞空的極限狀態下」，噪音仍能進入檢測器，那麼，噪音是怎麼進來的？

他想像自己就是那個噪音中的「漏網之魚」，眼前所見，自己（噪音）一開始是在分子束交叉反應的主氣室中遊蕩著，但當自己（噪音）彈到某一個位置，而從這個位置能直接反彈到「直達車」的入口，一鼓作氣進到檢測器中。（見圖21-1）

如果眞有這個位置，會是哪裡呢？

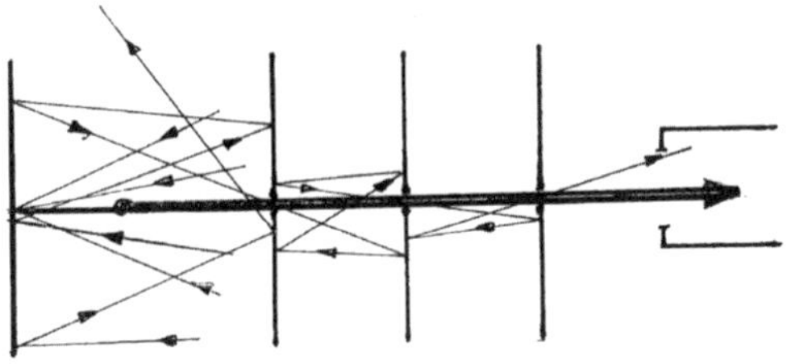

圖21-1：
某些胡亂彈掉的噪音，不小心搭上「直達車」，跑進檢測器裡面。

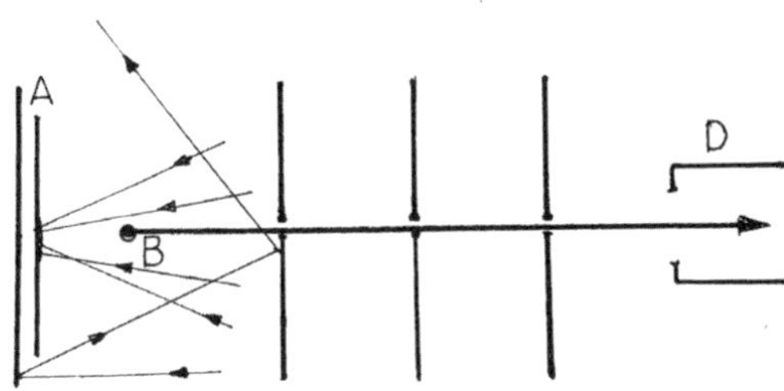

圖21-2：
李遠哲運用「捕蠅紙」觀念，讓噪音被黏住，無法再搭直達車。於是，只有真正需要測量的信號，才搭得上直達車進到檢測器裡。
A是「捕蠅紙」
B是信號產生點，即分子束與雷射交叉點。
D是檢測器。
由下而上的線將畫面切成不同隔間，每一隔間代表抽真空的氣室。

*粗線為「直達車」。

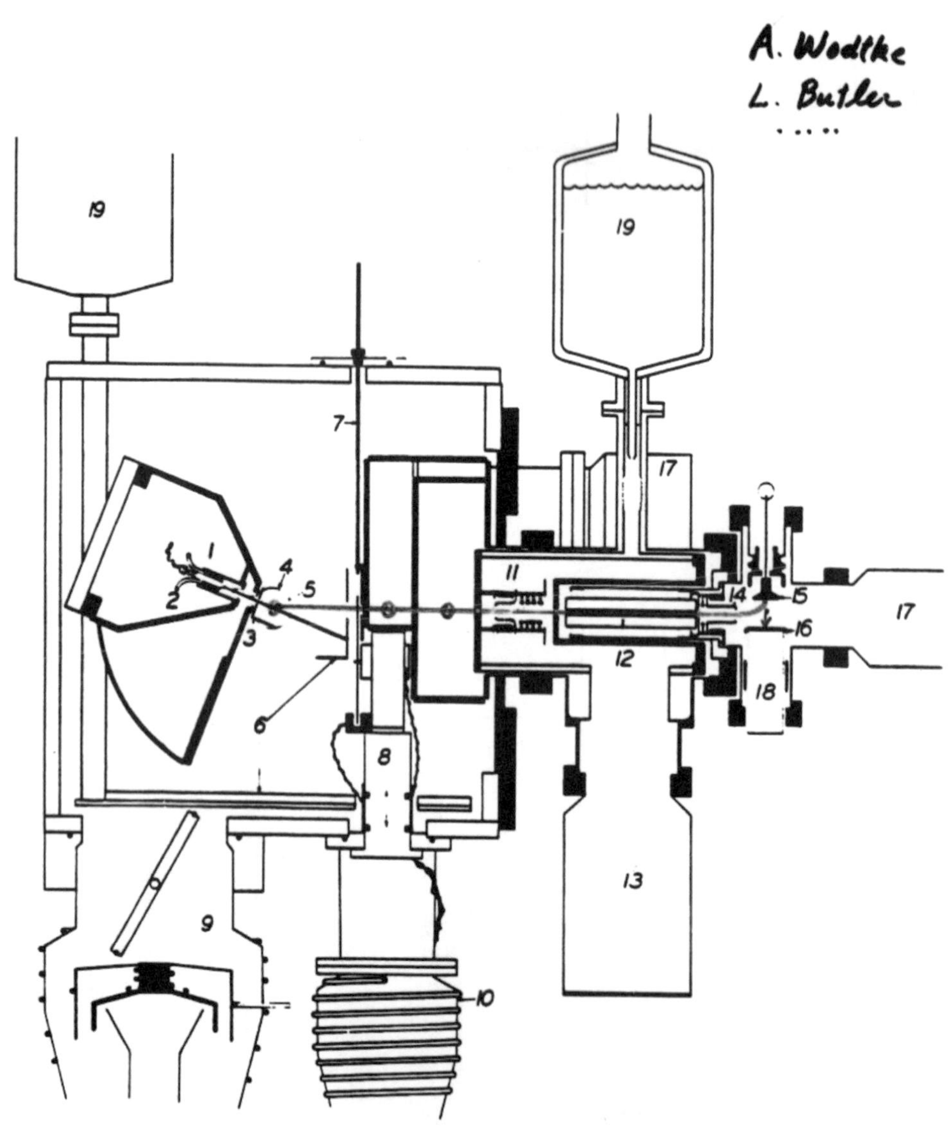

圖21-3：光分解產物動能分析儀（為追求精確度，採用「捕蠅紙」觀念）

他注視「直達車入口」的正對面，像發現新大陸般喊：「就是這裡！」「漏網之魚」就是從此處直接反彈入「直達車」而進入檢測器，這樣一來，僥倖反射進來的噪音被檢測器誤會爲訊號，造成誤測。

用想像力找出問題了，該怎麼阻絕這個「漏網之魚」呢？

有了！就像「捕蠅紙」黏住蒼蠅一樣，只要黏住噪音使其無法活動即可。於是，他在該處放了一塊用液態氦（Helium）冷卻的冷凝板裝置，使每一個碰到這冷凝的分子便被凍結在那裡（見P465圖21-2）。於是，「漏網之魚」再也不能從該處反射並直接跑進檢測器了。信／噪比提升到巔峰，他設計的交叉分子束儀器更臻精確[146]。

運用「捕蠅紙」改進儀器之後，他與團隊成員完成好幾項研究，包括前述他對高能材料燃燒起動的機制，用這部新儀器做實驗後也證實是對的。

而且，每當他在研討會中談起研發這部新儀器的想像推演過程，總是一人分飾兩角自問自答，忽而扮演噪音，忽而又是科學家，妙趣橫生。

「極限眞的是極限嗎？所謂的極限也不是不能被挑戰的。」他超越自己，證明了他常說的觀念。

---

146 請見兩篇論文：Alec M. Wodtke and Y. T. Lee, Photodissociation of Acetylene at 193.3 nm, J. Phys. Chem., 89, 4744-4751（1985）；L. J. Butler, E. J. Hintsa, and Y. T. Lee. Bond Selective Photochemistry in CH_2BrI Through Electronic Excitation at 210 nm, J. Phys. Chem., 84, 4104-4106（1986）。

一九八四年拿到博士學位的丹尼爾．紐馬克[147]曾和李遠哲一起做氟原子和氫分子的化學反應研究，這主題屬於化學基元反應，尤其是反應中的量子效應頗受學術界矚目。

紐馬克回憶：「我好不容易讓實驗可以進行了，連續熬夜三晚，整夜工作，白天就回家稍作休息再回來。」

同一時間，李遠哲也連續幾天沒有回家，掌握著工作的進展。到了第三天早上，吳錦麗注意到李遠哲沒有回家，也知道紐馬克與另一位學生已徹夜工作三天了，「他們應該餓了吧，我買早餐過去好了。」

於是，吳錦麗帶著兩份麥當勞早餐到實驗室去。紐馬克一見到麥當勞早餐，開心地宛如得救，大喊：「我可以吃兩份嗎？」吳錦麗注意到另一位學生沒說話，連忙說：「你們分著吃吧！」

因爲李遠哲與吳錦麗兩人並沒有同時在場，紐馬克又開玩笑說：「遠哲知道我在這裡可能餓了或煩了，也許他知道把我餵飽後，我就能在倒下之前，再多工作幾小時。」

其實，李遠哲孜孜矻矻，不斷突破極限的態度，看在紐馬克等學生眼裡，也成爲一種追隨的目標；或許說，就是一種身教。

＊＊＊

李遠哲雖然接受能源部與海軍研究所的經費，但是，他有兩項原則：一，不從事武器研究；二，不爲牟利而申請專利。

然而，身爲尖端物理化學家，他的原則屢受考驗。

長期贊助李遠哲研究經費的美國原子能委員會於一九七七年改組爲能源部後，仍是主要贊助者。有一回，他受邀前往能源部所屬的兩大核武研究的國家實驗室之一的勞倫斯利佛摩爾國家實驗室（Lawrence Livermore National Laboratory, LLNL），做了一場學術演講，也與實驗室內的許多科學家討論一些有關同位素分離的新構想。

能源部官員很訝異地問：「你提出這麼多新構想，爲什麼不申請專利，可以賺到很多錢呢！」

「不，我不申請專利。居里夫人不是說知識應由全人類共享嗎？我不會把研究成果申請專利，我希望大家都能因爲這些成果快速受惠。」他強調。

但是，由於李遠哲的研究經費大多來自能源部，那場訪問後，能源部強硬要求他將先前在勞倫斯利佛摩爾國家實驗室提出的構想申請專利。不久，國家實驗室的律師也寄來專利申請書函，並表明程序並不繁複，只需跟他面談，就會幫忙他把專利內容寫好，他僅需簽名即可。

李遠哲受到能源部與實驗室主管的強大壓力，又不能違反自己的原則，該怎麼做才好？如何能不改變他的原則？

---

147 Daniel Neumark，美國柏克萊加大化學系教授，曾擔任系主任。是李遠哲在柏克萊加大指導的博士生，一九八四年取得博士學位。

百般掙扎之下，他短暫接受國家實驗室的律師訪談。

後來，律師將寫完的專利申請書寄來要他簽名，並告訴他：「在國家實驗室的研究成果的專利是歸屬於國家實驗室（能源部）技術移轉，只提供象徵性的一美元，你可以不用擔心獲利的問題。」

這算是兩全其美的辦法。他簽名後寄出，也收到回函寄來一美元。

這是李遠哲申請過的唯一一項專利；也是最便宜的專利。

一美元，讓他打破追隨居里夫人「知識應由全人類共享」的原則；但是這一美元卻也守住居里夫人「不爲個人牟利而將研究成果申請專利」的底線。

究竟這樣算不算妥協？儘管李遠哲做這項決定異常痛苦，團隊中大多數人仍認爲這樣不算妥協。不過，還是有學生挖苦他，認爲他從自己累積的知識獲取了一美元，依舊算是妥協了。有位調皮的學生還將一元美鈔上的林肯頭像置換成他的頭像，影印許多複本大肆張貼在實驗室內。

「凡是聽到有人說『不可能』，或說是極限，我就會去看看到底是什麼事，想找出解決方法。」李遠哲總說。

挑戰極限，超越極限，李遠哲運用想像力不斷提升自己原創的儀器的精準度；在堅持的原則上，他也尋找能突破限制的極限。

「他專注於探索，喜歡探索未知，科學研究真的很適合喜歡挑戰極限的他。」長子李以群觀察。

每一個新發現都是他挑戰極限的證據，他的下一個大挑戰會是什麼呢？

李遠哲親自打造交叉分子束儀器，探索科學的未知，不斷挑戰極限，學生景仰並追隨他的風範。(左至右)李遠哲、Alec Wodtke、Gary Robinson、Daniel Neumark，1985年攝於勞倫斯柏克萊國家實驗室。

第二十二章 白宮、雷根與美國國家科學獎章

「請問是李教授嗎？這裡是白宮。」

「我是，有什麼事嗎？」

「雷根總統希望和科學家、工程師們安排一次聚餐，希望邀您來參加。」

李遠哲想，應該是總統與科學家們的例行性會面，就答應了。

搭機前往華盛頓，他生平第一次走進白宮知名的國家宴會廳（State Dining Room）。他在寫有他名字的席位坐下，鄰座是總統的幕僚長（Chief of Staff）麥可・迪佛（Michael Deaver）。

迪佛一見到他，就主動攀談：「李教授，你是從哪裡來的？」

「我是從柏克萊加大來的。」

「這是偉大的學校。」

李遠哲心想，雷根總統向來討厭柏克萊，一直稱呼柏克萊是「柏克萊人民共和國」（People's Republic of Berkeley），還曾說過：「我絕不踏進柏克萊的土地上」（I'll never set my feet in Berkeley.）。於是，他追問迪佛：「你怎麼會說這是個偉大的學校呢？」

迪佛滔滔不絕地說，一九六九年學生運動之後，柏克萊加大想擴大校區，一直在收購校區附近的土地，包括鄰近的一片土地，強烈反對的居民就將之占據作爲公園，就是所謂的「人民公園事件[148]」。

迪佛洋洋得意地說：「當時我一看見嬉皮占據人民公園，就覺得時機到了。如果我把這件事情搞大，天天登上國際媒體，讓（當時仍是加州州長的）雷根主張法律跟秩序，剷除人民公園裡那些亂糟糟的東西。雷根就有機會引起世人的注目，成爲法律跟秩序的象徵。」

「所以呢？」李遠哲又問。

「所以我就把事件搞大啊！根本無需出動直升機、催淚彈到人民公園，也不需要國家維安部隊（National Guard）進駐。但是我故意把它弄大……就建立了雷根的形象。今天雷根不是在白宮嗎？」

李遠哲明白，迪佛想藉此炫耀雷根坐上總統高位乃是其「功勞」，但是仍感到難受，「竟然製造衝突，用鎮壓人民的方式取得政府權位……」當前的美國已經遠不如一九六〇年代初期他所見的境界。

迪佛還自豪表示：「白宮的圖書館是我專屬的辦公室。你知道，法律規定除了雷根總統家屬，外人不能進駐白宮的。但是，我還是用白宮圖書館當作我的辦公室。」

迪佛侈言這些不三不四的事，刻意強調其能耐，反讓李遠哲看清，即使民主國家如美國總統得到權位後，幕僚也可能胡作非爲。

148 一九六九年五月十五日，柏克萊加大附近發生「人民公園事件」（People's Park Incidents），又稱「血腥星期四」（Bloody Thursday）。加州州長雷根出動軍警鎮壓抗議者，許多居民與學生死傷。目前人民公園旁的建築物有巨幅壁畫以茲紀念。

室內瞬間靚靜，雷根總統蒞臨，並向滿室的科學家與工程師們演說。

「今天，是傑佛遜總統在這間餐廳獨自用餐以來，聚集最多腦力的一次聚會……」

李遠哲心想：「傑佛遜總統以思想聞名於世，雷根為了表彰科學家們的成就與智慧，特地說這是傑佛遜總統獨自用餐之後，最多腦力集中的一次。雷根總統果然很有口才。」

雷根總統在演說中提及太空競爭、美國要用飛彈防衛等議題，並與在場人士溝通，聽取意見。當餐會接近尾聲，演員出身的雷根臉部表情誇大地說：「喔！兩點鐘了。」伸手從口袋裡取出一張紙，看了一下又說：「兩點鐘我要見童子軍。你們以為我在這裡統治國家？其實我每天早上起來，我的幕僚就給我一張紙（排滿行程），這就是我這天要做的事。」

迪佛及時附耳對李遠哲說：「是啊！」意思是，擔任總統的是雷根，但眞正在治國的卻是迪佛自己。這時，雷根總統促狹地向在場人士說：「再見啦！」（Bye!）就離開了。

這天下午，當李遠哲走出白宮，腦海迴盪著雷根總統與迪佛的言行舉止，很不好受。「這眞是黑暗的一天，看到白宮裡面，這麼偉大的國家竟然是這麼運作的。」

＊　＊　＊

李遠哲自從轉任柏克萊加大，他的研究團隊迅速成長，每年都有為數約二十人的規模，包括來自瑞士、義大利、德國、日本、巴西、中國與美國本地的博士後研究員與研究生進到團隊，加上頻繁往返東西岸及各地講學，他使用自己打造的儀器的機會也就變少了。

這時，他曾指導過的日籍學生正畠宏祐[149]從日本名古屋岡崎（Okazaki）的國立分子科學研究所來邀請，希望他能赴日協助完成新打造的交叉分子束儀器。李遠哲頗爲心動：「我覺得手很癢。他們的交叉分子束儀器，我學生已經做了大部分，只是沒能啓動，我就去幫忙。」

於是，一九八六年春，李遠哲決定到日本進行三個月的學術休假，學生也爲他申請了日本學術振興會（Japan Society for the Promotion of Science）的講座。學生提醒：「老師，日本政府的講座很麻煩，離開日本必須申請許可，所以這三個月請勿離境。」李遠哲欣然同意。

他整裝待發，即將離美赴日之際，卻接到美國白宮科技顧問來電：「李教授，總統要頒發美國國家科學獎章[150]給您，請您一定要來。」

---

149 一九四一～，京都大學工學院合成化學系學士，芝加哥大學化學博士。專攻反應動力學、表面科學。曾任分子科學研究所分子集團研究助理教授、名古屋大學結晶材料工學教授。

150 National Medal of Science，亦稱美國總統科學獎章（Presidential Medal of Science），由美國總統授予曾在行為與社會科學、生物學、化學、工程學、數學及物理學等領域有重要貢獻的美國科學家。由美國國家科學基金會所屬的國家科學獎章委員會推薦候選人給總統。首次於一九六三年由甘迺迪總統頒發。法令規定每年可有二十人領取獎章，實際上約十二至十五人，且有些年度並未頒發。在李遠哲之前曾獲此獎的華裔科學家為一九七五年的數學家陳省身、物理學家吳健雄，李遠哲獲獎的一九八六年，尚有諾貝爾物理獎得主楊振寧及結構工程師林同棪受獎。

李遠哲才承諾了日籍學生，恐怕得食言了。他一抵達日本就向學生說明：「我答應你三個月不離開日本，但是呢，我一個星期後就得飛回美國領獎。」

「喔！這個獎很重要，美國表彰科學家的最高榮譽，日本政府應該可以了解。」學生聽了，隨即申辦他的出境手續。

距離上回來白宮已是兩年，這回李遠哲再度進入白宮，出席由雷根總統主持的美國國家科學獎章頒獎典禮，由吳錦麗陪同。會場設在白宮內的一間會議廳，李遠哲與其他七位得獎者各自受獎後，尾隨雷根總統、能源部長等官員走進國家宴會廳。

再進入與兩年前相同的國家餐廳，雷根總統開始致詞，第一句話竟是：「今天，是傑佛遜總統在這間餐廳……」

聽見這句熟悉的開頭，頑皮的李遠哲不禁低語接話：「獨自用餐以來，聚集最多腦力的一次聚會……」

「你讀過總統的演講稿了？」吳錦麗悄聲問道。

「不是，我沒有事先看到他的演講稿啊。這是他兩年前講的話。」他解釋。

「眞的啊？」她也覺得奇怪。

頒獎典禮開始，李遠哲上臺受獎，由雷根總統手上領取這個象徵美國科學家最高榮耀的獎章，鎂光燈此起彼落。

會後，李遠哲移步到總統科技顧問身旁詢問：「你們替總統寫講稿，爲什麼兩年之後的內容仍然跟上次我來的時候相同？」

這位科技顧問與李遠哲熟識，直截了當地說：「不是的！我們有寫新講稿，但是雷根總統喜歡這個版本，每次來白宮國家宴會廳只記得講這個……」

李遠哲環顧其他受獎人的臉孔，心想：「和兩年前相比，這次還在場的科學家應該只有我一個吧？」

雖是爲了領取美國國內最高的科學榮譽再度來到白宮，李遠哲並不特別感到興奮。「我對於這種事（領獎），並不認爲太重要。我在芝加哥大學、回到柏克萊加大時已經知道，我做的研究成果是世界上最好的，大家知道我做的研究沒人能做，已經很滿意了。」

領回這只金色沉甸甸的國家科學獎章，正面銘刻著「由美國總統頒發給李遠哲」字樣。反面則是浮雕，描繪大地、海洋與天空環繞著一名俯首蹲低的沉思者，正在探索大自然；其右手握著水晶，象徵宇宙秩序和生物的基本單位；左手在沙地上繪畫，象徵科學的抽象性。

李遠哲獲得此一殊榮，柏克萊加大與化學學院深感榮耀，將雷根總統頒獎的照片公開展示在學院大廳入口處，李遠哲實驗室的團隊成員也興高采烈。

他回到柏克萊，預定休息兩天就偕吳錦麗飛往日本。怎料，赴日前一天，美國化學學會（American Chemical Society）來電通知：「遠哲，你今年獲得物理化學界最重要的獎項——彼得．

迪拜獎[151]。將於兩個星期後的美國化學學會年度會議上頒獎，你要親自來領取喔！」

這下子，李遠哲又要對日籍學生食言了。

抵達日本後，他對學生說：「兩週以後我要回美國一趟。」

「這是很重要的大獎，日本政府應該可以了解。」學生笑著說。

就這樣，一九八六年上旬，李遠哲在美國就領取兩項極重要的科學獎項。兩年內兩度進入白宮[152]，也因而對雷根總統產生了不同的觀感；不過這也證明了他多年來的科學成就更上層樓，備受肯定。

對他科學成就的肯定，會來自美國以外的其他國家嗎？

151 彼得．迪拜物理化學獎（Peter Debye Award in Physical Chemistry）：美國化學學會自一九六二年起每年頒發，表彰科學家在物理化學領域的卓越研究。

152 李遠哲進入白宮數次，除了本章所述，在榮獲諾貝爾獎之後還進入白宮二次。

李遠哲在白宮，從雷根手裡接受國家科學獎章（美國總統科學獎）。

第二十三章 榮獲諾貝爾化學獎

傍晚，李遠哲走出七十A實驗室大樓，大門前方畫有藍色三角形（Blue Triangle）記號的停車位上停著他的車，他走向車子。

忽然，有人從後方叫住他：「嘿！你！你怎麼有權利停在那個位子呢？」（Hey! You! How can you park there?）

他轉身一看，是一位國際知名的物理系教授。

「我確實有停這個位子的停車證。」他讓對方看了自己的停車證，對方隨即爲自己魯莽的行爲致歉。

「柏克萊加大太大了，教授很多，不見得都認識。」李遠哲心想。

勞倫斯柏克萊國家實驗室的停車位向來有限，許多人通常得停在較遠的車位再走到自己實驗室所在的大樓。行政管理單位規定，凡世界級或國家級重要科研獎項得主才能停在藍色三角形記號停車位，通常位於大樓入口附近。

李遠哲在一九七九年獲得美國國家科學院院士後，就獲准停在藍色三角形記號的停車位。後來行政管理單位又頒布規則，新增橘色圈（Orange Circle）記號的停車位，於是，當他一九八六年上半年連獲美國國家科學獎及彼得．迪拜獎等科學殊榮，就能使用橘色圈停車位。

＊＊＊

一九八六年六月，李遠哲結束赴日本的學術休假後，偕吳錦麗到中國黃山下屯溪參加研討會；自從一九八〇年他第一次赴中國講學，中國幾乎年年舉辦化學動態學研討會，他都應邀學術交流。

回美國後，李遠哲的好友、已轉任加拿大滑鐵盧大學物理系的賈勤多．思加勒斯教授通知，該校將頒贈名譽博士學位，請他秋天前往加拿大受贈。他欣然接受這生平第一個名譽博士學位。

八月底，他動身赴瑞典。他和加州理工學院化學系教授魯道夫．馬可斯[153]兩人，受邀為哥特堡大學（Gothenburg University）化學系遴選新任助理教授。遴選會議之前，該系教授說：「李教授，你這次來瑞典不能做任何演講喔。」但是他注意到，該系卻頻頻替馬可斯教授安排演講，不禁聯想：「十月瑞典就要宣布諾貝爾獎得主了，或許馬可斯教授今年是化學獎得主？」

153 Rudolph A. Marcus，一九二三～，理論化學家。加州理工學院化學系教授。以化學系統中的電子轉移反應的貢獻獲得一九九二年諾貝爾化學獎。

九月時，李遠哲的研究團隊從勞倫斯柏克萊國家實驗室搬遷到柏克萊加大校園內。早在年初，柏克萊加大化學學院已撥出賈克大樓（Giauque Hall）地下整層占地約四百坪空間，歡迎他將實驗室搬下來。他覺得空間很寬敞，距離教室也近，於是同意遷下來。九月時終於完成搬遷，內部設備齊全，天花板甚至配備了移動吊車系統，可以將大儀器搬移到實驗室的任何角落。

「他的實驗室應該是化學學院內規模最大的。」物理系教授沈元壤說。一位教授來參觀時，甚至大喊：「這是泰姬瑪哈陵啊！」

十月初，李遠哲接到一通電話，是一九八二年沃爾夫化學獎[154]得主喬治・皮曼特爾[155]教授來電徵詢他：「遠哲，以色列沃爾夫獎問起，如果他們要頒獎給你，明年春天你會願意前往以色列國會領獎嗎？你能否在兩個星期之內答覆？」

在科學界，以色列沃爾夫獎的地位幾乎僅次於瑞典的諾貝爾獎；而且沃爾夫獎規定，若已是諾貝爾獎得主就不會獲頒沃爾夫獎。

但是，鑒於以色列建國時曾驅逐許多巴勒斯坦難民，並非每位科學家都願意到以色列國會受獎，有些科學家因此對前往以色列國會領獎有所猶豫。

該不該接受呢？

李遠哲忙於研究工作，幾天後就前往新墨西哥州的洛斯阿拉莫斯參加化學動態學國際會議。十四日開幕晚宴上，他應邀發表「高能物質、燃燒起動與下一步的化學反應」的重要演說，十五日清晨，他按照行程繼續前往會議廳參加研討會。殊不知，此時，達得利・赫許巴赫、李遠哲和約翰・波拉尼三人對化學動態學基礎過程的研究貢獻而共同獲得一九八六年諾貝爾化學獎的新聞報導，已鋪天蓋地擴散開來。

毫無所悉的他，先在研討會場被與會者團團恭賀；被要求兼程搭機趕回舊金山。列名柏克萊加大史上第十五位諾貝爾獎得主，李遠哲在團團簇擁下回到學校記者會發表得獎感言，吳錦麗也被校長請來觀禮。上一次化學學院有教授獲得諾貝爾化學獎已是二十年前，如今又有教授獲此殊榮[156]，師生更覺與有榮焉。（詳見序章）

經過整日曲折奔波，李遠哲與吳錦麗終於回到家，但是全家並未爲此特別慶祝。吳錦麗用同情的眼神看他，她知道，習於做研究的平靜生活，就算貢獻國家或社會也低調不張揚的他，並不習慣於如今的一朝成名天下知。

「爸爸，」就讀柏克萊加大的次子李以欣走過來：「我跟同學說，美國今年的諾貝爾化學獎得主

---

154 Wolf Prize，一九七八年由以色列沃爾夫基金會創辦。每年就以下六個領域選出最具有貢獻者，頒給沃爾夫獎，包括：農業、數學、醫學、物理、化學、藝術人文。

155 George C. Pimentel，一九二二～一九八九，因發展基質分離光譜，發現化學雷射而獲得一九八二年沃爾夫化學獎，後擔任一九八六年沃爾夫化學獎的評審委員會主席。由於皮曼特爾與李遠哲都同情基層與受壓迫者，擔心李遠哲可能不會願意赴以色列國會受獎，因而事先徵詢李遠哲的意願。

156 李遠哲獲得諾貝爾化學獎至今三十年來，柏克萊加大化學學院並未再有教授獲獎。

有一位是我爸爸。大家都說我亂講。沒人相信我。」

他不禁笑了，一語雙關地說：「那是你的問題。」

獲得此一世界級桂冠有多麼不容易？

大眾或許以爲，李遠哲在一九八六年連續獲得美國國家科學獎章，彼得．迪拜獎，曝光率高，因此獲得諾貝爾化學獎。

但是，諾貝爾獎畢竟不是一年見真章的奧斯卡電影金像獎，而且諾貝爾基金會的評選早在好多年前就開始，規則異常繁複。

也曾有其他領域的學者誤會，「李遠哲獲獎或許是因爲他在柏克萊加大任教，校內有很多諾貝爾獎得主推薦他的緣故。」實情是，諾貝爾獎得主與學界內的重要學者都會收到諾貝爾基金會寄來的提名信；但是，被推薦者與推薦人若在同一個單位任職，就不會受到重視，他們更重視國際科學界的普遍推薦。基金會也規定，爲求公正性，推薦人不得對外提及。

那麼，李遠哲是否實至名歸？

諾貝爾基金會指出，**李遠哲等三人獲獎，是因為他們對化學基本過程的動態學的貢獻；基金會更進一步表示，赫許巴赫教授與李遠哲兩人將交叉分子束儀器帶到新的境界。**

事實上，基金會表彰的是李遠哲早在一九六七年與赫許巴赫教授做研究時，從設計打造通用型交叉分子束儀器開始，並在往後的日子裡，使肉眼看不到的分子碰撞帶動的化學基原反應（Elementary

Process）能被深入了解所做的貢獻。這意謂著從一九六七年至今，他經過近二十年才得到肯定。

李遠哲獲獎的消息迅速登上美國重要新聞版面，大到《紐約時報》《時代雜誌》《科學雜誌》《舊金山時報》，以及美國的亞裔和華文媒體、海峽兩岸的新聞媒體，甚至在地的加大校刊、化學院刊都報導了。不過一些搶新聞的報導洋洋灑灑地記述李遠哲的生平與背景，出現了不少錯誤，有的甚至連他們夫婦的姓名都寫錯。

倒是赫許巴赫教授對他的這段評語廣受引述：

「李遠哲是物理化學界的莫札特！」

赫許巴赫教授接受新聞媒體訪問時與有榮焉表示，莫札特譜寫的曲子如行雲流水般動聽，而且寫得又快又好，渾然天成。赫許巴赫用莫札特來比喻，可見對他的讚譽與肯定。

《紐約時報》引述一位他的同事的評語：「李遠哲身上具有兩種特質，這是很少在同一個科學家身上同時具備的——聰明，卻能關注細節。」《舊金山時報》引述另一位同事的說法：「如果是院裡其他人得獎，師生們不見得會那麼興奮，但是李遠哲得獎，全體師生就都很高興。」

周遭人士都引以爲榮，唯獨李遠哲感到有些不安，「應該是眞有其事吧？我到現在都沒有接到諾貝爾基金會的正式通知啊。」

一週後，他收到得獎書面通知，不確定感就此消失。

勞倫斯柏克萊國家實驗室也為他舉辦慶祝茶會。許多人爭相合影，致送禮物或賀卡，有一張卡片還逗趣寫道：「又少一個停車位了。」

一般人或許不覺得是大事，但在柏克萊加大與國家實驗室，擁有特殊停車位可是稀奇而難得。

由於柏克萊加大的師生超過萬人，校內停車位一位難求，校方為了鼓勵師生做出卓越研究，規定凡是諾貝爾獎得主就享有停在「N. L.」（Nobel Laureate）字樣的車位；得主也領有特殊憑證，能停在最靠近自己研究室的停車位。

在這場茶會致詞時，李遠哲表示：「我在成為實驗科學家的過程中，這所國家實驗室扮演了最重要的角色，感謝實驗室同仁們的支持！」接著，他以輕鬆的語氣感謝國家實驗室提供最關鍵的研究環境，也拿停車位當話題開玩笑，說起自己剛回到柏克萊加大任教，還沒領到停車證時做的頑皮小實驗，「終於發現，全實驗室院區層級最高的就是席柏格教授！」全場同儕與學生都笑了。

席間有一位似曾相識的臉孔，神情尷尬，引起李遠哲注意。他想起，對方是以往曾經粗魯質問他，何以在藍色三角形記號停車的物理系教授。「他該不會以為，我要把那件事講出來吧？」李遠哲納悶。

李遠哲繼續致詞，講到當年領取了未經登記的停車證，差點被校警誤認為小偷的往事，又引來一陣哄堂大笑。

這時，國家實驗室贈送他一份小禮物，一張A4大小的白紙上貼滿六個橘色圈記號的貼紙，這意謂著，他如果有六輛車，就能各貼一張貼紙，獲准停在最高級的停車位。就這樣，他在全場的歡愉笑鬧聲中結束了致詞。

茶會近尾聲，這位物理系教授走近他，神情釋然地說：「謝謝你沒有把當年那件事說出來……」

柏克萊加大與國家實驗室對諾貝爾獎得主的表彰不僅是停車位，化學學院更將得主姓名及簡介高懸在學院大廳。無獨有偶，國家實驗室院區的行政大廳布置了諾貝爾獎得主長廊，其中就有簡述李遠哲獲獎成就的專區。

不過，國家實驗室表彰得主卓越科學貢獻，有其更特別之處：指定院區某一條道路以得主的姓來命名。

進入院區，開車行經質子加速器所在地、金工廠、各棟實驗大樓，再到院區最深處的紅木森林旁——第六十二號大樓，是李遠哲曾在一九七五年做博士後研究時使用的實驗室，而樓旁的那條山路，就命名爲「李路」（Lee Road）。

李路蜿蜒由下而上，介於蔥鬱無邊境的大自然與實驗大樓區；彎彎曲曲的道路正像李遠哲柳暗花明的研究之路，孤單而漫長。

宣布得獎後不久，李遠哲前往加拿大滑鐵盧大學領取榮譽博士學位。

「我們滑鐵盧大學有先見之明，早在您成爲諾貝爾獎得主之前已決定頒授榮譽博士學位給您。很高興這也是您獲獎後第一個獲頒的榮譽博士學位。」賈勤多．思加勒斯教授很爲他開心。

既然李遠哲成爲新科諾貝爾化學獎得主，那麼先前徵詢他的以色列沃爾夫化學獎又該如何？

「我還沒來得及回覆皮曼特爾教授的詢問，諾貝爾獎就公布了。沃爾夫獎是不頒給諾貝爾獎得主的。所以，我就無需決定是否接受這個獎了。」他說。

走出實驗室，李遠哲低著頭快步走到諾貝爾獎得主專屬停車位去取車。

「遠哲！」

他轉身一看，是諾貝爾獎得主前輩席柏格教授。教授說：「遠哲，我注意你一陣子了。你每次走到諾貝爾獎得主停車位去開車都是匆匆忙忙，很不好意思的樣子。我猜，一定是受你們華人傳統文化影響。」

「我確實覺得不好意思。因爲，院裡有那麼多同事以前都是我的老師，年紀都比我大，卻要走很遠的路才能走停到他們的停車位，而我年紀輕輕就有這個停車位。」李遠哲解釋。

席柏格教授鄭重地說：「遠哲，你獲得這個停車位，不是你爸爸去送錢買來的，也不是因爲你跟校長是好朋友而換來的，都不是。你不是靠特權，而是憑自己努力與科學成就掙來的，這是公平的遊戲規則，是要憑實力的，誰能榮獲諾貝爾獎就能得到這個停車位。希望下次你走到諾貝爾獎得主停車位時能抬起頭來，不要不好意思。」

崇敬的前輩的一席話有如醍醐灌頂。

從此刻開始，諾貝爾獎得主李遠哲脫下了華人傳統的文化枷鎖，再度走向他的專屬停車位時，已然抬頭挺胸。

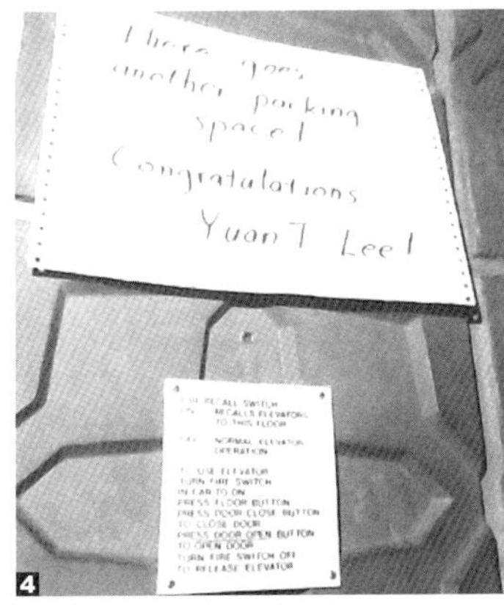

1 2 李遠哲趕回柏克萊加大，在舊金山機場下機後召開臨時記者會，發表得獎感言。

3 李遠哲舉起勞倫斯柏克萊國家實驗室贈送的禮物，只要在車上貼上這種橘色貼紙，就能獲准停在最高級的停車位。

4 在柏克萊加大化學大樓，接近將被指定為李遠哲專用停車位的牆壁上，有人張貼告示，逗趣寫著：「又少一個停車位了。」*

* 柏克萊加大停車位極少，對許多師生來說得到永久停車位意味著極高的殊榮。

5 柏克萊加大化學學院的大廳高懸歷年諾貝爾獎得主照片（此為今景），最右方即為李遠哲獲獎成就。

6 國家實驗室院區中的「李路」（Lee Road）。

7 勞倫斯柏克萊國家實驗室曾榮獲諾貝爾獎的六位得主合影。

THE NEW YORK TIMES, THURSDAY, OCTOBER 16, 1986

Associated Press

Yuan T. Lee of the University of California.

Associated Press

Dudley R. Herschbach of Harvard University.

Canadian Press

John C. Polanyi of the University of Toronto.

Magnificent Trio' Who Shed New Light on Chemical Reactions

'uan T. Lee

"The Mozart of physical chemis-" is how a fellow Nobel Prize nner, Dudley R. Herschbach, de-ribed Yuan T. Lee yesterday. ie description is apt, said another emist, not only because Dr. Lee is a prodigy but also because in laboratory he has "a precise ach."

Dr. Lee, a 49-year-old professor the University of California at rkeley, "combines two qualities rely found in the same scientist: rilliance and attention to detail," id Henry Schaeffer, a colleague Berkeley. Dr. Lee is described a quiet man, intensely focused … to see how things are going," Dr. Schaeffer said.

Dr. Lee was born in Taiwan in 1936. He received degrees from Taiwanese universities and then, "to get a better education," Dr. Lee said yesterday, he moved to Berkeley in 1962, earning his Ph.D. from the University of California in 1965. After post-doctoral studies at Berkeley and Harvard and a teaching stint at the University of Chicago, he returned to Berkeley in 1974. That same year, he became an American citizen.

Dudley Herschbach

For a Nobel-class researcher, … ing and campus life. He and his wife recently finished five years as the masters of a Harvard University residence, where they lived with and served as substitute parents for undergraduates. Explaining his love of teaching, Dr. Herschbach said that it took him back "to how a neophyte views the subject." That is healthy for research, he said, because "it keeps you going back to the fundamental questions."

Born in San Jose, Calif., in 1932, Dr. Herschbach attended Stanford University, where he received a B.S. in mathematics in 1954 and an M.S. in chemistry in 1955. He earned his Ph.D. at Harvard in 1958 in chemical physics and after … ulty in 1963. Dr. Herschbach and his wife, Georgene, who is an assistant dean at Harvard College, have two daughters.

John C. Polanyi

Twenty-eight years ago, when the University of Toronto bought a $10,000 infrared spectrometer, officials told a grateful young scientist that they expected him to use it to win a Nobel Prize. He did not let them down. Yesterday the scientist, John C. Polanyi, said that the honor left him "overjoyed and almost speechless."

Dr. Polanyi was born in Berlin in … style. He received his doctorate from Manchester University in 1952, then took a research appointment with Canada's National Research Council. He has been at the University of Toronto since 1956, where he now has the special title of University Professor.

A witty and thoughtful man, Dr. Polanyi "brings an ingenuity and a sense of molecular cunning to his work," according to Geraldine Kenney-Wallace, a Toronto colleague. Friends observed that in his intellectual breadth and depth he takes after his father, the late Michael Polanyi, a noted chemist and philosopher. Dr. Polanyi and his wife, Sue, have two childre…

For the last quarter century …

8

9

8 李遠哲等三人獲獎訊息登上《紐約時報》等國際媒體版面。

9 許多美國媒體以李遠哲為封面人物。

第二十四章 迎接曙光的頒獎典禮

李遠哲成為新科諾貝爾化學獎得主的消息公布後，在太平洋另一端的臺灣與中國，頓時成為話題人物。

新竹武昌街的老家擠滿善意恭賀的人，父母親友同窗都成為新聞媒體挖掘故事的受訪者，李遠哲從小到大的軼事和曾入鏡的照片被廣為報導刊登；一時之間，彷彿成了臺美斷交以來，最令臺灣人驕傲的光榮之一。只是，當攝影記者為了拍攝取景，將老家客廳的桌椅踩得亂七八糟，連父親李澤藩也用日語幽默自嘲：「諾貝爾獎（Nobel）眞是令人疲勞（Nobiru）的獎啊。」

不久，駐舊金山代表處的人員拜訪李遠哲在柏克萊的家，堆著滿臉笑容，態度一反以往李遠哲申請回臺簽證時的刁難。

李遠哲很驚訝，不知他們何以直登家門。

「李教授，您去瑞典領諾貝爾獎之後，是不是能先回臺灣，不要先去（中國）大陸？」代表處人員向李遠哲要求。

李遠哲不禁嚴肅反問：「我從臺灣來，親朋好友都在臺灣，為什麼要先去大陸？我當然是回臺灣啊。政府爲什麼總是把我當成敵人看呢？」

諾貝爾獎頒獎典禮的莊嚴而隆重，也是展現各國國力與外交的舞臺。諾貝爾基金會邀請得獎人夫婦及全家人來到瑞典首都斯德哥爾摩的皇室受獎，並參加長達約一週的慶祝活動。李遠哲的親友們與政府也在問，誰會參加頒獎典禮？

此時，政府派人表示，願意支付李遠哲父親李澤藩與母親李蔡配的旅費，前往觀禮；而李季眉深知父親有腦血栓的症狀，願意陪同照料，她任教的中興大學也願贊助她的旅費。

李遠哲聽聞後非常擔心，說：「這樣不好，北歐天氣嚴寒，爸爸的身體真的不能旅行，這不是能開玩笑的事！」父母親聽出他的憂慮，也接受了。他邀請大哥李遠川代表父母親赴會觀禮，李遠哲一家五口則是全員參與盛會。「我這麼多年來都忙著做實驗，一直沒有好好陪太太跟小孩。這次全家一起前往，會有比較多團聚的時間。」

十二月六日，李遠哲夫婦搭乘諾貝爾基金會安排的斯堪地那維亞航空公司班機前往瑞典；李遠川則是與印第安那大學新聞系畢業不久的李以群、就讀柏克萊加大生理學系的李以欣、尙就讀柏克萊高中的李以旋於紐約甘迺迪機場會合，四人飛經倫敦再轉機赴瑞典。

在倫敦機場的候機室，李以旋認出其中一位旅客，就是與李遠哲一起獲得諾貝爾化學獎的加拿大多倫多大學波拉尼教授，遂打了招呼。「發表得獎以來，我每天都是笑逐顏開的！」波拉尼夫人對李遠川說。

當李遠哲夫婦先抵達斯德哥爾摩時，瑞典外交部派來一位艾美女士隨行接待。他們在貴賓室等候李遠川等四人，等了一個多小時仍未見到他們入境，就由艾美安排先回飯店休息。

幾小時後，李遠川等四人下飛機，地勤人員即上前詢問：「你們是李家的親友吧？」

「是。」

他們的入境手續與海關檢查全免，並被接往貴賓室，待行李送達貴賓室，即由標示「諾貝爾」的大轎車接往能眺望皇宮及歌劇院的斯德哥爾摩大飯店，全程高規格禮遇。「眞是輕鬆愉快，」常搭機到各地開會的李遠川覺得。

第一天抵達飯店，諾貝爾獎的慶祝活動已然拉開序幕。

下午五點鐘是諾貝爾基金會主辦的歡迎會，醫學生理學獎、文學獎、物理學獎、化學獎與經濟學獎等得主及家屬都出席了。

「你們雖是少數人，可都是菁英啊！」諾貝爾基金會會長拉梅魯伯爵說。

第二天（十二月七日），瑞典國家科學院爲新科得主舉行記者會，坐滿來自瑞典、臺灣、美國、加拿大、德國、奈及利亞與中國的記者，其中一位問：「得獎後，有沒有碰到什麼奇特的要求？」

波拉尼教授答覆，曾接到一位小朋友來信說：「請用您的化學威力，把我討厭的學校炸壞。」引來哄堂大笑。

會後，一位說華語的記者上前問吳錦麗：「請問李夫人在頒獎典禮上會穿什麼衣服呢？」

吳錦麗不知該如何回答。

「真奇怪，媽媽穿什麼衣服，和爸爸得獎有什麼關係呢？」大學畢業後即從事新聞工作的李以群不以爲然。

化學獎得主演講會在第三天下午初登場。

赫許巴赫教授上臺簡介交叉分子束儀器的發展史，主動披露另外兩位共同得主的小祕辛。「遠哲初次到我實驗室時，我把波拉尼教授剛發表的論文給他看，他很有自信地說，可以做得更好！」聞言，波拉尼教授與李遠哲都笑了。持平而論，在反應動態學，李遠哲與赫許巴赫教授測量的角度與速度分布，確實與波拉尼教授用光譜分析所得產物的能量分布，是不同的研究方法。

接下來輪到李遠哲上臺演講分子的反應機制。他與赫許巴赫教授已經多年未合作研究了，但當赫許巴赫教授看到他的研究成果與新發表的數據，仍不禁連聲讚嘆：「好極了！好極了！」

聽眾席內的李遠川觀察，「聽遠哲演講還是頭一遭，理論剖析相當流暢，內容也極爲豐富。演講時投影出來的圖片相當精細好看。」後來得知是李遠哲親手畫的，不禁有感而發：「映在螢幕上的是一雙靈巧的手的影像，聽說遠哲的實驗技術非常了不起，這方面的才能應是得自父親的遺傳吧！」

第四天也是演講會，不同的是，這回移師到斯德哥爾摩大學，李遠哲談起他做的有機化合物的取代反應研究。

瑞典的師生是幸福的，藉由頒發這項國際桂冠，每年都能聽見得主親臨演講，向典範學習。

雖說隔行如隔山，當李遠川聽到李遠哲說明他設計的交叉分子束儀器的精確度時，也由衷佩服。

「眞空（壓力）能抽到10^{-11}托的精確度，實在了不起。我們能做到10^{-5}就很高興了。」

諾貝爾獎系列活動中，除了一場場的科學與人文知識分享和外交盛會，藝術饗宴也沒有缺席。這一天，美國大使款待了午宴，晚上則是聆聽柴可夫斯基甚少被演奏的歌劇作品《貞德》（Jeanne d' Arc）。

第五天，此行的重頭戲終於來到：諾貝爾獎頒獎典禮。這一天，正是阿佛烈．諾貝爾[157]的逝世紀念日。

基金會規定，頒獎典禮的服裝禮儀（dress code）爲燕尾服。但是燕尾服不易著裝，除了李遠哲曾穿過，其他三個李家大男生都手忙腳亂，出發時間迫在眉睫。李以群、李以欣好不容易穿戴完畢，桌上卻還剩一些奇怪的配件，「這到底是要穿在哪裡的啊？」李以群納悶。李遠川耗費半小時終於穿好，連忙過來支援這對兄弟。「燕尾服眞是令人頭痛的怪東西。」李遠川搖頭苦笑。

一行人及時抵達頒獎典禮會場。步下禮車，映入眼簾的是紅地毯與爭睹得主風采的圍觀民眾。李家人慎重其事地走上紅毯，緩緩走進會場。「在美國只有演藝明星才會有這種場面，沒想到瑞典這個國家，人民對學術成就的景仰，是像美國粉絲包圍明星那樣的等級。」李以群印象很深。

入場檢查極爲嚴密，即使得主也須憑券入席。甫踏入會場，李遠哲等得主隨即被引導坐往舞臺上的得獎人席次，吳錦麗等家屬則坐在臺下觀禮。

此刻，家屬觀禮席中，醫學生理獎與物理獎得主的家屬發現座位被占據了，就請帶位人處理，但占用者仍無動於衷。

這時，諾貝爾基金會高層人士走過來，嚴肅說道：「你們這是隨便占用了阿佛烈．諾貝爾先生的座位！」

眾目睽睽下，占用者終於起身，悻悻然地改坐在觀眾席後方。從他們的席位判斷，竟是某國的外交官，以爲能在頒獎典禮享受特權。

斯德哥爾摩交響樂團奏出悠揚的樂音，典禮開始了。

瑞典國王、王后徐徐入場並就座，接著響起瑞典國歌。諾貝爾獎評選委員以瑞典語向國王推薦得獎人、推薦他們的成就，李遠哲等得獎人與家屬們則閱讀推薦詞的英譯本對照。

頒發化學獎時，主持人先在舞臺點燃火柴，從燃燒現象中的原子與分子碰撞與反應，介紹李遠哲三人的科學研究工作，並點出他們幫助人類了解化學反應的動態過程的貢獻。

當他們三人被大聲唱名，隨即自席位起身，李遠哲沉穩走到國王前，行注目禮，領獎並握手致意。

舞臺上短短幾公尺路，他走了三十五年；而這一切的源頭，來自高中時因病休學在家，終決心掌

157 一八三三～一八九六，瑞典化學家、工程師、科學家、炸藥發明者。一八九五年十一月二十七日簽署一份文件，將遺產最大部分留給在物理、化學、醫學生理學、文學、和平上最大貢獻者，此為諾貝爾獎由來，一九〇一年起頒發第一屆諾貝爾獎。一九六八年，瑞典中央銀行創立經濟學獎以表彰經濟學有貢獻者，以紀念諾貝爾義行，此後才增加經濟學獎項。

握自己人生方向盤的信念。他，正是出身臺灣，年僅五十歲的物理化學家、新科諾貝爾化學獎得主。

在盛會中見證這一切，李遠川激動欲泣，想著：「正在臺上和國王握手的，正是昔日同房共讀、書桌並排的親弟弟。遠哲，做得好！」

這是科學家至高的榮譽，更何況，當前做科學研究的人數遠超過阿佛烈·諾貝爾的時代。李遠哲能獲此桂冠，經歷過許多艱辛的考驗與磨練。

「莊嚴，有格調，但不死板，也不會肅穆。」會後，李遠哲很肯定諾貝爾獎頒獎典禮的氣氛。緊接著是晚宴，場地是歷史悠久的斯德哥爾摩大會堂（Ridderholm）內。

會場的桌次安排井然有序，若從天花板俯瞰，就像是中間一根脊椎（中央大餐桌），兩側緊鄰著好幾排整齊的肋骨般。

國王、王后、得主夫婦等貴賓坐在中央大餐桌，家屬們則坐在兩側緊鄰的餐桌。共一千兩百人的座位預先排定，男女交錯就坐。

每出一道餐點前，服務生們先以整齊步伐來到餐桌旁就定位，瞬間，盤子同時端上桌，有如變魔術。後來才知，遠處有位指揮官，每個服務生皆緊盯指揮官，絕不馬虎。「而且，每上一道菜就伴隨一小段演說與乾杯儀式，不疾不徐，恰到好處的時間內下一道菜才會上桌，有著屬於歐洲的優雅。」李遠川觀察。

晚宴結束前，各類獎項的得主代表登上小舞臺發表三分鐘演說。當高舉旗幟的斯德哥爾摩大學社團和合唱團列隊繞桌迴轉時，就宣告舞會將在二樓登場。每一位賓客都由主辦單位派出一位異性引領上樓跳舞。

李遠哲對妻兒們說：「我不進去了，我不會跳舞啊。」

負責引導他跳舞的斯德哥爾摩大學校長夫人聽見了，就說：「沒關係，我們就在外面聊天吧。」他們愉快地聊著科學、藝術文化、國際現勢；如果李遠哲不是涉獵廣泛，飽讀各種書籍，在這樣的場合應會十分不自在吧。

舞會在深夜十二點結束時，緊接著是斯德哥爾摩經濟學院（Stockholm School of Economics, HHS）主辦的「睡前酒會」登場。李家人與校長同桌，觀賞小舞臺上的學生演出瑞典歌曲和短劇。不久，學生講起英文，將諾貝爾獎得主一一請上臺，說：「雖然先生們的頭腦頂呱呱，但是體力不知如何？」

現場儼然成爲趣味競技場，學生要求得主們一一將木板鋸成兩半，然後再釘成一塊。看似簡單的比賽，得主們卻鬥志高昂互相競爭，家屬也在一旁大聲加油。

李遠哲與文學獎得主渥雷・索因卡[158]同組，後因索因卡動作較慢而敗陣下來，倒是赫許巴赫教授那一組贏了。這時，冰上曲棍球賽的陣容登臺，瑞典家喻戶曉的守門員上場守球門，全場歡聲雷動。

---

158 Wole Soyinka，一九三四～，奈及利亞籍詩人、劇作家、作家。一九八六年諾貝爾文學獎得主。作品反映對自由、民主、人權的追求。

優勝的幾組必須將球射入球門才算獲勝。

守門員很幽默，拿起本子恭請得主們簽名。主持人逗趣昭告：「我們這位守門員平常是到處幫人簽名的，請別人簽名這還是頭一次。」

經過一番廝殺，最後由赫許巴赫教授奪魁。

李遠哲看得津津有味，像個球評說道：「別小看赫許巴赫教授，他體力很好的！他早年是拿美式足球獎學金進史丹佛大學念書的，入學不久後因受傷退出足球隊。他先去數學系聽課，又去物理系聽課，最後去化學系聽課，都覺得很有興趣，最後他選擇化學，就此走入化學研究的領域。」他認爲，優秀的運動員並不是頭腦簡單四肢發達，而往往甚具科學家的潛力。

敗陣的得主們如李遠哲都獲得一件曲棍球短褲作爲獎品，這場喧鬧的睡前酒會直到凌晨兩點鐘才散會。雖然疲倦，但李遠川覺得，「這場精心安排的睡前酒會，成功卸下了得主們的拘謹。」

馬拉松式的頒獎慶典的第六天，是參訪諾貝爾基金會。

他們走進一棟看似尋常的建物，赫見內部裝修宏偉，就是基金會所在地。

李遠哲辦理了著作權、領取獎金、獎狀、獎章與獎牌等手續，全家人被帶到一個房間，迎面就是高懸牆上的阿佛烈·諾貝爾的肖像。桌上有一本厚重的簽名簿，小心翼翼翻開，內有從一九〇一年以來的得主簽名。

李遠哲景仰多年卻無緣親見的居里夫人、萊納斯·保林教授等得主前輩，如今自己竟能在這本深具科學與歷史意義的簿冊看見他們的簽名，不禁動容。此刻，換他提起筆，愼重地在其上簽名。

展開諾貝爾獎狀，每位得主的獎狀都各有不同圖案。李遠哲專屬的獎狀看似小屛風，展開來卻是有一尺長，上方繪製有東洋畫風的圖案，並銘刻了他的名字。諾貝爾獎章正面是阿佛烈．諾貝爾的頭像浮雕，背面則是兩位希臘女神浮雕，下方銘刻著李遠哲的英文名字。手握這只黃金獎章，有著沉甸的厚實感。

晚上，隨同的外交官特別提醒李遠哲夫婦：「今天晚上是國王與王后在宮殿舉行的宴會，請千萬不可露出疲態。」

這也難怪，經過連續六天的系列活動，李以群、李以欣已經央求李遠川陪同去看籃球賽，李以旋則在旅館內趕寫學校作業。幸好，李遠哲很有耐性。

活動第七天，得主與家屬們搭乘大禮車前往斯德哥爾摩北方五十公里的古城烏普索拉（Uppsala）。李遠哲是唯一的演講者，在逾五百二十年歷史的烏普索拉大學演講，座無虛席。

這已是李遠哲此行第三場演講，「我曾聽遠哲演講三次，但是他每次講的內容都不一樣，令我十分佩服。」同是科學研究者的李遠川說。

李遠哲憶起，八月時，他來到哥特堡大學化學系協助遴選新任助理教授，系上只爲魯道夫．馬可斯教授安排演講，還要他別演講。或許當時已得知他可能獲獎，不願他太多曝光，因爲頒獎典禮系列慶祝活動會安排他到各重要大學演講。

晚宴上，電視攝影機、照相機環伺，李遠哲等得主與學生展開對談，只見臺上的他神采奕奕講述著理念。李遠川不由得感慨：「這就是所謂的『名人稅』吧！一直重複著相同的事，但這也無可奈何。在臺灣的雙親，現在一定也面臨著同樣的遭遇而感心煩吧？」

活動的尾聲，毫無預料的，一場令人迷醉的儀式已悄悄展開。

第八天凌晨三點鐘，夜幕罩頂，遠方卻傳來神祕的歌聲。

李家人在睡夢中聽見歌聲，惺忪醒來時，卻見一位頭戴燭光的少女，引領著手持蠟燭的另外三位少女與一位青年，一邊唱著「聖塔露琪亞……」一邊走入房裡，隨後又徐徐遠去。

這是夢境嗎？還是眞實？

這是特別的慶祝儀式，只在一年之中白晝最短、夜晚最長之日舉行。瑞典人在這一天迎接「光」，相信迎接聖塔露琪亞少女（Santa Lucia）之後，世界就會越來越光明。

當天晚宴即名爲「露琪亞宴」。由斯德哥爾摩大學學生主辦，是場酒後而歌、歌後而飲，短劇、笑劇和趣味競賽組合而成的輕鬆晚會。晚會的最高潮是頒發「青蛙爵位」給得主們。掛著綠色勳章的得主們上臺學蛙跳，李遠哲也和其他人一樣不顧形象，長腿從燕尾服裡伸展，學著青蛙跳躍著，把全場逗笑了。接著的舞會持續到子夜，眾人的歡暢盡興將活動氣氛攀到頂點。

未起的黎明，斯德哥爾摩彷彿仍在沉睡。李遠哲體驗到，每年十二月，藉由舉辦一年一度的諾貝爾獎頒獎典禮系列盛事，正是要集所有瑞典人民之力，熱熱鬧鬧地辦喜事，揮別長夜，歡迎來年的曙光。

光，就代表了希望。

馬不停蹄的諾貝爾獎頒獎典禮系列活動，在哥特堡畫下句點，李遠哲和吳錦麗就要返回臺灣，與家鄉父老分享榮耀了。

這座桂冠將爲李遠哲加諸什麼意想不到的責任和期待？而他追夢播種的人生，又將如何峰迴路轉？

1

1 李遠哲領取諾貝爾化學獎。

2 (左至右)達得利·赫許巴赫、李遠哲和約翰·波拉尼因對化學動態學基礎過程的研究貢獻,共同獲得一九八六年諾貝爾化學獎。

3 李遠哲一家人與瑞典國王、王后。

4 一九八六年的諾貝爾獎得主合影。

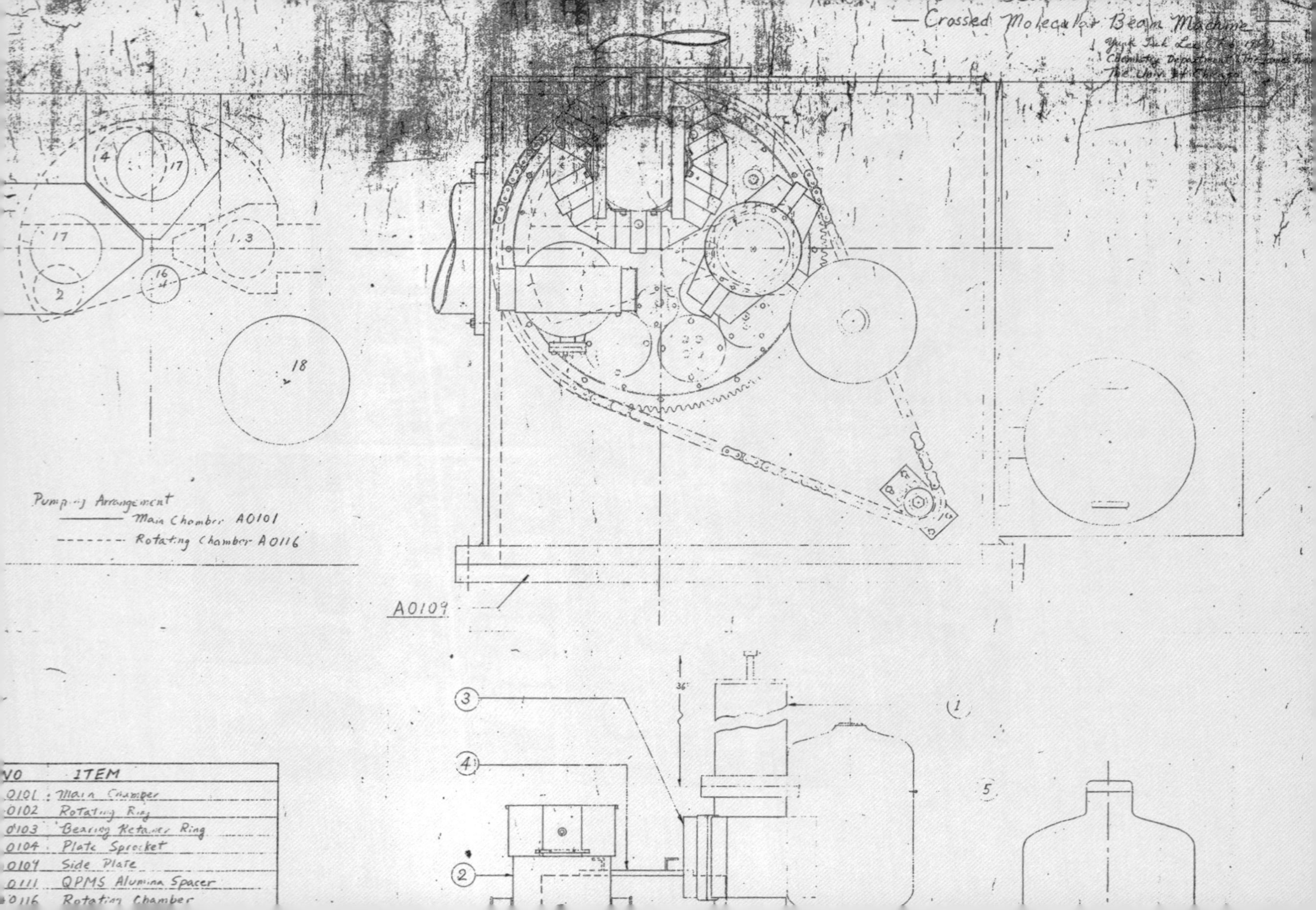

Crossed Molecular Beam Machine
Chemistry Department & The James Fr
The Univ of Chicago
Pumping Arrangement
Main Chamber A0101
Rotating Chamber A0116
A0109
NO ITEM
0101 Main Chamber
0102 Rotating Ring
0103 Bearing Retainer Ring
0104 Plate Sprocket
0107 Side Plate
0111 QPMS Alumina Spacer
0116 Rotation Chamber

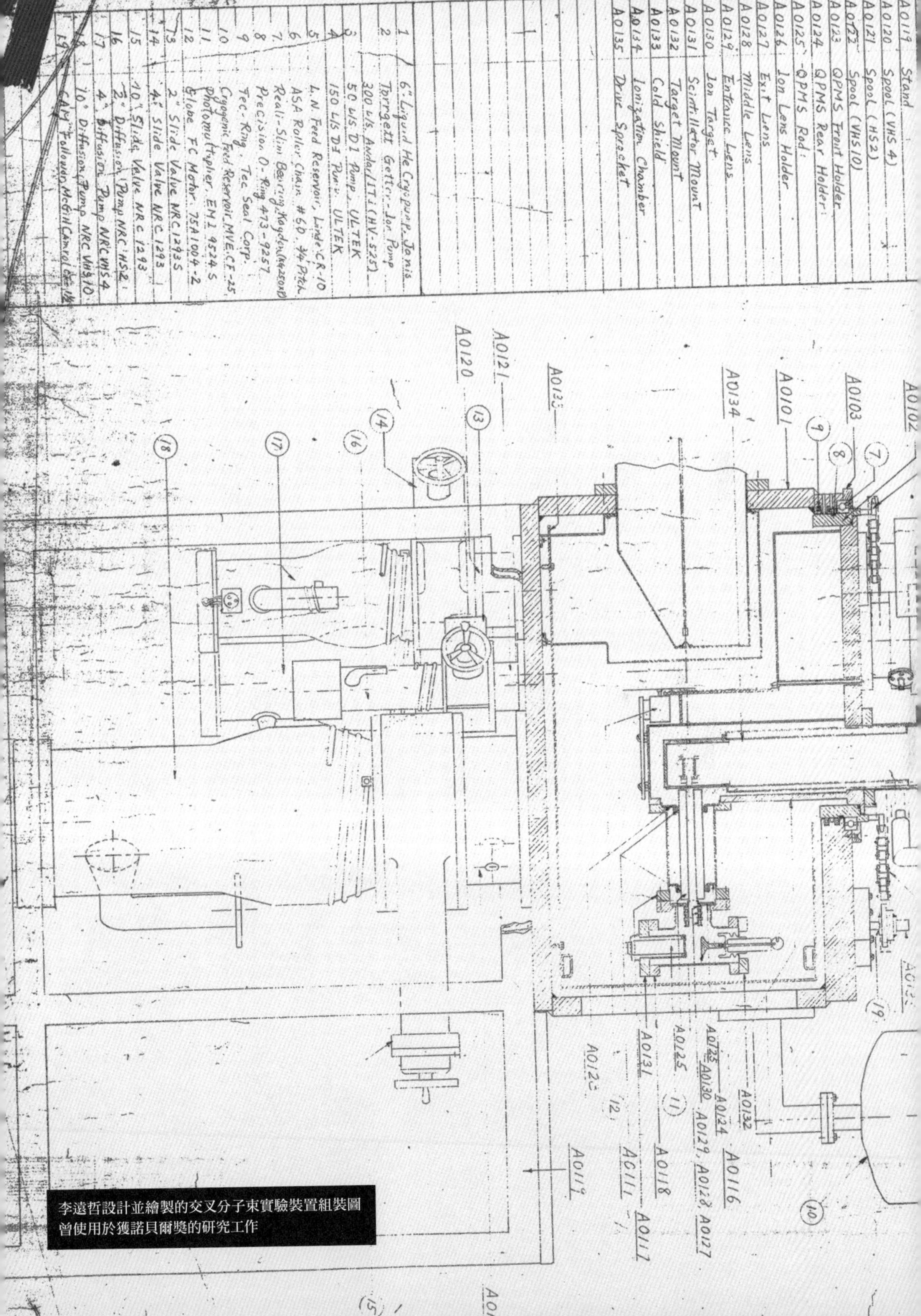

李遠哲設計並繪製的交叉分子束實驗裝置組裝圖
曾使用於獲諾貝爾獎的研究工作

Eurasian Publishing Group
圓神出版事業機構
用心與你對話・網野無限寬廣

圓神出版社
Eurasian Press

www.booklife.com.tw reader@mail.eurasian.com.tw

圓神文叢 203

李遠哲傳（上）

作　　者／藍麗娟
手稿提供／李遠哲
發 行 人／簡志忠
出 版 者／圓神出版社有限公司
地　　址／台北市南京東路四段50號6樓之1
電　　話／（02）2579-6600・2579-8800・2570-3939
傳　　真／（02）2579-0338・2577-3220・2570-3636
總 編 輯／陳秋月
主　　編／吳靜怡
專案企畫／賴真真
責任編輯／周奕君
校　　對／周奕君・吳浩宇・林雅萩
美術編輯／李家宜
行銷企畫／吳幸芳・陳姵蒨
印務統籌／劉鳳剛・高榮祥
監　　印／高榮祥
排　　版／杜易蓉
經 銷 商／叩應股份有限公司
郵撥帳號／18707239
法律顧問／圓神出版事業機構法律顧問　蕭雄淋律師
印　　刷／祥峯印刷廠
2016年11月　初版
2017年2月　8刷

定價800元（上下冊不分售）　ISBN 978-986-133-596-4

從今天開始，每個人碰到你，都會問很多你不曉得答案的問題；
但是，你還是要回答。從今天開始你要好好用功，很多事情你不能說：不。

——《李遠哲傳（上）》

國家圖書館出版品預行編目資料

李遠哲傳（上）／藍麗娟 著. -- 初版 -- 臺北市：圓神，2016.11
512 面；17×23 公分 --（圓神文叢；203）

ISBN 978-986-133-596-4（上冊：平裝）

1. 李遠哲　2. 臺灣傳記

783.3886　　105016075